举旗帜聚民心

防风险保安全

强治理惠民生

增动能促发展

谋合作图共赢

习近平

视听新媒体蓝皮书

中国视听新媒体发展报告
（2023）

国家广播电视总局网络视听节目管理司
国家广播电视总局发展研究中心　编著

中国广播影视出版社

图书在版编目（CIP）数据

中国视听新媒体发展报告．2023/ 国家广播电视总局网络视听节目管理司，国家广播电视总局发展研究中心编著．-- 北京：中国广播影视出版社，2023.9
ISBN 978-7-5043-9097-4

Ⅰ．①中… Ⅱ．①国… ②国… Ⅲ．①传播媒介—发展—研究报告—中国—2023 Ⅳ．① G219.2

中国国家版本馆CIP数据核字（2023）第 151009 号

中国视听新媒体发展报告(2023)

国家广播电视总局网络视听节目管理司
国家广播电视总局发展研究中心　编著

出 版 人　纪宏巍
责任编辑　王　佳　夏妍琳
装帧设计　嘉信一丁
责任校对　龚　晨

出版发行　中国广播影视出版社
电　　话　010-86093580　010-86093583
社　　址　北京市西城区真武庙二条 9 号
邮　　编　100045
网　　址　www.crtp.com.cn
电子信箱　crtp8@sina.com

经　　销　全国各地新华书店
印　　刷　河北鑫兆源印刷有限公司

开　　本　710 毫米 ×1000 毫米　1/16
字　　数　367（千）字
印　　张　27.75
版　　次　2023 年 9 月第 1 版　2023 年 9 月第 1 次印刷

书　　号　ISBN 978-7-5043-9097-4
定　　价　98.00 元

《中国视听新媒体发展报告（2023）》
编辑委员会

前　言

　　党的十八大以来，以习近平同志为核心的党中央高度重视宣传思想文化工作和网络强国建设。国家广播电视总局持续主动将网络视听工作放在党和国家工作大局中考量、谋划、推进，深化行业改革创新和综合治理，引领网络视听行业围绕中心、服务大局、守正创新、锐意进取。十年来，在习近平新时代中国特色社会主义思想的指引下，网络视听取得快速发展，用户数量、产业规模实现高速增长，市场秩序呈现规范化，网络视听已成为舆论宣传的主阵地、精品创作的主推手、技术产业的主力军。

　　2022 年，网络视听行业继续在网络强国建设和经济社会发展方面发挥了重要作用，在健康繁荣发展的快车道上持续高质量发展。主要体现在几个方面：**一是**节目创作水平显著提升，精品示范引领作用持续加强，推出了《领袖的足迹》《温暖的牵挂》《中国梦·我的梦——2022 中国网络视听年度盛典》《这十年》《三体》《中国奇谭》《幸福中国》等一系列丰富多元的精品内容，持续引发良好社会反响；**二是**用户规模迅速增长，截至 2022 年 12 月，我国网络视听用户规模达 10.40 亿；网络视听产业不断壮大，泛网络视听规模达到 7274.4 亿元，较十年前增长了 20 多倍，新业务新业态活跃增长，技术迭代明显加快，呈现出前所未有的生机活力；**三是**发展生态持续优化，在依规轨道上有序发展。管理部门坚持依法治理、源头治理、综合治理、系统治理，坚决落实文娱领域综合治理措施，同时推动行业协会、运营主体、从业人员更加积极履行社会责任，保障了行业健康发展，维护了清朗网络视听空间。

2023年是全面贯彻落实党的二十大精神的开局之年，新征程上，面临新形势新任务新要求，网络视听要以行业高质量发展新思路、新举措、新成果，努力融入中国式现代化进程，为党和国家工作大局作出新的更大贡献。

一是把握主题主线，强化政治引领。要树牢政治意识，深刻领悟"两个确立"的决定性意义。增强"四个意识"，坚定"四个自信"，做到"两个维护"，坚持以习近平新时代中国特色社会主义思想为指引，聚焦核心，抓好习近平总书记重要思想和领袖形象宣传。要继续聚焦学习宣传贯彻党的二十大精神工作主线，胸怀"两个大局"，心系"国之大者"，紧紧围绕党和国家中心工作，结合重大时间和事件节点，筹划汇集推出一批优秀作品，推动主力军全面挺进主战场，在网络视听空间唱响新时代最强音。

二是深耕内容建设，打造视听精品。要坚持以人民为中心的创作导向，在服务党和国家新时代发展大势中谋篇布局，提高政治站位，响应时代需求，突出思想内涵，精心打磨脚本，用心锻造精品佳作。持续以各项推优活动为抓手，引领网络视听节目创作播出导向，更好满足人民日益增长的美好生活需要。

三是坚持综合治理，清朗网络空间。坚持安全为先、稳字当头的理念，践行总体国家安全观，坚持网上网下一体化治理，主动适应智能视听发展趋势，坚持技术服务内容，用主流价值引领"算法"，加强协调合作和规范管理，深入落实平台意识形态工作责任制，构建共治格局，以系统观念守好网络视听阵地，让清朗之风充盈网络空间。

《中国视听新媒体发展报告（2023）》作为年度行业发展报告，多年来，比较全面、客观、准确地梳理分析了网络视听行业年度发展概况和创新经验。下一步，要在服务行政部门加强管理成效，为行业总结经验、拓宽发展思路等方面进一步做好智力支撑。

编委会

目　录

B. Ⅰ　总论

B. Ⅱ　导向与管理

B. Ⅲ　研究报告

B. Ⅳ　行业扫描

B. Ⅴ　精品案例

B. Ⅵ 国际视野

B. Ⅶ 附 录

CONTENTS

B. I   General

B. II   Guidance and Management

B. III   Research Report

B. IV   Report on Industry Progress

B. V Classic Case

B. Ⅵ   International Perspective

B. Ⅶ   Appendix

B. I

总论

B.1 视听新媒体发展亮点与展望

国家广播电视总局发展研究中心课题组

2022 年，我国数字经济持续保持较快发展，信息传输、软件和信息技术服务业增加值增长 9.1%；我国网络视听用户规模达 10.40 亿，网民使用率为 97.4%[①]，网络视听用户数量是十年前的近 3 倍，网络视听产业规模是十年前的 20 多倍，视听新媒体正加速融入国家建设发展大局，成为数字中国、文化强国战略的重要一环。作为科技发展、技术创新的产物，视听新媒体行业紧跟信息技术迭代步伐，顺应数字化智能化发展趋势，以优质内容为核心，依托 AIGC、全息成像、元宇宙、云技术等多种技术组合，实现多场景应用，技术与艺术交汇融合，为行业创新发展创造了强劲动力，大量精品内容涌现，创新服务萌生，产业经营扭亏，打开了视听新媒体转型升级的新局面，有力提振行业信心。

一、党的二十大精神为视听新媒体发展指引新方向

党的二十大擘画了全面建设社会主义现代化国家、以中国式现代化全

---

* 全书除特别标注外，国家广播电视总局简称国家广电总局或广电总局。各省（自治区、直辖市）广播电视局等广播电视行政管理部门，简称省（区、市）局。各省（自治区、直辖市）广播电视台（集团），简称省（区、市）台。

① 数据来源：中国网络视听节目服务协会，《中国网络视听发展研究报告（2023）》，2023 年3 月。

面推进中华民族伟大复兴的宏伟蓝图，对"推进文化自信自强，铸就社会主义文化新辉煌"作出战略部署，为社会主义文化强国建设指明了前进方向，也为视听新媒体守正创新、繁荣发展提供了根本遵循，注入强劲动力。

坚持马克思主义在意识形态领域指导地位的根本制度。互联网是意识形态工作的主阵地、主战场、最前沿，马克思主义是我们立党立国、兴党兴国的根本指导思想，习近平新时代中国特色社会主义思想是当代中国马克思主义、21世纪马克思主义，视听新媒体行业必须毫不动摇坚持党的全面领导，牢牢把握党在意识形态领域的领导权、话语权，坚持正能量是总要求、管得住是硬道理、用得好是真本事，贯彻落实党管宣传、党管意识形态、党管媒体原则，把党的意志、党的主张、党的部署贯穿到视听新媒体工作全领域、各环节，体现到把握正确政治方向、舆论导向、价值取向上，压实视听新媒体平台主体责任、属地管理和主管主办责任，聚焦举旗帜、聚民心、育新人、兴文化、展形象的使命任务，巩固壮大奋进新时代的主流思想舆论，推动形成良好视听新媒体生态。

坚持为人民服务、为社会主义服务。源于人民、为了人民、属于人民是社会主义文艺的根本立场，也是繁荣发展视听新媒体行业的根本动力所在。只有始终秉持人民立场，坚持人民至上，坚持以人民为中心的创作导向，把实现好、维护好、发展好最广大人民根本利益作为工作的出发点和落脚点，把社会效益放在首位、实现社会效益和经济效益相统一，尊重人民主体地位，保障人民正当权益，提供更高技术格式、更新应用场景、更美视听体验的视听产品与服务，更好满足人民文化需求、增强人民精神力量，才能真正做到视听新媒体发展为了人民、依靠人民、成果由人民共享，才能更好地为社会主义服务，增强人民群众的文化获得感与幸福感。

坚持百花齐放、百家争鸣。新时代人民群众精神文化生活需要具有多样性，丰富优质的视听内容与服务是视听新媒体持续健康发展的基础。应把创作生产传播优秀视听作品作为中心环节，统筹规划、引导激励、创新创优，聚焦新时代史诗般的伟大实践与人民群众的生产生活等方方面面，推动社会主义核心价值观和创新表达手法相结合，在视听新媒体各领域打造更多反映时代新气象、讴歌人民新创造的精品力作，推出更多增强人民精神力量的优秀视听作品，让个性化定制、精准化生产、多元化创新的视听新媒体作品更好为提升作品质量、满足人民需求服务，登"高原"攀"高峰"，形成形态多样、种类丰富的视听新媒体内容交相辉映的新局面，丰富人民群众精神文化生活，满足人民群众新期待，通过精品内容的示范效应引领行业创作生产，繁荣发展视听新媒体事业产业。

坚持创造性转化、创新性发展。中华优秀传统文化是中华文明的智慧结晶和精华，是中华民族的根和魂，是当代中国最深厚的文化软实力。事实一再证明，视听新媒体行业需要从优秀文化中汲取源头活水，激发文化发展活力，发展社会主义先进文化，弘扬革命文化，传承中华优秀传统文化，坚持不忘本来、吸收外来、面向未来，古为今用、推陈出新，切实增强传承和发展中华优秀传统文化的责任感与使命感。深入挖掘中华优秀传统文化的思想观念、人文精神、道德规范，推出更多中国特色、中国风格、中国气派的原创视听新媒体节目。同时促进文化与科技深度融合，让创新创造创业活力全面迸发，赋予优秀传统文化新的时代内涵和表达形式，更好构筑中国精神、中国价值、中国力量，不断增强中华文明传播力与影响力。

二、视听新媒体加速转型升级，进入大视听领跑新阶段

2022年，视听新媒体行业围绕中心、服务大局，以高站位、高标准、高质量推进各项工作。习近平新时代中国特色社会主义思想宣传有声有色、深入人心，党的二十大等重大主题主线宣传高潮迭起、凝心聚力；网络视听内容创作百花齐放、精品荟萃；产业发展态势持续向好，业态创新加速迭代；国际传播、视听技术、政策管理等不断迈向更高水平。

（一）聚焦重大主题宣传，同频共振唱响时代主旋律

视听新媒体始终牢牢把握正确政治方向、舆论导向、价值取向、审美趣向，与党同心同德，与人民同向同行，与时代同频共振，宣传阵地不断

巩固壮大，有力推动主旋律引领大流量，大流量传播正能量。

一是坚持把核心宣传作为首要政治任务、重大政治责任，用心用情用功做好习近平总书记宣传报道，创新开展习近平新时代中国特色社会主义思想宣传阐释，推动习近平总书记重要思想、重要活动、重要讲话内容"天天见、天天新、天天深"。坚持以领袖的高度就是宣传报道追求的高度为标准，积极以时政特稿、时政评论、时政微视频为着力点，打造时政报道品牌。央视网推出了《人民领袖习近平》《联播+》《天天学习》《习式妙语》等新媒体报道品牌，创作《公仆之路》等系列时政微视频，海外社交平台 CCTV 系列账号开设中英文专栏《中国习近平》。不断发挥视听新媒体"首页首屏首条工程"和短视频"首屏首推工程"效能，推动核心宣传深入持久、入脑入心。2022 年春节和北京冬奥会期间，《习近平向全国人民致以新春祝福》《习近平宣布北京冬奥会开幕》两条短视频分别登上快手总榜和抖音热榜第一名，第一阶段推介的 45 条短视频总播放量近 7 亿次。据统计，2022 年"首屏首推工程"共推送习近平总书记相关短视频 888 部，总播放量超过 173 亿次①，推动新思想"飞入寻常百姓家"。

二是浓墨重彩做好党的二十大宣传报道，以全方位、矩阵式、立体化传播，全景呈现党的二十大盛况。党的二十大召开期间，各网络视听平台首页视觉全线"飘红"，显著位置集中展示"党的二十大"主题新闻报道、视频作品等，各平台充分调动核心资源，通过 APP 端、PC 端、TV 端等多屏多端，并结合 Push 推送、开机屏展示、重点新闻直播转播等传播方式，多维度构筑起了正能量传播矩阵，及时传播党的声音。爱奇艺上线"喜迎二十大 奋进新征程"优秀网络视听作品展播专题页，搭建"热烈庆祝党的二十大胜利召开"资讯专题，集纳党的二十大权威报道，并通过爱奇艺各端首页焦点图、APP 开屏、消息 Push 等核心资源渠道及时推荐。bilibili 联动党媒、央媒及属地媒体，推出"喜迎二十大""我们的幸福生活"等专题专栏，集中展示"党的二十大"主题新闻报道、视频作品。芒果 TV 以"季

---

① 数据来源：国家广播电视总局网络视听节目管理司。

播综艺+微纪录片+盛典"矩阵模式，推出迎接党的二十大作品《这十年》，各类精彩创意频频"出圈"。

三是围绕北京冬奥会及冬残奥会、香港回归祖国25周年、全国两会等重大事件、重要时间节点，同频共振开展矩阵式宣传报道，在网络视听空间唱响新时代最强音。云听围绕冬奥赛事上线"冬奥声音博物馆"，搭建集新闻传播、冬奥项目展示和趣味互动为一体的冬奥新媒体宣传平台。咪咕中国移动视频彩铃在北京冬奥会期间，实时上线赛事片段、获奖时刻等精彩内容，曝光量达到45亿次。聚焦香港回归祖国25周年，芒果TV推出原创H5《香港回归25周年｜零距离·凝聚力》，邀请用户完成搜集任务后为"我的中国心"点赞，阐述香港与内地一脉相承的精神内核。围绕全国两会宣传报道，腾讯视频搭建两会专题页卡，及时关注热点内容，做好正能量宣传。与此同时，各网络视听平台积极创新主题报道形式，挖掘互动式、服务式、体验式报道产品，如央视网推出《种花家这十年 一路生花》《用XR打开这十年》等作品，融合数据可视化、手绘、动画、沉浸式互动等表现手法，用创意为主流价值传播赋能。

（二）网络视听文艺精品频出，有力展现新时代精神风貌

2022年网络视听文艺深刻观照时代之变和人民期待，推出一批有力增强人民精神力量的视听精品，以文艺之光，铸时代之魂。

一是以重要时间节点为坐标，科学统筹规划，按照"主动出题、动态管理、梯次推进、持续打造、重点突破"思路，倾力打造网络视听精品。2022年国家广播电视总局积极主动加强规划引导、项目支持，强化创作生产的有效化、品质化、影响力，部署"共筑中国梦"优秀网络视听节目展播活动，打造"这十年"主题网络视听系列节目，指导创作播出纪实文艺节目《闪耀吧！中华文明》、网络剧《血战松毛岭》、纪录片《乡村里的中国》等一大批精品力作，形成规模效应。组织爱奇艺、腾讯视频、优酷、芒果TV、抖音、快手、bilibili、咪咕等8家重点网络视听平台首次齐聚同一舞台，创新举办《中国梦·我的梦—2022中国网络视听年度盛典》。指导创作庆祝香港回归祖国 25 周年网络综艺节目《声生不息·港乐季》，促进"人心回归"，社会反响热烈。

二是从时代之变、中国之进、人民之呼中提炼主题，强化情感共鸣、现实观照，全方位展现新时代的精神气质。2022 年网络视听内容创作，既与主题主线宣传同频共振，又紧紧把握时代需求、关注社会情绪，与人民群众共情共鸣。网络剧方面，2022 年现实题材网络剧在全年上线作品中占比超过六成，覆盖悬疑刑侦、都市情感、校园青春、女性成长等主题内容，《对决》《猎罪图鉴》《冰球少年》《三悦有了新工作》等作品，深入刻画社会百态，回归人间烟火，触及平凡心灵。网络综艺方面，强化年轻态表达，打造《2022"中国节日"系列节目》《一往无前的蓝》《bilibili 上元千灯会》等一系列面向青年群体的原创 IP，把时代奋斗精神刻入文艺基因，推动主流价值与主流人群"双主流"有效对接。网络电影方面，主旋律题材品质升级，全年共上线 45 部主旋律网络电影，《特级英雄黄继光》《勇士连》等作品特色鲜明，从小切口展开故事，塑造鲜活生动的英雄形象，弘扬革命英雄主义精神。网络纪录片方面，配合党的二十大召开，推出《情怀》《这十年》《十个春天的故事》《十年家国十年心》《十年如一日》等一批展现新时代十年党的领导、社会发展、农业领域等各行各业成就与变革的作品，映射出神州大地发展的勃勃生机，为新时代留下真实鲜活的影像。网络动画片方面，涌现出一批有情怀有温度的口碑佳作，《血与心》《辫子姑娘》《下姜村的共同富裕梦》等，展现出一幅幅中国人民从站起来、富起来到强起来的奋斗画卷。

三是精品内容自主创新力度加大，配合剧场化类型化制播布局，打造欣欣向荣的原创内容生态。"原创""精品"已成为网络视听内容建设重要标识，各平台着力从版权合作为主向创新自制转型。爱奇艺过去两年对原创内容投入近 200 亿元，在每年上新的重点剧集中，原创内容占比从 2018 年的 20%，提升至 2022 年的 50% 以上①。同时更加注重精品内容制播的协

---

① 数据来源：爱奇艺。

同性，注重在剧集体量、新片排播、类型聚合等方面呈现整体性、规模化。如爱奇艺推出"迷雾剧场""恋恋剧场"，腾讯视频推出"十分剧场"，芒果TV推出"季风剧场"、优酷推出宠爱、悬疑、合家欢、都市和港剧五大剧场等，积极探索"剧场"内容定制化创作，分类集聚类型化内容。与此同时，一些平台通过后验激励、升级分账等合作机制，升级内容制作体系，打造"自制精品+多元合作"的双驱动模式，在不断加强自身创作能力的同时，推动内容制作体系跨越式提升。

（三）产业发展势头好韧性强，从"稳运行"向"强运营"升级

视听新媒体行业着力以内容精品化、服务多元化、运营生态化夯实发展基础，积极与实体经济各行业深度融合相互赋能，创造新场景新模式，拓展新业务新领域，推进产业创新升级，实现强势发展。

一是网络视听行业展现强大发展韧性，用户规模持续扩大，行业收入快速增长。截至2022年12月，我国网络视听用户规模达10.40亿，同比增长4904万，网民使用率为97.4%。其中，短视频用户规模达10.12亿，同比增长7770万，网络直播用户规模达7.51亿，同比增长4728万。[1] 短视频和网络直播正成为拉动视听新媒体行业增长的重要赛道和强劲引擎。收入方面，网络视听服务机构总收入6687.24亿元，同比增长23.61%，占行业总收入的比例超过一半。网络视听相关业务收入[2] 4419.80亿元，同比增长22.95%。其中，用户付费、节目版权等服务收入大幅增长，达1209.38亿元，同比增长24.16%；短视频、电商直播等其他收入增长迅速，达3210.42亿元，同比增长22.51%。[3] 据悉，2022年以来，爱奇艺连续四个季度实现运营盈利，全年运营利润22亿元，实现大幅逆转[4]。bilibili全年实现营收218.99亿元，同比增长13%。其中，"增值服务"营收为87.15亿

---

① 中国网络视听节目服务协会，《中国网络视听发展研究报告（2023）》，2023年3月。
② 网络视听相关业务收入指广播电视和网络视听机构开展与互联网视听相关业务的各项收入，包括网络视听节目服务收入（版权收入、用户付费收入等）、其他网络视听收入（短视频收入、电商直播收入等）。
③ 数据来源：2022年全国广播电视行业统计公报。
④ 数据来源：爱奇艺。

元，同比增长 26%；"电商及其他"全年营收为 30.96 亿元，同比增长 9%。① 快手 2022 年第三季度总收入达 231 亿元，较 2021 年同期 205 亿元增长 12.9%，经营利润超 3.75 亿元，环比增长近 3 倍。② 2022 年网络视听行业积极克服疫情影响，产业发展稳中向好。

二是新业态新服务创新升级，打造新商业模式。依托互联网和数字经济发展，视听新媒体行业积极开掘新消费、新模式。如探索 DTC（Direct-to-Consumer）直达消费者模式，平台和用户、内容生产者和广告主、创作者和品牌方等全面联动，有效利用平台公共服务能力实现自身诉求。爱奇艺推出的"云影院"成为 DTC 典型应用，通过片方自主定价、用户单片付费的分账模式获得相应票房收益。芒果 TV 上线会员定制综艺，推出"纳凉季""甄选季"等主题季整合营销活动和向往卡、密逃卡、天下长河卡等 IP 限定卡，满足不同消费群体需求。快手上线"理想家业务"，打造基于"房产主播促进新房交易"的新型房产经纪模式，实现"短视频/直播内容分发—用户消费—线索—报备—成交—结佣"全流程服务，推动内容与商业创新融合。喜马拉雅开拓 PUGC 模式，让"好内容"融入"好声音"，构建内容创作体系和主播培训机制，开启"知识付费"模式，以优质内容引领用户增长，探索移动音频行业"耳朵经济"。

三是视听新媒体与实体经济强效耦合，跨界延伸价值链产业链，构建泛内容跨生态体系。一方面依托文旅融合，创新线上线下沉浸式体验，不断扩大视听内容的消费深度和商业想象力。2022 年《梦华录》在长沙推出主题沉浸式集市，以《梦华录》故事背景为基础，高度还原剧集内大宋汴京的街市风貌。优酷在《长安十二时辰》带火西安旅游后，又与昆山市政府联合打造周庄数字梦工厂、影视基地，创新线下消费场景，将视听内容向特色文旅拓展。另一方面，不断拓展新赛道，探索各类视频的商业闭环，由视频内容孵化相关衍生品，形成新的消费市场。湖南广电打造"新潮国

---

① 数据来源：bilibili。
② 数据来源：快手。

货内容电商平台"小芒APP，推动爆款IP实现商业价值，其从"名侦探"IP衍生出的棒球服成为全网单品销量爆款。

（四）国际传播水平效能持续提升，短视频成为重要出海形态

2022年各视听新媒体平台大力拓展国际传播新媒体阵地，构建对外话语体系，探索一条从内容出海到平台出海，从作品出海到IP出海的发展之路。

一是着力原创内容、节目模式出海，增强中华文明传播力影响力。2022年内容和IP出海势头强劲，主旋律作品日益受到海外观众关注，促使海外观众对中国历史和代表性人物产生浓厚兴趣；现实题材作品走入更多观众视野，展现真实多彩的中国社会风貌；青年题材作品出海成为中外青年交流互鉴的重要载体；古装历史题材成为传播中华美学精神的重要渠道，向世界进一步彰显中国文化自信。其中，爱奇艺剧集《苍兰诀》被奈飞购入海外版权并向全球发行，受到海外用户广泛喜爱。bilibili《时光代理人》《百妖谱》《仙王的日常生活》等20余部中国原创动画作品在海外上线，覆盖全球200多个国家和地区。2022年优酷超过1200部、1.1万集节目版权发行到海外，《这！就是街舞》越南版播出，实现网络综艺节目模式出海。

二是打造海外传播矩阵，平台账号广泛覆盖。海外传播正依托国际版、海外社交账号由"在地"传播向"飞地"传播深入拓展，形成"走出去"与"走进去"双重叠加的海外传播态势。爱奇艺国际版2022年上新500多部作品，提供7000余小时优质娱乐内容，推动华语文化输出。优酷开设国际版APP，形成重点运营YouTube平台17个频道，同步分发亚马逊、VIKI等播出平台，辅以Twitter、Meta、Instagram等社交媒体的传播矩阵，收获大量海外粉丝。芒果TV国际APP海外用户超1亿，业务覆盖195个国家和地区，字幕涵盖了英语、越南语等18种语言。央视网海外社交账号累计粉丝及订阅用户数超过1亿，国际传播品牌"熊猫频道"通过"好感传播"弘扬中华文化，Facebook英文账号互动率居全球主流媒体前二。

三是短视频成为内容出海重要载体，在国外掀起短视频"中国风"。一些视听新媒体机构积极搭建短视频国际传播平台，把具有中国特色、中国基因、中国智慧的短视频传递给海外用户。快手打造了 Kwai 和 Snack Video 两款短视频应用，前者主要是拉美和中东市场，后者主要是东南亚市场，海外业务遍布世界 30 多个国家。具有中国本土特色、中华传统文化美学的泛文化短视频成为重要出海内容，越来越多的外国网友通过小屏走近中国。如"滇西小哥"阳春采花炊饼，盛夏摘果酿浆，四季三餐，花草入食，引发海外网友热烈点赞，在 YouTube 单期视频播放量达千万次。越来越多的"洋面孔"也面对镜头侃侃而谈，将中国的民俗风情和文化生活记录下来，以短视频架起跨文化交流的桥梁。

四是国际合作合拍持续加强，"造船出海"打开国际市场。2022 年网络纪录片、网络动画片、网络综艺成为国际合制的热点领域。据悉，2022 年中外联合制作、出品的网络纪录片共 19 部，其中涉及 19 家国内机构和 28 家境外机构。国内机构主要以腾讯视频、优酷、bilibili 等头部网络视听平台为主，其参与制作、出品的中外合作网络纪录片共 13 部。[①]

腾讯视频还在动漫领域探索国际合制，推出由 4 位海内外知名动画导演联合制作的国际化作品《TAISU project》，首次与海外顶级工作室深度联合制作 3D 动画《吞噬星空》，向观众展示当前科幻动画的顶尖画面水准。芒果 TV 与越南国家电视台达成战略合作，完成原创节目模式《小巨人运动会》授权，与老挝国家电视台（LNTV）签署战略合作意向书，进行内容合拍合制。通过国际合作合拍集聚全球资源力量，打造具有融通世界话语的视听作品，构建起中外文化交流互鉴的桥梁。

（五）视听新技术创新应用，推动行业迭代升级

文化科技成为"十四五"时期文化产业创新发展的引擎，网络视听行业也成为文化科技重要的"孵化器"与"试炼场"。2022 年 AIGC、虚幻引擎、CG、动捕以及实时渲染等技术广泛应用，不断提升制作效率和场景质感，高效赋能网络视听内容、服务和工业化水平迭代发展。

---

① 数据来源：国家广播电视总局监管中心。

一是新技术赋能新内容，使内容创新影响力更大。2022年芒果TV跨年演唱会呈现芒果元宇宙新成果，将虚拟视觉与科技舞台完美结合，创新演绎形式实现破圈传播；《声生不息·港乐季》采用"一镜到底"，《披荆斩棘第二季》采用光芒超高清云制播技术，创造出高质感的视觉效果。腾讯视频不断推动虚幻引擎、CG、动捕、实时渲染等技术在剧集和动漫领域应用。爱奇艺制作完成的商业剧集《狐妖小红娘 月红篇》，借助虚幻引擎实时工具，将数字场景投映到LED屏幕上，让演员在虚拟场景前表演，摄影机同步拍摄，实现"所拍即所得"。新技术为网络视听内容创新插上腾飞的翅膀，大量奇观性、震撼感、沉浸式的网络视听文艺作品频频涌现。

二是新技术赋能新服务，打造网络视听新体验。技术对服务的赋能走上新高度，不断提升用户的操作体验、观看体验、使用体验，增强用户黏性和视听获得感。快手推出24小时无人值守智能电商直播间，通过虚拟人自动化开播，延长直播时间、定制直播形象、零成本开播。腾讯视频推出"一起看"、高品质音画组合"臻彩视听"等功能，为用户带来新鲜的体验、超越性的视听感知。优酷通过图像算法修复、细节再生AI等方式，修复了一批经典影视和国漫作品。bilibili针对色弱人群上线了色觉优化功能、短视频智能字幕等功能，面向残障人士，推出多项无障碍功能，等等。视听新技术在行业加速应用，优化使用场景，升级服务水平，推动网络新视听普惠共享。

三是新技术赋能新工业，实现影视工业迭代升级。随着人工智能、大数据、云计算等新兴技术发展，网络视听逐步搭建起新型工业化体系，推动影视工业向流程化、平台化、智能化升级。优酷推出虚拟拍摄、项目管理、影视资产管理等全流程服务，其"帧享"数字化制作，可打破场景限制，相比绿幕拍摄，窗外戏节省成本超50%，车外戏效率提升70%。爱奇艺搭建了影视工业化支撑系统，进行商业指标预测分析、影视制作流程规范管理，以辅助影视工作者提高效率，推动影视行业从决策、管理到制作、分发全流程转型升级。值得一提的是，AI技术正成为撬动网络视听行业跨越发展的新风口。网络视听创作正由 UGC、PGC 等人类生产内容向全新的人工智能生产演进，以生成式 AI 为代表的 AIGC 技术的通用化能力和工业化水平快速提升，推动影视拍摄技术和虚拟现实技术的相互赋能，AI 视频美容、AI 动漫、AI 修复、AI 建模等一系列基于 AIGC 的应用场景和服务被广泛应用。

（六）行业管理制度建设更加完善，行业治理和引导指导力度加大

"网络空间是亿万民众共同的精神家园"。2022 年网络视听领域行业不断完善机制、加强管理、明确责任边界，出台一系列规范性制度文件，治理力度持续加大，管理效度进一步提升。

一是强化制度建设，进一步规范网络剧片内容创作生产秩序。修订完善《网络短视频内容审核标准细则》，印发《规范网络直播打赏 加强未成年人保护的通知》《加强网络视听节目平台游戏直播管理的通知》《网络主播行为规范》《关于加强线上演唱会播出管理的通知》等一系列规范性文件，引导行业热点领域健康发展。围绕网络剧片内容建设，出台了《进一步加强网络视听节目内容安全管理的工作方案》，明确内容管理重点任务及内容审核片名关、导向关、内容关、人员关、审美关、片酬关、播出关、宣传关等 8 关，确保内容安全。发布《国家广播电视总局办公厅关于国产网络剧片发行许可服务管理有关事项的通知》，启动网络剧、网络电影、网络微短剧、网络动画片行政许可管理，设计启用"网标"，网络剧片创作生产和传播走上法治化轨道。发布《国家广播电视总局办公厅关于进一步加强网络微短剧管理 实施创作提升计划有关工作的通知》，明确微短剧概念、界定时长、重申对平台和内容的管理规定等，对创作提升微短剧这一文艺新样态进行顶层设计和全流程谋划。

二是深入开展突出问题专项整治，打造天朗气清的网络视听环境。围绕中央关于文娱领域综合治理、"清风行动"等专项工作部署，国家广播电视总局开展了违规短视频和账号专项治理、网络视听节目中不规范语言文字问题专项治理、"小程序"类网络微短剧专项治理等专项工作，有力净化网络视听空间。针对出现的刑满释放人员通过短视频和网络直播博取流量等违规问题，组织重点网络视听平台立查立改，全面排查清理。为防范未成年人沉迷网络视频，在各平台推广完善"青少年模式"，提高未成年人保护水平。围绕保障党的二十大网络视听氛围，全国范围实施了"清朗视听"内容安全专项检查，强化动态安全保障。

三是加大网络视听节目管理和政策服务指导力度，促进行业健康发展。2022年网络视听管理机构积极更新观念、理清思路、强化举措，坚持"强管理、帮规范，重扶持、慎处罚"，对网络视听平台做好管理和服务引导，推动行业实现良性循环、高质量发展。推动实施网络剧片发行许可制度，促进提升网络剧片制播规范化、标准化、精品化水平。加强立项播出调控，制定网络视听节目"立项调控表"和"播出调控表"，确保现实题材比例不低于60%。组织召开网络视听宣传例会和网络视听节目创作指导例会，强化宣传引导和创作指导。设立"重点网络综艺节目制作计划月度报备制度和重点网络综艺节目主要嘉宾遵纪守法承诺制度"，关口前移，加强前置管理。开展重点网络剧片、重点网络综艺的立项审核，以及完成片审核，把好创作播出关口。

三、视听新媒体行业未来发展展望

2023年是全面贯彻落实党的二十大精神的开局之年，也是实施"十四五"规划承上启下的关键之年。面对新时代新征程的新任务新要求，视听新媒体行业需要深入研判形势、科学把握机遇，在前进过程中攻坚克难、行稳致远，在新的起点上坚持深化改革、加强创新驱动，持续推动行业高质量发展，有力推进文化自信自强，奋力开创事业产业发展新局面新辉煌。

（一）视听新媒体行业面临的新形势

服务党和国家工作大局、战略发展的要求更高，效果要求更深远。习近平总书记强调"当高楼大厦在我国大地上遍地林立时，中华民族精神的大厦也应该巍然耸立"，视听新媒体则是这幢大厦不可或缺的建设者、铸造者，以新视听铸就社会主义文化新辉煌的任务艰巨、使命光荣。近年来，视听新媒体行业始终坚持正确政治方向，丰富优质精神文化供给，助推社会主义核心价值观广泛传播，网络视听生态持续向好，但对标高质量发展要求，视听新媒体发展仍存在一些薄弱环节，亟待提升改进。亟待加速融入社会主义文化强国、网络强国、数字中国等战略发展大局，为社会主义现代化强国建设注入精神动力，铸造时代之魂。

媒体融合走向新阶段，进入智能媒体时代。当前，传播方式、信息技术、媒体格局、视听生态在发生深刻变化，互联网进入 3.0 时代，这对视听新媒体既是挑战、也是机遇。全程媒体、全息媒体、全员媒体、全效媒体在不断加快演进，媒体深度融合已经初见成效，但与全媒体建设的高质量要求相比，仍有一定差距。对传统媒体而言，要加快和新兴媒体深度融合发展，对广电媒体而言，要全面挺进网络视听领域，最终实现大屏、中屏、小屏间的联动融合传播，满足用户跨屏、跨域、跨网、跨终端无缝衔接服务的需求，构建新时代全媒体传播体系。

人民群众的精神文化需求日益多元化、精细化、对象化、泛在化，内容创新和优质供给要求更高。这就必然要求视听新媒体行业推出更多增强人民精神力量的优秀作品。客观地讲，经过这些年的发展，视听新媒体行业推出的视听节目在数量与类型上是海量且丰富的，较好满足了人民群众的精神文化需要，其中也涌现出一批反映现实生活、讴歌时代精神、创新创作手法的精品力作，但是"叫好又叫座"的扛鼎之作相对不多，一些新业态下的新兴视听节目良莠不齐，视听新媒体节目的内容品质需要进一步提升。

新一轮信息革命浪潮，带来技术路线革命性变化和生产模式突破性创新。文化和科技加快深度融合，5G、大数据、云计算、物联网、人工智能、区块链、VR/AR 等新技术导致视听新媒体领域生产传播方式发生深刻变化，给视听新媒体工作带来新的挑战与机遇。新一代信息技术将在视听生产传播全部环节加速渗透、融合应用，从生产创作的数字化制作与智能化管理，到宣传传播的一键生成与分发，5G、云计算、大数据、人工智能等新技术已经在我国视听新媒体领域大规模广泛应用，赋能视听新媒体产业的现代化发展。

经营创收压力增加，产业延链强链补链要求更高。视听新媒体发展呈稳中向好态势，不同类型的视听新媒体在经营上采取差异化发展策略。受一些不利因素影响，很多视听新媒体的经营、竞争与创收压力较大，但其主动通过聚焦主业并采取收缩战略、实施降本增效措施减少亏损幅度、探索新的商业模式提高营收等多元手段突破现有困难、阻碍与瓶颈，取得一定积极效果。当前，视听新媒体在长视频、短视频、中视频、直播、音频等领域呈现联动融合态势，进一步构建现代化大视听发展格局，涉及方方面面，需要产业链上更多主体的共同参与、协同发力，相关市场潜力有待进一步激发。

网络综合治理更加紧迫，亟须加快营造良好视听新媒体环境。我国网络视听用户规模已经突破10亿，占总体网民规模的九成以上，网络视听成为第一大互联网应用，视听新媒体节目数量多、覆盖广、影响大，这对行业主管部门提出了更高的要求。当前，视听新媒体管理取得积极成效，行业综合治理体系不断完善，视听新媒体生态不断改善，但距离形成科学完善的综治体系仍有一定差距，在切实提升精准管理多元化视听新媒体节目水平、持续健全视听新媒体机构人员综合治理体系、不断加强视听新媒体阵地管理等方面还有进步提升的空间，要进一步创新视听新媒体管理体制机制，运用法治思维和法治方式，提升视听新媒体治理能力现代化水平，加强系统治理、依法治理、综合治理、源头治理，推动形成良好的视听新媒体生态。

国际舆论话语权建构形势更严峻，面临蛊惑人心的文化霸权。放眼全球，百年未有之大变局加速演进。随着综合国力的不断增强，中国日益走近世界舞台的中央，成为国际舆论的关注焦点。与此同时，世界上一些国家掀起的单边主义、孤立主义、保护主义沉渣泛起，并在思想舆论上对中国进行渗透和围攻，给中国国际舆论话语权和国家形象构建带来严峻挑战，澄清谬误、明辨是非、展示形象、凝心聚力的任务更加艰巨。视听新媒体作为新时代重要的宣传阵地和文化载体，讲好中国故事的能力不断提升，在国际传播工作中已经并将继续发挥重要作用，必将为推动构建人类命运共同体作出更大贡献。

（二）视听新媒体行业未来发展思考

加强和改进舆论引导，提高新闻舆论传播力、引导力、影响力、公信力。当下，媒体深度融合发展的步伐加快，做大新时代正面宣传、做强新时代主流思想舆论，不仅需要广播电视媒体主动作为，也需要网络视听媒体共同努力。全行业各领域各平台各主体要高举思想旗帜，坚持马克思主义新闻观，深化视听新媒体"首页首屏首条工程"建设、深入实施短视频"首屏首推工程"，有效整合各种媒介资源、生产要素，在重大主题、重要时间节点和重大事件宣传中，精心组织、同向发力、同频共振，强信心、聚民心、暖人心、筑同心，不断打造传播新优势，进一步增强做优宣传实效，唱响主旋律、传播正能量，持续巩固壮大主流舆论，发展积极健康的网络文化。

深耕内容建设、加强精品创作，繁荣视听新媒体节目创作生产。内容生产是视听新媒体发展壮大的关键环节，精品力作是视听新媒体发挥影响的核心载体。全行业全系统一方面要切实提升精准管理多元化视听新媒体节目水平，进一步提高组织化管理程度，以项目库、精品库与创作工程、传播工程等为管理抓手，强化在题材规划、扶持引导、拍摄制作、审查播出、推优评优、宣传推介等各环节的管理与服务，完善全流程协调引导评价机制，加强对重点视听新媒体创作节目的全过程调控与全流程质量管理，提高创作生产的规划力、引导力、组织力；另一方面要坚持以人民为中心的创作导向，推出更多增强人民精神力量的优秀视听新媒体作品，在网络剧、网络电影、网络微短剧、网络综艺、网络纪录片、网络动画片、网络音频节目、网络直播节目与网络短视频等领域内按照思想精深、艺术精湛、制作精良的要求，打造一批标志性精品内容，推动视听新媒体节目量质齐升。

强化新一代信息技术的支撑引领作用，推动科技赋能行业发展。当下，新技术新应用正重塑视听新媒体行业发展模式和格局。面对新技术新形势下的挑战与考验，全行业要紧跟信息化发展趋势、紧盯科技前沿、聚焦重点领域，加强制约视听新媒体产业发展的共性关键技术研发，更好地以先进适用技术建设视听新媒体行业，加快综合运用大数据、5G、云计算、人工智能、区块链、IPv6、超高清等新技术，推动高新视频、沉浸式视频等新一代视听产品的普及与应用，推进"思想+艺术+技术"成为新范式，促进内容生产和传播手段现代化；同时贯通内容生产传播价值链和信息消费产业链，推动内容制播品牌化、聚合化、产业化，强化应用场景创新，积极拓展视听新媒体产品与服务，深度开发衍生品市场，链接多元化消费场景，延伸产业链，找寻视听产业新增长点，推动产业向"数智化"转型，促进构建现代化大视听全产业链发展格局。

更好统筹发展和安全，筑牢视听新媒体行业安全底线。目前，视听新媒体系统越来越复杂，视听内容与业务的时效性较强、互动性频繁、开放性增大、多样性增强，安全形势日趋复杂。全行业全系统各主体要始终紧扣安全这一基本前提，坚持内容安全和技术安全"两手抓、两手硬"，加强对重点平台、重要部位、重大活动、重要节点、重要保障期安全防护，抓好播出安全、网络安全、阵地安全、设施安全、生产安全。一方面进一步完善网络视听监测监管体系建设，聚焦网络安全重点领域，坚持常态化督导与全时段监测，定期开展对持证备案网络视听平台安全检测，指导相关视听新媒体强化内容防控机制、健全总编辑内容安全报告制度、优化技术排查手段，有效防范化解各类风险挑战；另一方面着力健全违规网络视听内容的综合治理机制，加大对违法违规视听内容的打击力度，制定完善违规视听新媒体和违规视听节目线索举报、移送、查处的统一规定，明确相关职能部门职责及信息共享机制，不断提高对违规视听新媒体和违规视听节目发现查处率。

加强国际传播能力建设，提高国际舆论话语权、提升国际舆论引导力。实践有力证明，传播力决定影响力，话语权决定主动权。全行业要以讲好中国故事为着力点，不仅能用中国人自己的语言展示真实、立体、全面的中国，也能善用国际语言向世界传播中国的声音，展现可信、可爱、可敬的中国形象，进一步丰富传播内容，打造精品内容国际传播矩阵，通过优质内容提升国际传播效能，助力构建中国话语和中国叙事体系；同时创新推进国际传播工作，有重点、有计划、有针对性地开展国际传播，发挥好视听新媒体平台、短视频等新兴领域与服务模式在国际传播的重要作用，推动更多视听内容实现跨终端、跨渠道传播与社交化运营，提高海外综合覆盖能力，加强对外文化交流和多层次文明对话，以交流合作促进国际传播的多元化，深化中外文明交流互鉴，助力扩大中华文化影响力。

（执笔人：王羽、索东汇）

B. II

导向与管理

B.2 立足新起点 奋楫再出发
精心谋划构建网络视听繁荣发展新格局

聂辰席*

2022 年是党的二十大胜利召开之年，在以习近平同志为核心的党中央坚强领导下，网络视听高举旗帜，勇担使命，自信自强，积极作为，砥砺奋进，全行业紧扣学习宣传贯彻落实党的二十大精神主线，深刻领悟"两个确立"的决定性意义，增强"四个意识"、坚定"四个自信"、做到"两个维护"，在矢志奋斗中谱写了网络视听繁荣发展新篇章。

一、凝心聚力、乘风破浪，网络视听创造发展新业绩

一年来，网络视听坚持高站位，从全局高度扎实谋划推进各项工作，在主题主线宣传、服务党和国家大局、推动精品内容创作、开展行业治理等方面呈现新亮点、再创新业绩。

（一）主题主线宣传浓墨重彩、深入人心

2022 年，网络视听着力巩固壮大网上主流思想舆论，旗帜鲜明坚持正确的政治方向、舆论导向、价值取向和审美趣向，特别是在党的二十大重大主题宣传中，网络视听精心谋划、周密部署，网上网下同向发力、同频

---

* 聂辰席，全国政协常委、全国政协文化文史和学习委员会副主任，中国网络视听节目服务协会会长。

共振，各视听平台调动、汇聚最优质资源，及时有序推出专题专栏、系列报道、融媒体产品、主题作品等，形成主题主线宣传强大声势，在全社会持续营造出同心共学党的二十大精神的浓厚氛围。在 2022 年春节期间，继视听新媒体"首页首屏首条工程"之后，再次创新性实施短视频"首屏首推工程"，实现了习近平总书记重要思想、重要活动、重要讲话内容在短视频平台"天天见、天天新、天天深"；2022 年 7 月至 10 月，举办了"我们的幸福生活"短视频征集展示活动，推选出一批主题鲜明、导向正确、正能量充盈的短视频，充分展现了党的十八大以来，在习近平新时代中国特色社会主义思想指引下，党和国家各项事业发生的历史性变革、取得的历史性成就，人民群众不断增强的获得感、幸福感、安全感；2023 年春节期间，网络视听举全行业之力成功举办"奋进新征程——2023 中国网络视听年度盛典"，奉上一场有文化、有血性、有情怀、有品格的视听盛宴。盛典聚焦党的十八大以来十年伟大成就，坚持以人民为中心的创作导向，热忱描绘新时代宏伟气象，充分发挥网络视听"思想+艺术+技术"的独特优势，用丰富多样的视听语言和节目内容呈现了新征程的壮阔蓝图，在喜庆、向上、青春、团结的氛围中，奏响了学习宣传贯彻党的二十大精神的大合唱，展现了网络视听自信自强、团结奋进，用更多精品节目铸就新辉煌的昂扬风貌。播出后，盛典全网触达 18.86 亿次，短视频播放总量 8.53 亿次，讨论量超 3100 万，在社会上引起热烈反响，人民日报、光明日报、中国军网等主流媒体均刊发了文章，对盛典予以高度评价。

（二）服务党和国家大局坚定有力、担当作为

网络视听坚持以习近平新时代中国特色社会主义思想为指导，紧紧围绕党和国家工作大局，更加深刻地认识到新时代网络视听工作的价值所在、责任所在、担当所在，积极融入国家重大战略部署，自觉把举旗帜、聚民心、育新人、兴文化、展形象的使命任务融入网络视听工作全过程。在服务构建新发展格局上，网络视听机构充分发挥行业优势，积极开展"视听+"等新模式，特别是短视频、直播等，作为新兴的网络视听业态，广受网民喜爱，已成为新闻、政务、电商、影视等领域的新标配，在助力宣传报道、传播政务信息、普及各类知识、丰富休闲娱乐、促进线上消费等方面发挥了积极作用，已成为传播党的声音，弘扬社会主义先进文化的重要前沿，成为筑牢政治安全、意识形态安全和文化安全的重要阵地，成为发布国家重要新闻、权威解读政策法规和广大网友沟通交流、传递人民心声的重要渠道，展现了网络视听发展新气象、大格局。

（三）网络视听节目创作守正创新、硕果累累

2022 年，网络视听主动出题谋划，集中全行业资源力量抓创作，视听作品精品化程度明显提高，一批思想精深、艺术精湛、制作精良的网络视听作品成为网络空间关注焦点，收获高收视和好口碑，不断满足人民群众多样化、多层次、多方面的精神文化需求。特别是 2022 年 6 月，网络剧片（包括网络剧、网络微短剧、网络电影、网络动画片）发行许可制度正式实施，进一步激发了网络视听内容创新创优活力，为行业注入了强大信心，为网络视听作品高质量发展奠定了坚实基础。同时，依托网络视听节目精品创作传播工程、年度和季度优秀网络视听节目推选活动、"弘扬社会主义核心价值观　共筑中国梦"主题原创网络视听节目推选及展播活动、"中国经典民间故事动漫创作工程（网络动画片）重点扶持项目""我们的幸福生活"主题短视频征集展示活动等，持续推动新时代网络视听精品创作，涌现出《领袖的足迹·2022》《这十年》《这十年·追光者》《这十年·幸福中国》《这十年·追光之夜》等重大主题网络视听作品，以及网络剧《冰球少年》《血战松毛岭》《你安全吗?》《开端》，网络电影《藏草青青》《排爆手》《勇士连》《黑鹰少年》《特级英雄黄继光》《抬头见喜》，网络纪录片《国医有方》《与丝路打交道的人》《闪耀吧！中华文明》，网络综艺节目《声生不息·港乐季》《2022"中国节日"系列节目》，网络动画片《中国奇谭》，网络音频节目《人生海海》等一批具有中国特色、弘扬中国精神、展现中国创造、凝聚中国力量的网络视听精品佳作。

（四）行业治理协同发力、成效显著

一年来，网络视听深入贯彻党中央决策部署，坚持依法治理、源头治理、综合治理、系统治理，不断完善监管机制，针对网络微短剧、短视频、网络直播、互联网电视等出台了一系列制度措施。为切实加强网络直播行业规范，营造未成年人健康成长的良好环境，2022年，出台了《广播电视和网络视听领域经纪机构管理办法》《网络主播行为规范》，印发了《规范网络直播打赏 加强未成年人保护的意见》《加强网络视听节目平台游戏直播管理的通知》等一系列规范性制度文本。同时，开展网络视听节目语言文字使用不规范问题专项治理；开展"小程序"类微短剧清理整治；针对出现的刑满释放人员通过短视频和网络直播博取流量等违规问题，迅速部署组织重点网络视听平台立查立改，全面排查清理；研究部署加强短视频管理、防范未成年人沉迷等工作。持续创新管理理念思路，加强短视频建设和管理，推进短视频内容建设、融合传播、优质供给、许可准入、日常监管、专项培训、法规制度、算法管理等各项重点任务落实，督促各平台持续完善"青少年模式"，提高未成年人保护水平。这些工作有力地推动网络生态持续向好，为网络视听健康发展提供了有力支撑保障。

二、坚持以党的二十大精神为引领，忠实履行新时代新征程网络视听使命任务

党的二十大为我国未来发展擘画了宏伟蓝图。党的二十大报告对文化强国建设作出新部署，明确提出"建设具有强大凝聚力和引领力的社会主义意识形态""繁荣发展文化事业和文化产业"等重要任务。这是以习近平同志为核心的党中央着眼长远、把握大势作出的重大部署，也是网络视听谋划、推进工作的出发点、着眼点。我们要全面学习、全面把握、全面落实党的二十大精神，切实把思想和行动统一到以习近平同志为核心的党中央决策部署上来，坚持守正创新，勇于担当作为，引领和推动网络视听更好满足人民对美好生活的向往、更好服务党和国家工作大局。

一是要深入学习贯彻党的二十大精神，把党的二十大精神落实到网络视听工作全过程各方面。站在承前启后、继往开来的新时代新征程的历史

新起点上，网络视听要把学习宣传贯彻党的二十大精神作为首要政治任务，坚持不懈用习近平新时代中国特色社会主义思想武装头脑、指导实践、推动工作，扎实组织全行业开展学习培训，开展多方面宣传、立体化宣讲、大力度阐释，做到入脑入心、学深悟透。要在实践中下功夫，求真务实、真抓实干，将党的二十大精神与网络视听实际工作相结合，以抓铁有痕、踏石留印的韧劲把党的二十大作出的重大决策部署付诸行动、见之于成效，在全行业吹响学习宣传贯彻党的二十大精神的集结号。

二是要牢牢把握主题主线，唱响新时代新征程主旋律最强音。网络视听工作是宣传思想工作的重要组成部分，处在意识形态斗争的主阵地、主战场、最前沿，政治责任十分重大。要坚持以习近平新时代中国特色社会主义思想为指导，牢牢把握党在意识形态领域的领导权、话语权，做大做强正面宣传，持续巩固壮大主流舆论，为实现中华民族伟大复兴的中国梦提供有力舆论支持和强大精神力量。要全面增强主流舆论宣传机制，以平实务实、精准精确、高质高效的原则进一步做好党的二十大精神宣传。持续做好视听新媒体"首页首屏首条工程"、短视频"首屏首推工程"，用心用情用功做好习近平总书记重要思想和领袖形象的视听传播，让新思想在各视听平台"热榜置顶、常刷常新"。要以创新擦亮网络视听品牌，办好中国网络视听大会、网络视听年度盛典，广泛凝聚行业力量，进一步团结引领网络视听全行业坚定信心、创新开拓、实干笃行，在新时代新征程上实现新跨越。

三是要加强精品创作扶持，着力推动行业高质量发展。加强统筹规划，按照"主动出题、动态引领、梯次推进、持续打造、重点突破"的思路，加大力度扶持、激励网络视听创作生产高质量的视听内容，不断推出讴歌新时代、讴歌人民的网络视听精品力作，让正能量有大流量，让好作品走出去，充分发挥示范引领作用，带动整个行业高质量发展。要不断健全网络视听精品创作规划引导和扶持机制，积极助力文化文艺人士运用短视频、直播等网络视听平台讲好中国故事，传播好中国声音，切实提升网络视听内容整体品质，做好"我们的新征程"主题视听作品征集展示活动，谋划创立网络视听节目节、网络直播技能大赛、"中国节日"网络视听创意创作行动，发布网络视听节目及创作者综合评价指数——金橙指数，积极鼓励扶持网络微短剧创作等。以创新思路、创新理念、创新机制、创新品牌助推网络视听文艺发展再创新佳绩。

四是要持续推动创新，着力培育新业态、新技术、新模式。当前，视听技术快速发展，不断为内容生产蓄力赋能，在这一发展背景下催生了一大批新的网络视听文艺类型，打开了网络视听新的创作表达空间，也带来了文艺观念和文艺实践的深刻变化。网络视听要深刻把握网络视听工作是具有"思想+艺术+技术"特点的政治工作这一职责定位，坚持守正创新、稳中求进，积极推动运用大数据、人工智能、VR/AR、元宇宙等技术，拓展网络视听文艺内容形态和模式，发掘内容创新空间，实现思想和技术、艺术的有机融合，为人民群众提供更为多样、更具特色、更高质量的优秀网络视听作品。同时针对网络视听新业态、新技术、新模式等，坚持审慎包容、鼓励创新，努力构建现代化大视听格局，推动网络视听新业态新模式在发展中规范、在规范中发展。

五是要强化社会责任意识，深入推进行业自律。切实发挥行业协会职能，配合协助行政主管部门做好网络视听行业的监督监管、自教自律和服务培育等工作，使传播主流舆论、主流价值成为网络视听行业自觉。探索建立合理的预警、惩戒机制，不断优化网络视听行业生态环境。完善行业自律机制，推动网络视听行业各主体履行社会责任，健全社会责任管理体系，充分发挥网络视听在技术、内容、传播等方面的优势，积极服务发展大局，积极开展文化推介、社会公益活动，积极传播健康有益、符合社会主义核心价值观、体现时代发展和社会进步、弘扬社会主义先进文化和中华优秀传统文化的正能量内容。进一步完善未成年人保护机制，指导短视频平台持续优化"青少年模式"，推动平台对"青少年模式"内容进行科学分类，对未成年人视听内容创作进行更加细致、全面的规定。持续加强人才培训，大力引导行业从业人员锤炼政治品格、提升能力素质，履行社会责任，恪守职业道德，促进行业健康有序发展。

新征程是充满光荣和梦想的远征，蓝图已经绘就，号角已经吹响。站在新的历史起点上，网络视听要立足"两个大局"，铭记"三个务必"，心怀"国之大者"，不忘初心、牢记使命，踔厉奋发、勇毅前行，以永不懈怠的精神状态和一往无前的奋斗姿态在新征程上续写网络视听新荣光。

B.3 守正创新，踔厉奋发
开启网络视听健康繁荣发展新征程

冯胜勇[*]

2022 年，广电总局坚持以习近平新时代中国特色社会主义思想为指导，深入贯彻落实习近平总书记关于宣传思想工作、网络强国的重要思想和关于网络视听工作的重要指示批示精神，紧紧围绕迎接学习宣传贯彻党的二十大这条工作主线，严格贯彻落实意识形态工作责任制和网络意识形态工作责任制，遵循"正能量是总要求，管得住是硬道理，用得好是真本事"，统筹发展与安全、统筹活力与秩序，管源头、管行为"两管并举"，管内容、管平台"双管齐下"，努力做到监管与繁荣并重、提正与减负并重，各方面工作取得了新进展新成效，有力服务了党和国家工作大局。

一、高举思想旗帜，坚持不懈以习近平新时代中国特色社会主义思想武装头脑、指导实践、推动工作

一是深刻领悟"两个确立"、做到"两个维护"。深刻认识到，"两个确立"是新时代党的建设最重大政治成果，是应对不确定性的最大确定性，

---

* 冯胜勇，国家广播电视总局网络视听节目管理司司长。

y

030

是全面建设社会主义现代化国家、全面推进中华民族伟大复兴的根本保证；深刻认识到，坚决做到"两个维护"，必须自觉拥戴核心、信赖核心、忠诚核心，坚定自觉在思想上政治上行动上同以习近平同志为核心的党中央保持高度一致。

二是聚焦核心，突出抓好习近平总书记重要思想和领袖形象宣传。2022年春节期间，启动实施短视频"首屏首推工程"，精心组织指导抖音、快手等重点短视频平台每日推送习近平总书记重要思想、重要工作系列短视频，全年推送习近平总书记相关短视频888部，总播放量超过173亿次，推动新思想"飞入寻常百姓家"。指导创作短视频《足迹·2022》，以习近平主席新年贺词金句为主线，充分展现习近平总书记的领袖风范、雄才大略、为民情怀和非凡魅力。

二、坚持"正能量是总要求"，用心用情用功做好党的二十大宣传，唱响新时代主旋律最强音

一是"喜迎二十大"宣传热烈浓重。深入抓好重保期"首页首屏"建设和播出调控管理，指导各大平台在醒目位置设置"喜迎二十大 奋进新征程"优秀网络视听作品展播专栏专区，在统一的专栏设置、展播标识下，通过焦点大图轮播、首页首屏呈现、动态滚屏更新等形式，集中展示、主动推送广电总局指定的优秀广播电视和网络视听节目，首页首屏聚焦主题、置顶飘红，主题专栏精品荟萃、亮点聚合，在网络视听空间营造了"喜迎二十大"的浓厚氛围。

二是"庆祝二十大"宣传覆盖广泛。按照中宣部统一部署，引导重点网络视听平台精准高效做好党的二十大开幕会转播工作，重点平台观看达到4.8亿次。大会开幕前一天，指导全国网络视听节目服务机构在"新征程"专栏下，统一将"喜迎二十大 奋进新征程"展播标识更换为新制作的"庆祝党的二十大网络视听精品节目展播"，进一步加强统筹编排，强化编播管理，压减延迟非主题类内容，在大会期间为网民奉献了一场主题鲜

明、内容丰富、精彩纷呈的网络视听盛宴。

三是短视频宣传精准高效。充分发挥短视频在主题主线宣传中的作用，通过抖音、快手等重点短视频平台和各重点网络视听平台在内的短视频宣传矩阵，每日精选发布重点内容，实现短视频主题宣传同频共振。大会开幕式后，第一时间组织推送《二十大报告金句视频来了！》等大会相关短视频16部，截至2022年10月19日点击量近5亿次。大会前后，统一推送重要时政热点和广电总局重点打造的迎接党的二十大优秀节目相关短视频1200余条，播放量近200亿次，进一步提升节目的传播力、影响力，扩大宣传效应。

三、坚持"用得好是真本事"，牢牢把握精品创作这个中心环节，努力把网络视听这个最大变量转变为广电事业发展的最大增量

1. 深耕内容建设，倾力打造网络视听精品。2022年，指导创作庆祝香港回归25周年网络综艺节目《声生不息·港乐季》，促进"人心回归"，社会反响热烈。2023年，延续"声生不息"品牌热度，打造以台湾流行音乐为主题的网络综艺节目《声生不息·宝岛季》，在海峡两岸和全球华人观众中广受好评。以重要时间节点为坐标，按照"主动出题、动态管理、梯次推进、持续打造、重点突破"的思路，指导创作播出《这十年·幸福中国》《这十年·追光者》《这十年·向未来》系列主题网络视听节目、纪实文艺节目《闪耀吧！中华文明》、网络剧《血战松毛岭》《你安全吗？》《开端》《星汉灿烂》《三悦有了新工作》《冰球少年》《青春正好》、网络纪录片《国医有方》《但是还有书籍》《与丝路打交道的人》、网络微短剧《大妈的世界》等一大批精品力作，形成了规模效应，产生了热烈社会反响。《勇士连》《特级英雄黄继光》等主旋律网络电影在2022年国庆期间热播，媒体普遍赞誉，认为网络视听主题创作传播成为国庆期间文化生活新亮点和惊喜，为党的二十大胜利召开营造了浓厚氛围。

2. 健全制度机制，为网络视听文艺迈向"高峰"夯实工作基础。 把握好网络视听节目创作生产播出的"事前、事中、事后"三个阶段，持续加强全周期管理，建立"一体主导、四轮驱动"的管理保障工作机制。"一体主导"：刚性执行一个方案。2022 年 7 月，制定出台《进一步加强网络视听节目内容安全管理的工作方案》，明确了网络视听节目内容管理的 26 条重点任务以及片名关、导向关、内容关、人员关、审美关、片酬关、播出关、宣传关等"八道关口"，将其固化到平台自审、省广电局初审和广电总局终审的具体要求和要素中，共同保障内容安全。"四轮驱动"：一是用好两个"调控"。按照"丰富题材、优化结构、提高质量、减少数量"的管理思路，每月制定网络视听节目"立项调控表"和"播出调控表"，强化前置管理，坚决遏制泛娱乐化，确保网络播出与主题宣传步调一致，网上网下氛围协调。二是开好两个"例会"。面向网络视听平台，每月召开一次网络视听宣传例会，每季度召开一次网络视听节目创作指导例会，宣贯政策，分析问题，剖析案例，部署工作，帮助平台规避风险，提升创作实效。三是建好"两个制度"。落实重点网络综艺节目选题规划月报制度、重点网络综艺节目主要嘉宾承诺制度，关口前移，进一步加强网络综艺节目管理。四是抓好"两个推优"。实施网络视听节目精品创作传播工程，开展季度、年度推优活动，树立行业标杆，引领网络视听精品创作繁荣发展。

3. 做强三大品牌，促进网络视听行业繁荣发展。 2023 年春节期间举办中国网络视听年度盛典，上半年举办中国网络视听大会，下半年举办中国网络视听精品创作峰会，充分发挥这"三驾马车"作用，突出政策引领性、行业权威性、社会公益性与产业化、市场化的有机统一，努力打造中央精神和政策的权威发布平台、网络视听创新成果展示平台、文娱领域综合治理成果展示平台、网络文艺的全产业链交流合作平台、全社会广泛参与的共享平台，激励网络视听行业同心向党、担当作为，以优异成绩迎接宣传贯彻党的二十大。

为展示网络视听行业发展成就，树立良好社会形象，连续两年举办"中国网络视听年度盛典"。每次盛典都围绕中心和大局，确定一个主题。2022年主题是"中国梦·我的梦"，旨在迎接党的二十大和"中国梦"提出10周年；2023年是"奋进新征程"，旨在落实党的二十大的部署要求。两次盛典都是采用"1+5"的结构，就是一个序幕、五大篇章。2022年，一个序幕为《中国红·正当红》，五大篇章为《中国路·百年恰风华》《中国人·我最了不起》《中国风·国潮最有范》《中国情·你让我感动》《中国梦·奋进新时代》；2023年，一个序幕为《拥抱·新时代》，五大篇章为《共绘·新画卷》《追梦·新生活》《炫动·新国风》《奋斗·新青年》《扬帆·新征程》。2022年盛典是芒果TV、爱奇艺、腾讯视频、优酷、抖音、快手、bilibili、咪咕8个平台作为承办单位，2023年盛典拓展到18个平台承办，包括学习强国、人民网、芒果TV、百视通、爱奇艺、腾讯视频、优酷、抖音、快手、bilibili、咪咕、微博、凯叔讲故事、好看视频、PP视频、喜马拉雅、斗鱼直播、腾讯音乐娱乐，涵盖了长短视频平台、直播平台和音频平台。两届盛典都是春节假期在各主要网络视听平台火热播出，2023年的盛典还分成上下部，元宵节期间在上海东方卫视重播，即使网上已经播过，东方卫视重播，两个晚间的收视率还都位列同期各卫视的前三名。2023年盛典在网络视听空间奏响了礼赞新时代、奋进新征程的"大合唱"，为广大观众奉上了一场主旋律、正能量、高品质的文化盛宴，打造了一个凝聚团结奋进力量的追光之夜、充满人间烟火气息的百姓之夜、传统新潮相得益彰的青春之夜、技艺共舞流光溢彩的创新之夜。盛典在推动重大主题艺术转化、创新呈现、破圈传播、深入人心上实现了新突破，在引领网络视听行业围绕中心、服务大局、坚持导向、共创精品上强化了工作抓手，展现了网络视听行业蓬勃发展的精神面貌。

第十届中国网络视听大会由国家广播电视总局和四川省人民政府共同主办，中国网络视听节目服务协会和成都市人民政府承办，于2023年3月30~31日在四川成都成功举办。大会以"新征程，再出发"为主题，以学习宣传贯彻党的二十大精神为主线，聚焦网络视听发展的新模式、新内容、新文化、新业态、新格局，围绕"四大平台"功能创新活动设计，举办行业发展与社会责任、网络视听高质量发展两个主论坛，以及涵盖防范未成年人网络沉迷、微短剧发展、网络公益、媒体融合发展等热点和前沿课题的 100 余场活动。大会还首次在成都宽窄巷子和"天府之肺"雅安设立分会场，让网络视听行业活动在市民中"热起来"，促进数字消费，引领社会风尚。本届大会秉承"共创、共享"理念，创新方式开门办会、整合资源，邀请国家部委、主流媒体、教学科研机构、网络视听企业等 60 余家部门单位共同参与，2000 多家业界机构、500 多位行业代表、近万位嘉宾深度参与，共同推动网络视听在新征程持续高质量发展。

首届中国网络视听精品创作峰会将于 2023 年 8 月下旬在青岛举办。峰会将深入贯彻落实习近平总书记关于文化传承发展、文艺创作的重要论述要求，以"共享大视听 精品赢未来"为主题，聚焦网络视听精品内容创作，围绕"1+1+M+N"布局，精心设计 1 个开幕式、1 个主论坛、M 个分论坛、N 个特色活动，努力将峰会打造成"政策宣讲平台、精品展示平台、业务交流平台、版权交易平台"，推动网络视听精品创作奋进新征程、建功新时代。

四、坚持"管得住是硬道理"，持续优化管理效能，风险防范能力日益增强

一是持续建立健全网络视听内容管理制度，规范网络剧片内容创作生产秩序。制定下发《国家广播电视总局办公厅关于国产网络剧片发行许可服务管理有关事项的通知》，启动网络剧、网络电影、网络微短剧、网络动画片的行政许可管理，设计并启用"网标"（《网络剧片发行许可证》），网络剧片创作生产和传播走上了法治化轨道。制定《关于国产〈网络剧片发行许可证〉发放有关工作的提示》，明确省局网络处作为属地网络剧片发行许可第一责任主体，应严把许可证发放关，加强网络剧片发行管理、播出

巡查和监管，逐步实现重点网络剧片发行许可全覆盖。制定下发《国家广播电视总局办公厅关于进一步加强网络微短剧管理 实施创作提升计划有关工作的通知》，明确了微短剧概念、界定了时长、重申了对平台和内容的管理规定、提出了11项管理创作提升措施、细化了平台和属地的管理责任，对创作提升微短剧这一文艺新样态进行了顶层设计和全流程谋划。制定《关于加强线上演唱会播出管理的通知》，将线上演唱会纳入规范管理，发挥广电总局统筹调控作用，既推动其创作繁荣，又确保其开展有序。组织建设并启用"重点网络视听节目内容审核系统"，支持平台在线上传、专家在线审核、审核意见永久存储和查询、审核工作量随时统计、审核任务分级管理等功能，进一步提升了内容审核工作的严谨性、安全性、规范性。

二是深入开展突出问题专项整治，打造清朗网络视听。贯彻落实中央文娱领域综合治理、中宣部"清风行动"等专项工作部署，卓有成效地开展了违规短视频专项治理、网络视听节目中不规范语言文字问题专项治理等专项工作，有力净化了网络视听空间。围绕保障党的二十大网络视听内容安全，在全国范围组织实施"清朗视听"内容安全专项检查，覆盖了重点平台政策指导、IPTV与OTT整治、视频点播平台治理、登记平台年度核验、非法平台专项打击、非法终端专项打击等六个方面，在党的二十大召开的前中后期持续提供强化动态安全保障，既积极稳妥，又有力有效，净化了网络视听空间。修订完善了《网络短视频内容审核标准细则》，会同有关单位印发《规范网络直播打赏、加强未成年人保护的通知》《加强网络视听平台游戏直播管理的通知》《网络主播行为规范》等一系列规范性文件，网络视听管理制度建设不断加强。

三是强化从业主体管理，规范传播秩序。深入推进"两个所有"，使党对新媒体的领导更加深入地落进管理细节和工作流程。推进网络视听平台信息管理工作，边登记、边整改、边纳入。推进网络视听新业务上线评估工作，鼓励优质短视频内容进入大屏。

四是加大政策服务指导力度，促进行业健康发展。贯彻落实党中央、国务院关于促进平台经济健康发展的决策部署，贯彻落实中央和国家工委"学查改"工作要求，按照"统筹发展和安全、统筹活力和秩序，监管和繁荣并重、提正和减负并重"的思路，对网络视听平台做到"强管理、帮规范，重扶持、慎处罚"，推动行业实现良性循环、高质量发展。

B.4　与大时代共进 与新时代同行
——网络视听行业发展及网络视听
艺术创作十年回顾

祝燕南[*]

党的十八大以来，中国特色社会主义进入新时代，网络视听行业发展步入新阶段，网络视听艺术创作迎来繁荣期。以习近平同志为核心的党中央高度重视互联网新媒体阵地建设，高度重视互联网视听技术和网络文艺给文艺形态、文艺类型、文艺观念和文艺实践带来的深刻变化，要求适应形势发展，抓好网络文艺创作生产，加强正面引导力度。在习近平总书记亲切关怀和习近平新时代中国特色社会主义思想特别是关于文艺工作的重要论述指引下，我国网络视听文艺成为社会主义文艺的重要组成部分，广大网络文艺工作者成为建设社会主义文艺的有生力量。

一、十年来网络视听行业高速发展为网络视听艺术创作提供了快车道和新天地大舞台

十年前，网络媒体从读图时代跨越式迈入视频时代，互联网视听业务迅速崛起。截至 2012 年 12 月底的统计数据，中国网民规模达到 5.64 亿，

---

　*　祝燕南，国家广播电视总局发展研究中心党委书记、主任。

其中网络视频用户达到 3.72 亿，初步具备了新兴行业发展的市场基础
条件。

中国特色社会主义进入新时代十年来，网络视听行业在我国全门类产
业中，成长为发展势头迅猛、格局调整深刻、技术迭代快速、市场张力强
劲、创新创业活跃、业态样态丰富、社会影响广泛、辐射效应较强的行业
领域之一。在中央高度重视、政策大力扶持、社会广泛参与的天时地利人
和环境中，网络视听行业茁壮成长，成为社会生活中不可或缺的重要角色，
网络视听文艺繁荣兴盛，成为社会主义文艺最活跃的全民舞台。

**一是习近平新时代中国特色社会主义思想特别是关于文艺工作的重要
讲话精神成为网络视听艺术创作的根本遵循。**2014 年习近平总书记在文艺
工作座谈会上的重要讲话发表后，在全国文艺界和宣传思想战线引起强烈
反响，这篇重要讲话举旗定向、把舵领航，为繁荣发展新时代社会主义文
化铸魂强基、立柱架梁，成为新时代指导我国文艺工作的纲领性文件。
习近平总书记 2016 年、2021 年两次出席全国文代会、作代会开幕式并发表
重要讲话，充分体现了以习近平同志为核心的党中央对文艺工作的高度重
视和对文艺工作者的殷切希望。在习近平总书记重要讲话精神鼓舞下，广
播电视和网络视听文艺战线发生了全局性、根本性转变，呈现出生机勃勃
繁荣发展新局面。

二是网络视听媒体跻身主阵地。习近平总书记多次强调"过不了互联
网这一关就过不了长期执政这一关"，作出"健全互联网领导和管理体制，
坚持依法管网治网，营造清朗的网络空间"等一系列重大政治决断，提出
"正能量是总要求，管得住是硬道理，用得好是真本事"等一系列重大政治
要求，引领网络视听行业从正本清源进入守正创新发展新阶段。特别是党
的十九大以来，网络视频应用连续 4 年成为仅次于即时通讯的互联网第二大
应用，宣传思想主阵地角色定位更加突出。

三是媒体融合发展战略为网络视听新时代新发展指明了方向。在习近平
总书记亲自擘画指导下，从 2013 年开始，媒体融合工作全面铺开，网络视

听新媒体成为媒体融合的重要方面和重要力量，传统媒体和新媒体向全媒体跨越，网络视听文艺向融媒产品转型，形成"台网同播"传播形态和传播格局，市场预期更加稳定透明，创新创作活力和影响力传播力进一步提升。

四是持续开放的中国互联网文化和不断优化的社会发展环境为网络视听行业注入了强大动能。2014 年 11 月 19 日至 21 日，以"互联互通　共享共治"为主题的首届世界互联网大会在乌镇举办。这之后，我国又连续6 次举办世界互联网大会，有力地促进了中国互联网与世界互联网的发展，有力地促进了网络视听文艺创作和产业链的构建，网络视听文艺创作的开放度、活跃指数大幅提升。同时，大众创业、万众创新的积极政策，吸引大量年轻人进入网络视听创新创业新赛道，为网络视听行业发展和网络视听文艺繁荣输送了源源不断的人才、技术、资本力量和创新创意动能。

五是网络视听行业在法治轨道上健康发展。作为网络视听行业行政主管部门，国家广电总局坚持"网上网下统一标准"，会同有关行政管理部门，相继制修订数十个行政法规、部门规章和规范性文件，针对视听平台建设、网络直播、公众账号、未成年人和个人信息保护、驾驭算法推荐、升级安全防护体系以及非公资本准入等问题进行全面规范，对人工智能、虚拟现实、增强现实、深度伪造等新技术应用实施标准化管理。持续深入开展文娱领域综合治理，对唯流量、唯点击率、泛娱乐化、"饭圈"乱象、畸形审美、"流量明星"、"娘炮形象"、明星天价片酬、违法失德劣迹艺人以及侵权盗版等各类问题依法实施专项治理行动，推动依法治国和以德治国有机结合，提升治理体系和治理能力现代化水平，为广播电视和网络视听健康发展提供了强有力的法治保障。

六是网络视听平台在政治上更加成熟，发展上更加稳健，队伍建设更加坚强有力。在习近平新时代中国特色社会主义思想教育下，网络视听文艺工作者"四个自信"特别是文化自信进一步增强，政治意识、国家文化安全意识、舆论阵地意识普遍得到加强，思想自觉、政治自觉、行动自觉和政治站位明显提高。在《中国梦·我的梦——2022中国网络视听年度盛典》上，各网络视听平台联合发布《网络视听行业共筑中国梦喜迎二十大倡议书》，体现出各平台勇担历史使命、锐意开拓进取的精神，展现了网络视听行业坚定不移迈向高质量发展的信心和决心。

七是网络视听文艺向高质量创新性发展阶段迈进。习近平总书记主持召开文艺工作座谈会后，中共中央下发了《关于繁荣发展社会主义文艺的意见》，明确提出要"大力发展网络文艺"，实施网络文艺精品创作和传播计划，推动新兴网络文艺类型繁荣有序发展。特别在"十三五"时期，主要网络视听平台在国家政策支持下，纷纷加强原创能力、启动"自制模式"，中国网络视听原创节目内容品质不断提升，在艺术性、社会反响、市场认可度等方面都实现较大突破，涌现出大批思想精深、艺术精湛、制作精良的优秀作品，网络视听文艺成长为繁荣社会主义文艺的重要力量。

十年来，网络视频用户大幅增长，到2021年年底达到9.75亿，中国已经成为全世界网络视听内容最大的生产和应用市场。

二、新时代网络视听作品发展历程、创作成就

（一）十年来，网络视听文艺战线紧扣宣传主线，围绕重大主题，把握重大节点，发挥了新文艺阵地重要作用

落实党的十八大关于"加强和改进网络内容建设，唱响网上主旋律"要求，2012~2014年，网络视听文艺战线把正本清源作为重中之重，鼓励加大国产原创内容创作生产力度，培育和提升网络视听文艺原创能力，对冲减缓国内视听节目网站热衷于引进境外娱乐节目和热播偶像剧势头。中国网络电视台（CNTV）作为国家主流媒体网站率先推出了《中国好人》等原创栏目，发布了《鼓舞》《月亮的草原》等原创系列微电影。2013年春节期间，CNTV制作了原创专题节目《领导人春节足迹》《2013江湖过大年》等。2013年开始，"中国梦"成为影视创作生产的核心主题，中央网站积极

推进，地方网络广播电视台和民营网站积极跟进，"中国梦"主题创新创意节目开始涌现，初步形成"中国梦"主题主线网络文艺创作生产传播工作格局。2014年，"中国梦""弘扬社会主义核心价值观"成为贯穿全年的网络视听文艺宣传主题主线。2015年，围绕纪念中国人民抗日战争暨世界反法西斯战争胜利70周年，广电总局组织全国重点网络广播电视台和视听节目网站开展专题展播活动，296部反法西斯题材的电影、电视剧、纪录片参与展播。2016年是"十三五"开局之年，同时也是建党95周年、长征胜利80周年，国家广电总局开始实施"首页首屏首条工程"，打造系列时政微视频，《厉害了，我们的2016》《2016，习近平在世界舞台》等微视频全网播放量超过2亿次。网络动画片《那年那兔那些事》以动画形式讲军史、新中国史，受到年轻人欢迎。

2017年，迎接学习宣传贯彻党的十九大和十九大精神成为贯穿全年的宣传主线。从这一年开始，广播电视和网络视听全面进入网上网下同频共振融合传播新阶段，形成网上迎接宣传党的十九大热潮，推出《初心》《习声回响》《传习录》《听总书记讲故事》等一大批原创融媒体产品，做到习近平总书记重要思想和风采"天天见、天天新、天天深"。

2018年围绕改革开放40周年宣传主线，网络视听艺术创作多姿多彩，网络视听文艺作品琳琅满目。广电总局启动实施视听新媒体"首页首屏首条工程"，扎实开展习近平新时代中国特色社会主义思想宣传，《人民领袖》等时政专题让党的创新理论"飞入寻常百姓家"。一大批"小视角、大主题、接地气"的原创网络节目如《假如没有遇见你》《我们身边的四十个细节》《中国：变革故事》《扶贫1+1》等，生动记录和展示讴歌了新时代。

2019年紧扣新中国成立70周年宣传主线，各视听新媒体机构开办"我们的70年""爱国情，奋斗者""壮丽70年，奋斗新时代"等专题专栏，及时推送广电总局推荐的优秀剧目，如《见证初心和使命的"十一书"》《我爱你中国·人间正道是沧桑》《特勤精英之生死救援》等。全年网络视听节目围绕"献礼祖国""一带一路""精准扶贫""乡村振兴""致敬英雄""民族团结"等主题，创作了《可爱的中国》等大量充满时代感的优秀网络视听作品。同时，广电总局牵头组织制作了《V 观中国之治——十九届四中全会精神微解读》系列短视频，在新媒体平台统一播出。

2020 年是党和国家历史上极不平凡的一年。广播电视和网络视听战线在以习近平同志为核心的党中央坚强领导下，履行宣传思想战线使命任务，汇聚起众志成城抗击疫情、决战脱贫攻坚、决胜全面小康社会建设的磅礴力量。国家广电总局从 2020 年元旦当天起，组织网络视听平台推出"让这些金句照亮属于我们的时代"专题，推送《2019，领袖的足迹》等视频，把广电网络视听文艺宣传阵地建设放在更加重要位置。

2021 年，广播电视和网络视听战线紧紧围绕庆祝中国共产党成立 100 周年宣传主线，国家广电总局举办"庆祝中国共产党成立 100 周年"网络视听精品节目创作展播启动仪式，发布统一标识及 36 部作品单，包括百集微纪录片《百炼成钢：中国共产党的 100 年》，网络电影《绝对忠诚之国家利益》，网络剧《我们的时代》，网络纪录片《闪亮的记忆》等，上述作品上线后，成为开展党史学习教育的视听教材。与此同时，网络视听聚焦"党的庆典、人民的节日"主题主线，精心开展"奋斗百年路，启航新征程"和"中国精神"等重大主题宣传，为党的百年大庆记载伟业，展示辉煌，发挥了主渠道主力军宣传作用。

2022 年至今，广播电视和网络视听战线牢牢把握迎接学习宣传贯彻党的二十大宣传主线，加强系统谋划，发挥特色优势，全力做好习近平总书记重要思想和领袖形象宣传，着力加强主题主线宣传。2022 年春节和北京冬奥会期间，国家广电总局将广播电视媒体"头条工程"和视听新媒体"首页首屏首条工程"扩展至短视频领域，启动实施短视频"首屏首推工程"。通过首页首屏轮播大图、焦点图、热搜置顶、热榜置顶等方式，组织推送《习主席的一天》等习近平总书记参加重要活动、发表重要讲话的短视频，实现了习近平重要思想、重要活动、重要讲话内容在短视频平台"热榜置顶、常刷常新"，为迎接党的二十大胜利召开营造良好氛围。

（二）十年来，网络视听文艺战线坚持以人民为中心的工作导向，坚持正能量是总要求，唱响时代主旋律最强音

习近平总书记在文艺工作座谈会上的重要讲话发表后，广电网络视听行业特别是文艺战线掀起深入学习贯彻重要讲话精神热潮，文艺创作更加聚焦人民、聚焦现实、聚焦时代，弘扬中国精神、中国智慧、中国力量。2014年涌现出纪念身受重伤保护乘客的"最美司机"吴斌的微电影《1分16秒》，表现植树造林模范的纪实节目《大漠"胡杨"苏和黑城十年植绿故事》，挖掘人性之美、传递友爱互助的微电影《希望树》等一批优秀作品。2015年涌现出更多讲述英雄人物事迹、弘扬公德道德美德的优秀作品，如生动展现中国人民伟大抗战精神的微电影《孤岛离歌》，挖掘普通人爱岗敬业、追逐梦想的微电影《天边》《春泥》《无声的梦想》《谁的青春不热血》，传播中华民族地域文化的微电影《索玛海子》《那片海》等。2016年，优秀作品更加聚焦当代中国人民，如展现共产党人责任与担当的《红色气质》，关注留守儿童的《唱给妈妈的歌》《幸福小院》等，起到了以高尚的文化塑造人，以优秀的作品感染人、鼓舞人、凝聚人的教育作用。

2017年，聚焦党的十八大以来中国特色社会主义新时代取得的伟大成就，进一步强化以人民为中心的创作导向，突出现实题材创作，推出大批讴歌新时代的正能量作品，出现了《热血长安》《白夜追凶》《无证之罪》《春风十里不如你》等"先网后台"播出的超级网剧，以及青春剧《栀子花开2017》等。《见字如面》等文化类综艺展现出"高而不冷"的网络文化气质。网络电影系列化创作成为潮流，如《魔游纪》《功夫机器侠》《大明锦衣卫》系列等。广电总局加大网络视听节目内容审核，以管理促发展，叫停下架一些导向错误、价值观混乱、格调低下的网综网剧，网络文艺空间更加清朗，网络视听全行业从正本清源进入守正创新。

2018年突出立德树人、以文化人的实践方向，加强网上未成年人节目管理，着力把网络视听打造成年青一代网络文化价值引领高地，推出了

《博物奇妙夜》《了不起的匠人 师徒篇》《我的青春在丝路》《一本好书》《风味人间》《百心百匠》。类型剧和网综栏目出现了以篮球、足球、游泳等体育竞技为主题的《热血街舞团》《这！就是灌篮》等。

2019年，聚焦决战脱贫攻坚正面宣传，创新"短视频、直播+扶贫"、"节目+扶贫"，打造网络视听扶贫新模式。《毛驴上树》《不负青春不负村》《益起追光吧》等作品以"精准扶贫"为切入点，讲好中国精准扶贫故事。

2020年，反映中国人民战疫的作品创作成为重点，涌现出《第一线》《最美逆行》《战疫2020之我是医生》《一呼百应》《冬去春归·2020疫情里的中国》《在武汉》，真实再现万众一心抗击新冠肺炎疫情的感人故事。同时，继续聚焦脱贫攻坚主题，推出了《约定》《毛驴上树2 偶驴搬家》《春来怒江》《我来自北京》《希望的田野》，推出了反映全面建设小康社会和中国人民在新时代美好生活的《忘不了餐厅 第二季》《百分之二的爱》《中国美》《大地情书》《风味中国》《早餐中国》，以及传播优秀传统文化的《登场了！敦煌》《功夫学徒之走读中国》《故宫贺岁》《大理寺日志》《精忠报国》等，现实主义题材《中国飞侠》《树上有个好地方》《老大不小》等也广受欢迎。各类型题材作品百花齐放，网络文艺讲述中国故事更加立体多元丰满。

2021年，展现新一代中国青年在党的领导下努力奋斗的故事成为创作主流，比如网络剧《黄文秀》用纪实方式讲述脱贫攻坚青年干部的责任和担当。《约定》以"全面建成小康社会是党和国家与人民的幸福约定"为主题，通过小故事展示全面小康缩影。《启航：当风起时》记录20世纪90年代青年创业者的奋斗情怀。《在希望的田野上》讲述致力于教育扶贫、乡村振兴的青年故事等。此外，讲述年轻人追梦故事的《你是我的荣耀》等制作精良的网络剧也深受网民喜爱。

2022年是"中国梦"提出十周年。春节期间，广电总局发起和组织"中国梦·我的梦——2022中国网络视听年度盛典"，坚持以人民为中心的创作导向，几乎每一位观众都能在节目中找到自己的影子，在网络视听空间唱响了"共筑中国梦、奋进新征程"的主旋律，超过 1.5 亿用户观看了节目，成功打造了属于人民的文艺之夜。

（三）十年来，网络视听文艺战线坚持把创作生产优秀作品作为中心环节，强化精品意识，推进高质量发展

2012~2013 年，国家广电总局设立了"电视剧剧本扶持引导专项资金"，确立了坚持扶持原创、坚持扶持现实题材、坚持扶持公益题材、坚持注重培养中青年编剧等四个原则，重点资助反映实现中华民族伟大复兴"中国梦"主题的优秀剧本。同时，继续发挥电影精品、少儿精品和国产动画等专项资金引导作用。2014 年设立"网络视听节目内容建设专项资金"，对优秀原创节目、重大宣传项目等进行重点扶持。2014 年度，38 部作品在"中国梦"原创网络视听节目推优活动中获奖，包括《星空日记》《我的成人礼》《侣行》等。此外，现实题材网络剧如《废柴兄弟》等都市网络喜剧也赢得年轻人喜爱。2015 年，IP 开发模式进入产业核心，热门网络文学作品成为网络视听节目的重要创作脚本，如《匆匆那年》《何以笙箫默》等成为当年的网剧精品。进入 2016 年，网络视听节目创作生产更加成熟，思想性、艺术性、观赏性方面有了显著提升，优秀网络视听作品的点击量、播放量动辄过亿成为常态。

2017 年，党的十九大作出我国社会主要矛盾变化这一关系全局的重大政治判断，对广电网络视听战线进一步转变发展方式、加大供给侧改革力度提出紧迫课题。国家广电总局启动"网络视听节目精品创作传播工程"，制定《网络视听节目优秀作品创作规划》《中国经典民间故事主题网络动画片创作 5 年规划（2017—2021）》，供给侧改革措施初见成效。涌现出《特种兵王 2 使命抉择》《如果蜗牛有爱情》等一大批优秀原创节目。

2018 年推动中华优秀传统文化创造性转化、创新性发展，海外传播走出去工作力度加大。《三国机密之潜龙在渊》《虎啸龙吟》《如懿传》《延禧攻略》《扶摇》《琅琊榜 第二季》等在海内外都掀起收视热潮。同时现实题材网剧数量质量进一步提升，《法医秦明》《乡村爱情 第十季》《北京女子图鉴》《上海女子图鉴》等引发观众热议和思考。

2019 年头部平台联播模式的网络剧数量显著上升，如《庆余年》《锦衣之下》等。跨界联合创作和多次元开发模式被关注，如网络剧《陈情令》，从网文到动漫到真人影视剧，形成不同产品之间的联动效应。同时，中外视听合作进一步深化，《长安十二时辰》《破冰行动》《全职高手》《这！就是原创》《功夫学徒》《最美中国人》等实现多种合作方式的出海。

2020 年国家广电总局贯彻落实习近平总书记提出的"找准选题、讲好故事、拍出精品"的要求，建立实施重大题材网络影视剧项目库、网络影视剧 IP 征集平台，严把网络视听文艺节目的内容关、导向关、人员关、片酬关，同时新增季度"优秀网络视听作品推选活动"，围绕党和国家工作大局抓主题创作，引导网络视听内容行业规范有序发展，推动精品生产。《我是余欢水》《我的"光棍"爷爷》《摩天大楼》《六尺巷》以及《包公的故事》《奇门遁甲》《鬼吹灯》系列都收获了很好的口碑和市场收益。

2021 年，网络视听节目精品力作迭出。网络剧方面，有展现志愿军战士英雄气概的《浴血无名川》，描绘新时代面貌的《我们的新生活》，呈现疫情之下人与人之间互帮互助精神的《凡人英雄》，歌颂支教教师无私奉献精神的《藏草青青》等。网络纪录片方面，有生动诠释我国生态文明理念的《一路向北》，关注社会现实、彰显人文关怀的《119 请回答》《新兵请入列》《小小少年》等。网络综艺掀起"国潮"，如"中国节日"系列节目《唐宫夜宴》《七夕奇妙游》《中秋奇妙游》、舞蹈综艺《舞千年》等。

2022 年以来，网络视听围绕"这十年"主题，重点打造季播节目《这十年·一直感动着我们》、网络纪录片《幸福中国》等，用思想深刻、清新质朴、刚健有力的精品力作开拓文艺新境界，献礼党的二十大。

（四）十年来，网络视听文艺坚持"双效统一"，推动类型多元化、技术现代化，为繁荣文化创新创造固本强基

2012 年开始，地方网络广播电视台和民营视听节目网站逐步加大自制力量和投入，推动综艺娱乐节目、网络剧、微电影以及专业生产内容

（PGC）、用户生产内容（UGC）的多元化发展。2013年湖南卫视《我是歌手》首次实现电视屏幕、电影屏幕、手机屏幕、电脑屏幕的"四屏合一"，"粉丝经济"发轫，广电网络视听营销步入多元化。2014年被称为中国网络视听内容"自制元年"。2015年被称为"网络大电影元年"。2016年被称为"网络综艺元年"。2017年，广电"云平台"建设加速，催生了网络艺术"大视听"新生态，形成全产业链开发新趋势。2018～2019年，网络视听领域内容类型和产业生态发生显著变化，最突出的是短视频用户在短期内扩张至6.48亿。2020年第32届中国电视剧"飞天奖"评奖首次将网剧纳入评选范围。第26届白玉兰奖的10部"最佳中国电视剧"入围名单中，出现了《破冰行动》《长安十二时辰》《庆余年》《鬓边不是海棠红》共4部网络剧，说明网络剧质量开始比肩电视剧。受疫情对院线的影响，网络视听平台上线132部"龙标网络电影"，《囧妈》《肥龙过江》《大赢家》《春潮》《征途》《春江水暖》等院线影片，均选择网络播出，院线电影与互联网融合发展的趋势更加清晰。2021年至今，网络视听"文化+科技""艺术+技术"的特征更加突出，智能技术应用开始渗透网络视听领域，对网络文艺创作产生重大影响，有可能对未来传播形态产生颠覆性影响，这既是网络视听文艺工作面临的挑战，也是新时代实现高质量发展的新机遇。

三、新时代网络视听艺术现象级创作和传播新变化

十年来，网络视听文艺战线坚持守正创新，文艺精品、文化创造不断涌现，形成一些现象级作品和现象级传播。

1. 首度由国家广电总局组织打造的"中国梦·我的梦——2022中国网络视听年度盛典"盛况空前。 播出时间：2022年2月2日，农历春节初三晚。8家重点网络视听平台联合播出。五大篇章40多个精彩节目，宣传习近平新时代中国特色社会主义思想，弘扬社会主义核心价值观，传播当代中国价值理念，体现中华文化精神，展示新时代中国人民精神风貌。盛典尾声，共同发布《网络视听行业共筑中国梦喜迎二十大倡议书》，共同唱

响主题曲《中国梦·我的梦》。观众超过 1.5 亿，微博相关话题阅读量超 32 亿。该节目对引领网络视听行业围绕中心、服务大局，坚持正确政治方向、舆论导向、价值取向，在新时代实现高质量创新性发展具有重要意义。

2. 河南卫视"中国节日"系列节目实现文化、艺术、传播"破圈"，创造融媒传播现象级案例。2021 年，河南广播电视台"中国节日"系列特别节目《唐宫夜宴》《洛神水赋》《元宵奇妙夜》《清明奇妙游》《端午奇妙游》《七夕奇妙游》《中秋奇妙游》等频频"出圈"，成为广电网络视听现象级作品，形成现象级传播。所谓"文化出圈"，就是将优秀传统文化通过 IP 化多样性开发，实现创造性转化、创新性发展。所谓"艺术出圈"，就是实现多种艺术元素的集合与现代影像技术的结合，造成为之惊艳的艺术效果。所谓"传播出圈"，就是传统广电平台与网络视听平台之间有机结合、融合传播。"先网后台"形成引流，将节目最核心内容、最精彩的镜头剪辑提炼成碎片化的短视频，在多平台分发推广引流，形成多屏互动，实现传播格局的立体化、传播效果的最大化。另外，河南广播电视台与 bilibili 合作的网络综艺《舞千年》，采取"文化+剧情+舞蹈"的创新设计，同样创造了以融合传播形式展现中华优秀历史文化的典型案例。

3. 湖南卫视《舞蹈风暴》展示了"艺术+技术"魅力，"风暴时刻"环节成为短视频传播亮点。《舞蹈风暴》作为一档青年舞者竞技秀节目，创新性地设计了"风暴时刻"的展示环节，利用视频技术手段定格舞者肢体构成的瞬间姿态，启用 128 台摄像机，以 360 度实时观测的方式，捕捉舞蹈的细节，呈现精彩一刻。《舞蹈风暴》的"风暴时刻"短视频在新媒体平台广为传播，成为人们欣赏的视听艺术佳作。2020 年《舞蹈风暴》获第二十六届上海电视节最佳电视综艺节目奖。这档节目对视听节目应用现代技术、完美彰显文化艺术魅力提供了借鉴。

4. 网络视听文艺题材的"网生特色"更加突出。推理、时尚、电竞、说唱、冰雪运动等新题材和关注年轻人学习生活的网络视听内容逐步增多。如《初入职场的我们》《令人心动的 offer　第三季》等综艺探讨年轻人职业选择、恋爱生活等话题；《我在他乡挺好的》等网络剧展现了大城市中异乡青年的写实生活；网络剧《冰球少年》和网络综艺《超有趣滑雪大会》等展示冰雪运动魅力。特别值得注意的是，年轻人已经成为短剧创作和消费的主要群体，"90后"和"00后"年龄段的短剧作者，在全部网络视听文艺创作者队伍中占比超过60%。另外在网络电影领域，"80后"网络电影导演占比超过六成，"80后""90后"占八成。

5. 主旋律题材和现实主义题材深度融合形成网络视听文艺创作传播新力量。 近年来，视听新媒体行业围绕建党百年、脱贫攻坚、抗击疫情、北京冬奥会等主题主线，根据题材特点充分发挥新媒体接地气的叙事风格，创作了一批兼具主流价值和大众表达的优秀作品。网络剧方面，2021年现实题材网络剧占比约六成。网络纪录片方面，2021年上线21部党史题材网络纪录片。网络电影方面，2021年共上线58部主旋律网络电影，同比增长287%，分账破千万的作品数量大幅增加。主旋律题材和现实主义题材创作的有机结合深度融合，推动主旋律题材文艺作品的艺术品质大幅提升，主题性创作与大众化表达取得新突破。

6. 网络视听在一定程度上改变了传统意义上的艺术创作生产力和生产关系。 移动化、分众化、视频化，智能写作、虚拟现实、增强现实、全景视频、沉浸式观看、算法推荐、社交平台，低延时大带宽的5G网络普及，以及正在探索的Web3.0、元宇宙等下一代互联网技术生态，都正在和必将在未来转化为新的生产力，网络视听艺术生产关系开始融入人与机器、人与数字等生产要素，催生网络视听服务新方式新类型新业态新样态，并不断在新创造中发生新变革。

四、面向未来的网络视听艺术创作与传播

1. 必须始终坚持以习近平新时代中国特色社会主义思想特别是关于文艺工作的重要论述为根本遵循。 站在新的历史起点上，要始终坚持党对网络视听行业发展和网络视听文艺工作的领导，努力建设和发展繁荣中国特

色社会主义网络视听文化。更加深刻认识网络视听工作的政治属性，做到始终胸怀"两个大局"，心系"国之大者"，始终坚持正能量是总要求，牢牢把握正确政治方向、舆论导向、价值取向，始终坚持以人民为中心，扎根人民、服务人民，始终坚持守正创新，不断增强网络视听行业发展动能，推进网上宣传理念、内容、形式、方法、手段创新，把中国共产党创新创造的历史主动精神，体现在网络视听行业高质量创新性发展的全过程。

2. 始终坚持解放思想实事求是与时俱进求真务实，以更加科学的精神尊重和把握网络视听发展规律。网络视听是互联网与广播影视融合交汇的产物，兼具互联网、传媒、文艺、视听新技术、产业新经济等多重特征，遵循多重事物发展规律。网络视听艺术和网络视听文艺创作是带有多重特征、多重规律的复合体。必须坚持党的实事求是思想路线，辩证的、唯物的、科学地推动网络视听管理和服务，以政治建设为统领，促进网络视听文艺健康发展。

3. 更好发挥政府作用。网络视听行业政治属性强，市场化程度高，市场调节资源配置的力量不可忽视，更要发挥好政府作用。相关行政部门要更好履行法定职责，通过创作规划、评优推优、资金扶持、法治建设等行政的、经济的、法治的综合措施，为网络视听文艺发展提供优良环境、政策保障和发展动能。进入数字经济时代，国家行政主管部门应进一步加强前瞻性研究，提前研判和布局5G、Web3.0、元宇宙技术，发挥技术对思想表达和艺术表达的支撑作用，开发竖屏节目、互动剧、短剧、VR/AR等新业态，用更有想象力、更有内涵、更贴合喜好的方式拓宽视听文艺空间。

4. 文艺评论要与时俱进，与网络视听艺术共存。文艺评论必须正确认识网络视听文艺特征，兼顾两个维度，一是网络视听文艺作为新文艺形态，符合传统文艺创作规律和要求。二是网络视听艺术具有"网生特色"，是"文化+科技""艺术+技术"的融合产物，其生产方式和产品形态深刻影响创作方式和表达方式，这是与传统文艺有区别的地方。因此不能简单用传统文艺评价标准衡量网络文艺。

5. 用新时代新要求加强网络视听文艺人才队伍建设。习近平总书记指出，"古今中外很多文艺名家都是从社会和人民中产生的"。这句话是非常重要的提醒。各级党委和政府部门以及社会组织应当真正落实中央人才会议精神，把爱护人才、使用人才的新时代新要求，用心用情用功地落实到管用好用实用的政策上，形成精品力作竞相涌现、市场主体充满活力、创新创造不拘一格的生动局面，不断铸就视听文艺新高峰。

B. 5 奋进新征程·2023 中国网络视听年度盛典 凝聚行业奋进力量，共创高质量发展新局面

任道远[*]

2023 年是全面贯彻党的二十大精神的开局之年，为在网络视听行业深入学习宣传贯彻党的二十大精神，由国家广播电视总局指导、中国网络视听节目服务协会和中国电视艺术委员会共同主办、18 家网络视听平台共同承办的《奋进新征程·2023 中国网络视听年度盛典》，于 2023 年 1 月 24 日大年初三晚上在各主要网络视听平台火热播出，在网络视听空间奏响了以昂扬斗志奋进新征程的"大合唱"，为广大观众奉上了一场主旋律、正能量、高品质的文化盛宴，打造了一个凝聚团结奋进力量的追光之夜、充满人间烟火气息的百姓之夜、传统新潮相得益彰的青春之夜、技艺共舞流光溢彩的创新之夜。

2023 年度盛典直播当晚全网观看用户数达到 2.75 亿，较首届增长超过 1.2 亿；上线 24 小时播放量超 18.86 亿、短视频播放量近 9 亿、微博话题阅读量逾 52 亿次、网民互动讨论约 4800 万次、全网热搜 422 次，连续登顶微博春节期间台网综艺节目影响力、话题度双榜榜首，成功实现了以主旋律

---

* 任道远，国家广播电视总局网络视听节目管理司副司长。

引领大流量、大流量澎湃正能量。

一、突出"奋进新征程"主题，以"一个序幕、五大篇章"的结构化编排润物无声开展核心和主题宣传

2023 年度盛典最终从 18 家音视频平台推荐的 100 多个节目中精选出 49 个节目，以歌舞、相声、脱口秀、创意秀、情景表演等多种形式，展现新时代十年发展成就、英雄模范人物、百姓幸福生活、中华优秀传统文化、中华民族大家庭等题材。用小切口展现大时代、小人物讲述大情怀，以烟火气展现人民追梦圆梦的豪气与激情，生动展现中华文化的恒久魅力，直观呈现新时代十年的历史性成就。

此次盛典在"奋进新征程"主题下，设计 1 个序幕《拥抱·新时代》和《共绘·新画卷》《追梦·新生活》《炫动·新国风》《奋斗·新青年》《扬帆·新征程》5 大篇章，通过展现国家新变化、人民新面貌、社会新气象，润物无声地讲好以习近平同志为核心的党中央带领人民书写的新时代精彩故事。多媒体歌曲《中国印》，全篇把人们耳熟能详的习近平总书记"金句"融入百姓生活变化的点点滴滴中，表达了年轻一代对习近平总书记的真挚情感。混合现实歌舞秀《这十年·幸福中国》，取自广电总局迎接党的二十大重点网络纪录片《这十年·幸福中国》，用博物馆观众与诸葛亮、杜甫、黄道婆等先贤跨越时空的古今对话，从历史深处展现当下中国的幸福故事，生动诠释"幸福是奋斗出来的"这一主题思想。同时坚持"以精品奉献人民，用明德引领风尚"，努力用最真诚质朴的情感共鸣打动观众，用思想深刻、清新质朴、刚健有力的优秀作品滋养人民的审美观，生动活泼地展现社会主义核心价值观。情景讲述《警察荣誉》源自同名热播网剧，由知名演员以老中青三代警察之口讲述警察故事，致敬无名英雄，歌颂奉献精神。主题曲《中国梦·我的梦》由首届的流行配乐改编为交响伴奏，全体参演人员用荡气回肠的深情歌声为奋进新征程的人们鼓劲壮行，上线 5 天播放超 1.5 亿次，大大刷新了主旋律歌曲的播出成绩。

二、坚持以人民为中心，展现平凡人追梦逐梦的奋斗故事，抒写中华儿女的家国情怀

盛典通过立体化呈现各地区、各领域平凡普通人的多样生活，将新时代十年中国社会发展成就的好故事搬上舞台，深入谱写中国式现代化的"文艺长卷"。情景表演《我们这十年》由网络平台诞生、在时代发展中前行的草根达人登上盛典舞台，"以露珠折射阳光"，展现了新时代新征程上亿万中国人的奋斗精神。情景舞蹈《追梦》用舞蹈与剪纸这一家喻户晓的民间艺术结合，勾勒出属于劳动人民独具匠心的幸福生活图景。众多折射时代光影、反映个体生活变迁的作品，让中国故事、中国形象变得立体而生动，赢得了更广泛的社会共鸣。

此次盛典还设置专门篇章缅怀先烈、赞美英雄，真情讴歌革命年代保家卫国的战斗英雄，深情致敬和平年代守护家园的时代榜样。音乐创演秀《英雄永铭》串联《血战松毛岭》《勇士连》《浴血无名川》《特级英雄黄继光》剧情，在革命战士真挚细腻的情感和"英雄赞歌"雄浑激昂的曲调中，表达对革命先烈的深深敬佩与缅怀。《让火烧得更旺》再现音乐剧《伪装者》中的经典场景，用慷慨激昂的歌声演绎革命年代暗流涌动的谍战故事，为当年的革命青年献上一曲赞歌，也唤醒当代青年的爱国斗志。情景剧《种子》以讲述和时空对话的方式，沉浸式地展现程开甲院士等科研人员热爱祖国、无私奉献的"两弹一星"精神。

三、用青春方式唱响时代主旋律，以青年活力激活文化魅力，努力激发青年群体的奋斗精神

此次盛典契合年轻受众特点、适应网络传播规律、突出网络文艺特色，力求以形式多样、富有青春气息的年轻态作品，用青春表达展现青春中国，凝聚起奋进新征程的磅礴力量。歌舞《天生就要飞》等节目用唱跳、RAP等文艺样式，为青春和梦想插上翅膀，展现新时代青年的昂扬面貌。音乐

情景秀《望星空》中，几位朝气蓬勃的年轻演员用深情讲述和美妙歌声回顾 2022 年的美好时光，点亮 2023 年的航程，凝聚起奋进新征程的青春力量。引领 2022 全民居家健身热潮的直播达人刘畊宏与中国运动健儿在全民健身秀《一起向未来》亮相，欢快的歌曲和激扬的健身操，演绎运动筑梦的健康理念。XR 创意秀《我是第一》和《中国故事·武极未来》中，滑雪世界冠军徐梦桃与元宇宙数智分身桃小桃，UFC 金腰带得主张伟丽与元宇宙数智人尤子希隔空对话，诠释了我国青年运动员坚持梦想、永不放弃的奋斗精神。歌舞《向光而行》以网友熟知的"那兔"形象为引，从不同维度歌颂"了不起的中华家"，倡导当代青年勇做新时代的奋斗者。

四、弘扬传统文化，赓续中国精神，在守正创新中激扬自信自强的精神力量

此次盛典着力在辞旧迎新之际刻画"中华民族千年传承的浩然之气"，从中华文化的源头活水中获取灵感、汲取养分，在节目形式、舞台设计等方面注重中华美学精神和当代审美追求的结合，以浸润古韵国风的创新节目彰显了华夏美学，展现出传统文化生气盎然、中华文化生生不息、中华儿女自信自强的图景。开篇节目《万里长城》采取国风演唱的形式，融入琵琶、武术等元素，彰显中华儿女的血性和担当，传递少年强则中国强势不可当的气势。金曲联唱《声生不息》，由两岸三地知名歌手携手演唱观众耳熟能详的歌曲，并将普通话、闽南语、粤语歌曲与传统诗词结合，通过诗歌和鸣、古今联奏，唱响了同根同源中华情。歌舞组合《和合之卷》集结两岸优秀说唱歌手，改编串烧《千里万里》《升》《同唱中国梦》《烈火战马》四首歌曲，传达出五湖四海一家亲的美好图景，并在结尾处用《富春山居图》合璧的影像感召两岸青年共绘新时代的"和合之卷"。舞剧《五星出东方之集市狂想曲》对"五个一工程"奖和"文华大奖"获奖舞剧《五星出东方》进行萃取提炼和网络化改编，以鲜明的舞蹈风格描述古丝绸之路上商贸往来的富庶繁盛与各民族友爱和谐、携手共舞的美好场景。

五、用前沿技术赋能艺术表达，节目形态凸显融合创新

本次盛典将歌曲、舞蹈、音乐情景秀、创意脱口秀等多元品类精心有机融合，并在场地及特摄系统、XR、AR、节目包装等方面对节目进行了全方位的技术支持，既有对观众熟知网络视听IP的浓缩展示，又以创新的节目形式力图给观众注入更强大的精神力量。进一步发挥网络视听"技术+艺术"的独特优势，舞台设计突出体现网络视听时代感、科技感的流光溢彩，拓宽了网络视听文艺表现手段，展现了新时代中国文艺创作的开放与包容。《梦回敦煌》《中国故事·武极未来》《我是第一》等节目演员与数智人同台演绎，或是共舞、或是切磋、或是合作，让舞台艺术更具吸引力。《这十年·幸福中国》《诗词来了》等节目充分利用拓展现实等技术让观众或是穿越于古今展开时空对话，或是进入虚拟世界探索奇幻之旅。《登场了，北京中轴线》数智人ASK根据单霁翔院长的讲述实时进行AI作画，技术与传统文化深度融合，把人们带入了科技感十足的文化课堂。《武动四季》巧用"人屏互动"，用小舞台讲述大故事，展现中华武术之精气神。

六、平台共创机制更加成熟，展现了网络视听行业高质量发展的良好态势

2022年首届盛典的成功举办，使此次盛典进一步成为行业共同关注、同台竞技、共创精品的集体行动。此次盛典联合承办单位由2022年的8家逐步增加到18家，覆盖了网络视听生态各门类代表性机构，参加的长短视频平台、音频平台、主流媒体平台、垂直领域新媒体平台都奉献出了特色鲜明的节目，形成了大屏小屏融通、长短视频联动的联合创排、整合传播的有效机制。盛典由主管部门汇聚网络视听行业力量，集体开展文艺创作创新，以"赛马机制"引导参与平台用多元化精品节目吸引受众、唱响主题，以快节奏、高密度、少广告的节目纯享模式，对过去一年网络视听精品进行集中回顾与整合凝练，引发全网观众的集体记忆与情感共鸣，被网

民亲切称为"一碗节日高汤"。

盛典在以网络视听独有的表达形式、艺术魅力、创排模式、传播机制，润物无声地开展主题宣传教育方面，进一步取得探索创新成果，积累了宝贵经验；在推动重大主题艺术转化、创新呈现、破圈传播、深入人心上实现了新的突破；在引领网络视听行业围绕中心、服务大局、坚持导向、共创精品上强化了工作抓手，集中体现了广电总局在网络视听管理中"坚持监管和繁荣并重、提正与减负并重"的工作成果，进一步展现了新时代网络视听行业蓬勃发展的精神面貌，使"中国网络视听年度盛典"成为引领行业高质量发展的文化品牌和标志性项目。

B. Ⅲ

研究报告

B.6 网络视听文艺奏响迎接宣传党的二十大昂扬旋律

胡 祥[*]

2022 年，国家广播电视总局围绕迎接宣传党的二十大，提前组织谋划，部署推出一批以反映党的十八大以来人民群众获得感、幸福感、安全感为题材的文艺精品，其中包括《这十年》主题系列节目，网络剧《你安全吗?》《血战松毛岭》、网络电影《特级英雄黄继光》《勇士连》《黑鹰少年》等作品，用网络文艺主题作品集群化展播形式，书写了中国共产党带领人民取得重要历史成就的华彩篇章，受到网民热烈欢迎，为党的二十大胜利召开营造良好氛围。

一、《这十年》主题系列节目用光影书写十年伟大成就

党的二十大报告明确指出"新时代十年的伟大变革，在党史、新中国史、改革开放史、社会主义发展史、中华民族发展史上具有里程碑意义"。2022 年，《这十年》主题系列节目被确定为国家广播电视总局网络视听节目精品创作传播工程扶持项目，该系列包括《这十年》微纪录片、《这十年·追光者》综艺节目、《这十年·追光之夜》晚会系列节目。在同一主题下，

* 胡祥，国家广播电视总局发展研究中心内容研究所研究人员。

三种不同样式的节目形态共同聚焦于与中国社会发展息息相关的主题，讲述不同领域奋斗者的故事，打造出"新时代影像志"，探索了视听矩阵的融合新价值。

突出以小见大的视角。以小水滴折射大主题，于平凡中窥见非凡。这些作品从微观视角出发，通过这些人物的故事体现这十年的时代印记。《这十年·追光者》作为一档纪实访谈类节目，选择将镜头对准各个行业领域内的平凡追光者。节目团队从与主题相呼应的行业领域出发，搜集大量新闻线索、人物故事，以普通奋斗者作为榜样人物，在2000多个备选嘉宾中筛选出近100人参与录制，走进他们亲历和见证的这十年。比如从用脚步丈量祖国每一寸土地的测绘队员身上感受爱岗敬业与爱家爱国，从社区服务求助热线中诠释为人民服务的宗旨，从各地区支教老师身上感受传承与奉献，节目以真实故事和真诚讲述触动人心。微纪录片《这十年》由"十年见证者"进行故事自述，重点记录当事人当下生活及感悟，用时代中不同人物的真实故事体现十年发展。比如十八洞村的孤儿龙先兰从曾经"活得像一堆烂泥土"，到成为爱心企业家，在国家的精准扶贫政策中一步步成长起来，获得幸福生活，作品通过"我"的成长折射出"我们"整个国家和民族的进步，传递出的是新时代的中国精神和中国力量。《这十年·追光之夜》用创新的24小时概念聚焦非凡十年中的每一天，同时又将脱贫攻坚、乡村振兴、生态文明建设、科技创新、强军爱国、大湾区发展、大国工程等多个主题维度巧妙融合，让这十年的奋斗之志、创造之力和发展之果在舞台上交汇。网友弹幕评价："主旋律的晚会也这么好看！"

突出青春化表达。《这十年》主题系列节目突出青春视角，呈现了当下年轻人关注的热点话题，以青春榜样的力量放大主流价值的强大感召力，用年轻语态与视角展现新时代的奋斗新征程。《这十年》记录了新时代一些年轻人的担当作为。如在2008年的5·12汶川地震中，20岁的蒋雨航在被埋120多小时后被上海消防营救出来。后来，他也成为了一名消防员，成功地在灾难中拯救了别人的生命，成为了别人的光。《十年·追光者》首期节目《村里的年轻人》，紧扣"精准扶贫"主题，让观众看到越来越多年轻人从城市回到农村，返乡创业、建设家乡；"青春的选择"中不同地区的支教老师们将青春奉献给教育事业；"我心归处是敦煌"展现了越来越多年轻人把热爱变成事业，投身敦煌文物事业，探寻文化之根；"种花赤子心"中，年轻的动漫作品《那年那兔那些事儿》用自己的方式创作了不一样的爱国故事……这些生动的故事让观众看到新时代新的职业发展方向。主题晚会《这十年·追光之夜》致敬各行各业的"追光者"，如在致敬大国工匠环节，港珠澳大桥桥梁钢定制焊接带头人、湘钢集团首席焊工欧勇，奋战在"深海一号"大气田、在寂静深海中"潜行"超 2 万公里的中海油集团海油工程 ROV 总监韩超，运-20 机身数字化装配"90 后"领军人、数字化装配工程师胡洋一起登台，以青年代表的身份生动讲述这十年里中国力量不断创造的奇迹，让大国工匠们攻坚克难、挑战极限的胆识、魄力与智慧跃然台上。这些系列节目播出后，在青年受众群体中产生广泛传播力和影响力。

突出融合传播。好作品要有好宣传，才能锦上添花。如何在融媒体时代放大主题作品的传播力和影响力，以正向价值观引领更多年轻受众，是创作机构面临的挑战，也是需要不断思考的时代课题。《这十年》主题系列节目在传播平台上选择年轻人喜爱的网络视频和社交平台，注重全链条传播，以短视频先导片与正片相结合，传统电视与网络视听平台同步播出，并展开矩阵化传播，放大主流声量。《这十年·追光者》将引言篇作为短视频预告，一经推出就以高涨热度受到关注，微博抖音等平台累计播放量超过 200 万。节目播出期间在全网共获 40 多个热搜，"这十年在感动中前行""哪个瞬间想让你回到家乡生活"等话题均登上微博热搜，主话题#这十年追光者#阅读量超 3 亿。多领域大 V 参与话题互动，致敬各行各业十年追光历程，感受追光前行的时代力量。《人民日报》发文称，"《这十年·追光者》以青春视角多维度呈现这十年发展，传递其价值内核：凝聚全民青春力量，与祖国共奋进、与时代齐发展，实现青春价值，是当代青年义不容辞的责任和义务"。

《这十年·追光之夜》联合光明日报、半月谈、中国艺术报、文汇报、中国青年报等主流媒体新媒体矩阵，围绕节目主题、表演内容和观众评价进行重点传播报道，截至播出当月，相关话题阅读量达到 1.02 亿，话题讨论量达 948 万，特别节目视频播放量超 4000 万。全网热搜近 25 个，其中包括"这十年追光之夜""航天人张玉华追光讲述""你心目中的追光者是谁"，众多领域大 V 参与话题互动，致敬各行各业十年追光历程，感受追光前行的时代力量。截至 2022 年 10 月，《这十年》微纪录片在芒果 TV 站内播放量超过 8677 万次，登上全网热搜共计 51 次，总话题阅读量超过 5.7 亿，收获较多好评。可以说，《这十年》主题系列节目在"多元一体"的创意下，紧密围绕"这十年"的主题立意，深刻把握多屏和跨屏的全媒体传播生态格局，是主题宣传跨节目类型联动的一次成功探索。

二、聚焦党领导人民百年奋斗史，高扬爱国主义精神

党和人民百年奋斗，书写了中华民族几千年历史上最恢宏的史诗。迎接党的二十大重点网络视听作品将镜头聚焦中国革命、建设、发展、复兴不同历史阶段，全景勾勒、记录中国共产党领导人民军队在血雨腥风中奋起战斗，弘扬以伟大建党精神为源头的中国共产党人精神谱系，高扬爱国主义精神，让观众深入了解中国共产党人艰苦卓绝的奋斗历程，感悟共产主义信仰的力量。

再现波澜壮阔的革命斗争历史，彰显革命英雄主义精神。以描摹英雄历史人物为切入口，还原重要的历史场景。网络电影《特级英雄黄继光》围绕黄继光参军始末展开，讲述黄继光及战友们冒着枪林弹雨为前线建立通信，用自己的胸膛堵住敌人地堡扫射的机枪眼，为部队铺平冲锋道路而壮烈牺牲的故事。作品还加入黄继光参军入伍前的情节，通过深入挖掘英雄背后有血有肉的一面，展现其成长过程，弘扬伟大抗美援朝精神，引发

当下年轻观众的情感共鸣。该片于 2022 年 10 月 1 日上线后，迅速冲上各播出平台网络电影热播榜前列，也成为 2022 年国产战争片豆瓣评分第一的作品。不少网友发帖留言：“近些年看过最好的一部朝鲜战争电影。”这部作品的诞生标志着近年来网络电影在重大革命主题创作上达到了新高度。

重点历史题材项目《勇士连》，围绕红军长征时期一场重要战役——飞夺泸定桥而展开，讲述了红四团昼夜奔袭 240 里，在枪林弹雨之下 22 名突击队员踩着 13 条锁链成功夺下泸定桥的故事，展现了中国工农红军英勇无畏的精神。作品连续多日在腾讯视频、优酷位列播出榜单第一，影片片花在抖音、快手播放量超 5 亿。革命战争剧《血战松毛岭》讲述了 1933 年7 月中国工农红军组建东方军入闽作战，在松毛岭阵地上鏖战 7 天 7 夜，保证了中央红军顺利转移开始长征的热血故事。网络电影《浴血无名川之奔袭》作为《浴血无名川》的系列电影，讲述老兵杜川奉命重整侦察排，执行深入敌后袭扰任务，为减少主力部队伤亡舍命奔袭，以大无畏的勇气精神铸起钢铁长城阻挡敌人的故事。这些作品引起的观影热情和巨大社会反响充分说明，网络视听文艺在重大革命历史题材创作方面大有可为，特别是网络视听具有自身独特的艺术表达形式，更能贴近年轻观众审美，更具传播优势，已经逐步得到观众和社会的认可，展现强大的发展势能。

聚焦现实生活，全方位、全景式展现新时代的精神气象。近年来，网络视听文艺强化现实题材创作，推出一大批优秀文艺作品，如《约定》《启航：当风起时》《开端》等网络剧，《浴血无名川》《中国飞侠》《藏草青青》等网络电影大放异彩，极大地改变了观众对网络视听文艺游离主流、格调不高的刻板印象。迎接党的二十大重点网络视听作品坚持以人民为中心的创作导向，深入人民生活，聚焦民生问题，以平实的视角、生活化的镜头语言歌颂人民的创新创造，记录时代发展前进步伐，生动展现人民的获得感、幸福感、安全感。

网络安全题材网络剧《你安全吗？》以互联网信息安全为切口，涉及网络暴力、水军控评、网络诈骗、羊毛群诈骗、网络赌球等社会热点，此外还拓展至婚恋、教育、养老、职场等民生话题，凭借贴近日常的内容情节、实用的网络信息安全知识科普，获得大量网友肯定。这部作品深刻说明，没有网络信息安全就没有国家安全，公民维护好自身网络信息安全的同时，就是在维护国家的网络安全、就是在维护国家的安全。影片《黑鹰少年》根据真实事件改编，刻画了一群身处山区却矢志不移、勇逐篮球梦的少年群像：5位成长在艰苦自然条件下的凉山彝族少年，全凭兴趣和热爱去追求自己想打篮球的梦想。同村青年阿木也曾热爱篮球，却因生活压力放弃在赛场驰骋。阿木拼尽全力帮助少年们获得家人支持、改善艰苦的训练环境、提升少年们的体能和篮球技巧。最终，阿木带着少年们走向更高、更专业的篮球舞台。

三、创新表现手法，拓展网络视听审美空间

创新是艺术的生命，更是网络视听文艺生命活力的源泉。迎接党的二十大重点网络视听作品更加注重艺术手法创新，从叙事结构、人物塑造、技术运用、影像语言上都更加突出网络视听特色，更加贴近年轻观众审美特点，亮点纷呈，效果突出。

打破"枯燥""说教"的刻板印象，着力于让观众在美好的观影体验中对影片想表达的价值观产生共鸣。《你安全吗?》通过生活化处理，让难懂的术语、复杂的骗局被转化为深入浅出的情节和台词；还在每集的结尾附上了"小剧场"，把最简单实用的自我保护知识介绍给观众。《特级英雄黄继光》在制作上创新战争电影表现手法，特别是黄继光牺牲前的一系列战争场景，采用升格慢速镜头，以远景和特写镜头两极之间的无缝衔接，以及后期制作的整体统合，实现了对"舍身堵枪眼"前激战场面的充分渲染，产生极为悲壮震撼的艺术效果。《勇士连》中每一位红军战士与敌军正面交锋的激烈场景，被多次的定格、升格的画面艺术化地延时放大，枪林弹雨在观众的注视之下清晰地飞过，战争的残酷被如实地呈现。《血战松毛岭》运用了先进的拍摄理念和技术手段，让战斗场面和人物动作完整流畅，让

年轻观众能从中感受到激情和热血,更能通过对这段历史深入的了解,更加珍惜当下和平美好的生活。

更加注重书写大历史背景下小人物的成长,更加注重人物的典型性,用无名英雄展现人物成长群像。《特级英雄黄继光》细腻刻画黄继光如何从一名普通战士成长为特级英雄,传递了战士们的成长力量。全片注重挖掘人物丰富的内心世界,展示人物的性格特征,反映人物的精神风貌。黄继光在参军初期,一心渴望上战场立功,在被安排为通信员时,他的内心有一丝失落和抵触;聆听了教导员及其他战士的人生经历后,黄继光转变想法,刻苦训练,成为一名优秀的通信员。《黑鹰少年》讲述的是凉山少年逆境成长的故事,主创团队影片中所有少年演员均由角色本人本色出演,力求还原少年们不负热爱、逆境成长的质朴底色,主创们在描绘大凉山黑鹰少年们真实生活的同时,聚焦时代精神、展现有志青年、聚焦美好生活、展现积极青年的创作主旨。《血战松毛岭》更加关注对基层民众、工农阶层的刻画,让每个角色都有血有肉,"填补中国红色题材剧'底层觉醒'的空白"。

总的看,这些迎接党的二十大重点网络视听作品立意高远,风格不一,但是无论是主题系列节目,还是网络剧、网络电影,都主动提高政治站位,在题材、手法、风格上加强创新,既有对壮阔历史的深情回望,也有对当代火热生活的审美创作表达,用网络文艺的光影,生动描绘社会变迁,弘扬伟大民族精神,抒写浓浓家国情怀,拉近了历史与现实的距离,引起广大观众尤其是青年观众的强烈共鸣,无论是思想性还是艺术性都有较大提升,为迎接和宣传党的二十大营造浓厚氛围,彰显网络视听行业的使命担当。

B.7 坚持中国特色社会主义文化发展道路 勇担新时代视听内容建设新使命

张苗苗*

党的二十大报告强调指出，"推进文化自信自强，铸就社会主义文化新辉煌""到二〇三五年，建成文化强国"。报告对十年来意识形态领域取得的成就进行总结，对新征程上我国社会主义文化建设作出系统阐述，指明方向，部署任务要求。

实现中华民族伟大复兴，全面建成文化强国，有赖于中国特色社会主义文化的繁荣发展。习近平总书记指出："中国特色社会主义文化，源自于中华民族五千多年文明历史所孕育的中华优秀传统文化，熔铸于党领导人民在革命、建设、改革中创造的革命文化和社会主义先进文化，植根于中国特色社会主义伟大实践。发展中国特色社会主义文化，就是以马克思主义为指导，坚守中华文化立场，立足当代中国现实，结合当今时代条件，发展面向现代化、面向世界、面向未来的，民族的科学的大众的社会主义文化，推动社会主义精神文明和物质文明协调发展。"这为新征程上广播电视和网络视听内容建设提供了根本遵循。

面对世界之变、时代之变、历史之变的交汇期，面对实现中华民族伟

---

* 张苗苗，国家广播电视总局发展研究中心媒介研究所副所长，研究员。

大复兴的战略全局和世界百年未有之大变局，面对文化多样性与国际话语权争夺日益激烈的舆论格局，广播电视和网络视听作为意识形态主阵地和文化建设的中坚力量，必须要运用信息革命成果，做大做强主流舆论，推动媒体融合向纵深发展，推出更多标杆性的时代精品，全面提升思想舆论引导效能，巩固全党全国人民团结奋斗的共同思想基础，为实现"两个一百年"奋斗目标、实现中华民族伟大复兴的中国梦提供强大精神力量和舆论支持。

一、深刻认识广播电视和网络视听面临的新形势新条件

当今世界正处于大发展大变革大调整时期，中国特色社会主义新时代是我国发展新的历史方位。世情、国情、党情、民情也处于深刻变革期，在文化领域有着非常明显的体现。广电舆论引导能力和内容建设面临的生态复杂性和竞争日益加剧。

（一）人民精神文化新需求提出新期待

习近平总书记强调，"人民有信仰，民族有希望，国家有力量。实现中华民族伟大复兴的中国梦，物质财富要极大丰富，精神财富也要极大丰富"。中华民族的伟大复兴，不仅要在经济发展上创造奇迹，也要在精神文化上书写辉煌。新时代我国社会主要矛盾是人民日益增长的美好生活需要和不平衡不充分的发展之间的矛盾，人民群众期待更高质量的精神文化产品和更加丰富的精神文化生活。

"仓廪实而知礼节，衣食足而知荣辱。"广电内容建设应在关注和服务人民对美好生活的向往中，从全方位着手，更好满足人民对美好精神文化生活的新期待，不断丰富人民美好精神文化生活的新选择。

（二）网络舆论环境新变化提出新要求

一是新时期舆论环境呈现热点易发多发快发态势。全媒体时代已经到来，舆论传播日益呈现人人传播、多向传播、海量传播的特征，网络舆论热点易发多发且快速传播，引发更大舆情，加强和改进热点引导已成为舆

论工作的紧迫任务。

二是网络舆论场亟待加强导向引领。互联网特别是移动社交媒体已深刻改变传统舆论传播格局，网络舆论场呈现主体多元、渠道多样、失真失焦等新特点。网络舆论中"广场式""沙龙式"争议话题不断出现，舆情反转现象频发，形成网上舆论复杂多变的局面。

广播电视和网络视听内容生产与传播要深刻理解舆论环境的敏感性、复杂性和长期性，坚持巩固壮大主流思想舆论，准确把握舆论热点中的积极因素，按照"时度效"要求打出管用的组合拳，加强和改进舆论引导方式，弘扬主旋律，传播正能量，绘就网上网下同心圆，激发全社会团结奋进的强大力量。

（三）国际舆论斗争新形势提出新挑战

当前，百年变局在深度调整，世界多极化在深刻变化，国际舆论多方角力，不确定性不稳定性因素显著增加，广电舆论引导工作承担的使命任务面临更多挑战。

一方面，国际舆论生态复杂多变，有利与不利因素杂糅。一是中国在全球事务中发挥日益重要的作用，中国媒体的国际自信越来越强，声量越来越大，国际舆论影响力与日俱增。二是"新冷战"思维加剧信息战、认知战。西方媒体涉华议程设置多围绕负面话题展开，充斥着意识形态偏见。西方国家借助其国际媒体平台和声量，以有组织、体系化的传播策略，以真假信息混淆、灌输误导性倾向性场景等发动"信息战""认知战"，意图操控国际舆论主导权以实现其国家利益，这将是今后一段时期国际舆论斗争的常态。

另一方面，构建国际舆论传播新格局，需要更广泛更有效地传播人类命运共同体理念。党中央高度重视创新和加强国际传播，对外宣传取得显著成效。但是，国际舆论竞争"西强我弱"的局面并未根本转变。随着中国世界影响力的增大，国外受众对中国报道的关注点正从人文领域转向社会转型和改革发展中的各种问题和矛盾，这对国际舆论宣传工作创新提出了新要求。

广播电视的舆论引导和内容传播工作要明辨"谁是我们的敌人，谁是我们的朋友"，在国际舆论场上有效应对"图文信息战""算法认知战"等，坚决捍卫国家利益。要发挥发展中国家的集群效应，协同提升国际新闻宣传中的议程设置能力，围绕构建人类命运共同体、共建"一带一路"等重要理念主张，精心设置针对性强、关注度高的国际舆论议题，积极回应国际社会关切，真诚友善增进国际共识。

二、当前视听内容建设的成就和不足

"文章合为时而著，歌诗合为事而作。"十年来，视听内容建设心怀"国之大者"，融入时代大潮，努力登高原、攀高峰，焕发出新的生机活力，取得历史性成就。舆论引导能力增强了，精品数量增多了，创作质量提升了，不断满足人民群众精神刚需。

1. 新闻宣传守正创新，奏响主流舆论最强音。新时代广电战线宣传工作与时俱进不断攀高，深入贯彻党中央决策部署，发挥好主阵地、主渠道、主平台作用。

总体看，十年来，核心宣传入脑入心，高光聚焦习近平总书记领袖风采。涌现出一批深受人民群众喜爱的理论节目，多维度宣传阐释习近平新时代中国特色社会主义思想的理论魅力与时代价值，把理论话语转化为通俗易懂的大众话语，推动党的创新理论"飞入寻常百姓家"。重大主题报道持续深入，主题主线宣传异彩纷呈，新闻传播力日益增长。公益广告已成为重要宣传手段，在宣传党的路线方针政策、普及科学知识、弘扬主流价值观、紧密配合党和国家重大主题宣传等多方面取得显著成效，成为广播电视宣传思想工作的重要力量。媒体融合工作全面铺开，传统媒体和新媒体向全媒体跨越，视听内容向融媒产品转型，"台网同播"全媒体宣传格局基本形成。舆论引导能力显著提升，为奋进新时代凝聚起强大力量，为实现中华民族伟大复兴提供了坚强的舆论支撑。

2. 文艺创作立足新时代，强化价值引领和品质提升。主旋律创作强势崛起迈向高质量发展。一是国产剧集踏上十年高质量发展征途，弘扬核心价值观和主流审美取向的优秀作品持续推出。其中，重大主题创作规模迈上新台阶。以电视剧为例，重大革命和历史题材发行数量从2012年的6部增长到2022年的15部，占全年发行比例从1.19%增长到5.67%，兼顾艺术与市场，引领文艺创作走向新天地。网络剧现实题材和现实主义创作手法重回主流，2020年至2022年，现实题材网络剧的占比超过六成，成为贴近生活、观照现实、讴歌时代的重要载体。二是纪录片紧紧围绕"国之大者"，越来越彰显其"时代影像志"的独特思想价值、文化价值、艺术价值、传播价值。三是网络视听节目从生力军发展成为主力军，紧紧把牢网上舆论引导的时度效，扩大主流价值影响力版图。如，2011年，17家国内主要视听网站在线网络剧数量仅为78部。2022年获得上线备案号的重点网络电影426部、网络剧251部、网络动画片330部、网络纪录片8部、网络微短剧336部。网络视听文艺量质齐升，从艺术与技术结合的新生力量，快速成长壮大为繁荣社会主义文艺的重要组成部分，为人民群众提供着丰富多彩的精神食粮。四是动画创作由规模增长走向提质升级，涌现一大批弘扬时代主题、彰显中国美学风格、社会与市场反响俱佳、深受少年儿童观众喜爱的优秀动画作品。五是文化类综艺从星星之火到满园春色，垂直类综艺细分化特色化蓬勃发展，优秀传统文化类、亲子类、演讲类、喜剧类、竞速类、探险类、科技类等综艺纷纷推出，精品化品牌化持续增强，不断唱响主旋律，壮大正能量。

3. 视听内容境外影响力和美誉度不断提升，从布局拓展阶段走向繁荣新阶段。进入新时代，中国视听节目以关注和坚守人类共同价值观、精彩的中国故事、精良的制作、鼓舞人心的力量，向世界展示真实立体全面、可信可爱可敬的中国形象，受到海外观众的关注和肯定，取得了较好的国际传播效果。主要体现在，一是国产剧集国际传播力普遍提升，占全国电视节目出口比重约达70%。特别是重大题材电视剧如《山海情》《在一起》等国际传播实现新突破。二是纪录片借助国际合拍实现国际传播，主题主线纪录片进入国际主流媒体播出。三是动画实现 IP 化发展，海外动画节展频现中国动画身影，越来越多不同品类作品成功出海。四是短视频具有较强国际传播力，规模庞大、题材多元的短视频实现良好国际传播。

4. 产业持续发展，社会制作力量保持高度活跃，在竞合中不断发展壮大。2022 年全国广播电视行业总收入 12419.34 亿元，同比增长 8.10%。其中，广播电视和网络视听业务实际创收收入 10668.52 亿元，同比增长 10.29%；网络视听收入 4419.80 亿元，同比增长 22.95%。其中，用户付费、节目版权等服务收入大幅增长，达 1209.38 亿元，同比增长 24.16%；短视频、电商直播等其他收入增长迅速，达 3210.42 亿元，同比增长 22.51%。

据不完全统计，全国持有《广播电视节目制作经营许可证》的机构约 4.2 万家，这些机构均可以进行视听节目生产发行工作，其中民营机构占绝大多数，还有 10 余家影视制作企业上市，社会投资十分活跃，成为视听节目繁荣发展的重要力量。

5. 广播电视法律体系建设实现历史性变革，治理体系建设取得显著成效。广播电视持续加强重点领域、新兴领域立法，形成了以数部基础性法律、6 部行政规章、44 部部门规章和 300 多件规范性文件组成的广播电视"四梁八柱"法律体系，既有广播电视法律法规延伸适用到网络空间，同时，网络视听监管治理体系也加快建立健全。广播电视和网络视听同一标准一体管理不断深化，从"管得住"向"用得好"迈进。行业治理体系加快完善，规范化精准化治理能力不断提升。

2022 年全国广播节目制作时间 787.65 万小时，同比下降 3.08%；播出时间 1602.15 万小时，同比增长 0.80%。电视节目制作时间 285.21 万小时，同比下降 6.78%；播出时间 2003.64 万小时，同比下降 0.51%，而互联网视频年度付费用户超过 8 亿户，互联网音频年度付费用户 1.5 亿户，短视频上传用户超过 7.5 亿户。2022 年度新增互联网视频节目 4328.69 万小时，互联网音频节目 6005.60 万小时，短视频 51873.53 万小时。视听内容建设取得了显著的历史性成就，但发展环境不稳定不确定性上升带来的影响深广，广电内容建设是意识形态工作，承担的任务更加艰巨，自身面临较大压力，精品视听内容供给呈现结构性不足。

总体来看，广播电视和网络视听内容制播的量级相对丰沛，然而其中真正能够传得开、留得下，经得起人民评价、市场检验和具有国际影响力的优秀作品总量依然偏少，结构性不足特征明显。一是在运用融合思维壮大提升全媒体主流舆论引导力方面有待进一步加强。二是主旋律题材作品创作规划组织成效明显，但真正叫好叫座的标杆性精品还无法支撑贯穿全年、压茬上新的局面。三是节目类型日益增多，创新压力也日渐增大，"思想精深、艺术精湛、制作精良"的作品相对不足，依然存在娱乐性与导向性失衡，主流价值和审美价值偏低的情况。四是存在侵权短视频内容、打擦边球内容、低层次无营养内容、同质化内容等现象，不利于健康清朗视听内容生态形成。五是针对老人、少儿、残障人士等细分和特殊人群，农村、民族语言等细分题材和类型的优质内容供给和文化服务依然不足，供给的针对性和有效性不足，精准化服务水平有待提高。

三、高举旗帜，勇攀视听内容建设新高度

（一）提升思想内涵，构建中国式视听内容话语体系

习近平总书记指出："历史和现实都表明，一个抛弃了或者背叛了自己历史文化的民族，不仅不可能发展起来，而且很可能上演一场历史悲剧。""话语的背后是思想、是'道'。"那些试图通过西方理论的植入和西方话语的介质来讲述中国，最终呈现的不过是不着边际、不伦不类的中国形象。应不断从中华民族 5000 多年的文明史、中国人民近代以来 180 多年的斗争史、中国共产党 100 多年的奋斗史、中华人民共和国 70 多年的发展史、改革开放 40 多年的探索史当中汲取丰盛的文化遗产，打造中华民族的"文明

基体"和精神底色，构筑出亿万人民的"意义世界"和价值体系。要善于挖掘悠久灿烂的中华文明宝藏，锻造出强大的思想文化凝聚力和引领力，用中国式话语体系贯穿新闻舆论工作和文艺创作的全方位多方面，谱写出中国特色社会主义文化的绚丽篇章。对内引领社会舆论，塑造良好社会政治和民生生态。对外捍卫国家主权，寻求发挥发展中国家舆论集群效应，自塑国际舆论形象。形成纵贯古今、融通内外的中国话语体系，开创用中国话语讲好中国故事的新局面。

（二）做强内容矩阵，完善"以我为主"的宣传格局

一是强化思想理论武装，提升新闻舆论引导实效。把学习宣传贯彻阐释习近平新时代中国特色社会主义思想作为长期重大政治任务，综合运用全媒体方式、大众化语言、艺术化形式，结合党治国理政的创新理论、生动实践和历史性成就，全方位、多层次开展对象化、分众化、互动化理论宣传普及。完善坚持正确导向的舆论引导工作机制，加强统筹规划，抓好时间节点，聚焦主题主线，创新宣传方式，开展好宣传工作，打造一批高质量融媒体内容产品，不断营造团结奋进的舆论强势，推动广电宣传思想工作发生深层次、根本性变革。

二是不断完善扶持引导举措，持续营造行业健康有序生态。继续深入实施"头条工程""舆论引导能力提升工程""新时代精品工程""记录新时代"工程、"国家文化记忆和传承"等重点工程和扶持计划，统筹网上网下、内宣外宣，坚持内容建设向主旋律正能量迈进，深入推进理念创新、内容创新、方式手段创新，强化规划，引导和服务并举，打造新闻节目和文艺作品精品矩阵。坚持网上网下统筹管理、同一标准，加快构建网上网下一体、内宣外宣联动的主流舆论引领格局。深入持续推进文娱领域综合治理，营造公平有序发展的良好环境。

三是深化内容与渠道融合创新，提升全媒体建设与传播水平。坚持系统性、一体化发展方向，打破时空限制、拓宽传播渠道、丰富产品类型，放大一体效能。深入实施"主题宣传全媒体传播工程"等，做到立体化呈现、精准化传播。坚持移动优先策略，加快健全以移动端为核心的全媒体生产制播体系，实现主力军占领互联网主阵地主战场。推动媒体深度融合发展，推出更多优质融媒体产品，逐步构建起以内容建设为根本、先进技术为支撑、创新管理为保障的全媒体生产和传播体系。

（三）深化体制机制改革，筑牢建设社会主义文化强国的广电人才队伍基础

习近平总书记指出："媒体竞争关键是人才竞争，媒体优势核心是人才优势。"习近平总书记关于宣传思想文化队伍建设的重要论述，科学回答了新时代人才工作一系列重大理论和实践问题，深刻阐明了宣传思想文化领域建设什么样的队伍、培养什么样的人才，为做好人才工作提供了根本遵循。

广电内容建设关键靠人才、靠队伍。目前广播电视和网络视听人才队伍依然存在年龄结构不合理、高层次人才比重小、人才储备培养不足、复合型全媒体人才极度缺乏、人才体制机制改革不够深入等许多障碍，人才队伍结构亟需进一步优化，人才体制机制改革亟待进一步深化等诸多问题。新时代新征程，需要新担当新作为。

一方面，制定着眼当下、放眼未来的人才发展战略，以人才发展体制机制改革为抓手，以实施重大人才工程为牵引，以重点领域人才培养为关键，以优化人才发展环境为保障，培养造就一支规模宏大高素质广播电视人才队伍。

另一方面，从业者要主动担当勇于作为，生产创作出时代精品，就必须遵照"文艺创作方法有一百条、一千条，但最根本、最关键、最牢靠的办法是扎根人民、扎根生活"这一根本原则，就必须心怀"国之大者"、强化使命担当，就必须自觉与人民同呼吸、共命运、心连心，为实现中华民族伟大复兴的中国梦提供强大的价值引导力、文化凝聚力、精神推动力。

（四）依托地缘政治优势，提升人文交流影响力，贡献视听领域文化多样性传播与治理的中国方案

依托地缘近邻国家和地区，做好文化交流与传播。近些年，随着东盟在 2020 年逆势成为中国第一大贸易伙伴，中国与东盟在文化领域的交流互信也不断增加，合作成效显著。主要体现在政府间合作不断加深、双方节目互播成为常态、合作合拍日益频繁、人员交流更加密切、技术合作持续加深、青年媒体人交流更加活跃。尤其是中国与东盟之间，随着全面战略伙伴关系的确立，中国—东盟关系已成为东盟同对话伙伴关系中最具活力、最富内涵的一组关系，人文交流、政治安全合作、经济合作共同构成中国—东盟全面战略伙伴关系的三大支柱，广播电视媒体合作交流将成为双边重要合作内容，双方媒体合作面临着新的机遇和广阔前景。随着《区域全面经济伙伴关系协定》（RCEP）正式签署，在新的合作框架内，要加强双方媒体间合作的统筹协调力度，加强生产创作链条各环节人才交流与培养，提升双方媒体涉国际传播人员的综合能力。挖掘双方文化共通性，继续深入开展人文交流，充分发挥文化、新闻等合作机制作用，加强联合议题设置，深化视听节目合作制片、联合发行，强化译配建设，开展更多双边民众喜闻乐见的合作项目。同时，积极构建传播秩序，倡导在网络文化生态治理中构建政府主导下的"多利益攸关方"协同共治模式，寻求东方文化共同价值，为共建区域命运共同体贡献中国智慧，凝聚壮大共识力量。

B.8 "首屏首推"工程在主要视听平台实施效果分析

吉 京[*]

"首屏首推"作为网络视听平台新闻宣传最重要的版面,在提升主题主线宣传效果,巩固壮大主流舆论等方面都起到了至关重要的作用,"首页首屏首条"的质量在很大程度上决定着平台主流内容的生产价值和传播力度。2022年,视听新媒体从强策划、重报道、新语态的创作更新,到轻量化、融合化、矩阵化的宣传变革,网络视听和短视频平台以前所未有的力度打造"首屏首推"相关工程。

一、以内容建设高效完成宣传任务

2022年,在广电总局的管理倡导下,各级网络视听媒体持续深化"首页首屏首条"和短视频"首屏首推"建设,全方位、多角度、常态化宣传报道解读总书记时政要闻、重要讲话和指示精神,紧扣重大活动的时间节点,精准推出新闻报道、专栏专题、特别节目,深入阐释习近平新时代中国特色社会主义思想。一大批多样态新闻宣传精品涌现,扩大融合传播影响,唱响主流舆论宣传最强音。

---

[*] 吉京,国家广播电视总局发展研究中心研究人员。

（一）核心宣传强力突显思想风采

一是高光聚焦习近平总书记领袖风采。网络视听平台在党媒央媒带头下，持续推进"首页首屏"内容建设，做到习近平总书记重要思想和风采"天天见、天天新、天天深"。紧紧围绕习近平总书记的重要活动、重要讲话、重要指示批示，推出了大量新闻宣传产品，持续性、全方位展现习近平总书记带领中国人民实现伟大复兴的躬亲奋斗历程，使人民领袖为人民的思想风采深入人心。人民网重磅推出《领袖的足迹》作为2022视听开年之作，回顾了习近平总书记亲自谋划、亲自部署、亲自推动的一系列重大战略和重大决策，实现思想引领、话题引导、价值观塑造相统一的传播声势，推出后累计阅读量超5亿；新华网用心用情做好习近平总书记报道，推出《足迹——一路走来的习近平》系列微视频，以小故事、小切口的呈现有力拓展了习近平总书记重要思想报道传播新阵地。央视网2022年不断扩大领袖宣传报道品牌矩阵，共有2791篇稿件获中央网信办置顶通发推荐，在中央重点新闻网站中连续六年排名第一，持续巩固置顶优势；短视频更是成为呈现习近平总书记个人魅力和感人画面的重要形式，《温暖的牵挂》《给习爷爷的信》《总书记的回信》《习主席的一天》等作品展现了习近平总书记对人民群众的深情关怀和辛劳实践，生动展示了习近平总书记治国理政的领袖品格。

二是深入宣传习近平新时代中国特色社会主义思想。各大网络视听平台和融媒体平台纷纷推出专题理论宣传内容，创新时政新闻和理论宣讲，大力推动习近平新时代中国特色社会主义思想大众化传播。新华网围绕"十个明确"重要内容，运用XR技术推出《读懂中国的"最大优势"》等系列微视频，创新解读习近平新时代中国特色社会主义思想的原创性贡献，总访问量超过10亿；央视网擦亮《联播+》《热解读》《天天学习》等原创时政品牌。深耕《中南海月刊》栏目，通过AI和大数据的形式梳理解读习近平总书记活动内容。微纪录片《习近平与乡村振兴的故事》累计播放量1.26亿，全方位、多层次开展对象化、分众化、互动化理论宣传普及，用鲜活的表达深入宣传阐释好中央决策部署。

（二）重大宣传有力服务"国之大者"

为做好党的二十大报道，贯彻好党的二十大精神，视听新媒体议题前置、挂图作战，以会前预热、会中宣传、会后追踪的节点制定差异化报道策略，在首页首屏等核心位置全流程全覆盖宣传，有节奏、有深度、有重点地展现盛况，将党的二十大胜利召开的舆论氛围分阶段推向高潮。

党的二十大召开前夕，网络视听媒体聚焦"十年"发展历程，生动描摹新时代变革。中央级媒体、各省、市级广电纷纷推出特别策划，推出《百秒说·非凡十年》《非凡中国 非凡十年》《十年画卷》《奋斗的我们》《十年奋进路·特区相册》《心向北京》等系列创意视听产品，生动展示党的十八大以来我国取得的历史性成就和发生的历史性变革。湖南卫视联合芒果 TV、风芒短视频匠心打造的《这十年》系列视频，引发热烈社会反响；党的二十大期间，各平台火速展开融媒体报道宣介工作，播发大量重磅评论文章与重点内容，人民日报新媒体推出《任仲平来了!》《数读二十大报告! 这些 KPI 见证非凡十年》等新媒体推送，引起广泛转发；新华社连推四条轻量化新媒体解读产品《一图速览二十大报告》等，抢占先机，形成联动传播态势。开幕式后，又制作视频版《中国共产党第二十次全国代表大会开幕长卷》，真实再现了伟大庄严的场景画面；中央广播电视总台（以下简称总台）充分发挥视听传播优势，在开幕会直播中采用先进设备，高品质记录、全媒体传输党的二十大珍贵现场影像。各级媒体以强时效性的采访报道，多维度奏响了一曲从中央到地方党的"二十大好声音"；党的二十大召开之后，视听新媒体平台迅速投入学习解读工作，将党的二十大报告内容要求转化为具体的案例，通过图文、音频和短视频等创新方式可视化、可听化传达。总台云听上线的音频版《党的二十大报告学习辅导百问》，紧密围绕党的二十大报告提出的新理念、新战略、新论断，系统全面阐释了报告的主要内容和核心要义。快手独家合作中国新闻网，推出党的二十大相关大型直播答题活动，在保证内容权威性和规范性的同时，以奖金机制和多元设计激发直播间用户的参与热情，最终答题活动总观看人次超过417万，点赞量超过186万，参与答题人数达到71万。快手将国家级媒体提供的权威内容与平台宣发的强大传播力有机结合，助力党的二十大精神入耳入脑入心。

（三）主题展播活动形成强大声势

除了报道创新外，以几大视频网站为代表的内容创作平台也持续发力主题主线宣传，以"首页首屏首条"和"首屏首推"建设开展合集、展播、专栏活动，以优质内容献礼党的二十大，营造出一心向党的宣传氛围。

广电总局用心打造的"中国视听"平台上线不久就迎来了党的二十大胜利召开。平台认真落实广电总局迎接党的二十大宣传引导工作要求，紧紧围绕主题主线，开设党的二十大专题专栏，策划设计多个专栏专区，推出相关专题40余个，通过醒目的版面设计，强大的资源收集和精心编排的内容，展现广电总局迎接学习宣传贯彻党的二十大重大安排部署和全系统学习宣传党的二十大的新形象新作为，把"中国视听"打造成为全行业关于党的二十大重点节目的展播平台。爱奇艺在管理部门指导下，设计搭建"喜迎二十大 奋进新征程"和"青春中国梦"优秀网络视听作品展播专区，以300余部优秀作品充分发挥文艺作品价值引导、精神引领、审美启迪的作用；腾讯视频上线的新征程展播专区包含20个栏目版块，展播节目近200部，并进行全渠道推广。芒果TV作为视频行业常年首页首屏置顶《学习时刻——习近平活动报道集》的平台，专区播放量已超59亿，并围绕全国两会、香港回归25周年、建党101周年等重大主题，精心策划《新主流 新征程》等专题专栏，推出《人民的代表》《小镇青年》《普利桥种粮记》等精品力作，引发传播热潮；bilibili推出"喜迎二十大 奋进新征程""我们的幸福生活"等相关专题频道展播和征集活动，其中，"我们的幸福生活"短视频征集活动专区展播作品总观看数突破1.9亿次，话题总浏览量达1.6亿，话题投稿量约17万。强有力的网络视听内容聚合展现了行业守正创新、砥砺奋进的责任担当。

二、以形式创新促进流量升级

习近平总书记指出：随着形势发展，党的新闻舆论工作必须创新理念、内容、体裁、形式、方法、手段、业态、体制、机制，增强针对性和实效性。2022年，"首页首屏"内容聚焦重大主题宣传报道，在创作优质内容的前提下，深耕形式方法手段的创新，提高点击量，产生大流量，汇聚正能量。

（一）版面设计强调可看性

"首页首屏"作为网络视听平台的"门面"，内容始终强调政治性和重要性。封面化设计切实增强冲击力吸引力。主流媒体在设计党的二十大宣传页面时，以大气浓烈的"飘红"烘托热烈氛围。在报道开幕式内容时，各大平台不约而同以"会场主图+报告金句"的模块化呈现打造首页封面，强化习近平总书记核心位置；图形图表化全面提高易读性可读性。面对党的二十大报告内容解读，"一图读懂"成为创作主流，"图"解，"数"读等方式高效拎抓重点信息，制作生成长图，让会议要点提炼更加简洁别致、易于传播；视觉化呈现聚力突出艺术性贴近性。重大主题宣传在强调时效性、政治性的同时，也更加注重艺术创新。手绘、水墨、动漫等手法运用受到广泛好评，新华网"平语近人"系列创意视频30期，创新性运用三维动画、雕塑等艺术化手法呈现习近平总书记重要讲话"金句"，全渠道访问总量近9亿。

（二）叙事语态注重亲民感

一是网感内容渐成主流。短视频、Vlog以其内容简短、制作简便、适合移动浏览的特点，在党的二十大和2023年两会报道中，大量新媒体选择以引人注目的设计创作，实现硬核主题柔性传播。简短的时长、丰富的画面、个性化的语言和惊喜感的剪辑，既符合年轻用户的口味，也让叙事风格更加贴近生活，关注受众多，传播速度快。二是叙事视角更加多元，重大主题宣传从传统的宏大叙事、重磅制作思路转变，逐渐引入平视观察视

角、碎片的场景、老百姓的话语，让重大新闻报道产品更加丰富。人民视频联合微信视频号、腾讯新闻共同推出的短视频栏目"亿缕阳光"，将短视频创作从影像思维转变为新闻思维，把富有现场感的新闻素材与具有鲜活态的网民创作有机融合，以去中心化的生产方式满足网友期待，大大增强了主流视频媒体的传播能力和受众黏性。三是地域特色有机融合。河南广播电视台《动漫 H5 | 黄河泥娃的中国梦》、湖北广播电视台融媒特别策划《桥见十年》、闪电新闻"这就是山东·这十年这十秒"系列微视频接力传播活动等特色报道活动立足本地，以小切口呈现全局性、普遍性、结构性内容，为重大主题地方宣传提出了大实效、强共情、正能量的建设性新闻方案。

（三）数智融合赋能产品创新

在"首页首屏首条"的产品体系建设中，网络视听除了在内容生产上下功夫外，借助创造性的视听技术，以更加符合现代审美特征和传播规律的方式抢占主流阵地，打造"智能+美感+内涵"聚集的新产品。一是交互式体验打造新场景。当前，3D、AR、VR 和元宇宙技术强势赋能新闻生产，打造虚实融合、精准高效的新型产品，提高了新闻的新奇性体验感，让新闻传播更加立体。央视网联合抖音运用 AI 换脸技术与实景拍摄相结合推出的沉浸式互动产品《种花家这十年 一路生花》，让人民群众成为主角，综合运用短视频、互动游戏、手绘国漫等年轻态表达方式，带领用户纵览穿越党的十八大以来十年间的壮丽航程，超 7000 万人次参与了互动。二是以智媒体技术注入生产传播动力，AI 虚拟主播等新产品业态也开始活跃在重大主题报道一线，除了中央级媒体外，以北京、湖南广电为代表的省市级媒体也开始进军元宇宙，推出 AI 相关新闻产品。人民日报社更是突破性发布最新涉政论述智能勘误产品"智晓助"，以人工智能技术打造"风控大脑"，为互联网内容、信息安全管理提供技术服务，让涉政论述更准确专业。三是以多维度深融合引领主流舆论生态。在重大主题报道中，中央媒体和省级媒体积极寻求跨媒体、跨平台、跨界合作，寻求更丰富的内容形态、更强的传播能力、更广泛的服务群体。新华社、中国新闻网、人民网共同推出《我们这十年·坐标中国》系列微视频，通过宏观视角图景与动画、镂空大字幕结合，镌刻中国各行业发展的坐标。广西日报—广西云联合内蒙古、西藏、宁夏、新疆四自治区党报新媒体及全国各级多个党政新媒体、企业新媒体，重磅推出了《各民族 心向党》大型融媒体报道活动，以线上推出视觉海报、微博话题互动、手绘 H5、数字孪生新闻产品，线下万屏点亮 30 秒主题视频的形式，实现了媒体在线上过程中的大融合。而多主体联动、全场域覆盖的矩阵式内容生产，也推动了传播的规模化、效应化，推动了重大时政主题报道的"正能量"产生主流舆论强势的"大流量"。据微博热搜搜索引擎统计，党的二十大相关主题在 2022 年 10 月 13 日至 25 日期间，由多个中央级媒体主持的 26 条话题持续位于热搜榜第一，总阅读量达 56.2 亿。真正达到了主力军占领主战场的强势宣传效果。

三、不足与对策

2022 年，网络视听媒体"首页首屏首条"建设虽然取得了长足的进步，但也存在着各方面挑战。从主体上看，"首页首屏"建设中的重大主题内容生产目前主要集中于中央级媒体和省级媒体，商业化网络视听和短视频平台未形成深度融合的全媒体思维，又缺少权威专业的内容策划与编审机制，面临着内容同质，缺乏特色，整体水平不足等困境。另外，从内容上，由于重大新闻具有一定特殊性，主流内容的互动性与用户黏性还需进一步提升；从视觉呈现来看，视听新媒体端尚未形成重点有序的智慧编排机制，除了重点宣传期外的时间，首页首屏内容编排尚未形成常态化编排思路和体系，可能会出现重点失焦的问题；从内部机理来看，目前的"首页首屏"创新点大部分集中于内容制作、传播宣推等业务层面，而从"工程"角度出发，所需要涵盖的资源配置、流程整合、考核验收、效果评估等机制尚未建设完全，平台定位和各自特色亟待改善，矩阵作用发挥受限。而非党媒央媒的网络视听和短视频平台，在非宣传期时间对重大主题宣传的内容抓取和分发置顶上缺少科学算法推送支持，很容易产生版权问题泛滥、重大主题宣传难成规模体系等问题。

针对以上问题，以下几点值得进一步思考：

一是统筹构建重大新闻报道的机制。中央级新媒体可以发挥资源优势，加快建立丰富、海量的数据库和素材库，可以付费服务的方式打通中央—地方新闻宣传上的报道融合；各级广电新媒体可组建共享理论专家库，一方面完善对习近平总书记的重要思想的深度阐释，另一方面拓宽邀请专家采访测评的渠道，帮助对重大内容的指导把关以及网络内容的再创造；推动线上线下建设常规选题例会制度，完善专业化流程，将"一次采集、多类型分发"落到实处，在正面宣传的同时精准剖析现实中人们关心的热点、难点问题，为用户答疑解惑；同时各级视听新媒体应充分发挥好自身特色优势。在广电总局网络视听和新闻作品的评奖推优活动和重大选题策划指导的引领下，以推出宏大叙事的镇版之作和爆款出圈的轻量化传播精品相结合，发出全方位多层次多声部的主流舆论强音。

二是要在传播渠道上深挖拓宽。首先，中央级媒体加速建立官方发声矩阵，配置好各种媒介形态产品，全天候传递权威信息。除此之外，基于网络视听和短视频平台分众化、差异化的传播特点，以及自有融媒体平台领域性、区域性突出的本质，鼓励各大政务机关入驻平台，依托先进的信息分发技术实现新闻精准触达，更好服务"新闻+政务+服务"机制。其次是深度运用好大数据、人工智能、云计算等新视听技术，实现各级广电和互联网平台深度合作，借助网络平台强大的数据储存和高效的数据分析能力，以"用户画像"智能化设置H5、图文、视频播放、直播等多种表达形式，高效权威提升舆论引导效率。最后是利用好多元化传播手段，个性化搭建"首页首屏"专题内容。网络视听平台要在重大内容编排上加强整合分类和选题策划，以专栏、合集、开屏等多种格式使版式上更加鲜明精巧，提升"头条"报道的连贯性和逻辑性。

三是将互联互融思维融入变革进程。随着5G等全媒体技术的发展，

"首页首屏"建设的关键一步在于如何让互联网这一变量成为新型主流媒体发展的最大增量。将传统媒体的内容生产优势与新兴媒体的移动化媒介优势有效融合贯通，发挥出"1+1>2"的效果。加强推动地方媒体与总台、新华社、人民日报等权威媒体以及大流量商业网络平台深度合作，以主题主线宣传报道实现内容表达创新；强化全局认知，以轻量化内容、年轻化表达和视角转换等手段实现专业新闻机构与用户的亲密互动，共同构建良好的主流话语传播生态，让重大主题宣传突破圈层；设置更多场景与需求相符合的创新模式，让"首页首屏"建设不局限于任务宣传，形成社会效益与经济效益的良性循环，也为拓展传播形态、丰富话语体系提供了更多样本，在新闻宣传高质量发展的过程中源源不断引入了创新活水。

B.9 IPTV 发展报告

潘红梅*

2022 年，全国 IPTV 行业聚焦主责主业，协同推进"存量变革"和"增量崛起"，凝心聚力做好主题主线宣传，生产力持续健康发展，创造力竞相迸发，涌现出一系列先进经验和典型案例，进一步提升主流媒体影响力和竞争力，助力经济社会发展，不断满足人民群众对美好视听生活及公共文化服务的新需求新期待。

一、政策端高效引导，为 IPTV 高质量发展指路护航

行业的稳定发展，需要强有力的顶层设计和政策供给，以精准明晰的政策引导，确保 IPTV 行业行稳致远。一是党的二十大报告，对 IPTV 行业发展提出新的更高要求。报告指出，"我们要建设具有强大凝聚力和引领力的社会主义意识形态，牢牢掌握党对意识形态工作领导权，全面落实意识形态工作责任制，巩固壮大奋进新时代的主流思想舆论，加强全媒体传播体系建设，推动形成良好网络生态"。党的二十大报告为包括 IPTV 在内的广电大视听产业发展进一步指明方向和路径，持续鼓舞 IPTV 行业奋楫笃行、固本拓新。二是国家广播电视总局强化组织领导和政策引领，为 IPTV 发展提供坚强保障。2022 年，进一步强化法治建设，推动 IPTV 夯实内容、

---

* 潘红梅，爱上电视传媒有限公司董事长。

传输、技术、数据等安全监管底线，以高水平安全护航高质量发展。三是各省级广电局扎实推进 IPTV 建设管理工作。广西广电局推动全区 14 个地市频道全部上线广西 IPTV。青海广电局从"旗帜鲜明讲政治"的高度推进 IPTV 建设管理。山西广电局推出《山西省广播电视和网络视听"十四五"科技发展规划》，要求推进 IPTV 服务升级。宁夏广电局提出《全区高清超高清电视发展实施方案》，要求推广普及 IPTV 高清超高清机顶盒等。

二、总分平台及各运营商高效耦合，全方位强固安播工作

对 IPTV 行业而言，"安全"堪称排名第一的年度关键词。IPTV 总分平台及各运营商全力战胜包括网络攻击在内的各种困难挑战，安播态势持续向好。

（一）稳字当头，全力做好重要活动安播工作，确保日常安播态势稳中向好

2022 年，IPTV 总平台进一步建立健全工作机制，克服疫情等多重困难，圆满完成北京冬奥会、北京冬残奥会、中国共产主义青年团成立 100 周年大会、庆祝香港回归祖国 25 周年大会、党的二十大、世界杯以及元旦、春节、全国两会等党和国家重大活动及日常的各项保障任务。总平台安全播出率达 99.99991%，与 2021 年相比故障次数和故障时长均有所降低。一方面，总平台周密部署运维保障方案，充分发挥"全国一张网"可管可控、可上可下的优势，与各省分平台及运营商密切沟通协作，优化各类应急预案和联合运维机制，精准整合直播内容，确保直播信源安全可靠。另一方面，总平台联合各 SP（服务提供商）、CP（内容提供商）合作方，畅通信息共享渠道，优化常态化应急响应机制，有力确保总平台和分平台顺利平稳播出。陕西广信新媒体公司为做好党的二十大安播工作，联合 IPTV 总平台、三大运营商、相关传媒公司组织开展大型演练活动 4 次。IPTV 总分平台、各运营商等持续优化资源共享、发展共促的长效机制，多方数据显示，2022 年用户收视时长和平台公信力均有明显提升。

（二）直面行业发展困局，增强发展韧性

面对前所未有的发展困局和市场不确定性，总平台和分平台通过更高效的跨行业、跨区域协同，打通"条块分割"格局，优化全流程协同工作机制，构筑携手并肩、互相赋能的格局。一方面，"双向奔赴"聚起强大合力。宁夏 IPTV 积极拓宽宣传渠道，构建传播矩阵，通过向总平台上传宁夏新闻联播拆条，由总平台将拆条统一下发全国，在总平台《中国这十年》专区呈现，扩大宁夏在全国 IPTV 用户中的影响力。另一方面，总平台强化运用系统观念，推进未对接地区规范对接，推进"全国一张网"建设。截至 2022 年年底，总平台业务已覆盖 29 个省区市、65 个运营商平台，总平台 IPTV 用户数超过 2.58 亿户，增长势头良好。

（三）善用合作博弈理念，构建"共生共存"良性竞合机制

2022 年，总分平台、运营商继续秉持"一家亲、一家人"的发展理念，通过资源共享、互通有无等方式，激发自身规模势能，超越低层次"竞争"与"非合作博弈"，走向高境界的"竞合"与"合作博弈"。各方在互动中平衡各自定位，优化有约束力的合作规则和良性竞合机制，进一步融洽关系，通过多层面多维度融合联动，实现共融共生、共享共赢。

三、守正出奇，深耕内容运营、拓展新服务新市场

IPTV 行业坚守"内容为王"理念不动摇，以更专业的理念和技能精耕版块运营、打造精品服务平台。从受众需求和体验出发，坚持更高维度谋划，以"知不足"的"空杯心态"沉潜蓄势，精准提供差异化、分众化、个性化的信息服务。

（一）总平台紧扣主题主线，持续推进内容产品建设与运营

总平台以专区建设为抓手，不断丰富优质内容，增强总平台内容运营能力。以"思想+艺术+技术"为引领，打造《宣传党的二十大专区》《中国这十年》《两会专区》以及《新春专区》《新闻专区》《乡村振兴专区》《4K 专区》《科教专区》等。重点专区和重要页面在重要位置呈现、重点推

荐。2022 年共推出 250 余个精品策划专区，推动构建 IPTV 宣推品牌矩阵。总平台紧跟热点，通过《典籍里的中国》《诗画中国》《一馔千年》等一系列爆款 IP，与亿万用户共享优秀传统文化视听盛宴。依托纪实、综艺、晚会、影视剧等类型丰富的内容产品，总平台持续加大首屏首页推荐和策划推荐等运营力度。在首页首屏将直播内容进行醒目的编排，更加灵活推送给用户，通过"直播的点播化"，与用户建立超强关系。

（二）分平台积极拓展本地资源，发掘流量新蓝海

各地分平台积极拓展线上线下服务，探索 IPTV 多领域应用，挖掘新发展空间。2022 年 6 月至 8 月，天津网络广播电视台和天津市体育局共同举办首届"海河群英"线上跑暨千万健身体验券发放活动。活动采取线上带动线下的方式，利用 IPTV 电视平台助力全民健身服务和拉动体育消费，为推动媒体平台培育在线体育新业态进行有益探索。重庆广电数字传媒股份有限公司（重数传媒）依托智慧大屏（IPTV 乡村版）等传播终端，向各区县基层党委政府、农业龙头企业、专业合作社、农村干部群众提供电视商城、数字文旅、数字用工等服务，助推乡村振兴产业升级。四川 IPTV "熊猫少儿创造团"搭建大小屏互动、线上线下结合的产品和服务体系，为全省青少儿用户及其家庭提供集亲子娱乐、教育培训、素质拓展、研学旅行、活动赛事、儿童商城于一体的综合服务平台。老年人是客厅电视的重要用户，全国多地 IPTV 积极提供适老化服务。如河北 IPTV "健康万家"版块，为用户提供在线健康咨询和养老服务，同时也是国家卫健委"百姓健康频道（CHTV）"健康中国专区首个省级落地平台；海南 IPTV 分平台围绕"大旅游、大健康、大教育"三大产业融合布局，利用数字技术促进"互联网+医疗健康"、养老和旅游产业深度融合；"四川 IPTV 乐龄馆"推出老年内容专区及"乐龄馆"服务品牌，构建"运营+活动+商务+服务"银发产业平台服务模式。

（三）备受资本市场青睐，广电新媒体上市再加速

2022 年 IPTV 行业持续获得资本市场青睐。2022 年 4 月 28 日，贵州

IPTV 播控运营主体公司——贵州多彩新媒体股份有限公司提交了首次公开发行股票并在创业板上市的招股说明书，目前该公司正处于问询阶段。2022年 10 月 19 日，深交所发布创业板上市公告，公告显示：河北广电无线传媒股份有限公司（首发）符合发行条件、上市条件和信息披露要求，无线传媒主营业务为 IPTV 集成播控服务。2022 年 10 月 28 日，首家依靠 IPTV 主业成功实现 IPO 过会的广电新媒体公司——海看网络科技（山东）股份有限公司①，向深交所提交包括招股说明书、发行保荐书、上市保荐书、审计报告、法律意见书在内的多份注册稿，正式进入注册阶段。

四、强化技术赋能，切实提升 IPTV 平台核心竞争力

2022 年 IPTV 行业强化技术赋能，加强前沿技术多路径探索，增强交叉融合技术供给，积极打造未来技术应用场景，为内容产品带来新样态、新场景。

（一）总平台多措并举，强化技术引领

IPTV 总平台持续锚定科技创新，将科技创新这个"关键变量"日益转化为跨越发展的"最大增量"。在 2022 北京冬奥会赛事转播上，总台"5G+4K/8K+AI"技术得到多方应用，IPTV 作为终端之一，发挥了重要传播角色。2022 年 6 月，总台牵头承担的"4K/8K 超高清电视制播呈现系统及产业化应用"项目接受中国电子学会组织的鉴定，"央视专区 4K/8K 超高清节目在 IPTV 平台落地"是其中产业化应用的典型案例。IPTV 总平台加强与电信运营商合作，已完成平台 AVS2 能力升级，具备 4K/50P 的网络平台能力。为提升智能 IPTV 处理能力及服务水平，总平台完成智能 IPTV 系统扩容部署。扩容后，系统增加 50% 处理能力，进一步提升重点保障水平，系统运行稳定，用户反映良好。

（二）分平台、运营商加快推动技术迭代升级

各地分平台、运营商积极推动技术创新迭代，多个创新项目获得行业

---

① 2023 年 6 月 20 日，海看网络科技（山东）股份有限公司在深交所创业版上市，公司股票简称"海看股份"。

认可。2022 年 10 月，贵州多彩新媒体股份有限公司《8K 文旅场景新应用》项目荣获广电总局"第二届高新视频创新应用大赛"超高清视频赛道——8K 超高清视频场景三等奖。内蒙古广电局推荐的《IPTV 智能播控可视化导航系统》获得"第二届高新视频创新应用大赛"互动视频——画面互动场景优秀奖。该系统可通过现有移动终端和智能电视（或机顶盒）为用户提供超强高品质、高沉浸感视频体验；通过大数据算法，对直播频道进行智能化组合及排名，多个维度组成 N 画面（直播频道）供用户选择。北京广电局推荐的"基于大数据 AI 人工智能算法在北京 IPTV 中的应用"等四个项目，在广电总局举办的第二届广播电视和网络视听人工智能创新应用大赛中荣获第一名。广西广电系统科研成果《IPTV 智慧监管关键技术创新与应用》荣获广西科学技术进步奖三等奖。

（三）通过科技创新，IPTV 成为运用新技术新应用的典范

媒体深度融合背景下，各地积极以高新技术为发展驱动力，通过提升科技创新策源能力，不断将 4K、8K 和 5G 等前沿科技融入 IPTV 平台发展。辽视新媒体以 IPTV 播控为主业，大力推进 5G+4K/8K 超高清视频节目生产制作及传输技术，并于 2022 年 4 月组织开展地市频道信源全链路安全播出隐患整改工作，协调各大运营商对单信源、单电路的地市申请增加信源、电路，对超出维保期限的编码器进行购买维保服务和设备升级替换。一系列智能化、平台化、场景化的融媒技术产品，有效拓展了大屏应用，增强高质量发展的内生动力，有效助力 IPTV 集成播控平台实现从视听服务平台向智慧服务平台的华丽转型。IPTV 已成为运用新技术新应用的典型代表，成系列、更实用、更高效的融媒技术产品，带给用户耳目一新的体验，赢得广泛赞誉，进一步助力 IPTV 构建起与用户规模相匹配的社会影响力。

五、IPTV 用户体验持续改善，媒体公信力进一步增强

（一）产品和服务"比翼齐飞"，有效增强用户黏性

IPTV 行业强化场景应用开发，更好地满足电子商务、医疗教育、交通

管理等社会需要，积极参与智慧城市、智慧社会、智慧乡村、智慧家庭建设，实现由消费性服务向生产性消费转型。如广西 IPTV 上线"空中课堂"，开设乡村振兴专区，接入"广西视听商城"融媒体综合电商服务平台，在助力疫情防控、乡村振兴、社会经济发展等方面发挥积极作用。贵州分平台通过大屏端，对"贵州绿色农产品 吃出健康好味道'贵州宣传促消费'"专区进行大力宣推，同时在 G+TV 地铁电视同步宣传，助力乡村振兴，为贵州优质农产品销售打开一扇大门。重庆 IPTV 以 5G、物联网、大数据、人工智能等新技术深度推进"互联网+"，推动打造"线上—移动—线下"三位一体全时空服务平台，包括在电视端推出"12320 优医生"智慧医疗产品，开展预约挂号、预约体检、问诊送药等服务。"山东联通超清电视管家"是海看股份为山东 IPTV 联通超清业务定制的一款电视助手型产品，发挥手机端操作优势，增强大屏业务黏性，提升用户交互体验，让电视"更好看、更好玩、更好用"。IPTV 切实提升的信息服务水平，不断健全的信息服务体系，有效增强了用户黏性和忠诚度。

（二）持续贯彻新发展理念，进一步提升媒体公信力

从结果维度看，媒体融合有两个显著指标：内容生产及传播能效的凸显、产业运营能力的跃迁。前者关乎职责使命，后者关乎可持续发展。2022年，IPTV 行业持续贯彻新发展理念，正确处理宣传与经营的关系，统筹兼顾内容生产与技术保障，既保证宣传任务圆满完成，又保证经营收入良性增长，实现社会效益、经济效益双效俱优。

今后，IPTV 行业将继续加压奋进，自觉做高质量发展的实践者，切实提升媒体公信力，增进 IPTV 行业的实践性、包容性、开放性和创造性，持续为中国式现代化贡献精准精益的信息服务。

B.10 互联网电视发展报告

王欣悦 胡暐宸 谢 垚[*]

2022年，互联网电视行业聚焦内容、技术、安全三大重心，积极探索实践，继续呈现出快速、健康、可持续的良好发展态势。国家广播电视总局统计数据显示，2022年互联网电视（OTT）平均月度活跃用户数[①]超过2.7亿户，OTT集成服务业务收入87.15亿元，同比增长11.70%，继续保持了较高增长速度。

一、规范法规体系，促进行业有序发展

2022年，互联网电视行业坚持安全与发展并重，持续围绕内容制作、传输保障、技术革新、数据安全等重点工作，拓展大屏视听发展新站位新空间，推动大屏视听行业规范有序健康发展。

（一）加快法制进程，完善法规体系

国务院立法计划将广播电视法列为预备提请全国人大常委会审议项目。在2001年广电总局对外公布的《中华人民共和国广播电视法（征求意见稿）》中，明确将"广播电台、电视台、融媒体中心、视频网站、IPTV集成

---

* 王欣悦，国家广播电视总局广播影视信息网络中心助理工程师；胡暐宸，国家广播电视总局广播影视信息网络中心工程师；谢垚，国家广播电视总局广播影视信息网络中心工程师。
① 互联网电视（OTT）平均月度活跃用户数指本年内互联网电视月度活跃用户数的平均值。

和传输机构、互联网电视平台等各类播出平台和各类节目制作机构、各类网络传输机构等"均纳入其中，并按照分类目录实施管理。这一立法项目，将有助于推动实现广播电视领域加强党的领导和全面依法治国融为一体，为广播电视更好地满足人民群众精神文化需求提供制度保障，也为构建全媒体传播体系提供法治支撑。此外，为实现网上网下一体管理，广电总局就《广播电视和网络视听节目制作经营管理规定（征求意见稿）》公开征求意见，印发《广播电视和网络视听领域经纪机构管理办法》等规章制度，面对行业发展新形势新变化，进一步规范网络视听节目制作秩序，不断完善行业法规体系。

（二）强化综合治理，健全管理机制

2022 年，在"清朗"系列专项行动继续深入推进的背景下，广电总局印发《关于对互联网电视集成平台开展"清朗视听"内容安全专项整治的通知》要求各集成平台规范内容建设，为党的二十大胜利召开营造良好舆论环境。该专项整治工作是广电总局进一步规范互联网电视行业发展的重要举措，涉及主要内容：

一是核查集成播控平台推出的软硬件终端产品的情况。依托 2021 年正式上线的互联网电视客户端号码管理平台与互联网电视应用白名单系统，首次明确提出"查清最近 1 个和 6 个自然月活跃终端数""查清集成平台推出的软件 APP 的名称、月活用户数、主要功能及对应合作厂商"，对如何科学计量互联网电视用户数起到了关键作用，也将直接影响资本市场对 OTT 行业的整体评估与判断。

二是核查集成平台节目管理是否合规。该部分是对 2020 年广电总局印发 284 号文①的延续与补充，从节目来源、节目内容、播出管理等方面进一步细化管理。特别是与同期进行的 IPTV "清朗视听"专项整治一样，在互联网电视方面也特别提及了"是否传播违反内容审核标准、政治方向、舆论导向、价值取向错误的节目"，明确要求集成平台需牢牢坚守政治底线，

---

① 《关于对互联网电视集成播控平台开展年度内容安全检查的通知》。

维护文化和意识形态安全。

三是核查集成平台业务开展是否合规。除要求各集成平台针对电视频道直播、延迟直播、串编轮播频道节目等进行重点核查，明确落实广电总局181号文、81号文①的基本要求外，本次整治工作还明确了针对短视频、游戏直播、秀场直播、电商直播等新业务的监管依据及核查手段，进一步构建起大屏端多业务场景下的管理机制。

四是核查集成平台对互联网电视终端的管控是否合规。本次核查新增加的"终端或软件是否存在违法违规收集用户信息的行为"是在国家对数据安全监管持续强化的背景下，对互联网电视集成平台提出的新要求。在大数据赋能智能电视精准营销和精细化运营的今天，如何合理合规地运用大屏端用户数据、如何保护个人信息，推动产业发展，将成为下一步考核集成平台的重要指标。

二、主题主线宣传有声势、有节奏，效果出色

2022年是党的二十大召开之年，是国家实施"十四五"规划的第二年，也是乡村振兴战略第一个五年计划的收官之年。七家互联网电视集成播控平台②全年紧扣迎接宣传贯彻党的二十大工作主线，聚焦习近平新时代中国特色社会主义思想、载人航天、北京冬奥会、香港回归祖国25周年、疫情防控等多个方面，开展了浓墨重彩的宣传。

（一）围绕党的二十大胜利召开，宣传亮点频出

2022年，围绕党的二十大胜利召开，互联网电视集成播控平台创新表现形式，搭建主题专区、页卡，以新闻报道、纪录片、影视剧、短视频等多样化内容打造精品矩阵，推动习近平新时代中国特色社会主义思想深入

---

① 《关于印发持有互联网电视牌照机构运营管理要求的通知》；《关于做好互联网电视整改工作的通知》。

② 央视国际"中国互联网电视"集成平台；百事通"BBTV网视通"集成平台；杭州华数"华夏互联网络电视"集成平台；南方传媒"互联八方"集成平台；湖南电视台"和丰互联网电视"集成平台；中国国际广播电台"环球网视"集成平台；中央人民广播电台"中央银河互联网电视"集成平台。

人心，以实际行动践行党的二十大精神，在新征程上勇毅前行。

一是首页首屏重点推荐，营造火热宣传声势。七家互联网电视集成播控平台聚焦党的二十大主题，相继在首页首屏上线专区、页卡，中国红背景基调展现磅礴气势，增强主题专区的传播力、影响力。互联八方策划上线"奋进新征程 建功新时代"专区、"喜迎二十大 奋进新征程"页卡；百视通党的二十大资讯专区开设"二十大时光""二十大代表风采"等主题专区；芒果 TV 增设"新征程"分屏，在首页首屏上线"党的二十大宣传专区"，并陆续策划"沿着总书记的足迹""奋力建设现代化新湖南"等专题栏目 20 余个。

二是同频共振、共同发声，以精品力作弘扬主流价值。七家互联网电视集成播控平台通过丰富的精品内容和多样化的呈现形式，深入宣传新时代十年的伟大变革。全年持续开展"喜迎二十大 奋进新征程""庆祝党的二十大""弘扬社会主义核心价值观 共筑中国梦"等网络视听节目展播活动，涵盖主题主线报道、纪录片、影视剧、专题片等多个领域，夯实互联网电视平台的主流舆论传播阵地。百视通和上海广播电视台纪录片中心联合出品纪录片《十年逐梦路》，呈现中国这十年发展取得的辉煌成就；芒果 TV 精心创作《总书记来信》《大地锦绣》《这十年》《党的女儿2》《胡同》《天下长河》《麓山之歌》《声声不息》等多部主旋律内容，为用户提供更多更好精神食粮，凝聚起奋进新征程、建功新时代的精神力量。

三是搭建多终端多形态传播矩阵，时政报道有速度、更有深度。七家互联网电视集成播控平台通过丰富优质的节目内容、创新编排表现手法，发挥主流媒体平台优势，全力做好党的二十大多场重要实况点播，及时准确呈现大会盛况和精彩要点。互联八方打造"喜迎党的二十大"宣传矩阵，在系列产品、终端同步上线新闻实况内容，实时更新头条要闻，及时公布最新消息；华数传媒策划上线大型新闻专题《聚焦中国共产党第二十次全国代表大会》，多终端多角度宣传，实现全方位覆盖。

（二）积极做好大型活动相关宣传

2022 年，围绕香港回归祖国 25 周年、北京冬奥会、全国两会等主题，互联网电视集成播控平台适时推出相关主题策划，深入全面展现活动新闻，营造浓厚社会氛围。

一是立足重要节点，积极开展宣传，展现新时代变迁。2022 年恰逢中国共青团成立 100 周年、香港回归祖国 25 周年、中国人民解放军建军 95 周年，七家互联网电视集成播控平台充分做好相关庆祝活动的报道宣传工作，丰富节目资源供给，满足用户视听需求。华数传媒策划上线专题"青春建功新时代""庆祝中国共产主义青年团成立 100 周年大会"；互联八方聚焦"习近平主席视察香港"相关新闻报道，推出"庆祝香港回归祖国 25 周年""香港故事"等专题；百视通推出"强军新时代"主题策划，上线《建设攻防兼备的强大人民空军》《向海图强 聚焦打仗的制胜航道》等系列内容，传播新时代强军声音。

二是关注权威媒体解读，全方位唱响两会报道最强音。七家互联网电视集成播控平台践行媒体使命，聚焦习近平总书记两会足迹，及时准确报道两会内容。互联八方上线《学习正当时：人民代表习近平》《10 个瞬间记录习近平的两会时间》《惦记》《两会微视频：枝叶总关情》等内容，上线"全国两会"主题页卡，以新闻拆条、专题栏目等形式全角度聚焦两会。

三是实时跟进赛况信息，展现中国奥运健儿风采。七家互联网电视集成播控平台扎实开展北京冬奥会、北京冬残奥会相关宣传工作，精心策划上线冬奥主题页卡、专区，聚合优质内容，讲好冬奥故事。百视通上线北京冬奥专区，实时跟进最新赛况信息，策划上线专题片《科技冬奥》，首页首屏重点推荐专题片《谷爱凌：我，18》，独家发布谷爱凌近四年的训练、家庭、学习、生活情况。

（三）聚焦科技、经济、民生发展建设

一是聚焦中国航天领域建设，做好中国空间站建设报道。七家互联网电视集成播控平台推出系列专题，积极刻画新时代中国航天的发展面貌。互联八方上线"中国空间站·天宫课堂""聚焦中国空间站建设"等主题专栏，关注天宫空间站建造；百视通资讯版块共上线相关内容 560 条，对中国载人航天的每一步进行了跟踪报道；华数传媒推出"再问天 阔步新征程""神舟十五问天 赴天宫相会""神舟十四 欢迎回家"系列专题，全面展现中国人的伟大太空远征壮举。

二是围绕第五届进博会宣传，做好中国经济发展宣传引导。各互联网电视集成播控平台上线主题专题，推出各类节目，展现进博会的丰硕成果，做好新时代经济宣传工作。互联八方上线"第五届中国国际进口博览会"主题专题，通过新闻头条、主题推荐等方式做好进博会相关宣传报道工作；同时推出"新年开局看经济""从关键数据看中国经济韧性""中国经济一线见闻"等专题，进一步增强广大群众对当前中国经济形势的了解。

三是准确把握疫情防控宣传新形势、新任务。2022 年疫情防控进入新阶段，七家互联网电视集成播控平台积极落实党中央重大决策部署，及时精准做好疫情防控宣传报道，引导平台用户科学理性认识、增强防疫抗疫能力。百视通围绕"抗疫情""保空课""拓新品""增供给"四个方面运营疫情防控版面，先后推出"抗疫有我""每日疫情通报""上海本地资讯""有序推进复工复产"等专题子版块；此外，在封控期间推出"限时免费随心看"专区，包括热播院线电影、优质台播剧、热播综艺等，彰显平台社会责任。

（四）创新内容形态，提升收看体验

随着技术持续升级和产业不断创新，电视大屏已成为短视频的新载体。大屏弥补了小屏的视觉局限，将短视频的观看场景进一步延展，提升了短视频个性化收看体验。2022 年互联八方互联网电视集成平台积极探索新兴的网络文艺样态，微短剧《拜托了！别宠我 第一季》互联网电视大屏及移动端累计播放量破 4 亿，网络微短剧《长安秘闻录》抽丝剥茧，勘破迷案，连夺 16 个猫眼平台相关题材类短剧热度榜周冠；与快手、bilibili 等平台合作，打造覆盖影视解说、搞笑、美食、本地生活等多领域的泛娱乐生态内容圈。华数传媒在 2022"五四"青年节期间，策划上线大型融合专题"青春心向党 建功新时代"，专题由资讯及视听两部分组成，开展正能量青年主题展播活动，汇聚青年建设祖国群像；特别策划制作党史答题 H5，大小屏结合，拓展党史宣传途径。

根据《短视频用户价值研究报告 2022》显示，51.7% 的短视频用户表示"在电视上看过短视频"，画质和音效更好、内容品质更高等，成为用户观看大屏短视频的主要因素。大屏正在拓宽短视频的观看场景，短视频也为大屏创造了新的需求，增加用户使用时长，提高用户黏性。bilibili、抖音、快手等中短视频平台都在大屏端加大布局。此外，风行的橙子视频、易平方的抖屏等应用，也在内容生态、商业模式等方面取得更多进展。

三、智慧大屏时代，丰富用户视听体验

随着信息科技的高速发展，人工智能、物联网、大数据等新兴科技进入到我们生活的方方面面，智能芯片、虚拟现实设备等智能产品得到快速迭代，智慧大屏步入发展的黄金时代。

（一）产品迭代，夯实基础

互联网电视作为家庭智慧娱乐生态的核心"大脑"，可提供丰富的使用场景，连接家庭的其他设备，实现内容跨屏分享，提供多场景交互服务，构建新场景、新生态。2022 年，互联网电视在硬件、软件、操作系统方面不断耕耘，建设智慧生态品牌。如 TCL 的最新产品"C11G 高画质 QLED 智屏"，搭载了 TCL 量子点矩阵控光 Pro 技术和"灵控桌面"系统，解决了智能电视系统"复杂、不易用、不友好"的体验弊端；创维电视产品搭载 V3 全功能 AI 芯片，通过精密平滑处理、动态目标重塑、超级清晰度 SR 以及 AI 场景画质优化等 AI 技术对电视画面进行全面优化，从而提供优秀的亮度、动态对比度、高色域和高色准表现，从画质到系统，均为用户带来更为优质的体验。

（二）屏间互联，融合万物

2022 年，各互联网电视集成播控平台努力构建屏间互联、互通、互控，结合泛屏场景与家居场景，从基础技术到应用技术，从硬件到软件，从内

容到服务，从用户生态到商业生态，完善人工智能物联网（AIoT）生态，为大屏用户提供更为多样的视听体验。如芒果 TV 充分发挥内容、技术优势，积极与智慧带屏音箱、车机屏等生态融合发展；华数基于"物联梧桐树开放平台"按照"1 套完整中心平台+N 个终端+New 服务"的业务架构，为用户适配投影仪、带屏音响、VR 眼镜、车载终端等，实现了智能硬件可被智能音响、APP 等控制的同时，也为用户带来全新的多终端视听服务。

（三）场景拓展，深挖潜力

各互联网电视集成播控平台不断拓宽互联网电视的使用场景，发展音乐、教育、购物、游戏、社交、亲子陪伴等服务。其中，通过云游戏平台与电视大屏端实现兼容匹配，凭借在音画上的优秀表现以及大尺寸的体验，电视大屏正成为云游戏时代首选的设备终端，三大电信运营商相继推出"咪咕快游""沃家云游"和"天翼云游戏"等云游戏平台，海信、康佳、TCL、创维等主流电视品牌也大幅加速了云游戏的接入和推广。另外大屏音乐场景进一步稳固，在音乐娱乐市场日渐成熟的大趋势下，大屏音乐生态依靠场景化、生活化等特性，进一步提升用户黏性。在产品形态上，各应用结合扫码点歌、K 歌智能打分等交互场景，让用户轻松拥有"家庭演唱会"和"家庭 KTV"，如云视听极光新添"K 歌"互动版块，形成了视听唱玩家庭娱乐矩阵。此外教育行业一方面受疫情影响，加之"双减"政策的落地实施，家庭教育的需求越来越高，因此大屏教育价值被进一步释放，成为重要的流量阵地，为大屏带来一波新流量红利和变现机会。进一步看，大屏端相比小屏在护眼、沉浸感、内容安全可控上也有着不可比拟的优势，随着应用场景的拓展，大屏端将为家庭休闲娱乐带来更丰富的体验，为家庭提供更加便捷、舒适的生活。

四、多领域技术融合应用，打造"未来电视"

随着 8K 超高清视频、5G、VR、AR 等高新技术的进一步发展，互联网电视也将迎来革命性的突破，为用户带来全新体验。

（一）全新技术定义"中国标准"

一直以来网络传输速度是禁锢"视频流"向更广泛普及的瓶颈之一，第三代 AVS3 标准面向 5G 及 8K，可满足 8K、4K 全产业链应用需求，领先国际标准推出并落地应用，实现了中国标准领跑世界的梦想，成为世界超高清视频技术领域的"中国标准"。AVS3 相比于 HEVC（H.265）可以在同等画面质量下节省 40.09% 的码率，除了可实现终端 8K 视频流播放外，还可大幅提高设备覆盖率，让更多用户得到更高品质的视听观感，为中国超高清产业发展领先全球奠定了坚实基础。

2022 年各互联网电视集成播控平台积极开展 AVS3 视频标准的应用落地工作，中央广播电视总台央视未来电视已完成 AVS3 制播流程的全面测试验证，在互联网电视业务全流程中，全面支持 AVS3 视音频标准，可为用户提供大屏端成熟的 8K 超高清视听体验，同时，积极开展外部合作，与咪咕视频、华为、湖南国科微、北大等产学研开展深度合作，共同探索未来 AVS3 的业务生态。

（二）"未来电视"正从现在出发

根据国家《新一代人工智能发展规划》（国发〔2017〕35 号），我国在 2020~2025 年人工智能发展将进入第二阶段，人工智能成为带动我国产业升级和经济转型的主要动力，智能社会建设将取得积极进展。2022 年，在广电总局的正确引导下，依照"前沿技术+电视"原则，互联网电视围绕家庭数字化、网络化发展，通过 VR/AR 实时交互、元宇宙等实现各流程的创新，将最新技术与广电媒体的各方资源优势相互结合，牢牢掌握发展的主导权。

相较于元宇宙概念，"虚拟人"已成为眼下触手可及的赛道，其可看作是元宇宙的重要组成部分，也是智能化趋势下的新一代人机交互平台。2022年广播电视台先后推出"小漾""申苏雅""时间小妮""谷小雨"等虚拟人形象，各互联网电视集成播控平台深度参与虚拟人孵化，在技术层面提供动作捕捉、人工智能、深度学习、卷积神经网络学习等有力支持的同时，也在应用层面进行积极探索，例如在首页开设专区，推荐"虚拟人"参加的《首届湖南旅游发展大会》《2022"月是故乡明"华侨华人中秋晚会》等节目，给大屏用户带来新感官、新体验的同时，也使虚拟人承担起弘扬中华优秀文化、传递正能量的正向作用。2022年11月，工业和信息化部、教育部、文化和旅游部、国家广播电视总局、国家体育总局联合印发《虚拟现实与行业应用融合发展行动计划（2022—2026年)》（工信部联电子〔2022〕148号）。随着HoloLens2、PICO4、Oculus Quest2等终端的发布，VR设备再次掀起面向大众的消费热潮。各互联网电视集成播控平台针对市场终端技术的发展趋势，依据已有业务场景，结合实际事件传播的特性，利用全景相机、计算机视觉算法等核心技术，完成了"VR看冬奥""VR看世界杯""VR看晚会"等多个专题的实际应用。相信在不久的未来，大屏VR产业将全面攻克内容生产、平台播控、终端适配等技术难关，在为大屏用户提高视觉体验的同时，进一步探索大屏使用场景，促进行业创新发展。

B.11 网络剧发展报告

崔一非[*]

    2022 年，在迎接宣传贯彻党的二十大的浓厚氛围中，在网络剧片发行许可制度开始实行的背景下，网络剧[①]行业发展更加标准化、规范化，"减量提质""降本增效"成为行业主流，创作生产进入相对稳定的发展阶段，内容质量、传播影响力持续升级。现实题材比重进一步加大，越来越成为网络剧、网络首播电视剧的创作重心，为行业高质量创新发展提供驱动力量。坚持以人民为中心的创作导向得到深入贯彻，一批叫好又叫座的作品脱颖而出，其中不乏现象级作品。

    2022 年全网共上线网络剧 171 部[②]，相比 2021 年的 200 部下降 15%。随着政策引导与市场需求的变化，2020 年至 2022 年，网络剧上线数量连续

---

[*]   崔一非，国家广播电视总局监管中心网络视听节目研判人员。

[①]   目前业界各方使用的"网络剧"一词，从概念外延上讲主要有两种含义。其一是从传播渠道角度界定，指以互联网作为传播渠道的连续剧、系列剧。其二是从管理方式角度界定，指由制作机构作为"重点网络剧"立项备案，规划信息由广播电视主管部门审核通过，成片经广播电视主管部门内容把关，并按要求报送相关信息的剧情类连续剧、系列剧作品，以及由制作机构或网民个人制作，主要在网络视听节目服务机构播出，并由播出平台对节目内容履行审核责任的剧情类连续剧、系列剧作品。本文所称的"网络剧"，如无特殊说明，均为从管理方式角度界定的网络剧。单集时长不足 10 分钟的作为"网络微短剧"申报的，不纳入本文所称的"网络剧"。获得《电视剧发行许可证》但在互联网首先播出的作品，本文称之为"网络首播电视剧"，不纳入本文所称的"网络剧"。

[②]   文中涉及的数据信息，如无特殊说明，均为国家广播电视总局监管中心统计整理所得，数据统计周期为 2022 年 1 月 1 日至 2022 年 12 月 31 日。

三年呈小幅下降趋势。

表1　2022年部分关注度较高、影响力较大的网络剧列表

序号	剧名	题材类型	播出机构	上线时间
1	开端	科幻、都市、悬疑	腾讯视频	2022.01.11
2	江照黎明	都市、悬疑	芒果TV	2022.01.27
3	冰球少年	青春、体育竞技	芒果TV、咪咕视频	2022.01.30
4	猎罪图鉴	悬疑、刑侦	爱奇艺、腾讯视频	2022.03.06
5	重生之门	悬疑、刑侦	优酷	2022.04.27
6	对决	悬疑、刑侦	爱奇艺、腾讯视频	2022.05.10
7	星汉灿烂	古装、情感	腾讯视频	2022.07.05
8	月升沧海	古装、情感	腾讯视频	2022.07.27
9	苍兰诀	古装、玄幻、情感	爱奇艺	2022.08.07
10	罚罪	悬疑、刑侦	爱奇艺	2022.08.25
11	你安全吗?	都市、悬疑	爱奇艺、腾讯视频	2022.09.11
12	昆仑神宫	悬疑、探险	腾讯视频	2022.09.20
13	三悦有了新工作	都市、情感	bilibili	2022.09.21
14	唐朝诡事录	奇幻、悬疑	爱奇艺	2022.09.27
15	血战松毛岭	战争、革命历史	优酷	2022.10.27
16	卿卿日常	古装、喜剧、情感	爱奇艺	2022.11.10

数据来源：国家广播电视总局监管中心（2023.1）

一、内容分析

（一）聚焦迎接宣传党的二十大，主题主线作品多点开花

2022年，围绕迎接宣传贯彻党的二十大主题，涌现出一大批记录人民心声、展现时代风貌、彰显中国气质的优秀作品。在国家广播电视总局安排部署的"礼赞新时代，奋进新征程"优秀电视剧展播、"共筑中国梦"优

秀网络视听节目展播等一系列活动中，网络剧、网台同播电视剧、网络首播电视剧，同步发力、同频共振。《人世间》高热开年，《运河边的人们》《幸福到万家》《麓山之歌》《那山那海》《大博弈》等多部献礼剧紧随其后、热度不断，《底线》《大考》《风吹半夏》《血战松毛岭》等剧压轴出场，获得口碑和话题度双丰收。这些剧目取材社会生活的各个侧面，糅合年代剧、工业剧、家庭剧、战争剧等题材小类的优势，不断拓宽现实题材的叙事边界；以小人物故事折射社会变迁、反映时代精神，凝聚国人集体记忆、书写平民生活史诗，展现了人文关怀、现实观照，反映了新时代人民对美好生活的新期待。这些剧在卫视和主要网络视听平台播出，网上网下联动形成传播合力，取得热烈社会反响。

（二）不断拓宽题材边界，现实题材创作取得新突破

2022 年现实题材网络剧在全年上线作品中比重进一步加大，超过六成。在内容上，该类题材不断提升思想高度，挖掘表达深度和广度，提升了表现力和感染力，同时兼具网络特色。除上述主题主线作品外，2022 年现实题材主要覆盖悬疑刑侦、都市情感、校园青春、女性成长等内容，并不断拓展题材边界，在描摹社会百态、表现人民心声方面取得可圈可点的新突破。如第一部获得"网络剧片发行许可证"的网络剧《对决》，细致探讨黑恶势力滋生的社会土壤及负面影响，凸显扫黑除恶工作的正义性，进而高度还原基层扫黑工作的复杂艰辛，向无私奉献的公安干警深情致敬。在北京冬奥会期间上线的《冰球少年》以蓬勃的青春气息讲述了冰球赛场上高校体育生的成长与蝶变，展现了年轻运动员敢于冒险、勇于追梦的精神面貌，推动冰雪运动的大众化。首部聚焦互联网安全的网络剧《你安全吗？》在婚恋、教育、职场、养老等社会民生话题相关的小故事中，科普防诈反骗知识，提高大众网络安全意识。首部聚焦殡葬行业的网络剧《三悦有了新工作》别出心裁地从"95 后"遗容化妆师视角出发，辐射人世百态、人情冷暖，在温暖治愈的故事中带领观众加深对人性和生死的思考，体悟平凡人生的可贵。《猎罪图鉴》《江照黎明》等悬疑刑侦剧敏锐捕捉社会情绪，对大众普遍关注的热点议题给予正向引导，在贴近现实的案情中揭开普通人的生活迷思，传递正向价值，实现意义延展。

（三）降甜宠、增"营养"，情感题材思想性提升

情感题材网络剧依然是2022年网络剧中的"重头戏"，全年共上线97部，在全年上线作品数量的占比超过五成。主要分为古装情感剧、都市情感剧、校园情感剧三类，特别是以女学生群体为主要受众的古装甜宠剧居多，甜宠模式依然是该类题材较多使用的情节设定。但相较以往的同质化、模式化倾向，2022年该类题材开始在降甜宠、增"营养"方面下功夫，内容更具思想性和感染力。在感情戏中，该题材摒弃了以往甜宠剧惯常植入的"无脑"甜，更多地传达"双向救赎""势均力敌""灵魂互通、感其所感"等年轻观众认同的现代婚恋观念，剧中主角多表现出鲜明的男女平等和女性独立意识。结合诙谐的喜剧成分，该题材多部剧集引发网民广泛关注，在网络上好评如潮。如《星汉灿烂》在家族群像故事中聚焦女性成长议题，展现了追求自由独立的少女与少年将军历经考验、相互扶持化解家国危机的故事；《卿卿日常》凸显了具有独立意识的女性，在男权制极盛的国度里捍卫自我、团结协作的生存智慧。

（四）深挖现实生活素材，悬疑刑侦题材出圈出彩

悬疑刑侦题材一直是网络剧中的重要品类。2022年该题材网络剧上线37部，占全年上线总数的22%。拓宽题材边界、提升现实质感、提高情节密度、增强悬念感是该类作品获得好口碑和高热度的主要因素。通过深挖社会现实素材扩展探案空间，借助社会派推理，深刻剖析人性、探讨社会问题，该题材精准匹配年轻网民的兴趣点，话题频频出圈。如《重生之门》通过展现缜密的逻辑推理、骇人的犯罪手段，讲述警察与窃贼间惊心动魄的正恶较量；《猎罪图鉴》别具一格地从模拟画像师视角剖析贴近现实的民生案件；《庭外·盲区》《庭外·落水者》透过法官、律师为代表的司法工作者视角揭露犯罪过程，情节刺激、节奏明快；《对决》高度还原曲折残酷的扫黑之路，通过纪实的影像风格增加作品的现实色彩。

（五）软科幻、高概念外壳下包裹现实观照，超现实题材创新又治愈

2022 年超现实题材网络剧共上线 34 部，占全年上线总数的 20%，主要以奇幻、玄幻类为主。无限流、平行宇宙、时空穿梭等叙事概念的引入，让该类题材充满软科幻色彩，落地于现实问题的故事内核使该题材不乏现实意义，在软科幻、高概念的外壳之下包裹着疗愈人心的人文关怀。如《开端》借用"无限流"的世界观，男女主角在时间的无限循环中寻找引发公交车爆炸案的真凶。在探求真相的过程中，普通人平凡而坚韧的人生、危难时刻散发的人性光芒都如抽丝剥茧般一一展现。《在你的冬夜里闪耀》讲述在大城市漂泊的"大龄"单身女青年返乡后遇到平行时空的自己，与破碎的家庭重归和睦，与错过的初恋破镜重圆，最后自我救赎、重返现实世界的故事。该剧将女性成长与平行时空叙事相结合，通过对现实生活的成人童话式加工，让当代都市年轻人获得情感共鸣和心灵疗愈。

（六）探索中华优秀传统文化创造性转化，古装偶像题材立意升华、审美提升

2022 年上线古装偶像题材网络剧 35 部，占全年上线总数的 20%，较 2021 年 48 部减少 7%。该题材在中华优秀传统文化创造性转化上取得新突破，一方面是在仙侠、玄幻中注入舍身取义、保家卫国的家国大义，使立意升华；另一方面在台词、礼仪、服化道等方面精益求精，营造古典意境美，展现含蓄蕴藉、形神兼备的中华审美风范。如《星汉灿烂》《月升沧海》在古装剧的外壳下接引现代体验、建构家国情怀，在古代世界观中，塑造遵从内心、崇尚独立的女性形象，以连接古今的人伦情感与家国大义升华作品立意。尤其在建筑、服饰、台词、礼仪等方面，细致还原古代社会场景和生活细节，建构兄友弟恭、长幼有序的传统家庭美德，从而激发观众对中华优秀传统文化的认同感，实现寓教于乐的目的。

（七）原创剧本作品数量居多，严肃文学影视化改编正在兴起

2022 年原创剧本网络剧 103 部，占全部作品的 60%。在题材内容方面多点开花，悬疑、都市情感、女性题材等多部作品在没有 IP 流量加持下表

现突出，成为口碑之作。相比于故事内容确定的改编剧本，原创故事对现实生活的提炼更加精准灵活，更加注重人文关怀、现实观照。如《猎罪图鉴》《你安全吗?》等悬疑剧贴近社会现实议题，充满烟火气。《在你的冬夜里闪耀》《三悦有了新工作》等，用心挖掘平凡生活之美，关注女性成长。

IP 改编的网络剧有 68 部，占全年上线作品的 40%，其中由网络小说改编的作品仍占据主导。在出圈作品中，悬疑剧《开端》凭借新颖的无限循环模式取得现象级传播效果；古装偶像剧《星汉灿烂》《月升沧海》《苍兰诀》等在自带流量的 IP 加持下获得网民热情追捧。随着严肃文学改编剧的复兴，视频网站开始有意尝试相关合作，如爱奇艺文学与《北方文学》合作建立的"爱奇艺文学院"，打造文学与影视的生态圈；芒果 TV 与中国作家协会签署合作，探索严肃文学和出版文学的影视剧开发。改编自青年作家郑执的小说《生吞》的网络剧《胆小鬼》，是严肃文学改编为网络剧的试水之作，制作精良，得到观众广泛认可。

（八）网络首播电视剧①数量稳定，现实题材成为创作重心

2022 年，网络首播电视剧共上线 77 部，与 2021 年基本持平。其中现实题材共 61 部，占比超八成。在《"十四五"中国电视剧发展规划》发布的背景下，在迎接宣传贯彻党的二十大的氛围中，2022 年现实题材电视剧迎来创作高峰，多部作品反映时代新气象、讴歌人民新创造。如，《底线》以基层法官的工作与生活为故事起点，通过形形色色的案件刻画法庭审判的工作细节与法官的职业伦理，体现新时代我国法制建设的进步；《警察荣誉》聚焦基层民警群体，用生活化的表达对扮演民事纠纷"调解员"的片儿警形象进行了生动呈现；《风吹半夏》以细腻的年代感，讲述改革开放浪潮中一代民营企业家筚路蓝缕的创业历程，描绘波澜壮阔的时代巨变等。

---

① 获得《国产电视剧发行许可证》但在互联网首先播出的作品。

二、制作与传播分析

（一）差异化垂直细分策略仍是各主要平台发力重点

2022 年网络剧的播出平台主要集中在芒果 TV、爱奇艺、腾讯视频、优酷、搜狐视频和 bilibili。平台独播是主要的播出方式，占比 85%。在减量提质、降本增效的普遍共识中，各平台上线数量整体有所减少，爱奇艺数量仍居首位，持续领跑；芒果 TV、腾讯视频、优酷等紧随其后。提升头部作品的成功率，差异化垂直细分策略是发力重点。多平台播出的剧集中，也不乏叫好又叫座的作品，如《猎罪图鉴》《对决》《你安全吗？》等。

爱奇艺共上线网络剧 78 部，其中独播剧 57 部，独播剧占上线总数的 73%。在内容布局方面，悬疑刑侦题材动力充沛，《对决》《罚罪》等多部作品表现出色；超现实题材中，仙侠剧《苍兰诀》达到现象级传播，热度破万。在对分众内容的进一步探索中，推出了女性题材的"拾光限定 狂花系列"主题展映剧，包括《芳心荡漾》《摇滚狂花》等，展现多元立体的女性形象。此外，爱奇艺将甜宠剧划分在分账剧板块这一举措，从一个侧面也看到平台提升该类剧集品质的决心。围绕长视频的二创和推广，爱奇艺与抖音合作，将包括"迷雾剧场"在内的诸多优质剧场用于短视频创作，拓宽了推广营销渠道。

腾讯视频共上线网络剧 54 部，其中独播剧 34 部，独播剧占上线总数的 63%。悬疑、古装情感、探险、超现实等多题材均有突出表现，如《开端》以"无限流"叙事为超现实题材创作打开新思路，《星汉灿烂》《月升沧海》等作为古装偶像剧在中华优秀传统文化的创造性转化上实现新探索。

优酷共上线网络剧 45 部，其中独播剧 37 部，独播剧占上线总数的 82%。悬疑刑侦剧集表现亮眼，如"重生"系列的《重生之门》剧情紧凑、悬念感强，《庭外》采用 AB 剧的形式呈现系列内容的多元化风格。

优酷特别针对定制剧推出了激励计划，对生产过程中能够节约成本并达到一定播出级别的制作方，给予现金奖励，为影视剧集制作方的降本增效提振信心。

芒果 TV 共上线网络剧 16 部，其中独播剧 12 部，独播剧占上线总数的 75%。近年来，芒果 TV 重点打造自制剧，形成自制为主、湖南卫视输入以及外购为辅的内容结构，内容方面开始观照社会的不同侧面，涵盖悬疑、都市、青春、体育、古装等多类题材。其中，《江照黎明》以悬疑感、真实感成为女性悬疑题材的口碑之作。

bilibili 上线的网络剧有 2 部，在题材偏好和制作思路方面形成自身独特风格。在基于社区气质调性的基础上，偏向于小体量、青春化、轻喜剧、温暖治愈类剧集。其中《三悦有了新工作》将沉重的死亡话题，以青春、温暖的基调呈现，既给人关于人生的深刻思考，又给人以轻松愉快的观看体验，获得网民好评。

（二）平台参与出品有所减少，制作资源向头部集中

2022 年，参与出品网络剧的影视公司共 538 家①，其中芒果 TV、爱奇艺、腾讯视频、优酷、搜狐视频、bilibili 6 家播出平台参与出品的网络剧数量达 96 部，占上线总数的 56%。爱奇艺参与出品 34 部，数量最多，腾讯视频参与出品 28 部，优酷参与出品 21 部，芒果 TV 参与出品 11 部，bilibili 参与出品 2 部，搜狐视频参与出品 1 部。

与 2021 年相比，2022 年在"降本增效"的背景下，主要网络视听机构参与出品的网络剧数量整体有所减少，除爱奇艺和优酷基本持平外，其他视频网站都有不同程度的数量缩减。主要网络视听机构参与出品的网络剧，选择在本平台独播成为趋势。芒果 TV、优酷、bilibili、搜狐视频参与出品的作品全部在本平台独播，爱奇艺参与出品的独播比例较 2021 年有所提高，腾讯视频变化不大。

影视制作公司优胜劣汰现象越来越明显，老牌影视制作公司和近几年

---

① 数据由剧集片尾统计得出，未提供相关信息的网络剧未纳入统计。

产出丰富、知名度稳步攀升的影视公司已经成为网络剧制作的中坚力量，成为生产"爆款"的主力。如正午阳光独立出品《开端》，爱奇艺与柠萌影业共同出品《猎罪图鉴》，芒果 TV 与华娱时代影业共同出品《江照黎明》等。

（三）剧集体量向"短"发展

2022 年上线的网络剧中，31～40 集的剧集有 27 部，占比 16%；21～30 集的中长剧集有 90 部，数量最多，占比 53%；7～20 集的短剧有 52 部，占比 30%；6 集以内的短剧有 2 部。自国家广播电视总局推动短剧创作以来，网络剧的剧集体量也在逐步调整，向"短"发展。与 2021 年相比，30 集以内的剧集数量占比明显增多，比 2021 年增长 3 个百分点，40 集以上的作品没有出现。

2022 年 24 集体量的作品共有 56 部，占比 33%。该体量既给予剧集充分的创作空间，又兼顾观众的耐受力，同时平衡平台的创收，成为了网络剧中的常见体量。如口碑较好的网络剧《对决》《冰球少年》《江照黎明》均为 24 集。20 集以内的短剧也不乏优秀精品，如《开端》《猎罪图鉴》《庭外》等。

（四）剧场运营持续扩大品牌影响力

剧场成为网络视频平台布局播出剧集的重要形态，2022 年各主要平台剧场均有表现力较好的代表作品出现。芒果 TV、爱奇艺、优酷等几大网络视听平台在结构化探索和打造特色差异化服务上持续深耕，深度打造垂类剧集，以精品内容不断蓄力品牌效应，扩大剧场影响力。

芒果 TV "季风剧场"延续以往网台联动播出电视剧和自制网络剧的内容布局，2022 年推出 4 部网络剧作品，以参与出品或自制为主。如聚焦女性生活困境的悬疑剧《江照黎明》，以女性自救主题广受观众好评。爱奇艺剧场分类较多，主要以自制模式持续在题材、风格等方面深耕。2022 年"恋恋剧场"上线 4 部网络剧，其中《苍兰诀》站内热度破万，提升"恋恋剧场"的知名度；主打喜剧题材的"小逗剧场"上线剧集 3 部，《破事精英》取得不错的口碑。优酷目前共有宠爱、悬疑、合家欢、都市和港剧场五大剧场，其中"宠爱剧场"和"悬疑剧场"表现强劲，如《不会恋爱的我们》以甜蜜校园爱情俘获年轻受众，《庭外》尝试悬疑题材的新叙事结构等。此外，最新推出的"无障碍剧场"专门服务于视障用户，体现了平台的公益精神，《回廊亭》等无障碍版本已经在剧场内上线。

B.12 网络综艺节目发展报告

史文璇[*]

2022年，网络综艺[①]整体呈收缩发展态势，新上线数量较2021年有所减少，但内容品质和制作水平依然维持在较高水准。在迎接宣传贯彻党的二十大的浓厚氛围中，主题主线综艺破圈出新，用心用情用功用力书写伟大时代，引领力强；"综N代"的稳定"上新"保证了基本盘，内容题材创新继续向前推进；恋爱综艺和推理综艺持续"吸睛"，旅行露营题材受到热捧，网络综艺青年属性增强；2022年由于北京冬奥会和卡塔尔世界杯的举办，体育题材综艺显著增多；经过几年发展，"她"综艺趋于平稳。此外，短视频平台发力综艺领域，网络综艺赛道竞争日趋激烈。

2022年全网共上线网络综艺431档[②]，全年总量较2021年减少21档。其中，"狭义"网络综艺[③]198档，与2021年相比减少40档，降幅达

---

* 史文璇，国家广播电视总局监管中心网络视听研判人员。

① 本文所称的网络综艺，是指由节目制作机构或网民个人制作，主要在网络视听机构播出，按照网络原创节目管理要求履行相关手续并由主管部门进行内容把关，或由播出平台对节目内容履行内容审核责任，综合运用各类视听表现手法，广泛融合多种艺术形式并对其进行二度创作，满足大众艺术审美和休闲娱乐需求的专业类（非剧情类）视听节目（含综艺晚会类、有主持人的娱乐报道类节目、节目制作完整的单项艺术类节目）。

② 文中涉及的数据信息，如无特殊说明，均为国家广播电视总局监管中心统计整理所得，数据统计周期为2022年1月1日至2022年12月31日。

③ "狭义"的网络综艺是指有独立的制作思路，叙事、剪辑较为完整的网络综艺。"广义"的网络综艺既包括以上"狭义"网络综艺，也包括为进一步扩大节目影响力、满足不同观众需求而制作播出的多版本和衍生综艺（含电视综艺在网络首播的多版本和衍生综艺）。本文主要针对"狭义"网络综艺进行研究分析。

16.8%；多版本和衍生综艺233档，数量呈持续上升态势。2022年网络综艺数量有减但质量不减，头部综艺保持了较高制作水准，"小综艺"也以创新姿态维持着"小而美"。元宇宙等新概念的加盟，为网络综艺的长足发展持续注入发展动能。

表1　2022年部分关注度较高、影响力较大的网络综艺列表

序号	节目名称	节目类型	播出平台	上线时间
1	超有趣滑雪大会	游戏生存真人秀类	爱奇艺	2022.01.14
2	闪闪发光的少年	谈话讨论类	bilibili	2022.01.20
3	中国梦·我的梦——2022中国网络视听年度盛典	综艺晚会类	爱奇艺，优酷，腾讯视频，芒果TV，抖音，快手，bilibili，咪咕视频	2022.02.02
4	春日迟迟再出发	生活体验真人秀类	芒果TV	2022.02.13
5	一往无前的蓝	生活体验真人秀类	腾讯视频	2022.02.19
6	初入职场的我们 法医季	生活体验真人秀类	芒果TV	2022.03.26
7	新游记	生活体验真人秀类	腾讯视频	2022.04.16
8	声生不息·港乐季	竞技选拔类	芒果TV	2022.04.24
9	乘风破浪 第三季	竞技选拔类	芒果TV，咪咕视频	2022.05.20
10	不止于她 第二季	谈话讨论类	腾讯视频	2022.05.24
11	开始推理吧	游戏生存真人秀类	腾讯视频	2022.06.03
12	登录圆鱼洲	游戏生存真人秀类	腾讯视频	2022.06.30
13	这十年·追光者	谈话讨论类	芒果TV	2022.08.03
14	七夕奇妙游2022	文化科技类	优酷	2022.08.03
15	这！就是街舞 第五季	竞技选拔类	优酷	2022.08.13
16	脱口秀大会 第五季	脱口秀类	腾讯视频	2022.08.30
17	一年一度喜剧大赛 第二季	竞技选拔类	爱奇艺	2022.09.23
18	妻子的浪漫旅行 第六季	生活体验真人秀类	芒果TV	2022.11.24
19	我们民谣2022	竞技选拔类	爱奇艺	2022.12.23
20	2022最美的夜	综艺晚会类	bilibili	2022.12.31

数据来源：国家广播电视总局监管中心（2023.1）

一、内容分析

总体而言，2022 年网络综艺覆盖主题主线类、真人秀类、文化科技类等多个类别。在党的二十大召开之年，主题主线类综艺讴歌非凡十年，礼赞伟大变革，营造了良好的舆论氛围。真人秀类综艺的表现持续亮眼，积聚大量关注和人气。在题材创作方面，网络综艺以人民为中心的创作导向日益明显，内容、形式不断创新，为丰富人民精神文化生活、增强人民精神力量发挥积极作用。

（一）主题主线综艺破圈出新，引领力强

2022 年，网络综艺积极倡导向上向善正能量，主题创作推陈出新、亮点频出。在国家广播电视总局指导部署下，以芒果 TV、爱奇艺、腾讯视频、优酷等为代表的主要网络视听平台推出《中国梦·我的梦——2022 中国网络视听年度盛典》，着眼时代主题布局谋篇，结合网络视听发展成果落笔造句，将具有鲜明网络视听特色的节目进行创新创造、集中呈现、礼赞中国梦，获得媒体和网民的广泛关注和热情点赞。为迎接党的二十大，芒果 TV、优酷等制作推出的《这十年》主题系列网络视听节目，以微观视角勾画十年伟大变革，以人民为中心展现十年巨变感受，创新采用多类型矩阵传播方式，全媒体覆盖、立体式排播，精准触达全年龄层受众，迈上重大主题网络综艺创作的新高度。芒果 TV《声生不息·港乐季》献礼香港回归祖国25 周年，以"港乐"小切口折射大时代情怀，通过重温香港经典流行音乐作品打通内地和香港两地人民同根同源、血浓于水的情感共鸣，感召力、引领力强劲。

（二）真人秀综艺类型丰富，题材内容创新发展

真人秀类综艺是颇受网民欢迎的综艺类型。近年来，在主管部门的精心引导下，真人秀节目逐步走上健康良性发展轨道。2022 年，在观众审美多元多变的需求刺激下，真人秀类综艺类型更加丰富，题材上也有创新。生活体验真人秀类综艺上线 56 档，较 2021 年虽然在数量上有所减少，但体

验的领域和内容更加垂直化、细分化。《一往无前的蓝》《初入职场的我们法医季》《令人心动的 offer 第四季》等节目将镜头对准消防员、法医、建筑师等行业，带领观众一同沉浸式体验不同行业的苦辣酸甜。游戏生存真人秀类综艺上线 20 档。《超有趣滑雪大会》真实呈现普通人学习滑雪的艰难，节目轻松有趣，代入感强，拉近了滑雪运动与普通观众之间的心理距离。互动交流真人秀类综艺上线 5 档，在表达方式上实现了新突破。《送一百位女孩回家 第五季》采用"平行对话"的模式，以双嘉宾视角呈现当代女性在面临诸多现实困境时的选择。《Super 嘎嘎 man》以综艺真人秀和短剧相结合的形式，搞笑戏谑演绎热点话题，帮助观众完成自我疗愈，引发观众共鸣。

（三）文化科技综艺实现国风、文化有机结合，赋予中华优秀传统文化新活力

2022 年文化科技类综艺上线 14 档，占比 14.7%。此类综艺聚焦中华优秀传统文化，着力创造性转化、创新性发展，在网络视听平台掀起新一轮"中国文化热"。以七夕奇妙游、中秋奇妙游等为代表的《2022 "中国节日"系列节目》持续稳定"上新"，抓住传统文化的传播密码，以科技赋能，创新打造"网剧+网综"的节目样态，展现国宝、国风、国潮，不断刷新观众对中华优秀传统文化的认知。《邻家诗话 第四季》洋溢着浓浓国风，融入歌曲、舞蹈等多种艺术形式诠释诗词的内涵，演绎古人的生活点滴，推动诗、歌、乐、舞、书、画、茶、礼、食等中华优秀传统文化瑰宝成为当下年轻人喜闻乐见的流行元素。

（四）谈话讨论综艺聚焦大事小情，凸显人文关怀

2022 年谈话讨论类综艺上线 38 档，占比 38.19%。内容更丰富、更开阔、更包容。既包括经济、历史、文化、哲学等高深话题，也涉及个人工作压力、情感纠纷、人际交往、育儿等日常生活问题，注重情感关怀的同时，深度剖析、审视受到全社会普遍关注的热点问题。同时，作家、建筑学家、经济学家、企业家等专业人士的加入，不同领域人物的相互碰撞，给观众带来的不仅是观感上，更是大脑思维上的新奇旅程。《不止于她 第二季》以纪实+访谈的形式，向观众分享六位杰出女性的人生经历与日常生活，展现新时代的女性故事。《圆桌派 第六季》秉持往季的风格，主持人和嘉宾畅聊天文地理、科技美育、竞技表演等，真诚沟通，各抒己见，处处闪耀着知识火花、价值启迪，引人入胜、发人深思。

（五）竞技选拔综艺包罗万象，持续保持品牌优势

2022年，舞台竞演类综艺依旧受到广泛关注。从《乘风破浪 第三季》《披荆斩棘 第二季》等以年龄"30+"艺人为主体的歌舞唱跳类综艺，到《中国说唱巅峰对决》《这！就是街舞 第五季》等面向说唱、街舞等小众爱好者的垂直综艺，再到《一年一度喜剧大赛 第二季》《我是特优声 剧团季》等舞台竞演类节目，类型覆盖广，娱乐性减弱，功能性增强。《一年一度喜剧大赛 第二季》喜剧竞演综艺，致力于呈现"新喜剧"，素描喜剧、漫才、默剧、物件剧、音乐喜剧、独角戏、黑场剧等轮番上演，让观众忘掉烦恼、收获快乐，于轻松欢快的氛围中唤起人们对现实生活的思考和体悟。

（六）着眼亲密关系全阶段，恋爱题材持续探索

2022年恋爱题材综艺成绩不俗，赛道逐步成熟。恋爱题材节目已经跳脱出最原始的相亲模式，进而关注到不同状态下的亲密关系，几乎涵盖了异性之间亲密关系的各个阶段。在嘉宾选择和话题设置上，恋爱题材综艺大胆创新、不断探索，直面婚恋关系痛点。《再见爱人 第二季》直面濒临破碎的婚姻关系，在第一季基础上，加大了嘉宾选取的年龄跨度，给不同年龄阶段的观众带来情感思考的新火花，吸引了不少关注和讨论。《灿烂的前行》以失恋男女破题，真实展现了失恋后的男女对自我的探究和对亲密关系的重新思考。节目在帮助当代年轻人进行情感治愈、实现自我成长的同时，鼓励失恋者走出困境，接纳自己，用信心与勇气拥抱未来。

（七）体育之年全方位造势，体育题材迎来"小高潮"

顺应北京冬奥会成功举办而带起的全民"滑雪热"，冰雪主题节目成为2022年网络综艺市场开年的一道亮丽风景线。此类综艺多以职业运动员为主要嘉宾，通过竞技、体验、科普等形式来组织节目，向观众传递北京冬奥会的热情，推广冰雪运动。2022年年底，随着世界杯举办，综艺节目搭上世界杯快车，实现节目热度和传播广度的螺旋式上升。如抖音在世界杯开赛期间密集推出《DOU来世界杯》《黄家足球班》《依然范志毅》《大咖侃球》等。

（八）小众生活方式走向大众化，露营题材成为新宠

露营原本是一种较为小众的休闲方式，但在疫情防控常态化背景下，却成为一种新时尚。不论是"综N代"还是新节目，纷纷涉足这一领域，搭上潮流的顺风车。露营题材综艺大致可分为两类：一种是加入露营元素重新编排节目，而另一种则是垂直深挖，真实呈现露营这种新鲜的生活方式。相较而言，以《一起露营吧》为代表的第二种类型节目还原度高，为观众提供一个完整的可供效仿的"露营攻略"，热度和口碑表现出色。

二、制作与传播分析

2022年虽然不是网络综艺"大年"，各主要视听平台依然坚守阵地，围绕自身优势深耕发力。长短视频在综艺领域纷纷布局，竞争态势初见端倪；"综N代"在已有的热度和口碑基础之上，稳定出新；微综艺契合观众的碎片化观看需求，发展速度不容小觑；多版本和衍生综艺数量持续上升，模式愈发成熟化；元宇宙等新技术加持网络综艺，为网络综艺的未来发展打开无限可能。

（一）长视频平台稳定输出，短视频平台持续加码

2022年，各主要网络视听平台在保持自身特色的同时稳定输出，上线数量略有下降。芒果TV、爱奇艺、腾讯视频、优酷4家网站全年上线网络综艺共150档，其中独播120档。独播综艺中，芒果TV上线27档，爱奇艺上线16档，腾讯视频上线51档，优酷上线26档。

芒果TV依然延续观察和生活两大标签化内容布局，制作推出一系列口碑力作。同时，积极试水新综艺，打开多样态内容创作新局面。爱奇艺继

续坚持精品化创作方向，集中优势力量力推优质节目，为未来的长线内容竞争奠定基础。腾讯视频寻求多元布局，不断探索音乐、恋爱等类型的创新表达，频频试水小体量新项目，有效维系了平台的声量和影响力。优酷深耕"综 N 代"，王牌节目《这！就是街舞 第五季》《圆桌派 第六季》等持续刷屏，同时在人文内容赛道上积极布局，打造文化标签。短视频平台纷纷入局网络综艺，一方面与长视频平台展开适度合作，共同输出内容；另一方面，积极尝试自制综艺，与长视频平台抢占内容版图份额。

（二）"综 N 代"保住基本盘，口碑与热度持续走高

2022 年"综 N 代"综艺上线 50 档，比 2021 年略有减少。"综 N 代"凭借着稳定的受众群体，热度依旧、表现抢眼，一路走来已经成为平台的"常青树"，牢牢占据观众心中的"C 位"。《乘风破浪 第三季》《披荆斩棘 第二季》《这！就是街舞 第五季》等歌舞类节目关注度依旧很高。《一年一度喜剧大赛 第二季》《脱口秀大会 第五季》等喜剧节目受众稳定，对年轻群体的黏性较高。《妻子的浪漫旅行 第六季》《做家务的男人 第四季》等节目不断"改头换面"，持续给观众带来新鲜感。而"综 N 代"的衍生综艺，也在 2022 年有了可观的口碑和热度。比如《披荆斩棘 第二季》原班人马的衍生综艺《我们的滚烫人生》《大湾仔的夜》，《乘风破浪 第三季》的衍生综艺《星星的约定》《乐队的海边》，热度从年中持续到年尾，长尾效应显著。

（三）微综艺精准出击，发展态势迅猛

2022 年，微综艺凭借制作成本轻量级、符合用户碎片化时间需求等特征，有效补充了综艺市场的空白。微综艺找准平台原有内容生态和新兴形态的共振点，呈现出圈层化、纵深化、垂直化等发展态势，加速内容生态扩容破圈。推理节目《Yes or No 第二季》、真假职员分辨节目《寻找路人"假"》等节目，时长在 10 分钟左右，不断深耕推理节目赛道优势。《出发吧！老孟》《骞航记》等节目，单集在 10 分钟以内。《我们的理由》以实验性的社交方式，帮助寻求脱单的男女重新找回自己。《海苔超有料》从海南本土网红嘉宾、bilibili UP主和市井民众的视角切入，洞察当代年轻人对海南发展的印象和感受。熊猫堂微综《熊猫出没请注意》，以及《静静吧！恋人》等，也在持续收获关注度和话题度。

（四）多版本和衍生综艺良性发展，模式走向成熟

2022年多版本和衍生综艺共有233档，比2021年增加19档，数量呈持续上升态势，其中207档多版本和衍生综艺仅限会员观看，占比增长了14.1%，成为各网络视听平台增收的重要途径。随着多版本和衍生综艺不断成熟化，围绕头部综艺推出多版本和衍生综艺的"套路"愈加清晰，从探索台前幕后到独自成行的衍生综艺，搭配各种花式加更版、会员PLUS版、悠享版等多版本轮流更新，节目的热度不减、话题不降，持续"吸粉""拉新"。

（五）新技术赋能网络综艺发展，未来可期

随着技术的发展进步，元宇宙等概念逐渐走进人们的视线，各网络视听平台也开始布局元宇宙相关内容，创作元宇宙综艺节目。2022年，元宇宙相关技术在音乐综艺方面表现突出。爱奇艺推出的融合"元宇宙技术+游戏+音乐XR表演"的《元音大冒险》，将动作捕捉与全息技术相结合，将嘉宾的运动轨迹实时传输到虚拟人物模型上完成影射，为观众打造出前所未有的观看体验。腾讯视频《登录圆鱼洲》打造了一个平行于现实世界的游戏时空"圆鱼洲"，玩家被"传送"到"异次元"，进入博弈游戏，整个节目颇具"科技感"和"未来感"。

元宇宙技术在赋能节目创新的同时，也赋能了节目衍生产品开发。《乘风破浪 第三季》《脱口秀大会 第五季》等多档综艺节目均发售了带有品牌标识的数字藏品。2022年11月，工业和信息化部、文化和旅游部、国家广播电视总局等五部门联合发布的《虚拟现实与行业应用融合发展行动计划（2022—2026年）》中指出，要加速虚拟现实在"演艺娱乐"行业场景中的应用落地。在政策支持和强劲市场需求下，未来元宇宙相关节目将朝着更富时空穿越感、更具想象力的方向发展，在音乐、舞蹈、游戏等多元题材中打开无限可能。

B.13　网络电影发展报告

陆　嘉[*]

2022 年，网络电影[①]创作传播进入"提质减量、精耕细作"的新阶段，进一步呈现出积极的变化。一方面，随着国产网络剧片发行许可制度开始实行，网络电影正式纳入行政许可事项，网络电影生产创作进一步向规范化、标准化、精品化迈进；另一方面，主要播出平台再次优化资源配置，通过完善合作及分成模式、创新宣传发行手段等方式不断提升行业整体发展效能。整体来看，2022 年网络电影全年新上线作品数量较 2021 年再次精简，更聚焦头部精品创作，题材类型进一步细化，主旋律逐渐成为网络电影主流赛道之一，革命历史题材有较大突破，网络电影生产创作在加强题材创新的同时更注重影片价值观的表达，平台间的合作进一步加深。2022 年全网共上线网络电影 380 部[②]，总时长约 30631 分钟，相较 2021 年同期均下降了 28%。

表 1　2022 年部分关注度较高、影响力较大的网络电影列表

序号	节目名	题材	播出平台	上线时间
1	阴阳镇怪谈	惊悚、玄幻、悬疑	爱奇艺、腾讯视频	2022.01.08

　　*　陆嘉，国家广播电视总局监管中心网络视听节目研判人员。

　　①　网络电影，由节目制作机构制作，主要在网络视听机构播出，按照"网络电影"管理要求履行相关手续的，具备与电影片类似结构与容量的视听作品。

　　②　文中涉及的数据信息，如无特殊说明，均为国家广播电视总局监管中心多渠道统计整理所得，数据统计周期为 2022 年 1 月 1 日至 2022 年 12 月 31 日。

续表

序号	节目名	题材	播出平台	上线时间
2	猎毒者	公安、枪战、犯罪、动作	爱奇艺	2022.01.12
3	张三丰	古装、动作、武侠	爱奇艺	2022.01.22
4	飞吧，冰上之光	体育、青春、情感	爱奇艺	2022.02.12
5	陈翔六点半之拳王妈妈	情感、喜剧、动作	爱奇艺、腾讯视频、优酷	2022.02.18
6	亮剑：决战鬼哭谷	战争、动作、历史、枪战	爱奇艺、优酷	2022.03.03
7	冰雪狙击	战争、动作、历史、枪战	爱奇艺	2022.03.13
8	烽火地雷战	战争、动作、历史、枪战	爱奇艺、优酷	2022.04.08
9	东北告别天团	喜剧、情感	腾讯视频	2022.04.22
10	盲战	动作、犯罪	爱奇艺	2022.05.01
11	青面修罗	古装、武侠、动作、悬疑	芒果TV、爱奇艺、腾讯视频、优酷、乐视视频	2022.05.13
12	目中无人	古装、武侠、动作、悬疑	爱奇艺	2022.06.03
13	绝地防线	战争、动作、历史、枪战	爱奇艺	2022.06.12
14	狙击英雄	战争、动作、枪战	爱奇艺、优酷	2022.06.30
15	恶到必除	公安、犯罪、动作、枪战	爱奇艺、腾讯视频、优酷	2022.07.28
16	黄金大逃狱（普通话版、粤语版）	动作、犯罪、喜剧	爱奇艺、优酷	2022.08.05
17	猎毒之闪电突击	公安、枪战、犯罪、动作	爱奇艺、腾讯视频	2022.08.17
18	勇士连	战争、历史、动作、枪战	爱奇艺、腾讯视频、优酷	2022.09.24
19	特级英雄黄继光	战争、历史、动作、枪战	爱奇艺、腾讯视频、优酷	2022.10.01
20	一盘大棋	喜剧、情感、犯罪	爱奇艺	2022.10.04
21	逃学神探	喜剧、悬疑、动作	爱奇艺、腾讯视频	2022.12.15
22	鬼吹灯之南海归墟	动作、奇幻、惊悚	爱奇艺、腾讯视频、优酷	2022.12.30

数据来源：国家广播电视总局监管中心（2023.1）

一、内容分析

2022年6月，国产网络剧片发行许可制度开始实行。在主管部门的管理引导下，网络电影无论从故事情节层面还是制作水准层面都进一步规范化、标准化，网络电影的社会影响力和认可度也得到进一步提升。

（一）题材类型保持多元，垂直题材有待深入挖掘

2022年网络电影题材类型超30类，尽管全年影片上线数量再次减少，但整体题材类型依旧丰富多元，动作、情感、古装、超现实等题材持续迸发活力，上线数量均在百部以上，拥有稳定的受众群体。主旋律作品创作持续火热。现实题材作品更加聚焦主题主线，乡村振兴、疫情防控、冬奥、刑侦破案、传统文化等主题创作多点开花，如《金山上的树叶》深入挖掘小事件背后的大主题，谱写时代青年助力共同富裕的青春之歌；《排爆手》以排爆手职业为切入点，生动展现中国武警铁骨柔情的英雄本色。同时，一些题材作品积极探索新的表达方式，一定程度上增加了网络电影的思想深度和情感厚度，如喜剧题材作品《东北告别天团》在幽默中融入对刑满释放人员社会处境等现实问题的观照；悬疑题材作品《山村狐妻》用悬疑的外壳包裹着对人性贪婪的批判等。多元化的影片题材为网民提供了丰富的观影选择。

但2022年网络电影也依然存在着题材跟风、剧情雷同等同质化现象。此外，萌宠、体育等一些垂直类题材依然只是浅尝辄止，一方面缺少标志性作品，另一方面也未能产生较大的影响力。如何开发垂直类题材，在现有成熟题材体系外另辟蹊径，促进网络电影题材进一步细分，依然需要整个行业进一步探索。

（二）主旋律题材品质升级，革命历史题材有突破

2022年是党的二十大胜利召开之年，在主管部门的引导扶持和行业供给侧改革的推动下，网络电影中主旋律、正能量影片持续发力，不断提升作品中的精神力量、文化内涵和艺术价值，主题响亮突出，主线鲜明清晰，

营造了浓厚的舆论氛围。

2022 年全年共上线 45 部主旋律网络电影，占全年作品的 12%，较 2021 年进一步增加。这些作品多以人物故事为影片主线，在小空间中展现大情怀，传播主流价值，有效拓展了网络电影的题材边界和创作空间。如《飞吧，冰上之光》《以青春之名》《特级英雄黄继光》等一批优秀作品紧贴时代、聚焦人民、歌颂英雄，积极反映火热社会现实；《金山上的树叶》《排爆手》等部分精品创作工程作品在国家广播电视总局的大力扶持和指导下，思想性艺术性较为突出，实现了网络电影的新高度；《东北狙王决战虎牙山》《亮剑：决战鬼哭谷》《狙击英雄》《勇士连》《冰雪狙击》《烽火地雷战》等革命历史题材网络电影特色鲜明，从小切口展开故事，以点带面塑造鲜活生动的英雄群像，弘扬革命英雄主义精神。

同时，2022 年特殊时间节点上线了多部主旋律影片，也起到了较好的宣传效果。如教师节前后上线了《无负今日》《老师来了!》等教师节献礼片；国庆节前后上线了《勇士连》《特级英雄黄继光》《生死排爆》《黑鹰少年》等多部党的二十大重点宣推影片。

（三）动作题材数量占比第一，东北喜剧影响力扩大

2022 年上线的动作题材网络电影共 179 部，占全年作品的 47%，数量占比自 2018 年以来连年增加，在所有题材中数量最多。2022 年动作题材网络电影十分多元，涵盖武侠、警匪、战争、体育等多种类型。其中武侠类动作片"内外兼修"，表现突出，不仅整体的动作设计逼真流畅，带来较好的视觉享受，同时多数影片也能做到注重内涵呈现，升级价值观表达。如《目中无人》以"盲"为切入点进行创新，通过传统武侠纯粹的快意恩仇展现盲人刀客内心所追寻的"公道"，其写实又写意的表达风格也使得该片"叫好又叫座"。

2022 年上线喜剧题材网络电影 73 部，占全年作品的 19%，较 2021 年有所下降。近年来，东北喜剧逐渐成为喜剧题材网络电影中独树一帜的存在。东北喜剧以其独具特色的地域性特点和专业喜剧演员别具一格的表演风格赢得了不少观众的喜爱。2022 年共上线 19 部东北喜剧，占全年喜剧作品的 26%，而在 8 部票房过千万的喜剧题材网络电影中，东北喜剧多达5 部。《东北告别天团》《我不是酒神》《依兰爱情故事》《浩哥爱情故事》《外星人事件 2》《四平青年往事》系列和《东北往事》系列等东北喜剧影片亦逐渐形成了一定的"品牌效应"和"规模效应"。

（四）"怪兽"题材继续降温，"志怪惊悚"题材异军突起

2022 年，带有玄幻、奇幻、科幻、魔幻、穿越、怪兽等超现实元素的网络电影整体传播影响力依然较高，全年共上线 152 部，占比 40%，较2021 年增加 2 个百分点。这些影片打破了时间和空间的束缚，表达上天马行空富有张力，影片的整体制作质量得到了较大提升。2022 年，"怪兽"题材网络电影共计上线 49 部，占全年作品的 13%，较 2021 年增加 7 个百分点。虽然怪兽题材影片数量依然较多，但整体热度较前几年明显遇冷，除《大蛇 3 龙蛇之战》《巨蛇闯女校》两部影片热度可观外，其他"怪兽"已经不如以往吸引观众眼球，"怪兽"题材网络电影继续降温。

自《兴安岭猎人传说》成为 2021 年网络电影分账冠军后，2022 年"志怪惊悚"题材网络电影异军突起，全年共上线 16 部该类型网络电影。《阴阳镇怪谈》《开棺》《龙云镇怪谈》等一系列悬疑惊悚题材影片集体亮相，以"狐仙""大马猴""阴兵"等异闻怪谈的形式，讲述诡谲多变的怪异故事。此类影片主旨展现方式较为统一，多数以怪诞离奇的事件和烧脑的悬疑设置为外壳，通过剧情的反转来表达对人性丑恶或旧社会阴暗面的批判。2022 年共有 6 部此类型影片分账金额过千万，其中《阴阳镇怪谈》更是成为全年分账最高的网络电影。虽然此类型影片较大地满足了观众猎奇心理，但值得注意的是部分影片在创作中存在打封建迷信擦边球的嫌疑。

（五）"公版 IP"改编作品影响力逐渐减弱

作为网络电影的故事来源，IP 改编一直是重要的创作途径。2022 年，网络电影 IP 改编剧本比例为 24%，与 2021 年持平，主要涉及网络小说、影视形象、文学名著、民间传说、剧集、电影、歌曲等。2022 年，共上线 44

部"公版IP"改编作品，涵盖了历史人物、文学名著等多种IP资源，如《张三丰》《新洗冤录》《齐天大圣》等。但除了少数作品影响力较大之外，多数涉及"聊斋志异""狄仁杰""封神演义""三侠五义"等其他"公版IP"网络电影的反响普遍不尽如人意。例如多达10部的"狄仁杰"系列凸显出狄仁杰依然"很忙"，但自2021年以来已没有一部"狄仁杰"作品票房分账过千万。"公版IP"不再如早些年那般"引流"，其中原因与审美疲劳不无关系。

（六）龙标网络电影数量减少，题材多样

2022年全网新上线龙标网络电影①47部，新上线的龙标网络电影与网络电影数量比为1:8，较2021年再次下降。同网络电影类似，2022年龙标网络电影中动作题材数量最多，达26部，其中犯罪类动作影片占比超三成。其次奇幻、玄幻等超现实题材亦较多，达18部，内容涵盖聊斋、重生、摸金、身体互换、怪兽等元素。2022年，龙标网络电影上线了8部主旋律题材影片，涵盖公安英模、支教、抗疫、抗战、关爱留守儿童等方面，传递了正能量弘扬了真善美。如《非凡守护》根据公安英模郝世玲真实事迹改编，以女警郝世玲的视觉展现社区民警的责任和义务；《你是我的春天》用5个小故事，讲述普通人坚强面对疫情冲击；《五束阳光》根据音乐剧《阳光不锈》改编，讲述大学生深入扶贫地区支教的故事；《草帽》用朴实的镜头展示留守儿童的生活和对母亲的想念。

此外，2022年主要视听平台还上线了199部网播院线电影，②其中169部国产电影，30部引进电影。主要集中在芒果TV、爱奇艺、腾讯视频、优酷、咪咕视频、沃视频、天翼视讯TV189、乐视视频等14家平台，其中，咪咕视频上线的影片数量达168部，沃视频上线的影片数量达160部。

---

①　近年来，有多部获得《电影片公映许可证》的作品在互联网独播或首播（播出时同样在片头展示"龙标"），被业界、网民认同为"网络电影"，我们在此称其为"龙标网络电影"。

②　获得《电影片公映许可证》，首先在电影院上映，随后在网络视听机构上线的作品。此处指2022.1.1—2022.12.31在院线电影公映，随后（当前统计截至2023.01.04）在网络视听机构播出的作品。

二、制作与传播分析

（一）播出平台格局整体稳定，爱奇艺上线数量重回首位

2022 年，网络电影播出的主要平台依然以爱奇艺、腾讯视频、优酷、搜狐视频等长视频平台为主，同时芒果 TV、咪咕视频、聚力、乐视视频也均有不同程度的涉及，整体播出平台格局保持稳定。略有不同的是，相较 2020~2021 年短视频平台亦有上线网络电影的情况，2022 年没有网络电影选择在短视频平台上线播出。各主要播出平台中，爱奇艺全年上线 179 部，较 2021 年上升 7%，数量占全年新上线作品的 47%，上线数量超过腾讯视频，重回首位。腾讯视频全年上线 166 部，较 2021 年锐减 24%，占全年新上线作品的 44%，退居第二。搜狐视频全年上线 78 部，较 2021 年下降 12%，占全年新上线作品的 21%，上线数量继续保持第三位。优酷全年上线 49 部，较 2021 年再次锐减 27%，占全年新上线作品的 13%，上线数量继续保持第四位。2022 年在爱奇艺、腾讯视频、优酷、搜狐视频 4 家平台上线网络电影数量合计 351 部[①]，占全年新上线作品的 92%。

（二）春节档不及预期，短视频已成重要宣发手段

在 2022 年网络电影春节档，无论从上线数量还是播放表现来看整体预期均不及 2021 年。期间共上线网络电影 17 部，数量较 2021 年的 29 部大幅减少，其中腾讯视频上线 8 部、爱奇艺上线 5 部、咪咕视频上线 3 部、搜狐视频上线 2 部、芒果 TV 上线 1 部。影片题材依然以合家欢的喜剧题材和超现实题材为主。相比于院线，网络电影春节档仍处于培养观众习惯的摸索阶段，较大程度上还依赖于播出平台和片方的策划。

近年来，随着短视频平台的快速发展，短视频已逐渐成为网络电影重要的宣发手段。根据国家广电总局监管中心数据统计，2022 年有 305 部影片在抖音、快手等短视频平台投放物料、设置话题、宣传引流，占全年上

[①] 由于存在一部影片在多家平台同时上线的情况，因此 4 家平台实际上线总数并不简单等于平台各自上线数量相加，而是会小于平台各自上线数量相加之和。

线影片总数的 80%。目前短视频宣发的方式主要包括官方征稿、直播连麦售票、主创人员直播推荐、大 V 推荐等。基于短视频平台的网络电影营销生态已较为成熟。

（三）更多头部影片选择多平台联合播出

2022 年共上线 105 部多平台播出的网络电影，占全年上线数量的 28%，较 2021 年大幅上涨 22 个百分点。相较早期多平台播出的制作成本较低、影片质量不高的网络电影，2022 年有更多制作精良的影片选择多平台上线播出，整体表现不俗，其中更是有多达 24 部多平台联合播出的影片票房分账过千万，数量是 2021 年的 2.2 倍。头部影片选择多平台联合播出，一方面可以满足视频平台对优质内容的需求，另一方面也可使影片的观众覆盖面更广，提高影片收益。但 2022 年也有一部分影片由于自身质量不足，无法满足视频平台的独播评级而不得不选择多平台上线，这种影片在获取播出平台的推广资源上，与头部影片存在着巨大差异，播放表现也不可同日而语。

（四）分账破千万作品占比继续上升，PVOD 模式持续探索

根据视频平台官方公开数据统计，2022 年爱奇艺、腾讯视频、优酷分账超过 1000 万元的网络电影共计 48 部①，其中爱奇艺独播 14 部，腾讯视频独播 8 部，优酷独播 2 部，其余 24 部为多平台播出网络电影。票房破千万作品占比为 13%，较 2021 年再次上升 2 个百分点。

2022 年网络电影 PVOD 收费模式（会员单片付费模式）持续探索，共有 8 部影片以 PVOD 模式上线，数量较 2021 年增加 1 部。根据公开数据显示，8 部 PVOD 影片中已有 4 部分账票房过千万，PVOD 影片的票房表现逐渐受到制作方和播出平台的认可。相较 2021 年 PVOD 影片主要以"非会员 12 元、会员 6 元"的收费标准，2022 年已有 PVOD 影片将收费标准提高至"非会员 18 元、会员 9 元"。

---

① 该数据由国家广播电视总局监管中心根据爱奇艺、腾讯视频、优酷官方公布数据统计得出，部分未公布票房数据的网络电影不在统计之内。

（五）"爱腾优"等播出平台和官方机构出品数量减少

2022 年上线的 380 部网络电影共涉及 1305 家出品机构、403 家制作机构以及 159 家宣发机构①分别较 2021 年减少了 19%、23%、20%，降幅远超 2021 年，且近 3 年网络电影参与机构数量持续下滑态势明显。按作品数量排名，以淘梦、创维酷开、精鹰传媒等为代表的"老玩家"依然是网络电影创作生产的主力。爱奇艺、腾讯视频、优酷 3 家视频平台 2022 年均大幅减少了网络电影出品数量，其中腾讯视频仅出品 12 部网络电影，爱奇艺和优酷均只出品 4 部网络电影，远低于过去 4 年的数量。与此同时，芒果 TV 凭借将部分平台自制网络剧二次加工成网络电影，以出品 16 部网络电影的数量跃居各视频平台之首。

2022 年，共有 26 家官方机构参与出品制作了 17 部网络电影，无论是机构数还是出品数较 2021 年均有较大降幅，与 2020 年数量相仿。与此同时，2022 年有更多的传统媒体机构参与网络电影的出品、制作，如江苏省广播电视总台、南宁广播电视台均在 2022 年首次出品网络电影，而湖南广播电视台潇湘电影频道、河池日报社则在 2022 年增加了网络电影出品数量。此外，主流媒体机构出品或制作的网络电影种类也由 2021 年的主旋律正能量占绝大多数转变为 2022 年的多元化，如科幻类影片《缩小人特攻队》、怪兽类影片《巨蛇闯女校》、悬疑类影片《大侦探马修》等，这在一定程度上体现出主流媒体机构对各类文艺内容的探索和尝试。

---

① 数据由影片字幕统计得出，部分影片未提供相关信息。

B.14　网络纪录片发展报告

赵舒萌[*]

2022 年网络纪录片[①]稳扎稳打、攻坚克难，涌现出一批立意深刻、情感深厚、艺术精湛、制作精良的作品，在品类扩展和融合传播中愈发受到网生一代的青睐，为观众献上了丰盛的视听佳肴。

2022 年，全网共上线网络纪录片 318 部[②]，较 2021 年（377 部）略有下降，其中独播作品 176 部。全网共上线网播电视纪录片 297 部，相比 2021 年（267 部）增加 11%，连续 3 年呈增长态势，其中独播作品 56 部。虽然上线总量略有下降，但内容依旧可圈可点。从年初的冬奥盛会到党的二十大胜利召开，纪录片在盘点经济社会发展、观照社会现实生活、讲述历史文化故事、聚焦自然生态治理等方面真实留存影像，充分发挥了"时代影像志"的作用，创作生产出一系列反映当代中国、彰显文化自信的多元化精品力作。制播方面，头部网络视听平台扩展题材风格，深耕垂直领域，以创意性、多元化为特色，向个体经验为主导的"小而美"精品投注了更

---

　　*　赵舒萌，国家广播电视总局监管中心网络视听研判人员。
　　①　本报告对网络纪录片的界定，在制作层面，是指由制作机构或网民个人制作，仅在网络平台播出或"先网后台"播出，以真人真事、真物真景等为记录展示的对象，以活动的影像记录资料为素材，通过有主题性地策划制作以及多种表现手法具体呈现，形成的具有作品属性和审美功能的视听节目。在管理层面上，是指按照网络原创节目（网络纪录片类别）完成管理部门所规定备案手续的纪录片。
　　②　文中涉及的数据信息，如无特殊说明，均为国家广播电视总局监管中心统计整理所得，数据统计周期为 2022 年 1 月 1 日至 2022 年 12 月 31 日。

多目光，以真诚浓厚的人文关怀展示了时代不同侧面。台网融合和国际合作趋势日益加强，通过轻量化、年轻态、新主流的融合传播方式，构筑出多维度、全方位、融媒体的传播格局，实现网上网下、大屏小屏、国内国外互融互通创新发展。

表1　2022年部分关注度较高、影响力较大的网络纪录片列表

序号	片名	播出平台	上线时间
1	守护解放西 第三季	bilibili	2022.01.07
2	我们村	西瓜视频	2022.01.12
3	但是还有书籍 第二季	bilibili	2022.01.20
4	冰雪Z世代	新华网、芒果TV、bilibili、西瓜视频、好看视频	2022.01.24
5	冬奥之约	新华网、芒果TV、腾讯视频、优酷、好看视频	2022.02.01
6	最美中国新春特别版：四季如歌	优酷	2022.02.01
7	过年的画	爱奇艺、腾讯视频、bilibili	2022.02.11
8	数字里的中国	bilibili、华数TV	2022.03.01
9	一次远行	腾讯视频	2022.03.17
10	一面之词	芒果TV、腾讯视频、优酷、bilibili、搜狐视频、1905电影网	2022.03.22
11	与丝路打交道的人	芒果TV	2022.04.20
12	雨林之子	腾讯视频	2022.04.20
13	人生第二次	央视网、bilibili	2022.05.19
14	英雄之路	bilibili	2022.05.23
15	我是你的瓷儿	bilibili	2022.06.11
16	舞台上的中国	bilibili	2022.06.15
17	守望秦岭	央视网、央视频、腾讯视频	2022.06.25

续表

序号	片名	播出平台	上线时间
18	党的女儿 第二季	芒果 TV、咪咕视频	2022.06.28
19	众神之地	bilibili	2022.07.11
20	亲爱的敌人	腾讯视频、优酷	2022.07.13
21	神奇的嫦娥五号	咪咕视频	2022.07.28
22	国医有方	优酷	2022.07.30
23	这十年	芒果 TV、爱奇艺、腾讯视频、优酷、bilibili、咪咕视频、西瓜视频	2022.08.01
24	我到非洲去	爱奇艺、腾讯视频	2022.08.24
25	端牢中国饭碗	央视网、央视频、bilibili、咪咕视频	2022.08.29
26	闪耀吧！中华文明	优酷	2022.09.02
27	我们的新时代	新华网、央视网、芒果 TV、爱奇艺、腾讯视频、搜狐视频、bilibili、咪咕视频、好看视频	2022.09.27
28	这十年·幸福中国	优酷	2022.10.12
29	不止考古·我与三星堆	bilibili	2022.10.20
30	航拍中国 第四季	央视网、央视频、咪咕视频	2022.11.07
31	风味人间 4·谷物星球	腾讯视频	2022.11.24

表2　2022 年网播电视纪录片代表性作品列表

序号	片名	网络播出平台	电视频道	排播模式
1	追寻贺龙元帅	芒果 TV、咪咕视频	湖南卫视	网台同步
2	中国 第二季	芒果 TV、bilibili、咪咕视频	湖南卫视	网台同步
3	乐业中国 2022	腾讯视频、bilibili	东方卫视	先台后网

133

序号	片名	网络播出平台	电视频道	排播模式
4	如果国宝会说话 第四季	央视网、央视频、bilibili	CCTV-9	先台后网
5	唱片里的中国	爱奇艺、腾讯视频	CCTV-9	先台后网
6	我们的村庄	央视网、央视频	CCTV-1	先台后网
7	26县纪事	芒果TV、爱奇艺、优酷、bilibili、中国蓝APP、咪咕视频	浙江卫视	先台后网
8	领航	央视网、央视频、芒果TV、爱奇艺、腾讯视频、bilibili、西瓜视频、咪咕视频	CCTV-1	先台后网
9	大国基石	央视网、央视频、bilibili、咪咕视频	CCTV-1	先台后网
10	种子 种子	央视网、央视频、bilibili	CCTV-2	先台后网
11	战国大学堂之稷下学宫	央视频、bilibili	CCTV-9	先台后网
12	又见三星堆	央视频、腾讯视频、优酷、bilibili	CCTV-9、四川卫视	先台后网
13	中国想象力	央视网、央视频、优酷、bilibili、西瓜视频、咪咕视频	CCTV-9	先台后网
14	从北京到北京	央视网、央视频、bilibili、咪咕视频	CCTV-9	先台后网
15	走出荣耀 第一季	bilibili	东方卫视	先台后网
16	"字"从遇见你	央视网、央视频、bilibili、咪咕视频	CCTV-9	先台后网
17	盛世修典	芒果TV、爱奇艺、腾讯视频、bilibili、中国蓝APP	CCTV-9、浙江卫视	先台后网
18	画里有话	央视网、央视频、bilibili、咪咕视频	CCTV-9	先台后网

续表

序号	片名	网络播出平台	电视频道	排播模式
19	文学的日常 第二季	优酷	东南卫视、海峡卫视	先台后网
20	中国：野生动物家园	央视网、央视频、bilibili	CCTV-4K、CGTN	网台同步
21	良渚文明	央视网、央视频、bilibili	CCTV-9、浙江卫视	先台后网
22	自然的力量·大地生灵	央视网、央视频、bilibili、咪咕视频	CCTV-1、CCTV-9	先台后网

数据来源：国家广播电视总局监管中心（2023.1）

一、内容分析

2022年，网络纪录片的题材类型更加多元，创作思路更加开阔，精品佳作层出不穷。聚焦主题主线，配合党的二十大召开，诞生了一批聚焦国家战略和重点工程的主旋律作品。社会现实类和历史文化类连续四年成为产量大户，为新时代新气象新作为留下真实鲜活、生动翔实的纪实影像，让中华优秀传统文化发挥好烛照现实、抚慰人心的当代价值。自然生态题材围绕大美自然，展现生态文明建设成果、传递人与自然和谐共生理念。面对开年"话题顶流"——北京冬奥会，打造了全方位、多角度、立体式"阅读冬奥、阅读北京、阅读中国"的视听矩阵。

（一）聚焦主题主线，回顾历史成就，书写新时代人民奋斗征程

2022年是党的二十大召开之年。在实现中华民族伟大复兴的中国梦新征程中，涌现出一系列聚焦新时代奋进新征程的网络纪录片，为宏大主题填充更加鲜活立体的血肉，为主题创作书写出新出彩的高分答卷。全年上线乡村振兴、全面小康、社会建设等内容的重大主题网络纪录片50部，网播电视纪录片104部。这些作品记录新时代发展变迁，深度体悟时代精神，奋力书写人民伟业，为党的二十大营造了良好氛围。

《情怀》《这十年》《十个春天的故事》《十年家国十年心》《十年如一日》等作品宏观展现新时代十年党的领导、社会发展、农业领域等各行各业成就与变革，展示出新时代的中国风范、中国气派、中国形象。《我们村》《我们的小村庄》《丰收的田野》《沸腾的故乡》等作品，以中国村庄的十年变迁生动描绘了巩固拓展脱贫攻坚成果、接续推动脱贫地区发展和乡村全面振兴的动人图景。《烈士颜阿兰》《果然意气是男儿》《宿北战役》《铁流之出征》《追忆延安》《初心照耀红土地》等作品以革命英雄、革命战争、革命故地为主题，讲述革命历史故事，激发爱国爱党情怀。《新时代微故事》《青春的火花》《这十年·向未来》等作品，注重以人为本、以小见大，用百姓故事传递家国情怀，以多元视角定格人民奋斗足迹，映射出新时代的勃勃生机。

（二）社会现实类作品选题包罗万象，充满人文关怀暖意

2022年，网络纪录片在多元路径中创新视角与表达，将恢弘沧桑的社会议题细化为"看得见、摸得着"的个体故事，在微观中凝视普通中国人的生活与情感流变，进而描摹好真实、立体的时代轮廓。全年上线社会现实题材网络纪录片76部，其中包含《守护解放西 第三季》《闪闪发光的少年 第二季》等续集作品共12部。上线社会现实题材网播电视纪录片36部。这些作品选题包罗万象，话题涉猎广泛，《燃点：创业不停下》《无穷青年》关注青年群体的创业过程；《万分之六的人生》《烟火里的大爱》《大象出没的地方》《医问》等关注癌症、罕见病例的求医过程；《了不起的妈妈》《成为妈妈》《坏爸爸 好爸爸》关注家庭教育和亲子关系；《秃然发生：一个被凝视的男人的世界》《近视时代》等关注脱发、近视等当代年轻人的困扰。通过深度描绘社会普通百姓的不凡经历，以对他人生活的观照，引发观众对典型人物的共鸣共情，传递出积极向上、热爱生活的人生态度。同时，对特定群体及其社会关系的呈现，也贯穿2022年度现实题材网络纪录片创作。关注生命命题的《人生第二次》，让镜头在一个个平凡与不凡的人生中，凸显生命的韧性与价值，传递人文关怀；《守护解放西 第三季》《大

美边疆·人物故事》《闪闪发光的少年 第二季》等作品，关注大都市核心
商圈的城市警察、在边疆口岸驻守的公安干警、体育赛事冠军等榜样人物，
以独特的视角、网感的表达、平实的情感，凸显对理想追求与现实境遇的
思考，彰显了更加温暖的现实主义。

（三）历史文化类作品表达元素丰富，内容生动感人

以历史为本，方溯文明之源。各大网络视听平台聚焦历史文化主题，
推出多部趣味性、互动性、话题性强的网络纪录片，以灿烂文化底色打造
引领风尚的潮流内容。全年上线历史文化类网络纪录片 74 部，网播电视纪
录片 53 部。这些作品，以探源中华文明为题，梳理古代文明的发展脉络，
为观众开启更广阔深邃的中国历史时空，赋予传统文化更加深层的时代意
义。《过年的画》《非遗有新人》《敦煌师父》《不止考古·我与三星堆》
《与丝路打交道的人》等作品，挖掘异彩纷呈的民族文化背后薪火相传的故
事，聚焦传统文化的传承与创新，展现文化遗产保护中的中国作为与中国
智慧。《但是还有书籍 第二季》《陶王子》《舞台上的中国》等作品，采用
定格动画、AI 虚拟歌手等充满网感的技术形式，实现多种可视化表达，让
书籍、手工艺品、民族声乐等文化符号"活起来"，展现中华优秀传统文化
在当代的碰撞与创新发展。但值得关注的是，历史文化题材新"爆款"和
新 IP 的出现频率愈发降低，在创作上有同质化竞争倾向，未来或需探索更
加丰富的选题范式。

（四）自然生态类作品用技术扩展影像表达方式，传递生态文明理念

在视觉效果上追求极致，在叙事表达中浸润温情，是 2022 年自然生态
类网络纪录片的创作特点。全年上线自然生态类网络纪录片 23 部，网播电
视纪录片 32 部。《守望秦岭》《雨林之子》等优秀作品持续升级拍摄技术，
俯仰之间以多元创新视角观测中华大地，展现中国自然生态的奇、美、变。
《万物之生》融合了"8K 全流程制作+杜比全景声+8K/VR"前沿技术，真
实还原大自然之美；《航拍中国 第四季》采用"5G+4K/8K+AI"并结合空
中俯瞰、微观透视、水下摄影相结合的拍摄手法，全景式呈现美丽中国，

展现祖国的山河壮美与万千气象。同时，不少作品以人为核心，注重探究人与自然和谐共生的关系。《众神之地》《与象同行》《湿地上的城市》等作品，从观察人与自然关系的视角出发，在展现中国独特的生态之美以及生物多样性保护成果的同时，深入解读国家在生态文明建设中的战略谋划，用影像生动诠释了"生态兴，则文明兴"的生态文明建设理念。

（五）体育类作品讲求时度效，传递中华体育精神

2022年初，北京冬奥会与传统农历新春同期而至，为国产纪录片开年创作提供了多样化选题。全年共上线体育题材网络纪录片27部、网播电视纪录片22部。第一季度上线体育题材网络纪录片16部、网播电视纪录片20部，占全年体育题材作品的七成以上。其中，涉及北京冬奥会主题的网络纪录片15部、网播电视纪录片20部，为北京冬奥会的召开营造了浓厚的舆论氛围。这些作品，或以幕后视角为切入点，讲述各行各业迎接冬奥会的生动场景，全方位揭秘冬奥会各个环节背后的成效亮点，如《生命因冰雪而火热》聚焦国家高山滑雪中心的场馆建设，《闭环下的五环》关注司机、志愿者、防疫团队等保障冬奥会顺利运行的人物故事，《点燃心中的美好》通过人工智能技术在冰雪运动领域的应用，展现技术力量对科技冬奥的支持；或关注冰雪运动背后的人民，如《冰雪Z世代》《冰雪上的中国人》等作品，记录了社会各界普通群众热爱冰雪、投身冰雪运动的火热场景，展现全民参与冰雪运动的精神风貌与不畏挑战的奥林匹克精神；或聚焦中国运动员的成长经历和训练故事，如《谷爱凌：我，18》《少年志》《单板飞跃》等作品，通过讲述谷爱凌、苏翊鸣、张嘉豪等人的夺冠历程，诠释了中国冰雪健儿顽强拼搏的中华体育精神。

二、制作与传播分析

（一）头部平台深耕垂直领域，追求差异化竞争

2022年，网络纪录片传播渠道仍集中于芒果TV、爱奇艺、腾讯视频、优酷、bilibili和西瓜视频6家平台，头部效应明显，各平台差异化竞争趋势

逐渐显露。

腾讯视频全年上线网络纪录片 135 部、独播 55 部，连续 4 年领跑网络视听平台，参与出品制作 12 部，仍以社会现实题材为主。推出的"人间真实"系列关注社会的不同群体，如《真实生长》《一次远行》关注国内外青少年的成长，《了不起的妈妈》《亲爱的敌人》聚焦两性婚姻及亲子关系，《大象出没的地方》以在儿童医院的日常跟拍为主要内容，呼吁关注儿童罕见病。

bilibili 全年上线网络纪录片 113 部、独播 35 部，参与出品制作 19 部。兼具主题叙事和时代表达，成为该平台 2022 年网络纪录片的主基调，全年共上线 26 部围绕党的二十大等主题主线的网络纪录片，在该平台新上线纪录片中体量最多。

爱奇艺全年上线网络纪录片 72 部、独播 25 部，参与出品制作 12 部，推出《乡野下饭魂》《下饭江湖》《大地餐桌》《送你一桌》等美食类网络纪录片，在该平台所有新上线题材中占比最高。

优酷全年上线网络纪录片 70 部、独播 17 部，参与出品制作 22 部。主旋律作品《这十年幸福中国》微博话题讨论总量破亿，成为该平台话题性最强的出圈作品。

芒果 TV 全年上线网络纪录片 57 部、独播 7 部，参与出品制作 9 部。其中，《这十年》《党的女儿 第二季》等作品通过微观视角与个人际遇折射出中国在岁月变迁中的巨变与成就，内容以小见大，形式易于传播，取得了良好的网络传播效果。

西瓜视频全年上线网络纪录片 56 部，独播 6 部，参与出品制作 6 部，以时长 20 分钟以内的微纪录片为主。上线《我们村》《我们村 第二季》《穿越时空的古籍》《恐龙：最后一日》等多部优秀作品，其中《我们村》获得国家广播电视总局 2022 年第一季度优秀国产纪录片。

（二）网上网下同频共振，大屏小屏互融互通

2022 年上线的网络纪录片中，共有 9 部登陆中央广播电视总台（央视）

或省级卫视。如优酷参与出品的独播纪录片《闪耀吧！中华文明》登陆河南卫视，bilibili 参与出品的独播纪录片《新疆滋味》登陆中央广播电视总台央视纪录频道和上海广播电视台纪实人文频道，腾讯视频参与出品的独播纪录片《早餐中国 第四季》登陆东南卫视和海峡卫视，咪咕视频参与出品的纪录片《万物之生》登陆中央广播电视总台央视财经频道和纪实频道。

2022 年网络平台播出的电视纪录片中，共有 277 部以先台后网的方式播出，20 部以网台同播方式播出。其中，网台合作主要包括两种形式：一是网络平台参与制作出品电视纪录片，全年共计 11 部，较 2021 年（5 部）增长约 45%。bilibili 参与制作中央广播电视总台央视纪录频道播出的纪录片《绿色星球》，芒果 TV 参与制作湖南卫视播出的纪录片《中国 第二季》，优酷参与制作深圳卫视播出的纪录片《香港，我们的故事》，爱奇艺、腾讯视频参与制作东南卫视、海峡卫视播出的《信仰的力量 第二季》等。二是电视台以制作、出品等方式创作纪录片，网络平台通过首页焦点图、官方微博等方式宣发推广，助力传播，全年共计 197 部，占网络播出电视纪录片总量的 66%，较 2021 年增长显著。如《中国 第二季》自上线起，芒果 TV 便在客户端、移动端进行首页首图推荐，在官方微博设置话题，传播作品片段，"纪录片中国 第二季定档"等相关话题阅读量逾 3 亿，传播效果良好，站内播放量超 2 亿。

（三）海外传播成效喜人，助力国际文化交流

2022 年，部分网络纪录片在制作、出品环节引入国外机构共同参与。中外联合制作、出品的网络纪录片共 19 部，其中涉及 19 家国内机构和 28 家境外机构。国内机构主要以腾讯视频、优酷、bilibili 等头部网络视听平台为主，其参与制作、出品的中外合作网络纪录片共 13 部，占比近七成。国外机构仍以 Discovery 传播公司、BBC Studios 等老牌海外机构为主。如《未来漫游指南》《科学未解之谜》由 bilibili 出品，BBC Studios 制作。《家有恶猫 第二季》由腾讯视频出品，Discovery 探索频道等境外机构联合制作。

同时，纪录片作为跨文化传播的重要载体，是实现对外传播的平台与窗口，具有对外传播优势。2022 年，共有《郡县之治》《冬奥之约》《数字里的中国》《闪耀吧！中华文明》等 13 部纪录片实现了海外传播，通过 Facebook、YouTube、Twitter 等社交网站和 BBC、英国天空电视台、日本大富电视台、美国城市电视台等多个国家媒体实现对外传播。

B.15 网络动画片发展报告

刘　璐[*]

2022 年，网络动画片[①]行业发展稳中有升，涌现出一批有情怀、有热度、有口碑的优质佳作，精品化、差异化发展态势鲜明。全年新上线作品数量、总时长均保持一定幅度增长，单集 10 分钟以上的长篇作品增量较大。在玄幻题材作品保持市场主体地位的基础上，科幻题材、武侠题材作品发展势头迅猛，为用户提供了更丰富的观看选择和更极致的观看体验。全年全网共上线网络动画片 220 部[②]、总时长 41505 分钟，与 2021 年相比总部数增长 17%、总时长增长 9%。本年度新上线少儿网络动画片[③]289 部。总体而言，基于长期积累，网络动画片行业规模稳步增长，发展态势喜人。

表 1 2022 年部分关注度较高、影响力较大的网络动画片列表

序号	片名	题材	上线时间	播出平台
1	诸天纪	玄幻、热血	2022.01.28	优酷

---

[*]　刘璐，国家广播电视总局监管中心网络视听节目研判人员。

[①]　网络动画片，是由节目制作机构或网民个人制作，主要在网络视听平台播出，按照网络原创视听节目管理要求履行相关手续的剧情类动画作品。本报告所称的网络动画片有广义和狭义之分，狭义网络动画片不包含动态漫画和少儿网络动画片。

[②]　文中涉及的数据信息，如无特殊说明，均为国家广播电视总局监管中心多渠道统计整理所得，数据统计周期为 2022 年 1 月 1 日至 2022 年 12 月 31 日。

[③]　主要面向少年儿童，由节目制作机构或网民个人制作，主要在网络视听平台播出、在"少儿"等版块呈现，按照网络原创视听节目管理要求履行相关手续的剧情类动画作品。

续表

序号	片名	题材	上线时间	播出平台
2	神印王座	奇幻、冒险	2022.04.28	腾讯视频
3	武动乾坤 第三季	玄幻、冒险	2022.05.01	腾讯视频
4	神级龙卫	玄幻、穿越、热血	2022.06.26	优酷
5	苍兰诀	玄幻、情感、搞笑	2022.07.15	爱奇艺
6	神澜奇域无双珠	奇幻、冒险	2022.07.23	爱奇艺
7	百妖谱·京师篇	奇幻、古风	2022.07.25	bilibili
8	少年白马醉春风	武侠、热血	2022.07.27	芒果 TV、优酷、咪咕视频
9	斗破苍穹年番	玄幻	2022.07.31	腾讯视频
10	仙王的日常生活 第三季	奇幻、搞笑、日常	2022.10.02	bilibili
11	两不疑 第二季	情感、古风、搞笑	2022.10.26	bilibili
12	大理寺日志 第二季	奇幻、悬疑	2022.11.26	腾讯视频
13	一人之下 第五季	玄幻、搞笑	2022.12.09	腾讯视频
14	三体	科幻	2022.12.10	bilibili
15	赤焰锦衣卫	武侠、悬疑	2022.12.31	爱奇艺

数据来源：国家广播电视总局监管中心（2023.1）

一、内容分析

（一）主旋律作品形式多样、创意十足

2022 年主旋律作品尝试跳出选题和表现形式的惯常路径，通过以小见大的表现形式和贴近史实的叙事方法，在内容创意和故事讲述方面有较大突破。

不少优秀作品摒弃了鸿篇巨制的"大"躯壳，转而从小切口、真经历入手，让故事更生动感人。网络原创动画片《血与心》呼应中日邦交正常化 50 周年的时间节点，聚焦"日籍解放军"这一特殊群体，改编真人真

事，带领观众通过战士砂原惠的传奇经历重温战争历史，高扬共产主义理想信念。网播电视动画片《辫子姑娘》以渡江战役中为解放军撑船渡江的平民英雄为原型，通过"辫子姑娘"的人生经历把新中国成立以来的重要历史篇章巧妙融汇在一起，让观众切身感受党领导中国人民从站起来、富起来到强起来的奋斗历程。

2021 年获得高口碑的主旋律网络原创动画《下姜村的绿水青山梦》，于2022 年推出姊妹篇《下姜村的共同富裕梦》，登录浙江卫视、优漫卡通等十余家上星频道，并在学习强国、腾讯视频等平台同步上线，传播力影响力进一步扩大。这一动画 IP 的成功路径，或可为网络原创动画提质升级提供一条可复制的进阶之路。

（二）国风作品精彩纷呈，持续弘扬中华优秀传统文化

自 1922 年万氏兄弟首部动画广告片《舒振东华文打字机》上映以来，中国动画源起中华传统文化，已走过百年发展历程。2022 年，国风动画作品植根于中华民族悠久历史，脱胎于中华经典传说故事，融合了中式美学精神和当代动画审美，表现持续亮眼。这些作品传递的天下为公、自强不息、讲信修睦等具有中国特色的处世智慧，雕梁画栋、水墨剪纸等中式视觉效果，与国人日用而不觉的共同价值观念和审美趣向同根同源、同频共振，在传承弘扬中华优秀传统文化方面发挥着重要作用。

《新围棋少年》和《大理寺日志 第二季》都选择明朝作为故事背景，描绘少年棋手江流儿"天下兴亡，匹夫有责"和大理寺少卿李饼"居庙堂之高而忧其民"的家国情怀，辅以围棋、皇城等中式特色元素，情节扣人心弦，质量上乘。《幻梦山海谣》则以《山海经》传说为基础，描绘了现代人在瑰丽梦幻的山海世界中的奇遇。在融合了高质感国风造型、场景、音乐等综合表现形式的基础上，无论人物造型、场景设计、背景音乐等均以较高制作水准展现了诗意的中国古典美。如《百妖谱·京师篇》的国风配乐、《少年白马醉春风》的场景建模和《大理寺日志 第二季》的人物形象，都颇受好评。

（三）类型化作品各具特色，引人注目

2022 年，随着各地推动动画片产业发展的规划落地，以及相关的政策引领和项目推进，一批颇具地方特色、反映现实生活的优质动画作品上线。这些作品地域特色和时代特色浓郁，融合乡土风情和当代现实生活气息，与当地人"求同"，和全体观众"交心"，引发了网民的关注好评。如，沪语动画《上海故事》描绘了在上海广告公司工作的上海白领韩菲菲琐碎而温馨的家庭日常，以"两代人、一座城"为叙事主线，真实还原了 20 世纪 90 年代弄堂里的老上海人生活和当代"社畜"颇有些令人抓狂的职场经历。治愈系的画风和叙事，撼动"90 后"目标受众的心防。太湖主题动画《茶婆婆渔婆婆蚕婆婆》则以合集形式，借太湖茶神茶婆婆、渔神渔婆婆和蚕花神蚕婆婆给太湖少年阿太讲故事的方式，讲述 36 个生动有趣的江南民间故事。每集都对应一处江南景点、一道江南美食、一个江南美物或一个远古传说，在寓教于乐方面进行了大胆尝试。

科幻类作品在 2022 年获得了较大关注，拥有一批稳定的用户群体。以《黑门》为例，聚焦脑科学这一小众领域，其核心理论基于美国物理学家罗杰·彭罗斯提出的"微管量子目标还原调谐"理论，糅合了凯文·凯利笔下"蜂群思维"的蜂群症。有别于"外科幻内玄幻"的软科幻作品，这一硬核科幻动画豆瓣评分达到 8.2 分，但也有网民认为其故事设定晦涩难懂。动画版《三体》则引发了较大关注和讨论热潮，在同名小说获得超高人气、大量拥趸的情况下，如何将原著合理改编成适合二次元语境的动画作品，值得长期探索。综合而言，科幻类作品的后续发展空间较大，创作者更需要思考如何更好平衡"硬核科幻"特质和大众传播需求之间的关系。

（四）内容 IP 全链路开发成效显著，产业规模稳步发展

2022 年，主要网络视听平台在开发动画 IP 产业链上不断突破，在已积累大量经验的基础上，持续发力，取得了明显成果。借助网络动画片形式使内容 IP 的奇思妙想落地，拓展观众的想象力边界，其吸引力不亚于影视

改编、文学创作等方式，网络动画片已成为内容 IP 全产业链上不可或缺的环节。

"国漫双斗"（《斗罗大陆》《斗破苍穹》）的 IP 综合价值有目共睹。已上线 5 年的《斗罗大陆》于 2022 年转为年更动画，正是基于其累计破 400 亿的巨量播放数据。根据起点中文网数据，《斗破苍穹》仅 2022 年上半年相关作品总推荐数已达 1355 万，并完成了出版、有声、动画、影视、游戏等形式的衍生改编。腾讯视频通过聚合新丽传媒和阅文集团的优势特长，聚拢约 2 亿网络动画用户，且每年保持着 5%~10% 的用户增长速度，其动画会员持续付费率高达 75%。动画内容 IP 总弹幕发表量 5181 万，总互动量2.47 亿，日均弹幕开启率 26.8%。

2022 年暑期档，《苍兰诀》也通过"动画+真人剧集"联动的形式，形成了"文学—漫画—动画—剧集"的四联开发。《狐妖小红娘》《百炼成神》等热度较高的"长寿"作品陆续开发同名手游、有声剧、电视剧、真人版电影等，推动 IP 全链价值持续走高。

二、制作与传播分析

（一）全面铺开剧场模式，实现差异化传播新突破

近年来，主要网络视听平台内容竞争日趋激烈，用户对优质细分内容的需求持续旺盛。在现有用户基础上巩固平台内容特色，充分吸引对细分内容有好感的忠实用户，成为各家平台精细化运营、差异化传播的突破点。为彰显平台特色，吸引目标用户，2022 年各大平台均设置了剧场模式，集中精力主攻不同赛道，探索优质内容的差异化传播。

优酷设置"开挂""国风""创新·热血少年"等剧场、类别，集中播映国风、玄幻类动画。其中"开挂剧场"主推玄幻作品，打造"热血""爽感"风格；"国风剧场"则主打国风江湖，讲述热血高颜值的少年故事，打造侠肝义胆、侠骨柔肠的东方武侠作品。爱奇艺则持续巩固"奇燃""崛战""桃漫"三大剧场，在热血、恋爱、搞笑、科幻等题材上分散用力，巩

固圈层用户。bilibili 推出"国创，再来点！"企划，衍生出"再来点动心"和"再来点冒险"两个系列，分别主打现代都市和幻想冒险内容。腾讯视频设置四类剧场，"铂金剧场"专注大流量作品；"动漫 SUPER 剧场"主推热门版权采购动漫；"男频剧场"精准定位男性向作品，探索合理成长路线和主角传奇经历之间的平衡点；"泡面番剧场"则将单集时长 3 分钟以下的作品打包推出，契合目标用户"短时间内看完整个故事"的需求。

（二）平台引领，推动内容创新和产业升级

2022 年上线的网络动画片中，平台自制、参与出品的作品达 172 部，占全年网络动画片上线总量的 78%，较 2021 年增长 16 个百分点。

开发模式以联合开发 IP 为主。机构联合出品的作品达 119 部，占平台参与作品的 69%。平台独立出品的作品有 53 部，占平台参与作品的 31%。从作品类型来看，平台自制、参与出品的作品以 IP 改编作品和需要付费观看的独播作品为主。其中，151 部为 IP 改编作品，占 88%；166 部为独播作品，占 97%；165 部为付费作品，占 96%。

平台通过设置各类人才培养计划，在往年成功经验的基础上，持续加大对内容创作团队和个人的扶持力度，从内容创作到资金、技术等多方面进行资源扶持。腾讯视频推出以"国风复兴"为主题的第二届中国青年动画导演扶持计划。bilibili 推出年度"小宇宙计划"，新设置国创动画人扶持计划"胶囊计划"，以"极致情绪"为主题创作动画短片。优酷则继续推出"一千零一夜"青年动画导演助推计划等，不仅对动画制作者、原创作品进行扶持，也针对院校学生、独立动画导演、动画企业等征集创意，提供各类支持。

爱奇艺从动漫"黄金期"——暑期档入手，线上线下联动，营造二次元文化氛围，创新"夏日冲浪派对"玩法。用户可以边追番边打卡做任务，还可以线上参与动漫明星的生日派对、七夕活动，赢取动漫周边，线上观影和线下漫展也展开联动，为用户提供多渠道多角度参与方式。优酷则倾力打造"少歌宇宙"系列，以《少年歌行》为主体，2022 年上线《少年歌

行 风花雪月篇》《少年白马醉春风》两部动画作品。播出期间邀请峨眉武术传承人凌云合作复刻动画名场面，实现了破圈传播，另有多部作品开展了跨界协作，如《百炼成神》与龙在天皮影艺术剧院和哈尔滨冰雪大世界联动合作；联动民乐唢呐、口技达人等民间艺术家以及美学博士推出的《我，就是唢呐死神!》《死神科普丨这动画到底帅在哪!?》《传统口技节目〈狂砍小怪兽〉》等创意视频；主导开发"妙叹"工具箱，为建模师、动画师等业内创作者提供创作便利。

（三）文漫融合成效显著，改编作品量质齐升

2022 年新上线的 220 部网络动画片中，18 部由游戏改编，占比 8%；24 部由漫画改编，占比 11%；135 部由小说改编，占比 61%，作品数同比增长 12.5%。另有原创作品 43 部，占比 20%，作品数同比下降 58%。由此可见，绝大多数网络动画片的来源还是改编作品，其中由小说改编的占主体。

IP 改编内容成为动画作品的中流砥柱，与动画的内容特色有较大关系。据统计，2022 年新上线作品中有 42%的作品含玄幻元素，科幻类作品也占比 12%。在大量玄幻科幻类新作需要通过技术手段让奇思妙想成为现实"眼见"的需求下，动漫化改编能够赋予文学 IP 更大的想象空间。神话传说中的三界天地、武侠动作中的发招斗气，在视觉化的动画表现中获得了可视化呈现，也更容易制造看点、亮点。成功的 IP 改编，还可以反向推动原著作品"破圈"，乃至带动真人剧集、电影、游戏以及周边文创、线下展览等产业链开发，让文学的想象一步步落地、走入更多观众视野。唐家三少的《神澜奇域无双珠》并非其最知名的小说，也不算是头部 IP，但其改编作品征服了大批观众。

（四）融合传播，增强中华文明影响力

网络动画片探索通过生动的动画语言讲好中国故事、传播好中国声音，通过动画形象特有的国际传播优势，展现可信、可爱、可敬的中国形象，为增强中华文化传播力影响力作出了自己的贡献。

网台同播少儿动画《动物王国的故事》上线仅两周，播放量已达

1.1亿次，在少儿动画中实属佳绩。该片在短视频平台开启衍生活动"动物王国的故事翻唱大赛""动物王国的故事配音大赛"，进一步扩大圈层影响力。此外该片主动"出海"，在芒果TV国际客户端、YouTube上线。同为网播电视动画，《海底小纵队 第六季》全球累计发行120多个国家和地区，全球累计观看破10亿人次；首部聚焦"海上丝绸之路"的《锡兰王子东行记》在印度尼西亚、俄罗斯及非洲各国主流媒体播放；开播于2019年的中葡合拍动画系列片《熊猫和卢塔》，也于2022年在葡萄牙广播电视总台播出。

2022年，优酷动漫在YouTube等海外渠道积累起超15亿曝光量、超50万海外订阅用户，有效覆盖全球193个国家和地区。尤其是《少年白马醉春风》《百炼成神》《星河至尊》等作品，总共收获超1600万次播放量，深受海外观众好评。腾讯视频打造的海外传播平台WeTV，也已实现节目规模化常态化出海。《斗罗大陆》《快把我哥带走》等国内高人气动画片均在WeTV实现播出。

在中国动画百年发展历程中，网络动画片积极发挥网络优势，不断巩固并扩大内容维度、受众群体和传播方式，持续打造主旋律、高品质内容，让"二次元"变"泛次元"，逐步使动画由低龄产品转变为全年龄向产品，发展未来可期。

B.16　网络音频发展报告

课题组[*]

　　中国的网络音频产业在经历"元年"的井喷式发展、红利期衰退与新冠肺炎疫情产生的场景需求中形成了较为成熟的产业形态。有数据显示，中国声音经济产业市场规模保持连续增长态势，2022年声音经济产业市场规模达3816.6亿元，预计2023年将超过5100亿元，市场前景广阔。[①]网络音频产业作为声音经济的核心单元，产业规模也实现了高速增长，产业链条逐步完善。

　　具体而言，网络音频产业逐渐形成以"综合类音频平台""在线音乐平台""网络文学阅读与有声书平台""播客平台""音频社交平台""知识付费平台"为主要类型的平台生态；音乐频率延续了广播时代的内容优势，交通与新闻资讯节目依然是网络传播的核心优势产品，但总体上内容的设计与营销不够精细化，缺乏对用户需求的深度考量；有声书、亲子类节目占有较大收听比例，文化、教育、情感类节目有着稳定需求与黏性受众，头部平台的内容获取模式更加多元化；网络音频技术向自动化、智能化、个性化方向发展，音频硬件设备的开发主要集中于车机、可穿戴设备与智能音箱。本文对喜马拉雅、蜻蜓FM、荔枝、网易云音乐、QQ音乐、懒人

　　*　课题组：许金波，中国网络视听节目服务协会网络音频工作委员会常务副秘书长；张强，蜻蜓FM创始人；陈彦旭，听听FM负责人；孟伟，中国传媒大学传播研究院教授；杜浩男，中国传媒大学传播研究院博士生以及喜马拉雅、凯叔讲故事、帆书（原樊登读书）、得到等平台机构。
　　①　艾媒咨询：《2022年中国声音经济数字化应用发展趋势报告》，2023年2月20日。

听书、帆书（原樊登读书）、得到 APP、凯叔讲故事、听听 FM、凤凰 FM、猫耳 FM、小宇宙等网络音频平台进行调研，通过数据对比与分类梳理，分析 2022 年网络音频行业在传统广播转型、网络音频内容消费、网络音频技术创新、网络音频产业发展趋势等方面的新态势。

一、传统广播类节目在网络音频平台中的价值坐标与发展现状

媒体融合为传统广播发展带来新机遇，传统广播利用网络平台交互性强、内容选择便捷、可反复回听等方面的优势，纷纷入驻或自建网络音频平台，加强了对目标用户的培养与对往期节目、直播回顾等媒体资源的管理。自 2014 年上海东方广播开发全国第一家传统广播机构的音频应用软件"阿基米德"后，兴起广播平台化的趋势，后续北京广播电视台推出"听听FM"，中央广播电视总台推出"云听"等。

（一）网络音频平台广播直播的总体趋势与用户习惯

2022 年商业性音频平台中，传统广播节目数量有所缩减。收听率低的地方台也逐步退出聚合平台。从收听地域上看，东南部经济发达区域传统广播运营相对更为持续、稳定，节目更加丰富，区域间发展差异较大。

用户已养成一定的收听传统广播节目习惯。喜马拉雅单日传统广播直播收听人数占单日收听总人数约 15%，拥有广播往期节目回听功能（可回听前一天的节目）的蜻蜓 FM，平均单日直播收听人数占单日收听总人数的比重约 15%，平均单日回听收听人数占单日收听总人数的 8%。相比商业性音频平台，以北京广播电视台自有媒体资源为核心的"听听 FM"，广播类内容单日直播收听人数占单日收听总用户数的 40%，在不限时间的回听机制下，单日回听收听人数是单日收听总用户数量的 23%。

（二）音乐广播占据绝对优势

音乐广播作为广受欢迎的音频类型之一在网络上延续了自身影响力。多家平台中，传统广播音乐频率的总播出时长与每日人均收听时间在所有类型节目中均为最长。喜马拉雅传统广播音乐频率平均每日播出时长为

1670 小时；在蜻蜓 FM 的用户中，音乐类型节目的每日人均收听时长为 103 分钟；听听 FM 2022 年提供了 6 个音乐节目的直播与回听，平均每日播出时长为 49.55 小时，远超其他音频类型。在音乐版权竞争激烈的背景下，使用音乐应用进行歌曲收听形成了付费壁垒与平台间的版权屏障，而音乐广播能够在收听中带来"偶遇歌曲的欣喜"，这也是其独特魅力。

（三）新闻与交通资讯是传统广播的核心竞争力

专业新闻节目与交通频率是广播的独特资源，喜马拉雅平台 2022 年传统广播交通频率节目平均每日播出时长达到 1390 小时，每日人均收听时长占总时长的 20%，仅次于传统广播音乐频率。在与其他网络原生音频节目的注意力竞争中，专业性新闻仍然是传统广播新闻频率的核心优势，并在通勤、车载、家庭等空间体现出自己的场景价值。

二、场景扩展：网络音频的生产内容消费趋势

据数据显示，中国网络音频市场的用户总量 2022 年达到 6.9 亿人，相比 2017 年的 3.5 亿人，用户规模几乎实现翻倍。[1] 对中国在线音频用户的调研发现，高达 80% 的用户表示在通勤时有收听音频的习惯，其后是居家场景（45%）、夜间场景（41%）、工作学习场景（40%）、运动场景（33%）和亲子场景（24%）。[2] 巨大的用户规模与丰富的收听场景，推动了垂类音频节目市场的繁荣。

（一）视觉解放：有声书规模持续增长

早在 2020 年，国内有声书市场规模就已达 50 亿元，其增长率基本维持在 20% 左右。[3] 虽然各主流平台中有声图书的分类与内容侧重存在差异，但近 3 年的用户收听数据与内容总量均保持高速增长。

2022 年各家网络音频平台，有声书的内容数量、时长占总内容库的比

---

① 艾媒咨询：《2022 年中国声音经济数字化应用发展趋势报告》，2023 年 2 月 20 日。
② 易观分析：《2022 年中国音频市场年度综合分析》，2022 年 6 月 27 日。
③ 艾媒咨询：《2021 年中国网络音频产业研究报告》，2022 年 2 月 16 日。

重与用户收听占比均依然"一骑绝尘"。喜马拉雅的有声图书频道总时长达到 90 万小时；蜻蜓 FM 的小说频道，2022 年内容数量在平台节目总量中占 16.78%，内容时长占所有类型节目总时长的 59.89%，用户收听时长占所有类型节目总收听时长的 12.12%。懒人听书对书籍类型的划分更加细致，听书类节目数量占平台节目总量的 40.94%，用户收听时长在 2022 年平台节目用户收听总时长中占比达到 83.51%。有声书市场的繁荣有着版权、产业链、音频技术、用户意愿等多重原因，在"耳朵经济""宅经济""懒经济"的发展下，用户音频付费意愿提升，同时有声演播的内容制作与培训产业发展、NLP（Natural Language Processing，自然语言处理）与音频合成技术的成熟，都为其提供了基础支持，文学与版权市场的繁荣又为有声书产业发展提供了资源储备。

（二）"赛博哺育"：亲子类内容比例稳定提升

亲子类与儿童类的音频节目在总体内容消费中占有较大比重，通过音频的方式进行育儿活动和育儿经验学习成为平台时代的特色。截至 2022 年年底，蜻蜓 FM 的儿童类内容数量为 17652 个，内容数量占平台内容总量的 13.64%，仅次于小说类；截至 2022 年年底，荔枝 APP 亲子宝贝频道的累计内容数量占平台内容总量的 14.26%，在已分类的数据库中排名第二；"凯叔讲故事" APP 是为 0～12 岁儿童提供音频、图书及衍生品的垂类应用，2022 年音频节目用户占总用户数量的 95%，内容总时长达到 30000 分钟；凤凰 FM 深耕生活泛资讯与亲子领域，其亲子领域 2022 年每日人均收听时长为 15 分钟，每日收听总时长占所有类型节目每日收听总时长的 35%。

（三）文化教育类音频市场繁荣，数字阅读平台深度入局音频产业

近些年知识付费的兴起，催生了文化类、知识类、教育类音频市场的繁荣。对在线音频用户的调研发现，偏好知识类（如经济、历史、法律知识）节目的用户占总用户数量的 27.2%，崇尚知识与在线学习正在成为音频节目收听的趋势。[①]

---

① 易观分析：《中国在线音频内容消费市场分析 2022》，2022 年 1 月 24 日。

帆书 APP，作为垂直类的数字阅读平台，拥有"樊登讲书""非凡精读馆""李蕾讲经典"等多个知名音频节目，用户规模已超过 6000 万；得到APP 线上知识产品形态涵盖了音频课程、讲座、得到听书、得到电子书等，自 2016 年 5 月推出以来，已上线 410 余门音频课程，解读了 3100 余本经典图书，汇集了 6 万本精品电子书，并在此基础上，开发基于"得到大脑"的移动知识搜索引擎，从而全方位服务于 5500 万学习用户。

文化类节目的内容规模也非常庞大。懒人听书文化版块的内容数量占平台内容总量的 17.51%，是仅次于听书版块的第二大内容版块，用户收听时长在所有类型节目的收听总时长中占比达到 2.917%，排名居前列。在文化领域入局较早的蜻蜓 FM 和喜马拉雅，2022 年文化类节目的用户收听时长占用户所有类型节目收听总时长的比例也分别达到了 9.07% 和 6%。青年用户占比较大的荔枝平台发展了独具平台特色的文教类型——语言学习类，2022 年用户收听时长占所有类型节目收听时长的 9.43%，仅次于情感调频和亲子宝贝类。

三、网络音频技术向着自动化、智能化、个性化方向发展

2021~2022 年，各大音频平台的技术创新突出了自动化、智能化、个性化的发展方向。以语音转写（Text to Speech，TTS）、云演出、智能语义识别、AI 主播、语音交互、AIGC（AI Generated Content 人工智能生成内容）等为核心的音频技术被广泛应用于网络音频平台。喜马拉雅平台的智能化在前端体现为边听边读（TTS 产品化应用）、AI 主播、语音交互等产品应用。其中，支持边听边读选项的节目，使用用户占平台用户总量的 30% 以上，随着 TTS 转制质量不断提升，该功能使用用户持续增长；应用 AIGC 技术完美还原评书艺术家单田芳先生声音，全新演绎听众耳熟能详的经典之作，该专辑在喜马拉雅上线 100 多张，总播放量超过 1 亿人次；懒人听书联合腾讯音乐天琴实验室探索 AI 主播技术，并应用在网络文学、新闻等品类的音频内容生产中。相较于市场上普通 TTS 转化的音频，通过 AI 主播制作

出的内容更加富有情感，语句、停顿等也能更加贴近人声。通过 AI 主播可以将录制成本降低约 90% 以上，录制时间近百倍地缩短，可以快速将庞大的内容库音频化；"凯叔讲故事" APP 的智能语义识别平台使用人数占平台用户总量的 100%；听听 FM 则围绕"北广头条"新闻资讯业务，打造 AI 合成语音播报场景，记者发布的文字稿件可快速合成语音面向用户播报。

个性化的趋势体现为智能推荐、声音美化、数字藏品、音效增强等，为内容生产者与用户增强平台使用体验的模块设计日益丰富。喜马拉雅可为用户提供不同音色音效的收听服务，主动选择不同音色音效等声音美化选项的用户占用户总量的 70% 以上；2022 年 11 月网易云音乐上线数字藏品平台，该平台基于"网易区块链"搭建，致力于服务热门 IP 发掘与文化艺术传播等领域；得到 APP 对直播流根据开播时间和结束时间进行裁剪和自动转码发布，在直播间可以观看直播回放，整个过程全自动处理，无须人工干预，提高生产效率，同时多媒体信息溯源技术，能对投放的多媒体实现渠道追踪和身份溯源，实现对知识产权的保护和对盗版的打击。

四、网络音频产业开发与合作趋势

（一）车机、车联网与智能座舱：车载场景的音频再嵌入

车机指的是汽车空间内部信息与娱乐系统，这一硬件的智能化升级使数字化内容进入汽车空间之中，近些年新兴的网络音频平台通过中游、上游的产业链合作，意图抢滩登陆车载场景。网络音频产业在车联网中的产业开发与合作，主要包含三个方向的路径：第一条路径为车机合作厂商，第二条路径为车机合作平台方，第三条路径为纯内容供应。现有平台更多使用前两者，以期在产业链上游获得更多的声音落地优势。其中，喜马拉雅智能车载终端累计激活用户超过 8000 万，其车载应用基于车主实际收听习惯与不同车型的座舱独特体验进行场景化和个性化的内容分发。

（二）具身化方向研发：可穿戴设备

网络音频平台的内容延伸开始朝着更加具身化的方向发展，可穿戴设备中，基于智能手表与儿童手表的内容与产品研发是主要发展方向。喜马拉雅以 APP 为主要合作载体，实现了全渠道的自主运营，覆盖包括儿童手表和成人穿戴两大品类，品牌合作覆盖90%以上，成人穿戴合作品牌包括华为、小米、OPPO、VIVO 等主流厂商，内容类型包括有声小说、评书相声、商业财经等。懒人听书穿戴端主要与华为、小天才、OPPO、小米等合作，包括 APK、H5、API 等技术合作形式，主要提供有声小说、儿童类内容，穿戴端用户月活 120 万左右；"凯叔讲故事"则与华为、小天才等厂商在内容和技术领域展开合作，共同研发儿童手表，音频产品主要为故事类节目；网易云音乐的手表端面向运动人群，目前已登陆小天才、华为、OPPO、华米、360、小米、VIVO、飞亚达、金立、魅族、出门问问等品牌。

（三）家庭场景的再建构：智能音箱

智能音箱有着伴随式收听、音量可控范围大、无需穿戴、智能化与交互式的指令传输等优势，随着家务期间的收听群体激增，智能音箱产品在近五年迅速普及。2022 年各大网络音频平台与智能音箱厂商主要以内容合作方式开展合作，网易云音乐为家庭场景精选曲库打造了沉浸式氛围，为儿童精选儿歌内容和海量知识播客，与天猫精灵、小度、小米、Sonos、声韵、MORRORART 等音箱品牌达成合作；懒人听书主要与天猫精灵、小度、小爱、华为 HAG 等合作，主要向合作伙伴提供 API 接口，部分合作实现一号两端账号打通，主要提供有声小说、儿童类内容，音箱端账号打通的月活用户在 40 万左右。

具有核心技术的平台则推出自研的智能音箱产品，走内容合作与自主研发的双保险路径。喜马拉雅的智能音箱服务包括自研产品与内容合作，自研产品即小雅系列智能音箱，内容合作包括与小度、小米、天猫等，合作品牌覆盖超过 90%。该产品主要功能包括语音交互操作和音频节目选取、收听、订阅等，类似手机端 APP 功能，音频内容可实现自主管控，并为合作方提供技术对接支持，该智能音箱终端累计激活用户超 7800 万；"凯叔讲故事"则基于儿童垂直领域进行儿童音箱的合作，主要合作方为小爱、小度、天猫精灵，双方在内容与技术等领域展开合作，主要开发节目类型为故事、国学。

B.17 网络微短剧发展报告

韩　琦[*]

2022年，网络微短剧[①]继续保持强劲发展势头，作品数量保持高速增长，专业化程度进一步提升；平台、创作传播参与主体数量增加，类型丰富、深度扩展，业态进一步繁荣，社会影响随之进一步扩大。2022年，国家广播电视总局着力加强网络微短剧管理，网络微短剧的传播秩序得到规范，内容品质迎来跨越式提升。

表1　2022年上线的部分网络微短剧列表

序号	剧名	题材类型	播出平台	上线时间
1	致命主妇	都市、情感	优酷	2022.01.11
2	长公主在上	古装、情感	快手	2022.02.05
3	公子独宠瓦匠妻	古装、情感	优酷	2022.02.25
4	亲爱的锦鲤女孩	情感、青春校园	优酷	2022.03.07
5	对方正在输入中	都市、情感	芒果TV	2022.07.04
6	女神酒店 第一季	奇幻、悬疑、年代剧	抖音	2022.07.05

---

　* 韩琦，国家广播电视总局监管中心网络视听节目研判人员。
　① 网络微短剧，分为重点网络微短剧、普通网络微短剧、剧情短视频等。其中，重点网络微短剧指符合播出平台招商主推、首页首屏播放、优先提供会员观看或投资超过100万元等几种条件之一的网络微短剧；剧情短视频指网民个人制作、上传的单集时长在3分钟以内的网络微短剧。

序号	剧名	题材类型	播出平台	上线时间
7	仁心	都市、医疗	快手	2022.08.08
8	女神酒店 第二季	奇幻、悬疑、年代剧	抖音	2022.08.25
9	别惹前女友	都市、情感	腾讯视频	2022.08.29
10	浮生印	古装、玄幻	腾讯视频	2022.09.01
11	忘川序	古装、情感	腾讯视频	2022.09.22
12	虚颜	古装、悬疑	芒果TV	2022.09.23
13	将军府来了个小厨娘	古装、奇幻	腾讯视频	2022.09.27
14	女神酒店 第三季	奇幻、悬疑、年代剧	抖音	2022.11.27
15	孤军12时	战争	优酷、乐视视频	2022.12.18

数据来源：国家广播电视总局监管中心（2023.1）

一、内容质量渐升，题材逐步多元

网络微短剧，从管理上分为重点网络微短剧、普通网络微短剧、剧情短视频等类型。2022年全年主要视听平台新上线重点网络微短剧共172部，① 是2021年（58部）的近3倍。上线普通网络微短剧2000余部，剧情短视频约60万部。虽然网络微短剧中思想性、艺术性上佳作品仍然不多，也相对缺少"现象级"作品，但总的来看，2022年的网络微短剧品质明显提升，格调不高、泛娱乐化问题明显改观，套路化、同质化现象也有所改善。

内容轻量、题材多元是网络微短剧的显著特点。2022年的网络微短剧依然涉猎广泛，其中都市、古装、奇幻、悬疑、喜剧、情感等题材作品数量相对较多。从传播影响看，爱情为主线的作品优势明显，在热播剧集中占比较大，市场接受度较高。如腾讯视频《拜托了！别宠我》、优酷《千金

---

① 文中涉及的数据信息，如无特殊说明，均为国家广播电视总局监管中心统计整理所得，数据统计周期为2022年1月1日至2022年12月31日。

丫环》等，获得较高分账，实现了行业新突破。许多作品还在爱情故事线中加入国风、玄幻、奇幻、悬疑、商战等元素，丰富剧集内核，如《长公主在上》《虚颜》《重返1993》等。2022年聚焦社会生活的现实题材作品数量增多，增加了网络微短剧的现实观照，如家庭伦理剧《致命主妇》、医疗题材作品《仁心》、安全科普题材剧《对方正在输入中》等。此外，2022年还涌现出一批创新内容形式、传播方式的网络微短剧，如虚拟人微短剧《柳夜熙·地支迷阵》、音视频双平台联播微短剧《传闻中的陆神医》等。

2022年，各主要平台基于自身发展策略和受众特点，有侧重性地进行网络微短剧内容布局。比如，快手将相关作品分为青春励志、国韵古风、家庭共情、时代旋律、都市职场五大内容类别。在保有既往热门类别的基础上，积极发力现实题材，推出《我和我爹和我爷》《再婚》《胡同儿》等乡村、家庭主题作品。腾讯视频网络微短剧主要涵盖文化、情感、热血、悬疑、喜剧、奇幻等类型。平台在文化主题上发力，推出"瓦舍三部曲"《素舞遥》《玉姬书》《彩门令》，分别以素舞、傀儡戏、彩门戏法作为推动剧情的线索。bilibili"轻剧场"相关作品涉及喜剧、奇幻、悬疑等元素，相对较为年轻化。

形态方面，网络微短剧分为竖屏剧、横屏剧两种形式，绝大多数为竖屏剧，横屏剧相对较少且多集中在长视频平台。2022年，长视频平台继续扶持横屏剧创作，相关平台内横屏剧比例有所提升，此类作品单集时长多在5~10分钟。短视频平台绝大多数仍为竖屏剧，单集时长多在5分钟以内。

随着作品数量增加，内容品质提升，2022年网络微短剧传播影响持续扩大。以网络微短剧总量较高的快手、抖音为例，据快手数据显示，该平台网络微短剧日活用户超过2.6亿，2022全年播放量破亿的项目超100个，总播放量超500亿次；据抖音数据显示，该平台短剧日播放量增长60%，连续短剧部数增长308%。

二、行业管理制度不断完善，推动行业发展迈入规范化

2022年，网络微短剧迎来行业管理"大年"。网络微短剧起步至今只有短短几年时间，强化行业管理，是其规范发展、健康发展的重要保障。

网络微短剧发展过程中，新兴的"小程序"类网络微短剧利用技术手段脱离内容监管，发展快、势头猛、不规范、问题多，形成对主流作品"劣币驱逐良币"的挤出效应。为引导网络微短剧规范有序发展，2022年11月，国家广播电视总局发布《关于进一步加强网络微短剧管理 实施创作提升计划有关工作的通知》（广电办发〔2022〕345号），提出严肃、扎实开展"小程序"类网络微短剧专项整治，加强规范管理、实施创作提升计划，加强创作规划引导，加强重点剧片跟踪指导，加大精品扶持力度，强化内容审核，突出结构管理，严格许可证发放，坚守管理底线，压实平台主体责任，积极推动行业自律和业务指导等十大措施。

其中，"小程序"类网络微短剧专项整治，聚焦色情低俗、血腥暴力、格调低下、审美恶俗等内容。广电管理部门全面深入排查，摸清底数，分类施策，督导"小程序"接入和分发的重点网络视听平台自查自纠、立行立改，健全加强管理的制度机制。同时，对存在问题的网络微短剧、"小程序"及其开办主体、"小程序"接入和分发平台依法依规予以严肃处置。专项整治期间，抖音、快手、微信等平台深入展开自查自纠，并通过发布站内公告等形式，对有关合作方和创作者予以引导。经过集中专项整治，"小程序"类网络微短剧存在的问题得到有效遏制，网络微短剧创作传播秩序进一步规范，内容品质进一步提升。

2022年6月，国产网络剧片发行许可制度落地施行。网络微短剧属于网络影视剧的一部分。按照当前政策要求，重点网络微短剧应依法取得广播电视主管部门颁发的《网络剧片发行许可证》（"网标"）。2022年上线的《将军府来了个小厨娘》《去你的世界再爱我一次》《开挖掘机怎么啦》等29部重点网络微短剧获得《网络剧片发行许可证》。这些作品以长视频

平台为主，其中腾讯视频 16 部，数量最多。国产网络剧片发行许可制度落地施行，是网络影视剧发展过程中的标志性事件，是对过往积累的肯定，也是网上网下"同一标准 同一尺度"的具体体现。重点网络微短剧纳入相关管理，也将进一步推动网络微短剧高质量发展。

三、节目排播特色化，传播分发步入专业化

2022 年，芒果 TV、腾讯视频、优酷等主要长视频平台，抖音、快手、西瓜视频等中短视频平台仍然是网络微短剧传播的重要渠道，bilibili、咪咕视频、百度、知乎等平台也开始探索在微短剧领域的业务。2022 年，主要视听平台在网络微短剧业态中继续发挥着牵引作用，相关平台在节目编排推荐、创作方合作、商业运营方面开展了进一步探索。

在编排推荐方面，多个平台根据自身产品特色，设置品牌化、剧场化、系列化、档期化排播。如腾讯视频"十分剧场"，通过喜剧季、国风季、互动季、悬疑季、英雄季、热血季等设置，联动微视打造"短剧"频道，依据题材分类打造系列品牌，进行联动传播。快手将"快手小剧场"升级为"快手星芒短剧"，持续打造短剧厂牌。芒果 TV 大芒短剧持续打造大芒 APP，提高平台微短剧品牌效益。档期化也成为平台编播的一大特点，其中春节档、暑期档活跃度较高。例如，快手上线"追剧一夏"片单，抖音推出"夏日大放送"，腾讯视频推出"微短剧的夏天"，芒果 TV 推出短剧时令片场"今夏片场"打造疗愈、国风、破迷剧场，大芒短剧还推出"疯狂星期四"模式，发起了#大芒短剧 V 我 50#话题活动，在每周四中午上新短剧内容等。

在创作方合作方面，各主要平台在 2022 年推出多项新举措。快手推出"剧星计划"，新增"分账赛道"，向百万粉丝量级的创作者征集情景剧内容，提供最高保底 20 万元的激励，重点鼓励青春校园、家庭情感、都市故事、古风剧情等题材作品。推出"扶翼计划"征集单集时长 5 分钟以上的横屏短剧，在形式与内容上进行新尝试。抖音对"新番计划""千万爆款剧乐部"进行整合升级，推出全新"剧有引力计划"，根据创作者的特点，打

造 Dou+、分账、剧星三条赛道，不限题材，为不同创作群体提供个性化激励。部分长视频平台对与合作方的分账规则进行了优化，例如，优酷调整"会员+广告 CPM 分账""流量分账""广告 CPM 分账"三种模式的级别和单价，为合作方提供更为灵活的合作方案。芒果 TV 大芒短剧将短剧定级分为五级，在分账模式上，以会员观看时长为基础进行分账，并辅以奖励和自招商分成。爱奇艺对单集时长 2~15 分钟且内容完整连贯的剧集，采用会员付费分账或 CPM 广告分账模式。随着平台激励计划、分账体系更加成熟，越来越多的机构个人参与到网络微短剧创作之中。2022 年，参与网络微短剧创作的公司，既包括华策、柠萌、大唐之星、灵河文化、开心麻花、乐华娱乐、丝芭传媒等传统影视和经纪公司，也有无糖文化、冬漫社、北冥有鱼影业等新兴影视公司，还有阅文、米读、喜马拉雅、中文在线等 IP 版权方。长视频平台网络微短剧创作生产与其他网络影视剧类似，参演人员也以专业演员为主。平台与知名制作方的合作催生出了一批新作品。如，优酷与大唐之星合作《千金丫环》，芒果 TV 大芒短剧与无糖文化合作《虚颜》等。短视频平台的网络微短剧绝大部分由 MCN 机构制作，或为 UGC 内容，常以"网红达人"作为主要演员。

除主要网络视听平台直接传播分发网络微短剧之外，2022 年，"小程序"异军突起，成为网络微短剧新的重要分发渠道。据有关统计，仅微信平台相关"小程序"就有 2000 余个。相比于长视频平台点播、短视频平台账号直接推送，"小程序"无需下载，用户"即点即用、用完即走"，在传播上轻量化特征明显。同时，相关平台提供的丰富组件和接口，并提供用户画像和算法推荐等技术支持，使得相关"小程序"运营方可以迅速、低成本地实现全平台智能化推送分发。常见情形是，"小程序"运营方在所在平台通过自办账号等渠道投放网络微短剧片花，用户点击观看后，即跳转至相关"小程序"以观看全集内容。由于上述特点，"小程序"迅速成为网络微短剧重要的传播渠道，并一定程度上改变了网络微短剧原有的传播路径。

相比于已经纳入有效监管的、在长短视频平台播出的网络微短剧，"小程序"类网络微短剧游离在监管之外，且一些创作运营主体最初常以"赚快钱"为诉求，在内容品质上着力不多。因此，"小程序"类网络微短剧中，再次出现了网络微短剧发展早期曾经出现过的价值导向、审美趣向方面的问题。这也是主管部门重拳出击，开展"小程序"类网络微短剧专项整治的重要背景。主管部门还将建立相关长效机制，传播网络微短剧的"小程序"等各网络微短剧服务的开办主体，也将逐步走上规范化发展轨道。

B.18 网络微电影发展报告

课题组

网络微电影是伴随互联网和信息通信技术发展而生的一种视听文艺形态，通常是指适合碎片时间观看的具有完整故事情节和逻辑表达的视频短片。2010年，《老男孩》掀开了"微电影元年"的序幕；2011年开始，微电影迎来了创作热潮，众多知名导演、演员纷纷开始参与微电影作品创作，微电影发展逐步进入成熟期，商业性价值日益凸显，在这一时期《硬币》《一维》《新年快乐》《爷爷的小戏文》等一批精品微电影脱颖而出，在社会上引起了较好反响；2017年以来，随着短视频行业的迅猛发展，微电影借助短视频平台持续发力，始终保持稳步发展态势。当前，在数字经济、人工智能等技术日渐成熟的发展背景下，新媒体技术不断迭代更新，"微"节目类型作品如微短剧、微综艺、微纪录、微动画等持续受到市场和大众关注，持续高质量发展，微电影产业也迎来了新的发展风口期。

一、内容创作发展层面

（一）微电影与短视频创作在深度融合中相互促进共同发展

近年来，短视频行业快速发展，媒体生态环境不断交融，微电影所面对的市场环境已悄然发生变化，许多微电影制作团队和创作者将目光投向短视频平台，积极探索微电影在短视频平台上的创作和传播模式，与短视频逐渐发展出了一种深度融合的关系。微电影借鉴与其同样具备着体量微短、制作成本低等特点的短视频的生产机制和创作思维，实现了新媒介环境下的创作转型。而短视频也正在向中视频延伸，借鉴微电影的生产模式，持续走向专业化生产和精细化制作。在这样借鉴、融合的背景下，各大短视频平台也更为重视对微电影的推荐，为微电影提供了更多的播映、展示和宣传的空间。而微电影在满足观众对多样化、个性化内容需求的同时也丰富了短视频平台的内容生态。

（二）内容呼应时代、贴近人民，覆盖人们生活方方面面

微电影时长短，制作成本低，特别是随着手机端摄影、摄像技术的升级发展，微电影创作的门槛逐渐下沉，人人都可以通过手机等数字设备拍摄影像、记录生活并进行专业剪辑，微电影的创作形态边界也不断被拓展，可以是精打磨的短片，也可以是逻辑完整的片段。也正是由于微电影"下沉化"的创作模式，当前在各端口看到的微电影内容日益多元，很多创作题材取材于身边人、身边事，能够贴近人民生活，与时代紧密呼应。特别是在大数据的加持下，许多微电影创作者能够通过分析用户观看历史、记录社交媒体互动情况，了解观众的喜好和兴趣，更有针对性地创作生产微电影内容。这种生产创作方式很好地满足了观众的多样化需求，使得微电影与观众之间建立起更为紧密的联系。从当前网络视听平台上微电影的检索信息来看，微电影的类型包括爱情片、喜剧片、商业片、公益片以及剧情片等不同类型，涵盖爱情、励志、梦想、日常生活等多样主题，有烟火、有情怀、有意义的作品层出不穷。

（三）主旋律微电影创作持续发展，精品内容迭出

在融媒体环境下，微电影凭借其具有故事情节完整、篇幅小、生动形象、传播便捷和影响广泛的特点，成为网络时代重要的文艺创作阵地。一批思想精深、艺术精湛、制作精良相统一的精品主旋律微电影脱颖而出，发挥着强大的主流价值引领作用。如微电影《林海三代人》以浙江临海林场建设为切口，讲述了临海林场三代党员不畏艰难，垦荒山、守青山，持续推进林场建设、改革、发展的故事，六十五年荒山变林海，传递出临海林场的绿色传奇；微电影《老衣的春天》讲述了大学生王申义为完成社会实践报告到农村调研并与村长老衣从误解到理解，最终联手建设智能医疗平台造福百姓健康的平凡故事。影片以鲜明的人物性格、新颖的影像呈现以及诙谐的叙事风格，描摹了新时代乡村振兴的医疗图景，凝练地表达了常态化开展乡村义诊、送医送药等社会医疗实践扶贫行动的仁心大爱。

（四）"技术+艺术"创新，助力微电影创作再升级

微电影是技术和艺术相结合的视听样态，在数字化革命下诞生的大数据、超高清、AI、VR、MR 等新技术为微电影制作提供了新的技术支撑，同时也赋能了微电影的艺术化表现。如新华社出品的微电影《桥下人家》中的配乐，就是 AI 针对配乐难点提供了独特的 AI 创作解决方案所完成的，通过影片小样、文字脚本理解视频内容，搭配与视频情节、人物情绪、环境氛围契合的音乐，包括关键帧的卡点、进出场以及转场的音乐裁剪等；微电影《诞辰》则是创新性地采用了虚拟制片（Virtual-Production）技术，三件道具，四天时间，不需要任何后期特效，现场拍摄出来的即是成片效果。这种制作方式改变了过去电影工业的流程，如今正在电影工业崭露头角，而该片也为微电影制作发展提供了很好的探索。

（五）叙事表达特点突出，快节奏、年轻化创作趋势更为鲜明

微电影最大特点就是时间紧凑，这就要求微电影创作需要在短时内完成叙事。因此，在故事开端、发展、高潮、结局的结构下，微电影在展开故事情节的时候需要简明扼要、高度概括，主题要清晰突出，并且更侧重于表现矛盾冲突和创意部分，其他部分会进行一定的压缩或者省略，以达到吸引人、有利于传播的目的。而这样快节奏、有创意的叙事表达特性，也恰好迎合了年轻观众的口味。如新华社制作的微电影《撑天》，在十四分钟内容里，用快节奏的影像语言讲述了一位少年的成长历程，浓缩了一代青年的"撑天"梦想，传递出积极向上的正能量，引起了广大青年观众的共鸣和思考，受到众多年轻网友的点赞和好评。

（六）规范管理促发展，内容创作呈现健康有序发展态势

自网络微电影诞生以来，广电总局出台了一系列政策文件持续推动网络微电影健康、规范发展，2012年、2014年先后印发了《关于进一步加强网络剧、微电影等网络视听节目管理的通知》和《关于进一步完善网络剧、微电影等网络视听节目管理的补充通知》，进一步健全了网络视听内容审核、监管等制度机制；2016年11月印发了《关于进一步加强网络原创视听节目规划建设和管理的通知》，明确了创作方向和要求，强化了网络微电影等网络视听节目事前、事中、事后的管理。这些管理政策文件发布实施以来，网络微电影内容质量明显提升，始终保持稳步有序健康发展态势。

二、传播层面

（一）社会价值凸显，微电影+公益助力社会正能量传播

随着微电影这一网络视听样态越来越受到大众的认可和喜爱，一些公益事业的组织或个人开始尝试通过微电影的方式向公众传达公益精神。公益微电影生动直观的表现形式被广大网民接纳，对人们正确理解公益事业起了很好的作用，也为社会正能量的传播打开了更为广阔的空间。在2022年抗疫关键时期，一批主题微电影在社会上广泛传播，弘扬抗疫精神，彰显先锋力量，凝聚起了同心抗疫的精神力量；在电信防诈骗宣传中，微电影成为有力的宣传载体，如国家反诈中心在短视频平台的官方账号上推出了一系列反诈微电影内容，揭示了电信诈骗的常见套路，让广大网民了解到诈骗的危害性，推动了防诈骗公益事业的发展。

（二）商业化属性增强，微电影营销成为品牌传播突破口

当前，微电影和商业结合的模式既保留了传统广告的优势，也更大程度地发挥了互联网传播的优势。它可以用专业的视觉呈现、丰富的创意元素和故事化叙事，给观众提供视觉和情感享受的同时，将品牌理念、企业文化植入其中，让观众潜移默化地受到影响。近几年来微电影广告出现了

多次现象级的传播，许多品牌通过微电影形态进行广告推广，既提高了消费者对产品功能的感知度，也切实获得了良好的商业营销效果。2019 年《啥是佩奇》火爆出圈，感动了不少网友，并引发广泛传播，为其品牌带来了很好的口碑和正面价值，也让微电影广告形态被更多品牌关注。2022 年由百度出品的广告《老杜》，着重体现了小度智能音箱对独居老人的关爱与陪伴，用温暖的故事诠释了品牌概念，一经播出即获得 822.5 万人次的播放量；还有部分商业微电影注重宣传品牌的社会责任，提升品牌的社会好感度和美誉度，从而塑造良好的企业形象，如中国建设银行出品的微电影《让爱回家》，传达出品牌对留守儿童与家人团聚的支持等。

（三）多样化、多渠道推广，全媒体立体传播格局更加稳固

融媒体时代的到来为微电影的发展提供了广阔的空间。微电影以其微体量、短小精悍、内容丰富、形式多样的特点，通过多渠道传播方式，吸引了众多受众，并且由于其短小精悍的特点，微电影更适合在碎片化时间观看，更符合融媒体时代用户快节奏的观看方式。因此微电影能够不受终端和不同属性平台的限制，电视、电脑、移动端等不同传播渠道，长视频、短视频平台、社交媒体等不同网络平台，都能够成为微电影传播通道，形成了较为稳固的立体传播格局。一些平台还专门为微电影开辟了专门的分类条目，形成了微电影的聚类优势。这种多渠道传播方式为微电影提供了更多的展示机会，也为微电影发展传播提供了更多的可能性。随着技术的不断发展和媒体融合程度的不断加深，微电影依托自身特有的传播和内容优势，将有助于其取得更大的发展。

B.19 网络直播发展报告

课题组 *

网络直播作为媒介融合的重要方式，2022 年继续向更宽领域、更高层次、更深程度快速发展。网络直播具有极强的内容承载力，直播内容创新的探索、尝试从未停止，并在 5G、XR 等技术应用下，持续丰富用户体验，不断创造新场景、新模式、新机会，为经济社会发展创造出事半功倍的社会传播价值。

一、规范和引导并重，夯实直播行业持续健康发展的长效机制

2022 年，国家和主管部门对网络直播高度重视，连续出台多部规范性政策文件，注重发挥网络直播在促进经济社会发展方面的积极作用，进一步健全行业监管制度和规范体系，为直播行业高质量发展提供了更为成熟的制度框架。

一是针对薄弱环节和重点领域，不断强化规范。2022 年 3 月，国家互联网信息办公室、国家税务总局、国家市场监督管理总局联合印发《关于进一步规范网络直播营利行为促进行业健康发展的意见》（税总所得发〔2022〕25 号），聚焦解决直播行业的税务问题，促进纳税遵从。4 月，国

---

* 课题组：张苗苗，国家广电总局发展研究中心媒介研究所副所长、研究员；王羽，国家广电总局发展研究中心媒介研究所研究人员；吉京，国家广电总局发展研究中心媒介研究所研究人员；索东汇，国家广电总局发展研究中心媒介研究所研究人员；杨巍，快手研究人员。

家广播电视总局（以下简称广电总局）网络视听节目管理司、中宣部出版局出台《关于加强网络视听节目平台游戏直播管理的通知》（网函〔2022〕27号），强化对游戏直播的内容、主播行为和网络平台的管理。5月，中央文明办、广电总局等四部委发布《关于规范网络直播打赏 加强未成年人保护的意见》，重申禁止未成年人参与直播打赏，严控未成年人从事主播的鲜明态度。5月，广电总局印发《广播电视和网络视听领域经纪机构管理办法》（广电发〔2022〕34号），从严规范演出经纪行业，遏制"饭圈"不良文化反弹。6月，广电总局、文化和旅游部联合发布《网络主播行为规范》（广电发〔2022〕36号），详细列举了主播的31项禁止行为，规范从业行为，反对流量至上。10月，市场监管总局、广电总局等七部委联合发布《关于进一步规范明星广告代言活动的指导意见》，针对网络直播过程中的明星广告代言进一步严格管理规则。

二是注重引导扶持，大力促进电商直播的发展。 电商直播作为拉动经济和促进消费的新业态，国家及各地方政府陆续推出了相关扶持政策，大力推动电商直播的发展。2022年4月，国务院办公厅印发《关于进一步释放消费潜力促进消费持续恢复的意见》（国办发〔2022〕9号），要求"有序引导网络直播等规范发展"。电商直播作为促进加快恢复和扩大消费的重要抓手，在地方经济的发展中得到进一步重视，在2022年省级政府的工作报告中，北京、上海、山东等12个省市均有涉及直播经济的内容，充分肯定了直播作为新业态的积极作用，并将大力发展直播经济、壮大直播产业基地、实施电商示范园区等方面作为下年度工作的重点安排。

二、用户规模持续稳定增长，各类直播拥有巨大的市场发展空间

随着网络直播技术深入发展，网络直播生态链备受关注，用户规模持续攀升。数据显示，截至2022年12月，我国网络直播用户规模达

171

7.51 亿，较 2021 年 12 月增长 4728 万，同比增长 6.83%，占网民整体的 70.3%。[①]

电商直播成为网络直播的主流，呈现"万马奔腾"的繁荣局面。 经过近几年的高速发展，电商直播已成为网络直播中用户规模最大的直播类别。截至 2022 年 12 月，电商直播用户规模达 5.15 亿，较 2021 年 12 月增长 5105 万，同比增长 10.99%，占网民整体的 48.2%。我国直播用户最常使用的电商直播平台，分别是抖音、快手和淘宝，分别致力于打造"兴趣电商""信任电商"和"发现电商"。电商直播的市场活跃度持续保持高涨，头部主播不断涌现，在传统"叫卖式带货"的基础上，衍生出更为多元的直播带货模式。2022 年上半年，东方甄选率先开启知识带货直播模式，主播董宇辉迅速走红，连续数月成为抖音月度直播带货榜的榜首；刘畊宏直播间主打居家健身娱乐的带货模式。

游戏直播发展趋缓，进入提质增效的阶段。 游戏直播主要通过主播展示游戏技巧、分享游戏体验、直播电竞赛事等吸引用户。截至 2022 年 12 月，游戏直播的用户规模为 2.66 亿，较 2021 年 12 月减少 3576 万，占网民整体的 24.9%。从行业格局看，游戏直播继续维持两强独大的局面，斗鱼和虎牙维持着行业领先地位，但经营压力明显增大。游戏直播用户数量的减少，一方面是由于上游游戏市场规模的缩减，给游戏直播领域带来传导效应。数据显示，2022 年中国游戏市场销售收入为 2658.84 亿元，同比减少 306.29 亿元，下降 10.33%。[②] 另一方面，主管部门进一步强化了对游戏直播的监管力度，尤其是实施更强有力的未成年人保护机制，防止未成年人沉迷的成效明显。

演唱会直播持续发力，观看用户不断刷新纪录。 进入 2022 年，越来越多的歌手举办线上现场会，直播观看人次不断刷新，线上演唱会开展的如

[①] 中国互联网络信息中心（CNNIC）：第 51 次《中国互联网络发展状况统计报告》，2023 年 3 月，https：//www.cnnic.net.cn/NMediaFile/2023/0322/MAIN16794576367190GBA2HA1KQ.pdf。

[②] 中国音像与数字出版协会游戏出版工作委员会：《2022 年中国游戏产业报告》，2023 年 2 月 14 日，http：//www.cadpa.org.cn/3271/202302/41574.html。

火如荼。截至 2022 年 12 月，演唱会直播的用户规模为 2.07 亿，较 2021 年 12 月增长 6491 万，同比增幅达 45.68%，占网民整体的 19.4%。如，孙燕姿 5 月 27 日的线上畅聊会，当晚有 2.4 亿人在线观看；刘德华 9 月 3 日 "把我唱给你听" 线上演唱会开唱，最终观看人次超过 3.5 亿；周杰伦的线上 "哥友会" 11 月 19 日直播间点赞量突破 10 亿，演唱中同时在线人数突破 1100 万。

秀场直播进一步规范发展，整体规模呈下降趋势。秀场直播是网络直播行业最早的业态，收入主要来源于用户打赏、会员付费、广告收入等。随着国家监管政策的深入实施，尤其是对直播打赏予以严格管理，禁止以打赏额度为唯一依据对网络主播排名、引流、推荐，禁止以打赏额度为标准对用户进行排名，以及用户观赏整体水平的提升，秀场直播用户规模开始下降。截至 2022 年 12 月，真人秀直播的用户规模为 1.87 亿，较 2021 年 12 月减少 699 万，占网民整体的 17.5%。数据显示，截至 2022 年 4 月，秀场直播前三个平台为花椒直播、映客直播和秀色直播。[①]

值得注意的是，网络直播作为新的传播媒介，随着用户观赏兴趣的拓展而逐渐丰富，演艺类直播作为网络视听的新领域开始兴起。数据显示，2022 年，包括戏曲、乐器、舞蹈、话剧等艺术门类的演艺类直播在抖音开播超过 3200 万场，演艺类直播打赏收入同比增长 46%，超过 6 万名才艺主播实现月均收入过万元。[②] 2022 年，快手已有超 2000 万场非遗与民间艺术直播，其中手工、编织、曲艺、唢呐等四种品类的直播最多；戏曲类直播在 2022 年已达 248 万场，其中秦腔直播最多。随着直播生态迈向成熟，直播与实体经济的连接更加紧密。快手还推出了应聘就业、购房的新型直播，

---

① 易观分析：《中国娱乐直播市场年度综合分析 2022》，2022 年 7 月，https：//www. analysys. cn/article/detail/20020615。

② 抖音，《2022 抖音数据报告》，2023 年 1 月，https：//trendinsight. oceanengine. com/arithmetic-report/detail/875。

其中 2022 年快聘直播场次超 500 万场，提供岗位的企业总数已达 24 万家。[1]

三、广电媒体在网络直播行业发挥越来越重要的作用

相较其他媒体平台的直播，广电媒体在内容权威性、社会公信力、主播专业度、资源丰富度等方面占有优势，一直是优质内容的主要生产者。为贯彻落实中办、国办《关于加快推进媒体深度融合发展的意见》，越来越多的广电媒体以直播为媒介，进一步强化自身的媒体属性，优化传播矩阵，丰富传播方式，通过差异化布局、强互动交流，形成强劲的传播声势，实现了良好的社会效益和传播效果。

（一）强化主题主线宣传，推动网络传播形成同频共振

党的二十大召开期间，中央广播电视总台各新媒体平台通过现场直播、连线采访等方式，多渠道、全方位报道大会盛况，在新媒体领域的观看量创下历史新高。开幕会直播在总台各新媒体平台阅读播放量达到 8.72 亿，在微博、微信、快手、bilibili、知乎等多平台总观看量超 6.2 亿，直播单场观看量、单场同时在线人数、央视新闻粉丝增长量均创历史最高纪录。闭幕会特别报道，新闻发布会、记者招待会、"党代表通道"直播报道，累计触达超 11.38 亿人次。[2] 通过全方位的网络直播，习近平总书记的鲜明宣示、重大论断掷地有声，燃遍全网，为党的二十大胜利召开营造了浓厚氛围。

（二）以新闻为主要抓手，进入到大小屏直播联动时代

直播本身就具有很强的媒体属性，"直播+"已成为广电与新媒体深度融合的必选项。2022 年，广电媒体进一步发挥新闻领域的优势，用"大流

---

① 快手，《2022 快手直播生态报告》，2023 年 1 月，https：//m. thepaper. cn/detail/21433638。

② CMG 观察：《覆盖全球所有国家和地区！252 亿人次！总台党的二十大报道刷新多项传播纪录》，2022 年 10 月 27 日，https：//mp. weixin. qq. com/s?__biz = MjM5MTExMTMwOQ == &mid = 2705845258&idx = 1&sn = 905de4988c4f2a3dd72c4cf3a1d4bf70&chksm = 8209cde8b57e44fec4f4fecf94e1b8d8d5b76cbd8ecc5efdd8f92092cae2e89c90c77eaea489&scene = 27。

量"放大"主声量"。2022 年 2 月 11 日起，《新闻联播》在微信视频号开启同步直播，大小屏联动播出，拓宽了权威优质内容的网络传播渠道和受众覆盖范围。《广东新闻联播》《青海新闻联播》等地方台新闻节目也先后进驻视频号，加入到网络直播行列中，通过分众化内容、年轻化传播的积极探索，让大屏的优质内容得到广泛深入的传播。

（三）在头部广电媒体的带动下，节目上直播成为转型趋势

在融媒体转型过程中，广电媒体进一步向移动端聚集优质节目资源，优化传播矩阵。同时，利用直播的高互动性，更高效地获得观众的反馈信息，有针对性地对节目进行调整完善，重新占领传媒领域的制高点。中央广播电视总台 2022 年虎年春晚，同步在微信视频号直播，成功引爆移动端小屏，超 1.2 亿人在微信视频号"竖屏看春晚"，直播间点赞数超过 3.5 亿次，总评论数超过 919 万次，总转发数超过 551 万次。由江苏广电总台联合全省百家媒体共同制作的融媒系列直播《潮起东方——在这里，看见江苏》，共有 13 场，以"一日一城"的形式推出，多角度呈现了江苏各地高质量发展的新成就，系列直播网络总点击量超过 1800 万。北京广播电视台推出大型融媒体直播节目《我家住在运河边》，让用户足不出户，云游大运河，共推出直播节目 9 场，收获 3700 多万网友关注。

（四）以新技术打造新场景，不断丰富直播的场景内容

根据广电总局发布的《广播电视和网络视听"十四五"科技发展规划》，"探索短视频主播、数字网红、直播带货等虚拟形象在节目互动环节中的应用，增加个性化和趣味性"，虚拟主播作为虚拟现实（VR）/增强现实（AR）技术融合下的产物，制作成本逐步降低，呈现越来越热的发展趋势，成为网络直播领域的新风向。从 2018 年新华社发布全球首个 AI 合成主播"新小浩"，到央视网虚拟主持人小 C，各省级电视台纷纷推出形象鲜明的虚拟主播，如北京广播电视台的真人数字人"时间小妮"、湖南卫视数字主持人"小漾"、SMG 旗下融媒体中心虚拟新闻主播申苼雅、浙江卫视推出的"宋韵数字推广人"谷小雨等，虚拟数字人全面参与网络直播，为观众提供新颖的观看体验。同时，广电媒体还积极以增强现实等新技术作为驱动，对直播内容进行创新。如，四川广播电视台和中央广播电视总台联动推出的《三星堆新发现·揭秘》，在直播中植入"AR+XR+MR"双机位虚拟技术，真实模拟古蜀文明发源地，为观众带来更具视觉冲击力的观看体验，第三季的三场直播在四川观察 APP 上的累计观看人数近 80 万人次，全网阅读量突破 1.3 亿次。

（五）以品牌汇聚优质资源，持续提高服务能力与水平

"北京时间"依托北京广播电视台各频道频率优质的音视频资源，不断推出融合创新产品，将"时间直播"打造为新闻现场类直播的优质精品 IP，成为新闻直播行业"风向标"。2022 年"北京时间直播矩阵"完成直播近 3000 场，全网观看量突破 5.9 亿次，全网粉丝数超 890 万，直播矩阵平台达 43 家。陕西广电积极打造融媒新品牌，推动"蓝直播"品牌建设，2022 年围绕当地重大新闻事件，以多元化直播手段和互动模式开展 1370 场次直播活动。浙江广电集团策划推出大型融媒直播"放歌"系列，紧扣"思想如水，滋养大地"的策划主线，通过"多流域大时段融媒直播+多栏目融媒系列报道+多场景电视理论宣讲+多平台全媒立体传播"，打造具有广电标识的党的二十大精神宣传品牌。

网络直播作为实时网络应用，将继续保持强劲的发展动力，其带来的经济价值、社会价值和文化价值被广泛认可。随着 5G 技术的普及和实时通信技术的快速发展，直播延迟已在毫秒级别，能够满足低延时、高接通、强互动的多样化场景需求，进而给音视频用户带来身临其境的现场感、沉浸感、交互感，为进一步丰富网络直播生态提供了技术上的强有力支撑。同时，网络直播所承载的信息密度将会更高、信息内容也会更加多样，不同行业都在尝试结合直播形成各种各样的应用场景，甚至形成了"一切皆可播"的丰富生态。在媒体融合转型过程中，更多的广电媒体也选择跨入直播领域，利用新技术探索及时高效的内容采制模式和分发渠道，进一步实现广电与直播业态深度融合，有力构建全媒体传播体系，塑造主流舆论新格局。

B.20 短视频发展报告

贺 涛[*]

作为一种重要的网络视听形态，2022年短视频实现全面快速发展，内容生态持续优化，平台融合趋势日益强化，产业主引擎作用更加凸显，综合治理体系日臻完善。

一、内容生态持续优化升级

当前，短视频的节目属性和快速传播特征日益凸显，内容生态不断优化，满足用户信息获取、知识分享、娱乐休闲等多元化需求。

主题主线短视频精品大量涌现。 2022年，全国广播电视和网络视听系统不断深化广电媒体"头条"建设和网络视听平台"首页首屏首条"建设，实施创新理论传播工程、短视频"首屏首推"工程，推出《领袖的足迹》等短视频；同时，国家广播电视总局继续以实施"新时代精品工程"为抓手，继续将短视频纳入"弘扬社会主义核心价值观 共筑中国梦"主题原创视听节目征集活动、网络视听节目精品创作传播工程、优秀网络视听作品季度推选活动等项目，推动短视频创作持续繁荣。《弄潮》《中国心愿》《宋韵之城》《时代镜像》《让经典永流传》《给习爷爷的信》《红星何以照耀中国》《世界看崇礼：一起向未来!》《凉山进入动车时代! 看见"速度"里的幸福》等短视频精品力作涌现。

---

* 贺涛，国家广播电视总局发展研究中心产业研究所副所长、副研究员。

　　泛知识类短视频需求旺盛。随着媒体形态和用户群体的不断迭代，短视频已经成为知识传播的主要载体，越来越多的知识创作者和受众涌向短视频平台，促进了短视频内容品质的整体升级。在抖音，知识内容兴趣用户超过 2.5 亿。2022 年前十月，抖音知识类作品发布数量增长 35.4%，内容广泛涵盖了人文社科、科技、科普、个人管理、财经、校园教育、医疗健康等多方面。在快手，2022 年，快手泛知识类创作者数量同比增长 24%，①快手已经成为重要的泛知识类内容学习平台。2022 年春节期间，快手借助"新知播"系列泛知识直播 IP，推出特别策划"新知锦囊"短视频活动，集结 3 万位新知创作者，送出 14 万条新知锦囊，引发 115 亿观看，带来 1.3 亿互动点赞。截至 2023 年 3 月，bilibili 泛知识类内容占比 41%。

　　用户创作内容质量齐升。一是用户参与创作热情日益高涨。技术的进步极大降低了短视频创作门槛，抖音、快手等主要短视频平台都推出各种操作简便的创作工具，内含丰富曲库、滤镜特效、剪辑工具和视频模板，为创作者提供全流程支持，短视频成为用户记录生活、展示自我的主要平台。数据显示，2018 年至 2022 年，发布过自制短视频的用户比例已从 28.2%持续攀升至 46.9%。② 二是职业创作者群体不断壮大。数据显示，为获取收益的创作者连续三年稳定增长，到 2022 年职业创作者数量占比达 22.4%。③ 在 bilibili，月均活跃 UP 主达到 304 万，超过 130 万 UP 主通过创作在 bilibili 获得经济收入；在抖音，为方便职业创作者生产深度内容，抖音逐步开放 30 分钟以上视频权限，支持上传 4K 120 帧视频，最大支持 64G 文件。三是影视二创短视频步入发展快轨。除了长短视频平台之间的战略合作外，2022 年长视频平台也持续在短视频领域发力，用以丰富平台的内容生态。例如，腾讯视频推出 2022 年"好片征集令"活动，以 200 万元现

---

① 《2023 快手泛知识内容生态报告》，2023 年 4 月，https：//www.sohu.com/a/669789467_362042。

② 中国广视索福瑞媒介研究（CSM）：《短视频用户价值研究报告 2022》，2022 年 12 月，https：//new.qq.com/rain/a/20221212A06XH600。

③ 中国广视索福瑞媒介研究（CSM）：《短视频用户价值研究报告 2022》，2022 年 12 月，https：//new.qq.com/rain/a/20221212A06XH600。

金来鼓励优质电影、电视剧和纪录片的短视频二次创作；爱奇艺也发起"人世间共剪百态人生"活动，邀请短视频创作者对《人世间》进行二次创意剪辑，分享对《人世间》的观后感悟和自己的"百态人生"。

技术创新全面赋能短视频创作生产。科技的创新与突破，是短视频发展强劲的推动力。5G、AI、VR/AR/MR、大数据等技术更大范围的落地应用，极大地提升短视频生产效率，丰富短视频的表现形态和应用模式，更好满足用户的互动需求、沉浸需求、多场景内容需求。一方面，科技创新应用提高短视频生产效率。例如，北京2022冬奥会期间，央视频利用AI智能内容生产剪辑系统，高效生产与发布冬奥冰雪项目的短视频内容。其中，谷爱凌夺冠AI智能剪辑短视频成片后，迅速登上央视频首页推荐焦点位，两小时内播放量超过500万；还有20余家媒体机构运用百度TTV（Text to Video，图文转视频）技术进行内容生产，持续发布实时赛况、运动员瞬间、每日奖牌榜等题材丰富的短视频作品，向公众及时传递赛场精彩。另一方面，科技创新应用持续赋能普通短视频创作者。例如，字节跳动推出AI作曲工具"海绵乐队"APP，为抖音用户降低短视频在编曲上的难度，并打造花式的背景音乐效果，丰富抖音的内容创作；快手从AI入手，发布StreamLake品牌，在智能视频创作中，可实现人像美化、智能特效、图集成片、文案成片等功能，大幅降低普通创作者创作门槛，提升视频品质。

二、短视频平台双向融合趋势强化

经过近十年的迅猛发展，短视频行业迈入发展成熟期，并加速与实体产业深度融合，跨界协作成为趋势，平台功能渐趋多元。

短视频平台全面拓展产业边界。作为一种最活跃的数字媒体形态之一，近年来短视频迅速发展，展现出强大的跨界融合能力。短视频内容和社交媒体平台逐步从单一向综合性数字社区演进，用户实现休闲娱乐、电商购物、生活服务、知识学习等多种诉求。2022年，字节跳动陆续收购了票务平台"影托邦"、漫画平台"一直看漫画"等内容产业链上下游公司，不断拓展业务版图，涉及社交、游戏、VR、物流、教育、房地产、消费品牌等领域。在长视频平台集体退守的背景下，抖音却在长视频领域发力，抖音网页版上线"放映厅"功能，用户可免费观看影视剧。此外，抖音还推出桌面端聊天软件"抖音聊天"，不断在社交化战略上探索。与此同时，快手则依托已有生态，持续在短剧、小游戏、房产、本地生活、招聘等垂直内容领域频频发力，并取得一定成绩。2022年，快手房产业务的总交易额超过100亿。2023年，小游戏日活跃用户峰值超过1000万。

其他商业平台积极布局短视频业务。短视频因其社交化、互动性特征已逐步成为全民性应用，自带流量和注意力，因此其他商业平台也加速布局发展短视频业务，以提升平台用户黏性和活跃度。例如，拼多多加码短视频业务，将多多视频升级为拼多多APP的一级入口，采用现金提现的方式吸引用户观看视频；钉钉推出视频号，并与钉钉群、看看、服务窗等功能深度打通，对内满足知识分享、内部宣讲、员工培训等需求，对外承担线上招聘、发布会、云会展等功能，对上下游合作伙伴可承担产品宣讲、订货、营销推广等多种任务；美团上线短视频业务，主打看视频赚钱，用户可在个人信息页面找到"视频赚"入口，短视频内容与产品导购、种草没有关联，只为提高用户黏性及活跃度；腾讯音乐再战短视频，推出新版"音兔"APP，不仅能一键制作音乐短片，还新增了K歌功能，用户可将翻唱的歌曲进行二次创作，并将音乐视频发布到首页，供其他用户点赞和评论。

三、产业引擎作用更加凸显

2022年，短视频产业蓬勃发展，用户和市场规模同步增长，用户使用率达到新高，内容产业日益成熟，产业生态不断优化，"短视频+"链接起更多生活场景，全面融入数字经济，驱动多领域产业数字化转型和高质量发展。

用户和市场规模持续增长。近年来，短视频用户规模和使用率保持增长态势，用户规模从 2018 年 12 月的 6. 48 亿增长至 2022 年 12 月的 10. 12 亿，再创历史新高；用户使用率也从 78. 2%增长至 94. 8%（见图 1）[①]，短视频成为全民应用，产业发展基础更加厚实。然而，短视频用户增速也在持续放缓，近两年的增速分别为 6. 96%和 8. 32%，用户增长红利日渐消退，行业存量竞争正在逐步加剧。与此同时，短视频产业规模也在迅速壮大，成为大视听产业发展的主引擎。数据显示，2022 年我国泛网络视听产业市场规模达 7274. 4 亿元，其中短视频产业规模达 2928. 3 亿元，较 2020 年的 2051. 3 亿元增长了 877 亿元，增幅达 42. 8%；份额占比提高到 40. 3%，较 2020 年的 34. 1%，提升了 6. 2 个百分点。[②]

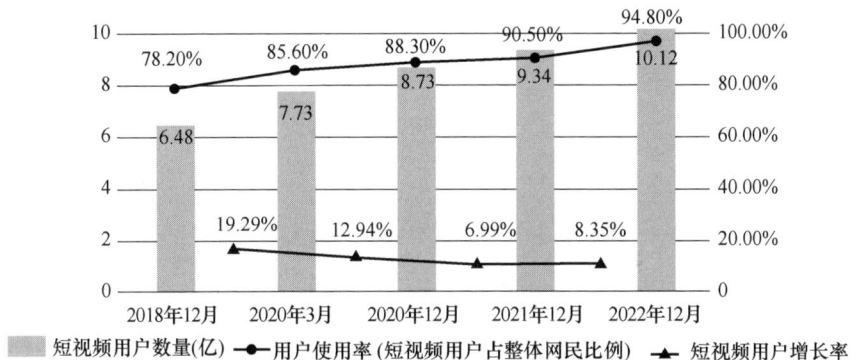

数据来源：CNNIC《中国互联网络发展状况统计报告》

图 1　短视频用户规模、使用率及增长率

短视频内容产业日渐成熟。各主要网络视听平台充分发挥内容核心资源优势，通过内容付费、专区订阅、直播打赏等多种方式，探索优质内容的产业化运营和变现模式，不断拓展内容产业链。例如，2022 年 1 月微信视频号上线首个 NBA 比赛付费直播间，用户免费观看 3 分钟后需付费才能

[①]　中国互联网络信息中心（CNNIC）：第 51 次《中国互联网络发展状况统计报告》，2023 年 3 月，https：//www. cnnic. net. cn/n4/2023/0302/c199-10756. html。

[②]　中国网络视听节目服务协会（CNSA）：《中国网络视听发展研究报告（2023）》，2023 年 3 月，https：//www. sohu. com/a/661988965_ 121124379。

继续观看；4月腾讯视频号又推出崔健首场线上演唱会，吸引超过4500万用户观看，点赞互动量破1亿；"抖音夏日歌会"开售专场线上音乐会门票，并推出付费连麦等内容付费形式。调查显示，2022年在短视频平台有过内容付费行为的用户占比67%，同比增长12%，直播打赏的用户占比则从2020年的14.3%增长至2022年的25.6%。[①] 同时，各主要视听平台也在不断完善短视频商业模式，激发产业发展活力。2022年，抖音升级短剧分账规则，推出"剧有引力计划"，降低分账门槛的同时，提高收益上限，爆款作品将带来更高杠杆收益；腾讯视频也全面升级小节目分账规则，简化分账规则，降低分账参与门槛，持续提升创作者的分账收益，推动短视频内容产业可持续健康发展。

短视频全面赋能经济社会发展。除了满足用户信息获取和社交需求外，短视频逐渐成为一种基础应用，发挥数字化优势赋能传统产业，"短视频+"链接起更多生产生活场景。一是拓展本地化生活服务。主要短视频平台充分发挥流量和资源优势，深度连接商家与消费者，带来"即看、即点、即达"的本地生活新体验，探索本地生活视频化经营。以抖音为例，其生活服务业务已覆盖全国370多个城市，合作门店超过100万家。2022年上半年，抖音生活服务的交易总额达220亿，对比2021年同期增长30余倍、拉动销售商户数增长近22倍。二是积极服务乡村振兴。各平台推出"短视频+助农""直播+农产品"等新模式，因地制宜开发"一县一品"，拓宽农产品销售渠道，打通乡村振兴服务的"最后一公里"。2022年8月，快手启动"2022年快手幸福乡村带头人计划"，未来三年将投入超1亿流量资源，扶持超1000名乡村创业者，覆盖160个国家乡村振兴重点帮扶县，培训超100万"短视频+直播"乡村人才。三是短视频助力文旅产业发展。短视频已成为旅游营销的利器，不少文旅局长通过短视频为家乡代言打Call。2022年，四川文旅厅策划"文旅局长说文旅"系列短视频，110条短视频在全网播放

---

① 中国广视索福瑞媒介研究（CSM）：《短视频用户价值研究报告2022》，2022年12月，https://new.qq.com/rain/a/20221212A06XH600。

量超 3.5 亿次，带动当地文旅产业发展。网红局长刘洪所在的四川甘孜，2023 年春节接待游客 45.66 万人次，旅游综合总收入 5 亿多元，较 2022 年同期增长超过 100%。总之，短视频正以前所未有的方式全面融入经济社会发展，助力多领域产业的数字化转型和高质量发展。

四、综合治理体系日臻完善

在文娱领域集中整治的基础上，2022 年广电总局等主管部门坚持标本兼治，持续加强对短视频的规范和治理，不断完善和细化政策举措，综合运用行政、技术等多种手段，着力解决短视频内容、平台和版权等方面的突出问题，不断健全完善短视频综合治理体系。

靶向治理更显成效。近年来，广电总局持续实施"管理优化工程"，做好建章立制工作，将短视频、直播等新业态全面纳入监管范畴，并不断优化政策举措，短视频领域泛娱乐化、低俗庸俗媚俗等突出问题得到有效整治。但发展过程中新问题还在不断出现，相关主管部门不断加强靶向治理，提升专业化、精细化管理水平。一是加强"小程序类"微短剧治理。2022年，广电管理部门在做好对基于长视频平台点播和基于短视频平台账号推送的微短剧管理的同时，加强对"小程序"类微短剧的专项治理，对接入和分发的重点平台自查自纠、立行立改，对"内容重复、创作题材失衡"等问题进行规范引导。二是解决短视频领域突出问题。近期，针对刑满释放人员通过短视频和网络直播博取流量等问题，广电总局组织重点网络视听平台全面排查清理以"刑满释放"为标签的搞笑、卖惨、博取流量的不良网络视听内容，共排查处置违规账号 222 个，清理违规内容 3345 条，下架相关话题 207 个;[①] 针对未成年人沉迷短视频问题，广电总局又重点部署加强短视频平台管理、防范未成年人沉迷工作。三是组织开展专项治理行动。2022 年 4 月，中央网信办牵头开展了"清朗·整治网络直播、短视频

---

① 中国网络视听节目服务协会网站，《网络视听坚决抵制刑满释放人员通过短视频和网络直播博取流量》，2023 年 1 月，http：//www.cnsa.cn/art/2023/1/22/art_ 1488_ 40615.html。

领域乱象"专项行动，从严整治功能失范、"网红乱象"、打赏失度、违规营利、恶意营销等问题，清理违规短视频235.1万条，处置违规直播间56.3万个，关闭违规用户账号12万个，处置处罚违规主播、短视频账号21.86万个。[①]

平台责任不断强化。一是优化算法管理，促进算法向上向善。基于大数据的算法推荐，很好解决了短视频内容的精准传播问题，提升了传播效率。但仅靠算法推荐是把双刃剑，数据泄露、信息茧房等成为传播治理的突出问题。对此，主要商业平台不断强化自律意识，优化算法推荐功能设置。目前，抖音、微信、淘宝、微博、小红书、今日头条等APP均已上线算法关闭键，允许用户在后台一键关闭"个性化推荐"。二是加强网暴预防和治理。针对侮辱、攻击、诽谤他人等网络暴力现象，主要平台积极建立网暴预警、保护、防扩散等治理机制，制作发布防网暴指南手册，上线"发文警示""负向内容过滤"防网暴功能，加大网暴防范和治理力度。仅2023年第一季度，抖音共惩罚不当评论3.2万个，下发17万封站内信进行教育，对受害用户发送近7万次预防网暴提醒。[②] 三是加强谣言治理。短视频已成为谣言传播新渠道，疫情防控、突发事件等更是成为谣言重灾区，经恶意剪辑的短视频视觉冲击力强，更具蛊惑性，治理难度也更大。针对短视频谣言，主要平台不断强化主体责任，利用策略模型、技术识别、人工巡查等手段，加大谣言管控力度，并进行"精准辟谣"，取得积极成效。

版权生态逐步建立。短视频侵权成本低、危害大，并且频发多发。从2022年4月北京互联网法院通报的涉短视频著作权案件情况来看，北京互联网法院成立三年半时间共受理涉短视频著作权纠纷案件2812件，案件数量逐年增加，类型化程度较高，切条、搬运类侵权居多，涉诉主体以长短

---

① 中央网信办网站，《网信部门重拳整治网络直播、短视频领域乱象》，2022年7月，http：//www.cac.gov.cn/2022-07/30/c_1660803704161344.htm。

② 《2023一季度安全透明度报告》2023年5月，https：//www.sohu.com/a/678216036_120083555？scm=1102.xchannel：325：100002.0.6.0。

视频平台为主 。① 针对短视频侵权问题，国家相关部门一直坚持打击惩治与
规范发展并举，持续引导建立长短视频共荣共生的良性版权生态。一方面，
继续保持打击短视频侵权盗版的高压态势。2022 年 9 月，国家版权局等四
部门联合启动为期三个月的打击网络侵权盗版"剑网 2022"专项行动，集
中整治未经授权对视听作品删减切条、改编合辑短视频等侵权行为，查处
了一批侵权盗版大案要案，有效震慑了短视频侵权盗版行为。另一方面，
着力构建长短视频合作共赢的版权生态。2022 年，抖音与爱奇艺、搜狐视
频，快手与乐视视频等达成协议，就影视作品二次创作和改编授权开展合
作，开启长、短视频共赢新模式。2023 年 4 月，抖音和腾讯视频达成合作，
用户可进行短视频二次创作等方面展开探索。长视频平台的优秀视听作品
为短视频创作者提供了高品质内容素材，而短视频的社交化传播也将优秀
视听作品推向了更多受众。例如，电视剧《狂飙》热播后，从剧情本身到
演员、现实原型、相关法律等都引发观众热议，也带动用户玩梗二创"名
场面"频频出圈，长短视频合作共赢的良性生态逐步建立。

---

① 《北京互联网法院召开涉短视频著作权案件审理情况新闻通报会》，2022 年 4 月，https：//
www.bjinternetcourt.gov.cn/cac/zw/1651208413055.html。

B.21 视听新媒体技术发展与应用报告

施玉海[*]

2022 年，视听领域与科技融合进程加快，数字技术贯穿视听行业创意、生产、传播、消费、治理全链条。视听行业以技术为驱动，推动全链条智慧化再造，不断提升传播力、影响力和服务国家战略的能力。

一、国家基建持续优化网络环境，保障视听新媒体健康发展

党的二十大报告提出："健全网络综合治理体系，推动形成良好网络生态。"新时代新征程，网络空间治理进一步加强，5G 建设加快推进，移动终端的接入条件优化，为我国视听新媒体行业迅猛发展提供有效保障。

5G 建设加快推进，为新媒体发展提供新机遇。截至 2022 年年底，我国 5G 基站共建设 231.2 万个，全年新建 5G 基站 88.7 万个，占移动基站总数（1083 万个）的 21.3%，较 2021 年末提升 7 个百分点。5G 基站的建设有效推动超高清视频、VR 视频、沉浸式视频、互动视频等应用快速发展。从 2022 年 6 月 27 日广电 5G 试商用启动以来，各省广电网络公司积极推进 5G 业务，我国除港澳台以外的全国 31 个省区市，已全部开通广电 5G 网络服务。随着 5G 网络基础设施加快建设，AI、区块链、云计算、大数据、边缘计算、物联网等数字技术将更广泛地应用实施，并与网络视听产业紧密融合，催生云课堂、云直播、元宇宙演艺等泛视听应用迅猛发展。

---

[*] 施玉海，国家广播电视总局广播电视科学研究院互联网视听技术研究所所长。

固定宽带接入用户数稳步增加，接入条件不断优化。中国固定宽带网络快速发展，固定宽带接入用户规模稳步增长，千兆固定宽带接入用户持续增加。截至 2022 年年底，三家电信运营商的固定互联网宽带接入用户达 5.9 亿户，全年净增 5386 万户。其中，100Mbps 及以上接入速率的用户为 5.54 亿户，占总用户数的 93.9%；1000Mbps 及以上接入速率的用户占总用户数的 15.6%，较 2021 年年末提高 9.1 个百分点。固定网络的发展推动了网络视听行业的发展，截至 2022 年年底，我国三家基础电信企业发展 IPTV（交互式网络电视）用户总数达 3.8 亿户，全年净增 3192 万户。

二、政策支持紧贴行业实践，引导行业创新性发展

随着大数据、人工智能、XR 等技术以及元宇宙、虚拟数字人、NFT 等新型虚拟场景的逐步落地，新型视听产业通过技术应用实现更多的用户交互。政府监管重拳出击，实现对视听产业技术研究、科技应用、产业发展、资源运营等的管理监督，对视听行业发展实现创新性引导。

一是加强视听科技政策顶层设计。《中华人民共和国国民经济和社会发展第十四个五年规划和 2035 年远景目标纲要》《"十四五"数字经济发展规划》《广播电视和网络视听"十四五"发展规划》《"十四五"国家信息化规划》等国家规划，对科技创新和文化与视听业发展作出战略部署，视听科技发展的战略目标更加清晰。

二是加强新技术研究和治理。国家广播电视总局积极推动广播电视向新场景新形态演进研究，有关部门对广播电视演进发展的形态特点、显示呈现、生产传播、安全监管及推进思路等开展广泛调研、联合研讨和集中攻关。与多部委建立协同工作机制，相关研究成果获得多方认可支持。部署开展广播电视和网络视听中长期科技计划研究和科技项目闭环管理工作机制研究。同时，相关管理部门开展对算法、深度伪造、人工智能、视听交互等行业治理关键技术研究，出台《关于加强科技伦理治理的意见》《互

联网信息服务算法推荐管理规定》等政策文件，传递出规范有序发展的强烈信号。

三是加强媒体产业高清化发展。我国不断推动构建新媒体战略传播体系，加快研发超高清视频、虚拟现实等智能化产品。2022 年 11 月，国家广播电视总局组织审查了《4K/8K 超高清节目技术质量要求和评测方法》标准文件，该文件规定了 4K 超高清和 8K 超高清电视节目的视音频技术质量要求和评测方法。2022 年 12 月，国家发展改革委印发《"十四五"扩大内需战略实施方案》。实施方案提到，推动互动视频、沉浸式视频、虚拟现实视频、云游戏等高新视频和云转播应用。

四是加强新媒体人才团队培养。"领军人才和青年创新人才"是广播电视和网络视听行业首个全国性人才工程，也是全面构筑广播电视和网络视听行业高质量、可持续发展的战略支撑。2023 年 1 月，国家广播电视总局印发《全国广播电视和网络视听"十四五"人才发展规划》指出，加强视听新媒体人才培养，建立完善网络视听从业人员教育培训机制，强化网络视听播音员主持人、网络主播、网络视听内容审核员等网络视听从业人员思想引领、文化培育、道德建设和专业能力提升。

三、技术推动视听产业发展，推动视听行业智慧化再造

5G、超高清、VR 等新兴技术作为新一轮科技革命和产业变革的驱动力，越来越多的视听业态和节目融合利用超高清（4K/8K）、AR/VR、AI、云计算、区块链等高新技术，用新奇的影像语言和视觉体验创新应用场景，吸引受众关注，对网络视听行业产生了广泛而深远的影响。

（一）超高清（4K/8K）

2022 年视听行业迎来更新迭代的新潮，中央广播电视总台央视新闻运用 4K/8K 超高清彩色修复技术，将中国共产党百年奋斗史中极为珍贵的新闻纪录影像进行电影级修复上色。2022 年 6 月，北京人艺建院 70 周年纪念演出《茶馆》首次实现 8K 录制，微信视频号、微博、抖音三个平台，单个

直播间的观看量均超过百万人次。2022 年 7 月 13 日，央视网联合博冠举办"超级月亮"8K+5G 直播，全网播放量达 50W+。

（二）虚拟数字人

虚拟数字人市场迅速升温，各式各样的虚拟数字人频繁地出现在公众视野中。虚拟数字人利用 5G、AI、AR/VR 等多项技术，成为媒体转型中一道靓丽的风景线。例如北京冬奥会专职天气 AI 虚拟主播"冯小殊"、中国首个广播级智能交互数字人"时间小妮"、全球首位数字航天员"小净"等。据艾媒咨询数据显示，2021 年，中国虚拟人带动产业市场规模和核心市场规模分别为 1074.9 亿元和 62.2 亿元，预计 2025 年分别达到 6402.7 亿元和 480.6 亿元。[①]

（三）XR 沉浸式演播室

XR 沉浸式演播室的出现改变了传统节目制作方式。XR 沉浸式演播室将 VR、AR、MR 等沉浸式技术融为一体，虚拟场景和实景采集能够无缝切换，打造全新的沉浸式交互体验。为用户提供无限的创作和创意空间，满足用户对新闻报道、娱乐综艺、体育赛事、气象报道和教育教学等多场景应用需求。自 XR 沉浸式演播室出现后，很多电视台都在对演播室进行改造升级，如福建广电网络集团、辽宁广播电视台、海口广播电视台、番禺融媒体中心、德清融媒体中心等单位都对演播室进行了升级改造。

（四）全息投影

随着 5G 快速发展，促进 AR、VR、全息技术进入实用阶段，全息投影在广告、娱乐、旅游、教育、医疗、建筑等领域的应用范围不断扩大，5G全息应用市场将迎来全面爆发。目前我国全息投影市场较为集中，微美全息、幻息科技、幻维数码、魔眼科技等行业龙头占据大部分市场份额，企业也主要分布在北上广等地。随着 5G 推动和全息投影"介质"问题的解决，全息投影行业将迎来蓝海。如浙江广电融媒体中心、北京丰台融媒体中心利用全息 3D 视觉技术，打造新的媒体展现形式，通过全方位、多景

---

① 数据来源：iMedia Research（艾媒咨询），《2022 年中国虚拟人产业商业化研究报告》。

区、多空间、多视点 XR 新闻资讯播报，从而将演播室建设成全媒体新闻资讯发布平台。

（五）AIGC（AI Generated Content）

AIGC 是利用人工智能技术自动生成内容的新型生产方式。AIGC 以优于人类的制造能力和知识水平承担信息挖掘、素材调用、复刻编辑等基础性机械劳动，能够通过支持数字内容与其他产业的多维互动、融合渗透孕育新业态新模式。AIGC 正高效赋能视听传媒行业发展，以人机协同生产，推动媒体融合。在影视行业，运用 AIGC 技术以激发影视剧本创作思路，扩展影视角色和场景创作空间，极大提升影视产品的制作效率，例如 AI 剧本创作、AI 合成人脸和声音、AI 创作角色和场景、AI 自动生成影视预告片等。

（六）数字孪生

数字孪生推动广播电视和网络视听虚实结合的新型融合业态发展。数字孪生是充分利用物理模型、传感器更新、运行历史等数据，集成多学科、多物理量、多尺度、多概率的仿真过程，在虚拟空间中完成映射，从而反映相对应的实体装备的全生命周期过程。

四、网络视听利用新技术，实现服务和内容创新多重发展

网络视听作品和服务已成为满足人民美好生活需要的重要途径。网络视听行业更加重视利用新技术新业态，推动实现行业成果普惠共享。

一是以新技术提升治理智能化服务水平。网络视听行业主体综合运用大数据、人工智能、区块链等技术，在网络安全、个人信息保护、算法推荐、娱乐信息等方面提升治理的精准性、协调性和有效性。如针对日益增长的弹幕数量，bilibili 上线基于人工智能的弹幕和评论自净系统"阿瓦隆系统"，这个系统会根据用户对弹幕的点赞和举报数据，自动识别不良弹幕和违规弹幕，每天可以自动化处理超 70 万条负向弹幕内容。

二是以新技术发展驱动内容创新。丰富的内容资源正是智能大屏吸引

用户的关键。随着智能大屏点播资源、轮播频道及各类垂直应用的增多，以及头部短视频、中视频等多元内容的引入，大屏内容价值进一步被激发和释放。大屏以版权 IP 内容为主，将品牌内容覆盖用户观影的全链路，搭载裸眼 3D 等技术的开机广告，迅速抓住观众眼球，令用户过目不忘，同时结合 IP 内容的全景式广告进一步提升用户对品牌和产品的兴趣。

三是以新技术优化特殊群体视听使用体验。新技术促进特殊群体视听使用体验不断优化，各类视听机构已运用最新科技成果服务特殊群体。例如北京冬奥会 AI 手语主播为听障人士提供实时手语播发服务；爱奇艺、抖音、喜马拉雅等视听应用针对老年人推出大字体、轻交互、简操作的"长辈模式"；bilibili 上线依托人工智能技术的色觉优化、旁白功能适配、智能字幕等多项无障碍功能，分别针对色弱人群、视障人群、听障人群，进行针对性优化。

五、搭载新技术，为传统文化和现代时尚注入新活力

一是融合"文化+"，创新应用新技术，保护传承中华优秀传统文化成果。运用 AI 交互服务、VR 沉浸体验等技术对非物质文化遗产实现系统化保护、展示、传播，促进中华优秀传统文化活化利用和创新，为受众提供沉浸式文化参与体验。如故宫博物院与腾讯合作推出"数字故宫"小程序，实现对故宫宫殿和藏品的数字化孪生，具备 AR 实景导航、线上观展、慢直播等功能。爱奇艺推出"华夏古城宇宙——洛阳" IP 概念，通过剧、综、影等内容形态，为用户全景式呈现千年古城洛阳的无穷魅力。同时，视听技术还推动着公共文化服务智慧化升级，如云演艺、云展览、云旅游等视听业态降低了文化服务的门槛和成本，让更多用户时时可触达。

二是融合"艺术+"，打开视听领域新体验。"技术+艺术"为视听行业注入新活力，传统文化和现代时尚的融合，促进网络视听行业高速发展，在技术加持之下碰撞出别具一格的看点。例如，"2023 中国网络视听年度盛典"中《诗词来了》《这十年·幸福中国》借助 XR 打造虚拟世界；2023 年

中央广播电视总台春晚创意节目《当"神兽"遇见神兽》依托 AR 三维绘制等技术将四大上古神兽跃然屏幕；江苏卫视春晚的《住在山海经》节目运用 XR 技术还原各种奇珍异兽。视听内容利用新技术突出行业的创新性和科技感，将虚拟现实、增强现实等技术融入节目之中，打造视听领域沉浸式体验。

三是融合"体育+"，赋能体育赛事高科技发展。在"5G+4K/8K+AI"发展战略引领下，体育赛事已形成多种技术创新融合。例如，我国首次通过 5G 直播珠峰登顶画面、完善北京冬奥会 4K 制播系统、开展冬奥会 8K 数字转播服务、推进"VR 看奥运"等创新项目。通过"技术+体育"向观众呈现精彩卓越的冬奥赛事，彰显了新技术与体育赛事的成功结合。

B. IV

行业扫描

B. 22　北京局：以党的二十大精神为指引谱写"北京大视听"高质量发展新篇章

王杰群[*]

党的二十大擘画了全面建成社会主义现代化强国、以中国式现代化全面推进中华民族伟大复兴的宏伟蓝图，吹响了奋进新征程的时代号角。习近平总书记在党的二十大报告中提出，"推进文化自信自强，铸就社会主义文化新辉煌"，为网络视听发展建设指明了前进方向、提供了根本遵循。2022年，北京市广播电视局以习近平新时代中国特色社会主义思想为指引，紧扣学习宣传贯彻党的二十大精神这条主线，全面落实中央和北京市委市政府决策部署，扎实做好网络视听主题宣传、网络文艺精品创作、网络视听生态治理等重点工作，努力在构建"北京大视听"发展格局中展现首都广电更大作为。

一、在主题策划上下功夫，精心做好党的二十大网络视听宣传工作

一是奏响网络宣传最强音。充分发挥北京网络视听资源优势，按照国家广电总局的指导部署，深入推进网络视听媒体"首页首屏首条"建设及

短视频"首屏首推工程"，开设"新时代的答卷""喜迎二十大 奋进新征程""奋进新征程 建功新时代"等专栏专区，深入做好成就宣传、典型宣传、形势政策宣传，"弘扬社会主义核心价值观 共筑中国梦"主题展播浏览量超过3.13亿次，为学习宣传贯彻党的二十大精神营造浓厚氛围。开展冬奥主题网络视听宣传活动，携手河北省广电局开展"闯关冰雪季"喜迎冬奥直播答题，吸引227万人次观看，"携手迎冬奥 同心过大年"短视频活动播放量超3.8亿次。

二是推出线上文化大礼包。围绕春节、端午、重阳等中华传统节日，开展形式多样的网络视听线上文化活动，丰富网民的数字消费体验。策划推出京津冀三地网民精品节目"免费看"，专区浏览量4.76亿次，会员"转免"累计价值超过1亿元。端午、重阳等主题短视频征集活动播放量近30亿次，直播活动观看量超1300万次。

三是提升宣传矩阵影响力。统筹调度全市40余家重点网络视听平台，进一步密切与主流媒体和头部新媒体账号的联动对接，完善"北京大视听"网络宣传矩阵建设。联动北京市疾控中心，开展防疫科普宣传，短视频播放量达3.7亿次。联合北京慈善义工联合会，推出"抗疫战线上的平安红"百名慈善义工展活动。通过直播活动、话题设置、短视频推流等方式，助力"2022明文化论坛"宣传工作，相关内容浏览量超过3.5亿次。

二、在精品创作上开新局，持续释放首都网络文艺创作活力

一是关口前移，当好创作生产指挥员。召开迎接党的二十大重点网络影视剧创作生产推进会，发起"青春中国梦"喜迎党的二十大网络视听精品创作项目征集评选活动，组织专家研讨会、项目论证会20余场次，激发网络文艺精品创作"活水"。"青春中国梦"活动收到全行业投稿279部，推选出网络剧《青春正好》、网络电影《黑鹰少年》、网络微短剧《反诈风暴》、网络纪录片《幸福中国》、网络综艺节目《登场了！北京中轴线》等20部优秀作品。深挖北京中轴线题材潜能，指导爱奇艺、优酷、新片场等

平台，策划制作网络综艺节目《登场了！北京中轴线》、系列短视频《一脉》《中轴线之美》和网络直播节目，生动展现中轴线厚重的历史文化底蕴和不断焕发新颜的时代面貌。

二是发挥优势，当好重点作品宣传员。充分发挥爱奇艺、优酷、抖音、快手、豆瓣、猫眼、知乎等平台传播力，综合运用开屏、话题、热榜、推流等多种形式，为10余部"京产"优秀作品宣推工作赋能助力。依托"首都广播电视"平台矩阵，常态化开展网络文艺精品宣传。邀请知名专家学者，开展网络文艺深度评论和短评快评，在光明日报、北京日报、文艺报等主流媒体上刊载，进一步提升网络文艺精品的影响力和美誉度。

三是扶优扶强，当好文艺创作引导员。加强对储备项目的全周期跟踪指导，贯通立项规划、剧本审读、成片审核、宣传推广、文艺评论、基金扶持等创作全流程，以优质服务保障网络文艺精品生产。2022年，北京广播电视网络视听发展基金对网络剧《冰球少年》、网络电影《排爆手》、网络动画片《孙爷爷话说西游记》、网络纪录片《追光者第二季：奋斗的青春》、网络综艺《一年一度喜剧大赛》等8个类别63部作品给予奖励扶持。同时，组织北京市重点平台和制作机构积极参加国家广电总局评奖推优，全年北京局共有78部作品入选广电总局各类评选活动。

三、在行业监管上显担当，着力构建清朗网络视听传播生态

一是以高标准完成重保任务。牵住总编辑内容负责制这个"牛鼻子"，组织召开北京网络视听迎接党的二十大内容安全工作专题调度会，细化工作部署，压实主体责任。充分发挥局视听中心和专家团队作用，2022年全年排查清理不良视听内容70万条，处置违规账号9万个，研判分析热点舆情约1万条，确保政治大年首都网络视听传播秩序安全可控。

二是以严要求抓好专项整治。深入开展"清朗视听"专项工作，重点整治IPTV、VOD（视频点播）、互联网电视违规问题，全网下架7款互联网电视应用程序。开展整治"伪正能量"问题等短视频专项排查10余次，约

谈相关平台主要负责人 20 余次，提请文化执法、通管部门查处关闭无证网站 12 家。

三是以实举措净化文娱生态。着力巩固文娱领域综合治理成果，推动常态化监管工作走深走实。进一步加强网络音频节目和广播剧管理力度，清理违规低俗广播剧近 200 部。开展网络微短剧产业生态专题调研，推进"小程序"类网络微短剧专项整治，下线微短剧 2.31 万部 227 万余集，下架和整改小程序 493 个。迅速处置违规低俗网络歌曲《我也想被哥哥钓》，下线相关违规视听内容 13.5 万条。约谈相关重点平台总编辑，严禁以"站内运营活动""直播综艺"等形式变相开展选秀网综和粉丝"打投"。

四、在惠企服务上展作为，推动网络视听平台经济规范健康持续发展

一是聚焦痛点，实施一对一帮扶。当好行业"服务管家"，跟踪掌握重点网络视听平台企业运行情况和发展诉求，不断细化"服务包"工作机制，编制实施爱奇艺、快手"一企一策"指导帮扶工作方案。牵头邀请市领导开展实地调研，协调发改、人才、金融监管、银保监、人行等部门协同发力，解决企业关心的实际问题。完善头部未持证平台备案制管理，指导平台健全总编辑内容负责制和节目自审机制，备案制平台（APP）总量增至48 家。

二是聚焦难点，提升作品审核效能。牵头组织公安、民族宗教委等 6 个相关部门，建立重点网络影视剧协审机制。联动局视听中心，针对疫情防控形势统筹调度专家资源，对网络原创视听节目和网上境外引进剧动画片实行线上办、云审核，为重点作品开通"绿色通道"。严格落实国家广电总局关于实施国产网络剧片发行许可的工作要求，为网络剧《青春正好》、网络电影《特级英雄黄继光》等 30 部优秀网络影视剧作品发放《网络剧片发行许可证》，充分发挥行政许可制度的引领示范效能。

三是聚焦堵点，增强内生合规动力。在全国广电系统率先编制印发

《北京网络视听平台企业合规手册》，为压实平台主体责任、促进企业稳健发展提供有效抓手。指导北京网络视听节目服务协会充分发挥桥梁和纽带作用，及时响应会员单位发展诉求，加强行业自律。组织召开互联网广告、网络主播行为规范等专题研讨会，搭建政企沟通平台。将党建引领行业治理作为统筹抓好疫情防控和经济发展的重要抓手，指导快手建立健全党建体系，全面提升分管企业党建质量。

2023年，北京市广播电视局将认真落实全国广播电视工作会议和全市宣传部长会议精神，深化党的二十大精神的学习宣传贯彻，在政策创新、主题宣传、精品创作、安全保障、营商服务等重点领域下先手棋、打主动仗，精心筹划举办"北京网络视听艺术大会"，推动北京中轴线题材原创作品闪亮登场，擦亮"北京大视听天天见"这张"金名片"，在网络视听高质量发展新征程中跑出首都广电加速度。

B.23 上海局：立高远之志 担时代之责 踔厉奋发构建现代化网络视听发展新格局

方世忠[*]

2022年是党的二十大胜利召开之年，也是进入全面建设社会主义现代化国家、向第二个百年奋斗目标进军新征程的重要一年。上海市广播电视局（以下简称上海局）高举习近平新时代中国特色社会主义思想伟大旗帜，全面落实国家广播电视总局和上海市委、市政府部署要求，紧紧围绕"举旗帜、聚民心、育新人、兴文化、展形象"使命任务，始终以强烈的历史主动精神和高度的文化自觉推进上海网络视听行业创新性发展，为构建现代化网络视听发展新格局奋力书写精彩华章。

一、聚焦主题主线，大力唱响时代主旋律

迎接党的二十大顺利召开，学习宣传贯彻党的二十大精神，是2022年网络视听行业肩负的首要政治任务。上海局牢记初心使命，积极担当作为，充分发挥视听新媒体主渠道主阵地作用，引领全行业持续做优做强网上正面宣传，壮大主流思想舆论，让正能量成为大流量，好声音成为最强音。

一是强化统筹引导。持续深化视听新媒体"首页首屏首条"建设，引领网络视听行业高扬思想旗帜，胸怀"两个大局"，心系"国之大者"，发

---

* 方世忠，上海市文化和旅游局党组书记、局长，上海市广播电视局局长。

挥特色优势，全力做好习近平总书记重要思想和领袖形象宣传。指导上海广播电视台融媒体中心策划推出一批主题鲜明、内容丰富的新闻主题报道、专题理论节目，通过大型融媒直播、系列短视频等形式全网传播。引导属地重点视听平台紧扣迎接党的二十大召开这一主题主线，开设专题专区、设计统一标识、优化节目编排，为党的二十大顺利召开营造隆重热烈的氛围。

二是聚力主题报道。指导上海视听新媒体平台围绕党和国家中心工作，以生力军和主阵地的担当，充分整合和盘活资源，推出大版面、长直播、高密度、全覆盖的融媒体节目。围绕党的二十大，推出系列主题报道《奋进新征程、建功新时代》、大型直播《非凡十年》、全媒体党课《"二十大"精神二十人讲》等作品。全国两会期间，仅上海广播电视台融媒体中心相关报道的全网总传播量破2亿，刷新历年最好成绩。

三是创新传播手段。指导上海视听新媒体平台强化时代元素与新技术结合，发挥广泛覆盖、圈层渗透的传播优势，运用移动直播、虚拟现实、H5等技术形式，推出有力量、有温度、能量正的视听内容，产生更高互动频率，正能量获取更大流量。全媒体大直播《最上海·苏州河》《"建筑可阅读"十二时辰》及系列短视频《了不起的宝藏·探宝上博》《千里江山图》等一批"小而精、小而美、小而实"的主题宣传作品引发热议。

二、深耕内容创作，打造网络视听新精品

视听新媒体提供的是精神文化产品和服务，具有鲜明的意识形态属性。上海市广播电视局始终按照"找准选题、讲好故事、拍出精品"的要求，引导网络视听行业坚持正确价值引领，着力提升内容品质，推动网络视听创作生产持续繁荣发展。

一是引导管理机制持续优化。积极配合国家广播电视总局开展"网络视听节目精品创作传播工程""弘扬社会主义核心价值观 共筑中国梦""中国经典民间故事动漫创作工程"等征选，充分发挥《猎罪图鉴》《中国奇

谭》等优秀节目的典型示范和引领带动作用，调动行业积极性，做好优秀项目挖掘与储备。继续加大对优秀创作主体的扶持力度，组织全市广播电视节目制作机构、互联网视听节目服务机构参与文创资金扶持申报，共计征集32个项目，其中网络剧《启航：当风起时》等9家机构制作的11个项目被评为专项扶持项目，资助金额675万元。

二是网络视听节目量质齐升。指导上海网络视听机构坚持创新融合，顺应发展大势，贴近受众需求。2022年，累计发放137部网络影视剧发行许可或上线备案号，其中35部网络视听作品入选国家广播电视总局系列评优活动。网络剧《星汉灿烂》《你安全吗》《卿卿日常》、网络微短剧《大妈的世界》、网络纪录片《人生第二次》、网络综艺《上元千灯会》等一批品质优良、表达创新的网络节目脱颖而出，在内容创作高质量发展上取得新的突破。

三是网络动画片源集聚明显。进一步发挥"上海出品"网络动画片产能优势，加强顶层设计和整体谋划，统筹市场、政府的资源配置力量，积极串联动画片产业链，培育优质发展土壤。鼓励重点视听平台立足动画产业发展，加大对优秀创作主体在资金、人才、宣推等方面的帮扶力度。2022年，上海网络动画片创作数量持续保持全国领先，全年审核通过84部583集，占全国25.5%，创作水准和品牌影响力进一步加强，涌现出《三体》《完美世界》《上海故事》等一批制作精良的作品。

三、坚持立破并举，守牢网络视听大安全

意识形态安全是网络视听工作的生命线。上海局始终坚持"字字千钧、秒秒政治、天天考试"，不断健全内容审核和播出流程，切实提升网络视听内容治理的系统性、前瞻性和智能化水平，守牢网络意识形态阵地安全。

一是突出安全保障主线任务。聚焦党的二十大重要保障期，开展为期3个月的"清朗视听"内容安全专项治理，深入17家平台开展一线督导、集中研判，通过约谈、数据攻防模拟、抽查历史存量内容等手段，有效整治

上海网络视听内容安全存在的突出问题，为迎接党的二十大召开营造风清气正的网络环境。

二是压紧压实平台主体责任。 督导属地网络视听平台立足网站特点，针对薄弱环节，制定和完善适合平台特点的管理制度，以弘扬社会主义核心价值观为己任，培育积极健康、向上向善的网络视听文化，确保网上主旋律高昂、正能量充沛。要求各平台对视听内容呈现结果负主体责任，严防违法信息生产传播，自觉防范和抵制传播不良信息，确保信息内容安全。

三是净化网络视听生态环境。 深化文娱综合整治，坚持正确政治方向、舆论导向、价值取向、审美趣向，严格落实重点网络综艺节目选题月度规划和年度报备制度，严把导向关、内容关、人员关、片酬关和宣传关，全年共审核同意网络综艺 16 部 126 期上线播出。完善综合治理长效管理机制，坚决防范不良倾向和问题苗头。

四、强化系统协同，激发网络视听新动能

2022 年，上海广电视听总收入约 1500 亿元，同比增长 17%，增速领先。上海局始终把创新作为引领视听新媒体行业发展的第一动力，自觉增强"准确识变、科学应变、主动求变"的能力，立足"双循环"，大力培育网络视听新业态、新技术、新模式，构建网络视听产业新格局。

一是培育视听媒体发展新业态。 持续关注行业新业态发展，做好互联网视听新技术应用项目的评估管理工作。及时掌握网站业务开展情况，指导平台提高自身风险研判处置能力，确保内容可管可控，企业健康发展。鼓励 SMG 等传统媒体积极调整创新，加速布局元宇宙新赛道，扎实打造文旅元宇宙标杆项目，积极探索内部产业孵化机制，构筑视听产业链条，培育新的经济增长点。

二是顺应文化与科技融合新趋势。 积极做好 5G 时代网络应用的前瞻性规划和布局，推动东方有线《广电 5G SA 网络及应用 IPv6 部署试点项目》入选国家"IPv6 与 5G 建设应用同步实施试点方向"试点名单。积极推进广

电 5G 基础设施建设和业务运营，启动上海广电 5G 网络服务，上海广电 5G 用户数超 21 万。指导上海广播电视台试验开办东方 5G 频道，实现频道用户互联互通，初步规划包含多态播出、多屏联动、视听社交、融合服务、频道联合、用户互通等六类播出服务。

三是实施视听精品内容出海战略。着力提升视听媒体国际传播能力，增强国际话语权。2022 年，SMG 旗下"ShanghaiEye 魔都眼"与海外合作方建立视频互换机制，累计覆盖 5.7 亿海外受众；上海广播电视台的优兔（YouTube）官方账号累计上线 100 余档原创节目，粉丝数达 163 万；第一财经下属"一财全球"聚焦经济、金融话题，覆盖海外粉丝 330 余万。同时，鼓励视听机构通过合拍、版权出售等方式，拓展商业版图，讲好中国故事。2022 年，bilibili 海外发行各类影视、纪录片、动画作品 90 余部，共计 1900 集 40000 分钟，其中网络动画《时光代理人》等被制作成日语、英语等多国配音版本，受到广泛关注和好评。

B.24 湖南局：砥砺奋进 担当善为 奋力推动网络视听高质量发展

贺　辉[*]

2022 年，党的二十大胜利召开。站在"两个一百年"奋斗目标历史交汇的关键节点，湖南广电紧紧围绕迎接宣传贯彻党的二十大这一工作主线，坚决贯彻省委省政府决策部署，全面落实"三高四新"战略定位和使命任务，围绕中心、服务大局，守正创新、砥砺奋进，团结一心、迎难而上，扎实推动网络视听高质量发展，保持了全省网络视听事业产业平稳较快发展的良好势头。

一、高举旗帜，精心打造网上宣传新亮点

湖南网络视听始终高举习近平新时代中国特色社会主义思想伟大旗帜，勇担新闻舆论工作职责使命，充分发挥引导人、凝聚人、激励人的作用。

深入持久做好核心宣传。深入做好习近平总书记重要思想和领袖形象网上宣传，是网络视听行业旗帜鲜明讲政治的必然要求。持续深化"首页首屏首条"建设，指导督促全省网络视听平台重点转载、推送展示习近平总书记重要思想和风采的时政节目、短视频、专题片等节目，做到习近平总书记重要思想和风采"天天见、天天新、天天深"。精心推出《在习近平

---

* 贺辉，中共湖南省委宣传部副部长，湖南省广播电视局党组书记、局长。

新时代中国特色社会主义思想指引下》《沿着总书记的足迹》《习声回响》等一批主题鲜明专题专栏，始终保持网上宣传的最强音。

集中力量做好党的二十大宣传。进一步提高政治站位，把做好党的二十大网上宣传作为首要政治任务，提前谋划，全程服务，指导推出了《这十年》《声生不息·港乐季》《十年家国十年心》等一批网络视听重点节目；组织开展了"喜迎二十大 奋进新征程"优秀网络视听作品展播；内宣外宣共同发力，指导芒果 TV 国际 APP 开设"党的二十大"专区，全面推进党的二十大宣传报道。网络综艺节目《声生不息·港乐季》获中宣部刊文表扬；网络纪录片《这十年》获得"党的二十大新闻中心"推荐；《十年家国十年心》百集主题短视频点击量超 20 亿，15 集获得中央网信办全网推荐。

聚精会神做好中心工作宣传。把握节点、聚焦重点，统筹策划，及时发布年度、月度宣传提示，引导各平台做好年度、月度宣传规划，紧紧围绕全省"两会"、首届全省旅游发展大会、"强省会"战略等省委省政府中心工作，以小切口、低落点反映大主题、高立意，推出了《湖湘文化入画来》《我是家乡旅游推荐官》等栏目节目，多形态、多角度持续开展网上正面宣传。

二、引领方向，努力实现精品创作新突破

湖南网络视听精品创作始终坚持以人民为中心的创作导向，坚持把社会效益放在首位、社会效益和经济效益相统一，更好满足人民精神文化生活新期待。

大力推进精品创作生产。坚持内容为王，聚焦主题主线，突出现实题材，加强重点题材规划、成片审核管理，进一步完善重点网络视听节目备案管理制度，在规划备案、内容审核等环节加强指导和协调，不断提升工作质量和效率，寓管理于主动服务中，与行业共同努力推动精品创作，推出了一批主旋律突出、正能量强劲的优秀作品。全年共有《我们都是追梦人》《江照黎明》《细说国宝 第二季》等 34 个作品入选中央、国家广电总

局评优推选，入选作品数量保持在全国第一方阵的地位。

认真办好湖南省第七届网络原创视听节目大赛。以赛事活动为抓手，引领全省网络视听精品创作方向。举办以"奋进新征程 讴歌新时代"为主题的湖南省第七届网络原创视听节目大赛，迎接宣传贯彻党的二十大。大赛征集到来自203家单位和个人的各类作品共1206件，作品数量较2021年提高了47.6%。《血色潇湘》《我的家乡好美》等287件优秀作品获奖，发放表彰奖励经费300多万元。参赛作品结构进一步优化，网络动画片、网络微短剧等短板得到改善，有了《兵主奇魂》《念念无明》等出圈之作；作品品质大幅提升，题材选择、制作水平和讲故事的能力都有了大幅提高，《白箬三美：乡村"她"力量》《彼岸一片深蓝》等作品获得评委的一致好评，大赛引领全省网络视听节目创作的成效不断彰显。

三、追求实效，务实构建产业发展新格局

湖南网络视听把新发展理念贯彻到行业发展全过程、全领域，加快推动网络视听产业高质量发展，着力构建新发展格局。

积极布局视听新业态。创新是网络视听行业发展的生命力，引导行业在保持内容创新的同时，加快视听业务、内容、平台、终端的共融共通，积极布局新业态、新产业链。芒果TV推出的新潮国货内容电商平台小芒APP打造了国内首档"00后"成长就业纪实节目《100道光芒》，将就业保障和就业指导服务融入节目内容中，通过优质文化综艺节目内容引导视频用户向电商用户转化，打造新的用户增长点。积极探索元宇宙新业态，推出国内首个成型的、应用场景丰富的综合性VR社交元宇宙平台"芒果幻城"。

着力推动马栏山视频文创园建设。在部省共建园区协议框架下，不断丰富部省共建合作内容，积极谋划、主动作为，"举办'马栏山杯'全国网络短片大赛"等7个项目作为2022~2023年度马栏山视频文创产业园部省共建重点项目获国家广电总局批复。指导园区统筹产业布局，加快产业集

聚、企业集聚，全年新注册企业 1027 家，华为湖南总部、华太电子 5G 芯片研发中心等 18 家行业头部企业入驻园区；实现企业营收 600 亿元，同比增长 15%；实现税收 33.18 亿元，同比增长 10%。

深入探索国际传播新模式。 积极引导全省网络视听平台走出去，以优质节目内容、版权合作等方式，加强向"一带一路"及周边国家"走出去"战略布局，聚力讲好中国故事、传播好中国声音。芒果 TV 国际传播的"芒果模式"取得良好效果，芒果 TV 国际 APP 目前下载量已超 1.15 亿，位列亚洲新媒体品牌前列。红网上线中英文网站"中国·十八洞"，以"精准扶贫"首倡地湖南省十八洞村为切入口，向世界分享中国扶贫经验，推出了《十八洞村小哥吃什么》等热播节目，得到海外网民的点赞。

四、严把导向，积极开拓阵地管理新境界

湖南网络视听全面落实网络意识形态工作责任制，压紧压实网络视听企业主体责任。进一步健全网络综合治理体系，推动形成良好网络生态。

持续深化文娱领域综合治理。 始终绷紧网络视听领域意识形态安全的弦，全面落实网上网下同职同责，抓好《湖南省广播电视局关于文娱领域综合治理工作的若干规定（试行）》落实落地。重拳遏制追星炒星、天价片酬、"阴阳合同"等问题，节目嘉宾片酬大幅压减；实行重点网络综艺节目主要嘉宾承诺制度，指导《初入职场的我们·法医季》《爸爸当家》等节目 406 名艺人签署了书面承诺；严肃查处违法失德艺人利用网络平台发声出镜，下线劣迹艺人相关视频 6200 余条。

扎实推进网络综合治理体系建设。 严格网络空间治理，加强对各种有害信息的管控，严肃查处危害网络视听领域意识形态安全的行为。网络内容监督管理落到实处，积极推动媒体监测监评省市县三级联通，全省网络视听立体监评体系逐步建立，全年编发《媒体监管简（专）报》189 期，获省领导批示 15 次；专项整治行动卓有成效，组织开展了"清风行动""清朗视听"等 6 项专项整治工作，查删屏蔽违规账号 6410 个，查删不良

信息 7852 条，下线落马官员以正面形象出现的违规视频 8 万多条，下架问题节目 3 部，下线 737 条无版号游戏解说内容、347 小时问题中小学课程内容。

全面加强重保期网络视听安全播出保障。建立健全多部门合作联动机制，实行行业安全生产和安全播出同部署、同检查。开展安全大检查和"回头看"行动，督促整改包括 IPTV 平台存在商业品牌专区、播出未取得许可证的影视剧等网络视听播出安全在内的问题 244 个。同时，严格重保期 24 小时值班值守、监测预警、应急响应等制度，圆满完成了党的二十大等重保期直播转播保障任务。

B.25 四川局：以优质短视频为抓手 促进网络视听内容高质量发展——以"时代光影百部川扬"为载体初探

李晓骏[*]

党的十八大以来，以习近平同志为核心的党中央高度重视宣传思想工作、文化强国建设和网络强国建设，提出一系列具有深远性、开创性的重要思想论述，为我们做好新时代网络视听内容建设、大力繁荣社会主义文化提供了根本遵循和行动指南。四川省广播电视局认真贯彻落实习近平总书记关于网络强国建设的重要思想，提高站位，主动作为，以"时代光影百部川扬"网络视听作品征集传播活动为抓手，积极探索四川网络视听事业高质量发展之路，用优质作品涤清网络视听空间，传播正能量，唱响主旋律，守好主阵地，在讲好四川故事、传播四川声音上实现新作为。

一、结合四川实际，调整发力方向

（一）行业发展态势强劲，建设四川大有可为

网络视听行业方兴未艾。随着现代信息技术迭代发展，新媒体应用市场份额、用户群体占比及网络视听作品数量连年蹿升，网络视听在健康繁荣的快车道上持续走强。四川作为网络视听资源大省，囊括了历史文化、

---

[*] 李晓骏，四川省省委宣传部副部长，省广播电视局党组书记、局长。

210

自然景观、城市人文等取之不竭的灵感取材，整合了全省 209 家网络视听持
证机构、185 家县级融媒的资源渠道，拥有中国（成都）超高清创新应用产
业基地、中国（成都）网络视听产业基地等规模基础。立足网络视听新发
展阶段，全省网络视听事业高质量发展还具有广阔空间，大有可为。

（二）行业主要矛盾转变，社会影响日趋深远

在现代信息技术快速迭代的新语境下，网络空间的开放性、视听产品
的同质化给网络视听工作带来前所有未的风险挑战。近年来，四川省广播
电视局坚持问题导向、坚持底线思维，持续加强对重点网站和短视频平台
节目的监测监管，及时处置了一批"低级红、高级黑""伪正能量"等各类
违规传播的网络视听节目。同时，网络视听内容质量良莠不齐，精品化创
作力量薄弱。当前，网络视听行业主要矛盾已经从内容数量不足转变为低
品质供给过剩而高品质内容不足，人民需要更高质量、更高水平的视听文
艺精品。① 四川省广播电视局积极谋划，以"时代光影　百部川扬"网络视
听作品征集传播活动为抓手，狠抓精品化内容创作，加强网上正面宣传，
以优质作品唱响主旋律，让正能量充盈网络视听空间。

二、践行初心使命，凝聚奋进力量

（一）创新活动为载，强化引领引导

"时代光影　百部川扬"网络视听作品征集传播活动始终胸怀"两个大
局"，心系"国之大者"，坚定以习近平新时代中国特色社会主义思想为指
导，借"百步穿杨"谐音，喻意在奋进新时代的火热征程中号召全社会运
用现代化视听手段创作网络视听节目，通过征集展播百部优质作品向海内
外展示美丽、飞扬、蓬勃、向上的四川形象。活动实质是一项正能量传播
工程，旨在引导全省网络视听行业自觉担当政治责任、文化责任，用心用
情用功推出一批记录新时代、书写新时代、讴歌新时代的优秀网络视听作

---

① 国家广电总局网络视听节目管理司、国家广电总局发展研究中心：《中国视听新媒体发展
报告 2022》p15，2022 年 5 月。

品，充分展现党的百年奋斗重大成就和历史经验，特别是党的十八大以来的历史性成就、历史性变革，做到正能量充沛、主旋律高昂。

（二）激活长效机制，聚焦主题赛道

聚合全省之力，搭建主题赛道。"时代光影 百部川扬"网络视听作品征集传播活动紧扣中央、全省工作大局，设置了主题赛道机制，通过聚焦"乡村之美""城市之光""文旅之乐""美食之都""数字之力""国际之范""动力之源""科技之新""他山之石""创业之路"十大主题，用视听语言深刻阐释四川贯彻新发展理念的生动实践。十大赛道分别交由主流媒体、网络平台、高校单位承办，各赛道分工明确，集中发力，充分发挥了资源整合优势，确保活动有序推进。同时，活动覆盖地市（州）、高校院所、媒体平台、影视机构等单位，通过长效机制最大程度激发参与对象的创作活力，让广大群众从接受者变为参与者，孵化了良性竞争的创作土壤环境。

三、探索实践路径，传播正能量

（一）坚持以人民为中心，记录新时代

习近平总书记强调："文艺创作方法有一百条、一千条，但最根本的方法是扎根人民。"人民立场既是世界观，又是方法论。"时代光影 百部川扬"内容生产、作品征集始终坚持以人民为中心的导向，聚焦富有时代高度、反映时代精神的典型人物、先进事迹，用心用情用功推出一批饱含"人文关怀、人民至上"深刻内涵的网络视听精品。活动作品《海拔4000米的少年足球梦》镜头对准甘孜州马尼干戈小学一群热爱足球的少年，讲述了他们为梦想奋斗的历程及当地为向他们提供实现梦想的舞台所作出的努力；《重装出川》系列作品记录了在建设"制造强国"新时代，"四川造"重大技术装备"走出四川"所作出的不懈努力和辉煌成就；《凉山进入动车时代！看见"速度"里的幸福》通过"绿巨人"动车与绿皮慢火车的今昔对比，展现了这十年四川大凉山日新月异的变化……

（二）紧抓时间节点，策划主题宣传

紧紧围绕党和国家中心工作、四川省委省政府工作部署，紧跟关键时间节点、紧扣重大会议主题主线，做好主题宣传、成就宣传、典型宣传，全力营造社会浓厚氛围。活动力争在不同环节和全年重要节点做好宣传，精心策划了"五四青年奖彰""青春毕业季""四川预制菜宣传""建国73周年"等主题展播活动，不断扩大活动公信力、影响力和传播力。活动作品《这群年轻人在地球上造了个"太阳"》登上总台央视《新闻联播》《焦点访谈》，深刻诠释了"奋斗者·正青春"这一五四青年主题。预制菜宣传推广周累计发布宣传稿件100余篇，在推特（Twitter）、脸书（Fackbook）等海外平台推出的预制菜双语报道受到中国驻立陶宛代办处、中国驻苏丹大使馆等多国驻外使节官方账号转发点赞。

（三）拓宽传播渠道，丰富宣传形式

一方面，活动搭建"渠道合作+媒体聚焦"宣传矩阵，制造全网最大声量，让"时代光影 百部川扬"活动引爆全网，形成围绕四川话题的正向、年轻、活泼的线上舆论场。中央、省市级媒体同频共振，央广网、中国网、四川观察、四川发布等10余家新媒体客户端设置了"百部川扬"首页专题专区，广泛提高全民关注度。抖音、快手等头部网络平台积极造势，精心策划话题挑战赛，不断提升平台用户活跃度。另一方面，全省同心共创，层层动员，形成强大的线下宣传合力。各市（州）积极开展评选活动，邀请媒体展开落地宣传、调研采风、创作实训等工作，活动热度持续升温。

（四）正能量和大流量形成合力，加大展播力度

活动"领时代之风气，发时代之先声"，准确把握新时代网络受众心理和传播特点，以一批"接地气、冒热气、聚人气"的网络视听精品牢牢占领网络视听空间，以正能量赢得"大流量"。2022年"时代光影 百部川扬"活动累计征集网络视听作品4400余件，活动宣发稿件3000余篇，活动百度词条达60万条，活动传播流量达101亿。其中，"时代光影 百部川扬"作品《凉山进入动车时代！看见"速度"里的幸福》《征途》《山高水长》在

国家广播电视总局 2022 年第一、二季度优秀网络视听作品推选活动中获优秀作品；《海拔 4000 米的少年足球梦》在 2022 年"弘扬社会主义核心价值观 共筑中国梦"主题原创网络视听节目征集推选和展播活动中荣获优秀网络视听节目；《云端上的足球梦》获得第 32 届中国新闻奖三等奖。

四川省广播电视局以"时代光影 百部川扬"网络视听征集传播活动为指路牌。一是大力繁荣网络视听文艺，激励培育人才队伍，创作了一批符合受众文化消费习惯的网络视听作品，充分展示四川自然生态之美、多彩人文之韵和蓬勃发展之势。二是搭建"网上网下一体、内宣外宣联动"全媒体宣传矩阵，用活动主题热度、优秀作品内容牢牢占据网络视听空间。三是巩固活动平台常态化，培育"百部川扬"视听品牌，促进网络视听产业蓬勃发展。下一步，四川省广播电视局将充分整合广电媒体优势资源，持续深入开展"时代光影 百部川扬"活动，积极培育特色视听品牌。同时依托活动平台的全新观念、技术引领、内容布局实现社会效益和经济效益相统一，推动四川网络视听事业高质量发展，充分展示四川网络视听新气象、铸就四川文化新辉煌。

B.26 2022 人民网视听新媒体亮点与创新

人民网

2022 年，人民网坚持守正创新、踔厉奋发，聚焦党的二十大、北京冬奥会、抗击疫情等重大事件，倾力打造质量上乘、群众喜闻乐见的网络视听新媒体产品，以优秀视频产品引领精品创作，加快推动网络视听高质量发展，取得良好效果。

一、紧扣重大议题，创新表达彰显视听表现力

2022 年，人民网抓好重大宣传这件"大事"，坚持正确政治方向、舆论导向、价值取向，紧扣主题主线，创新视听内容表现形式，通过多元化表达，情感化传播，提升重大主题报道的感染力、吸引力，推出一批符合新时代需求的优质网络视听力作。《领袖的足迹》是人民网 2022 年视听开年之作，紧扣习近平总书记 2021 年考察行程，回顾了 2021 年习近平总书记亲自谋划、亲自部署、亲自推动的一系列重大战略和重大决策，充分展现领袖深厚的人民情怀，营造思想引领、话题引导、价值观塑造于一体的传播声势，推出后累计阅读量超 5 亿。党的二十大召开前夕，人民网与人民日报政文部联合推出《百秒说·非凡十年》系列视频，各领域记者出镜，以"快、准、新"的评述，聚焦党和国家事业发展，通过一幅幅生动的实景画面、一个个鲜活的数据，讲述真实、立体、全面的中国，生动展示党的十八大以来我国取得的历史性成就和发生的历史性变革，微博话题总阅读量

超 1.7 亿。人民网生产的诸多主旋律网络视听产品，充分发挥中央主流媒体的舆论引导作用，为重大主题报道的创新表达提供了有益参考。

二、坚持精品路线，构建立体联动宣传报道格局

2022 年，人民网坚持思想精深、艺术精湛、制作精良相统一，通过"中央厨房"生产机制，将呈现宏大主题与讲述微观内容相结合，全面触发用户情感共振。联动传播既有规模阵势又有特色亮点，既有全国视角又有地方实践，既有大国担当又显百姓情怀。在中央网信办网络传播局指导下，人民网人民视频联合微信视频号、腾讯新闻共同推出短视频栏目"亿缕阳光"。栏目组充分发挥在内容策划、议题设置等方面的创新能力，深度挖掘用户关注点，建立丰富的选题库，运用"议题设置中心化，生产方式去中心化"的"中央厨房"生产机制，开创了"以热制热"的"极速"创作模式，把富有现场感的新闻素材与具有鲜活态的网民创作有机融合，二次剪辑创作成正能量短视频，推动社会主义核心价值观融于日常、入脑入心。截至 2023 年 1 月，栏目共推出短视频 115 期，传播量累计超 11 亿次。系列微视频《红色故事箱》以舞台中央的"红色皮箱"为引，巧设悬念，10 期节目的内容都围绕习近平总书记去过的红色场馆、看过的革命文物展开，针对关键道具、关键场景增加了手绘元素，从细微处入手，用讲故事的方式将党史故事娓娓道来，拉近历史与网友的心理距离，取得较好传播效果，视频总曝光量超 7 亿。

三、积极展开国际传播，凸显影像"国际语"优势

在国际传播方面，人民网利用网络视听优势，展示中华优秀传统文化魅力，探索严肃政治报道的"轻量化"表达，彰显了"故事"是"世界语"，"影像"是"国际语"的优势。传统节日是对外讲好中国传统文化故事的绝佳契机。2022 年春节期间，人民网推出英文原创"年俗日历"系列趣味短视频及海报，微纪录片《雪 过年 饺子》、趣味街采短视频《新春猜

猜乐》、韩文原创视频《韩国欧尼在京城——冬奥闹新春》等作品，以"小而美"的中国故事作为外宣切口，采用定格动画、趣味街采等丰富的表现形式，向海外受众阐释蕴藏中国精神的优秀文化，系列作品在海外平台总浏览量超过了600万次。

此外，人民网基于更具感染力的视听报道持续发声，在国际舆论斗争中争夺话语权。人民视频"人民现场"专栏自2018年创建以来，结合时政热点和内外关切，对外交部例行记者会核心信息、精彩内容进行提炼转化，创新竖屏拍摄方式，现场制作、即时传播，获第三十一届中国新闻奖一等奖（新闻名专栏）。2022年佩洛西窜访台湾之际，"人民现场"栏目与外交部、国台办、国防部、东部战区紧密联动，发布视频《中方回应解放军战机俯瞰澎湖列岛》等30余条，严正批驳美西方错误立场，受到各方关注，全网总阅读量突破7亿。

人民网还积极通过国际友人推进中国故事和中国声音的全球化表达、区域化表达、分众化表达。党的二十大期间，人民网推出视频节目"两会解说家"，英文主持人简洁明快地解读中国两会热点，在海外社交平台获得近1500万阅读量。人民网、人民视频客户端与人民日报国际部联合推出"新时代，我在中国"系列短视频，记录40位外国人在新时代中国的工作旅游经历、见闻和感受，网络传播量累计超过4亿人次。人民网推出的"Follow Xi（跟着习近平看中国）"中英文微纪录片三部曲，分别以意大利籍、西班牙籍和德国籍外国专家的视角，追寻总书记的脚步，探访讲述了以"摆脱贫困""绿水青山就是金山银山"以及"乡愁"为主题的中国故事，在脸书（Facebook）、优兔（YouTube）等海外社交媒体平台浏览量近1500万。

四、坚持技术驱动，高新视听应用优化升级

人民网利用4K、微缩摄影、MG动画①等技术，营造更加沉浸化、全息

---

①　即Motion Graphics，指动态图形或者图形动画。

化、交互性的视听体验。《百秒说两会》系列视频，通过增强现实技术（AR），配合三维建模与合成技术，用"真实环境+虚拟场景"进行创意延伸，形成主持人与场景的创意互动，增强了网友置身两会空间的亲近感和参与感；可视化视频栏目《两会看板》，通过动态 CG① 元素与真人主播的有机结合，画出两会要点；"中国种子"系列融媒体产品采用微缩摄影技术，让观众在方寸之间近距离感受种子世界的奇幻美好；《了不起的中国创造》两季纪录片，大量使用航拍、高速摄影等手段，结合 MG 动画，网络化剪辑叙事技巧解读创新技术，让网友直观地体会中国创造、中国科技的震撼与魅力。这些报道凭借新兴技术形态，让正能量汇聚起大流量。

由人民网承建的人民日报社传播内容认知全国重点实验室，研制新一代涉政智能风控平台"智晓助"，助力人民审校智能审核业务。"智晓助"功能涵盖涉政文本内容风控、视觉目标合规检测、涉政人物视频伪造检测和跨模态内容安全雷达，具有精准审校、全面核查、深度检测、广泛检测的特点，形成图、文、视频全媒体综合化内容风控服务体系。

五、强化品牌战略，打造新型主流视听平台

近年来，人民网秉持"移动优先、视频优先"战略，坚持在网络视听领域展开内容布局、产能布局、传播布局，牢牢占据舆论引导、思想引领、文化传承、服务人民的传播制高点，打造具有强大传播力、影响力的新型主流视听平台。人民网人民视频通过"人民现场""人民发布"等品牌产品，定义了政务发布会短视频、直播模式，带动下沉机构入驻，截至 2022 年年底已有 1000 余个机构号入驻，拥有人民拍客群体超过 60 万。2022 年，人民网推出一系列叫好又叫座的精品视听佳作，制作的《领袖的足迹》《血与火·新中国是这样炼成的》《信·物》《坐上火车去拉萨》等视频作品，获评国家广电总局 2022 年"弘扬社会主义核心价值观 共筑中国梦"优秀作品。人民网还在 2022 智能视听大会上发布了《2022 年智能视听发展研究报

---

① 即 Computer Graphics，指通过计算机软件所绘制的一切图形的总称。

告》，为视听行业发展提供智力支持，彰显品牌影响力。

人民网始终坚持开门办网，建构群众离不开的渠道，吸引广大用户参与信息生产传播，持续扩大优质视听内容池。2022年，人民视频策划发起"我眼中的至美中国""我们的青春叫奋斗""你好火焰蓝"等主题征集活动，吸引人民拍客广泛参与，多个话题登上热搜。2022年，中国公共外交协会、国务院国资委新闻中心、人民网旗下的环球网和中共江苏省委网信办联合主办第四届"一带一路"百国印记短视频大赛，共征集到全球近百个国家和地区超千部作品，展出作品的全球总播放量累计超过10亿次，从"一带一路"沿线国家民众及建设者的独特视角入手，讲好"一带一路"故事，促进民心相通。

如今，网络视听已经走上高质量发展的快车道，也成为推动媒体融合向纵深发展的突出力量。展望未来，人民网将继续发挥人民日报社深度融合发展的"旗舰"作用，凭借党媒党网在网络视听领域的内容生产优势，壮大主流视听内容，聚力高质量发展，在新时代新征程上展现新面貌新作为。

B.27 新华网：加快构建新时代新型主流数字媒体集团

周 楠*

2022年，随着新一轮科技革命深入发展，5G、人工智能、大数据、云计算等新兴技术不断嵌入媒体融合进程，逐步成为媒体创新的重要驱动要素。直播多元化、常态化、全民化蓬勃发展，长、短视频博弈升级、中视频另辟赛道，网络视听体系建设进入全面发力、深化改革、构建体系的新阶段。在此背景下，新华网按照传统业务是基本盘，创新业务是成长线和竞争力的发展理念，坚持党建统领、内容为王、创新为要、技术驱动，持续推动内容体系的数字化、视频化、智能化转型，不断巩固和拓展网上宣传和舆论引导主力军、主渠道、主阵地作用，加快构建新时代新型主流数字媒体集团。

一、以习近平总书记报道为统领，有力营造正面舆论强势

新华网坚持以习近平新时代中国特色社会主义思想为指导，紧紧围绕贯彻落实党的二十大精神和习近平总书记致新华社建社90周年贺信精神，全力以赴做好习近平总书记报道，推动正能量产生大流量、好声音成为强声音，努力绘就网络视听传播最大同心圆。

---

* 周楠，新华网行政人力资源中心副总监。

一是在提高贴近性上着力。用心用情做好习近平总书记报道，着力在思想性、贴近性、创新性上下功夫，推出《足迹——一路走来的习近平》系列微视频，聚焦习近平总书记的学习、工作和生活经历，以小故事、小切口反映习近平总书记的不变初心、为民情怀，单集访问量均破亿。

二是在社交化传播上着力。全新打造"学而时习之"栏目，以"短视频日历"形式再现党的十八大以来习近平总书记的重要活动、发表的重要讲话、作出的精彩论述等内容。2022年全年累计推出500余个产品，在抖音等社交媒体平台产生强烈反响，全平台累计播放量近45亿，转评赞总数超1.8亿次，有力拓展了习近平总书记报道传播新阵地。

三是在融媒化制作上着力。以弘扬历史文化、增强文化自信为切口，推出《跟着总书记学历史》系列MR视频，平均转载量达1500家。围绕十九届六中全会决议提出的"十个明确"重要内容，运用XR技术推出《读懂中国的"最大优势"》等系列微视频，创新解读习近平新时代中国特色社会主义思想的原创性贡献，总访问量超过10亿。推出"平语近人"系列创意视频30期，创新性运用三维动画、雕塑等艺术化手法呈现习近平总书记重要讲话"金句"，全渠道访问总量近9亿。

二、重大报道主力担纲、不辱使命，充分发挥网上宣传和舆论引导龙头压阵作用

新华网紧扣党的二十大报道主线，精心组织重大报道和主题宣传的网络视听传播，网上主信源、主阵地、主渠道作用进一步凸显，充分发挥主流媒体引领主流舆论的"龙头压阵"作用。

一是做好网络全媒直播报道。在党的二十大报道中，圆满完成16场网络直播报道，直播专题累计浏览量超13.5亿。在2022年全国两会报道中，圆满完成13场网络直播报道。在冬奥会报道中，"相约北京"北京冬奥会开幕式24小时全球直播全媒介、全平台展示北京冬奥会开幕盛况，在网上掀起北京冬奥热潮。

二是创新网络视听话语表达。特别策划《这十年，那些难忘的奋斗故事》《非凡中国 非凡十年》《2022，我们正年轻》系列创意视听产品，全渠道累计浏览量近 5 亿。围绕全国两会政府工作报告，推出《XR 看报告：绘景未来》，全渠道访问量 1.3 亿。XR 产品《XR 冬奥视界：冰雪荧煌》全渠道访问量 2.5 亿，《快看！她把冬奥会体育图标演活了!》全网累计浏览量过亿。

三是打造理论宣讲网络样本。与中央党校（国家行政学院）国家高端智库联合策划《以"理"服人：十年的十个"为什么"》理论短视频，对党的二十大报告理论宣讲作出创新性尝试，推动党的理论政策热在基层、热在民心。推出"基层代表履职手账""两会云连线""两会青年问答"等多个系列访谈，其中"基层代表履职手账"系列访谈微纪录片全渠道浏览量超 1.5 亿，有效推动党的创新理论落地生根。

三、坚持创新驱动、技术引领，视频化、智能化转型融合推进、成效显著

新华网全面加快全网视频化转型向纵深迈进，进一步提升视频产品供给能力、创新能力，着力提高技术成果应用能力，不断探索拓展视频产品新形态。

一是推进技术与核心业务结合。推出了一系列先进技术与核心业务深度融合的产品，《两会"议事界"》实现 XR 技术在时政报道中的常态化运用，建团百年云团课《青春心向党 百年再启航》将 XR 等前沿技术应用至云直播、云课堂场景，《卫星鸟瞰汤加火山爆发》将 XR 与卫星遥感、数字地球等技术结合，全网总访问量近 4000 万。

二是加速数字人产品应用。基于动作捕捉技术打造超写实数字人"筱竹"，推出创意视频《端"舞"安康》《筱竹的二十四节气》等产品。制作主题音乐短片《逐梦》，由筱竹与青年演员共同起舞，配以著名音乐人原创主题音乐，在多平台发起征集活动，探索虚拟视听产品与现实结合新路径。

三是充分发挥网络平台作用。打通媒体资源、政务资源、公共服务资源，创新采用项目制等生产模式，打造内容生产传播运营新生态。二十四节气文化 IP《行律千年——二十四节气微纪录片》，用中国元素诠释文化自信，邀请知名演员、表演艺术家等作为"二十四节气宣讲人"为节目配音，全网视频总浏览量突破 4.3 亿，话题总阅读量超 8.8 亿。参与制作的 12 集大型实景综艺《闪耀吧！中华文明》被国家广播电视总局"迎接党的二十大精品网络视听节目"座谈会重点推荐。

四、深入落实内外并重战略部署，多语种全媒体报道广泛影响国际舆论

新华网着力加强国际传播能力建设，打造 9 个外文频道和 10 个外文客户端，充分发挥多语种对外报道全媒体平台作用，展示真实、立体、全面的中国形象。

一是聚焦习近平总书记报道。推出累计 70 期英、法、西、阿、俄、葡、日文版微视频《足迹———路走来的习近平》，英文微视频与推特大 V 积极互动，累计在 100 余家主流媒体网站落地。打造《习近平鲜为人知的故事》重磅外宣微视频专栏，推出《习近平的新春故事》等 3 期产品，被 20 家海外主流媒体网站采用。15 期"习近平金句创意视频"英文动态海报，可视化呈现习近平总书记重要讲话金句。《习近平时间》专栏增开"Xi's Archive"专区，创新性集纳展示总书记活动全文报道。

二是积极开展舆论斗争。围绕人权问题，推出重磅微纪录片《灭族之恨》《暗黑之狱》，全渠道累计访问量近 4 亿。围绕俄乌冲突，推出"美式肮脏角色"系列漫画海报，海媒平台浏览量超 30 万。推出重磅微纪录片《美国真相——号称"第二中情局"的国家民主基金会》《"玩火者"佩洛西》，揭批美国粗暴干涉他国内政，累计访问量近 2 亿。

三是对外讲好中国故事。中英文微视频《两会，边走边侃》在海外社交平台浏览量约 101 万；推出 12 期英文微视频《我的新疆故事》，在海媒

平台累计浏览量近 500 万；多语种专栏《中国故事》共计推出 40 余期产品，取得良好传播效果。积极开展对外交流，承办"红星何以照耀中国"网络国际传播活动，并推出 14 期融媒体产品，邀请外籍专家学者和网络博主从第一视角解读中国，深入探讨对中国全过程人民民主的观察和对高质量发展的期待等，全渠道访问量 7.31 亿。推出"新时代 我在中国"系列报道 40 期，深度挖掘各行各业外籍人士真实故事，侧面展现中国的澎湃动力、经济活力，全渠道访问总量超 24 亿。

未来，新华网将继续以党的二十大精神为指引，牢牢把握正确政治方向和舆论导向，以"内容+技术+灵感+美学"深度融合为方向，努力在网络视听领域实现新突破、展现新作为，更好履行党的新闻舆论工作重镇的职责，更好服务党和国家工作大局。

B.28 "中国视听"：汇聚广播电视和网络视听的磅礴力量

黎 刚 丁 津[*]

"中国视听"平台是由国家广播电视总局主办、运营，全行业参与、以视听为特色的公益性新媒体融合传播平台，于 2022 年 9 月 28 日正式上线运行。平台以"新时代、新视听"为定位，旨在进一步加强习近平新时代中国特色社会主义思想宣传，以高品质视听内容满足人民群众公益视听文化需求，推介优秀节目引导精品创作生产，更好地服务党和国家工作大局。建设"中国视听"平台，是国家广电总局把握新发展阶段，贯彻新发展理念，构建新发展格局的重要举措，是推动广播电视高质量发展的生动实践和构建现代化大视听发展格局的有益探索。

一、"中国视听"平台的建设过程

近年来，随着移动互联网的普及，传统的舆论生态、传播技术和受众收听收看习惯都发生新的变化。为顺应媒体格局新形势、意识形态领域新态势、信息化发展新趋势，2022 年 6 月，国家广电总局结合广电的政治职责定位、时代使命定位、工作重心定位，统筹布局、精心谋划，作出了建设"中国视听"平台的重大部署。

---

[*] 黎刚，国家广播电视总局信息中心党委副书记兼纪委书记、副主任；丁津，国家广播电视总局信息中心高级编辑。

广电总局党组对"中国视听"平台建设高度重视。广电总局主要领导专门主持召开专题会议，指导推进"中国视听"建设工作。明确指出，要下定决心建设"中国视听"，把"中国视听"建设成为总局直接主办，宣传习近平新时代中国特色社会主义思想、弘扬主流价值观、具有广电特色的重要新媒体平台，打造成为全行业的典范品牌。广电总局党组还专门审定了版块架构、栏目设置和开屏动画等重要细节。广电总局领导亲自调度指挥，每半个月召开一次工作推进会，协调"中国视听"平台建设各项工作，从人员、资金、资源对接、后勤管理等方面，为"中国视听"建设提供有力保障。

按照工作部署，"中国视听"平台由广电总局信息中心（以下简称信息中心）负责建设和运维。为圆满完成工作任务，信息中心组建专门工作队伍，倒排工期、挂图作战，全力推进平台技术开发、内容收集、节目编排、栏目设计等工作，仅用3个月就完成平台建设，于2022年国庆节前顺利上线，为党的二十大胜利召开贡献广电视听的力量。

"中国视听"平台建设得到了全行业的大力支持。在广电总局相关司局的大力支持、积极协调下，各省（区、市）广电局、广播电视台、网络视听平台齐心协力，开展了大量扎扎实实、卓有成效的工作。如北京广电局专题调度辖区机构平台提供内容和技术支持；江苏广电局积极协调省节目共享平台持续提供优质视听内容；黑龙江广电局、湖北广电局、广东广电局、广西广电局、四川广电局等专门协调本地广电机构提供优质节目；北京广播电视台主动参与平台建设，在人力、技术、节目等各方面给予支持；一些省台、省网络集团等广电机构以及芒果TV、爱奇艺、腾讯视频、优酷、等主要网络视听平台也持续提供了大量优秀的新闻节目、理论节目、文艺节目、电视剧、纪录片、动画片、网络视听节目等，初步奠定了平台的内容基础，有力推进了平台建设。

"中国视听"平台上线以来，得到了社会各界的广泛关注，下载量、安装量、单日活跃用户数量稳步上升。通过汇聚重大主题宣传报道和精品音视频节目，切实用优秀的作品传播正能量，唱响主旋律，建设主阵地，切实展现了广电行业的新气象新作为，为学习宣传贯彻党的二十大会议精神营造了浓厚氛围。

二、"中国视听"平台的特点

"中国视听"平台的建成，为精品视听节目的传播提供了新的渠道，进一步扩大了宣传阵地，壮大了主流舆论。根据平台定位和上线后的运行情况，"中国视听"平台有以下特点。

（一）主题宣传更加鲜明，舆论引导能力进一步提升

"中国视听"平台把做好习近平新时代中国特色社会主义思想宣传作为首要政治任务，紧紧围绕重大主题主线，紧扣关键节点，及时汇聚相关内容，让主题宣传更加鲜明，让主旋律更加高昂，让正能量更加强劲。

一是精准务实做好习近平总书记重要思想和领袖形象宣传。"中国视听"平台在建设策划阶段就专门设立了推荐、要闻等栏目，专区汇聚有关习近平总书记重要活动、重要思想的音视频节目，深度展示各级广播电视媒体"头条"和网络视听平台"首页首屏首条"内容，把习近平总书记的创新思想、领袖风范、雄才大略、为民情怀、人格魅力鲜活生动的宣传汇聚起来，把习近平新时代中国特色社会主义思想全方位、多角度、深层次展现起来，让习近平总书记的思想和形象"天天见、天天新、天天深"。

二是深入开展习近平新时代中国特色社会主义思想宣传。深入拓展舆论引导能力提升工程和创新理论传播工程，精心设计展播专题和主题 logo，在首页首屏置顶及热门精选专区，推荐广电总局组织策划扶持的《思想耀江山》《我和我的新时代》等重点理论节目，展播《中国梦·我的梦》等"弘扬社会主义核心价值观 共筑中国梦"主题原创网络视听节目，以及《我们这十年》《大考》等微纪录片、电视剧等，聚焦新时代新征程新伟业，让理论宣传更鲜活生动，以强烈的使命担当推动习近平新时代中国特色社会主义思想学习宣传工作向纵深发展，展现广播电视和网络视听守正创新、

砥砺奋进的责任担当。

三是认真做好迎接学习宣传贯彻党的二十大工作。"中国视听"平台上线后就迎来党的二十大胜利召开。平台认真落实广电总局迎接党的二十大宣传引导工作要求，紧紧围绕主题主线，开设二十大专题专栏，重点展播广电总局和各地广电机构扶持推荐的二十大重点节目，展现广电总局迎接学习宣传贯彻二十大重大安排部署和全系统学习宣传二十大的新形象新作为，把"中国视听"打造成为全行业关于二十大重点节目的展播平台。在内容收集上，全面汇聚二十大重点节目资源，积极刊载中央媒体、各地广播电视台关于党的二十大的主题宣传、理论节目和相关报道；在内容策划上，设立"二十大""新时代"专栏专区，推出"二十大时光""二十大代表风采""奋进新征程"等相关专题40余个，重点展示二十大会议精神和十年来建设的成就；在内容编排上，通过活动专区、首页首屏推荐、热门精选、精品节目展播、重点内容轮播等方式，在重要位置推出广播电视重点节目、优秀网络视听节目，集中刊载了《时间的答卷》《新发展理念在江苏》《这十年》《闽宁纪事2022》《歌声里的黑龙江》等一批各地广播电视播出机构和网络视听平台优秀影视作品、纪录片、动画片、网络视听节目及短视频，与各地广播电视台同频发声，掀起学习宣传贯彻党的二十大热潮。同时加强版面设计，根据每个栏目特点设计"喜迎二十大"报头、"共筑中国梦"logo和特色角标，形成正面舆论强势，为迎接学习宣传贯彻党的二十大营造强大声势，展现各地学习贯彻党的二十大精神的生动实践，全面展示新时代新征程的恢弘气象。

（二）精品汇聚更加集中，引领创作生产更加有效

内容是广播电视的根本。"中国视听"深入聚合广播电视媒体和网络视听平台优质内容资源，突出展示精品力作，以品质化、精品化的音视频节目呈现政策导向，引导节目创造生产。

一是明确主题编排，增强引导力。"中国视听"平台在建设之初就明确了内容定位，即"学""视""听"三大主题版块。其中，"学"（新思想）

是宣传习近平总书记重要思想和领袖形象的版块，同时紧紧围绕党和国家中心工作，开展主题主线和成就宣传，开设了推荐、要闻、新时代、新思想等栏目。"视"（新视界）是优秀电视节目和网络视频节目的展播展映版块，开设了热门精选、影视剧、纪录片、文化、历史、动画片、寻味、体育、短视频等栏目。"听"（悦动听）是集纳优秀广播节目和网络音频节目的版块，开设了听文艺、听历史、听军事、乡村之声、应急广播等栏目。为强化视听定位，突出时代特色，"中国视听"还把"新时代、新视听"设计纳入开屏动画，强化"视听见证时代"理念，突出视听媒体的伴随性、交互性、科技性，不断强化平台广电属性和视听功能定位。

二是强化内容引导，提升传播力。　"中国视听"是统筹"视"与"听"，兼顾长中短微精品节目的展播展映平台。"中国视听"汇聚的都是经过精心挑选，体现行业管理政策的优秀作品，特别是平台策划设计专题专栏专区，把广电总局指导、扶持、推荐、评选的优秀节目在重要位置展示出来，树立鼓励原创、奖励精品的鲜明政策导向，让行业和社会直观、清晰地了解政策倡导鼓励的方向，也把好的创作经验、创作理念分享出来，有利于指导全行业的创作生产，提升创作质量，推动打造更多思想精深、艺术精湛、制作精良的精品力作。同时，"中国视听"通过对精品内容和行业平台的汇聚对接，实现对经典节目的深度挖掘、重新利用，强化对最新优质内容的提前预热、引流推荐，与全国视听平台同频共振，形成合力，提升优秀作品的到达率观看率，打造传播热点亮点，展现行业在新时代新征程上的新气象新作为，树立行业凝心聚力推进发展、埋头苦干奋勇争先的良好社会形象。"中国视听"平台上线后，把近年来广电总局评选推荐的年度和季度创新创优节目、优秀纪录片、优秀动画片、优秀网络视听作品和"飞天奖""星光奖"等评奖评优作品，以及广电总局扶持的重点广播电视节目，都及时地在重点位置进行推荐和展示。

三是创新宣传形式，扩大影响力。"中国视听"平台目前已上线23个视听频道，2023年初，在精心准备和3个月的试运行基础上，推出了"体育"频道，汇聚优质体育视听资源，用精彩的体育节目服务大众体育和全民健身，让垂类领域更加细化，内容更加贴近用户，传播更加贴近互联网生态。目前还在精心筹备"听学堂"等其他更多的垂类频道。在专题编排上，精心部署重要节点节目内容编排和主题宣传，如在2023年元旦春节期间，深入开展2023年网络视听年度盛典宣传，组织各省市台的跨年晚会、春节晚会、元宵晚会和戏曲、民歌等特色晚会的展播展映，以丰富的内容和喜庆的形式营造了浓厚的节日气氛。在议程设置上，整合分散内容、盘活沉淀资源、深挖发展潜力，使《习近平讲故事》《大江大河》《烈火中永生》等一批视听经典节目得到了深度挖掘、重新利用，《万年上山》《大考》《县委大院》《血战松毛岭》等一批最新视听优质内容得到了提前预热、引流推荐，提高了关注度，提升了优秀作品的传播力影响力，进一步扩大了宣传声势。

（三）公益服务属性更加突出，协同共建更加彰显

"中国视听"始终强化互联网思维，树牢"全国一盘棋"理念，把行业发展能力和发展优势组织起来，做好广电内容互联、共赢互补，既主动适应视听媒体融合发展和广播电视转型升级趋势，聚合行业智慧力量探索发展新路，以正确的政治方向、舆论导向、价值取向、审美趣向，引导群众、服务群众。

一是坚守公益属性，为人民群众提供更高品质的视听服务。当前人民群众精神文化需求不断提高，对广播电视和网络视听内容产品的品质、内涵、形态、风格等有了更为严格的评判标准和更为高端的审美需求。"中国视听"汇聚各级广播电视机构和网络视听平台关于宣传习近平新时代中国特色社会主义思想、弘扬主流价值观的视听节目，让群众收听收看、查找回顾更加便捷，让思想理论和主题主线宣传覆盖范围更广、声势更大，让正面宣传更为人民群众喜闻乐见。同时，"中国视听"平台通过建立精品节目库、转链热播节目、宣推重点节目等各种方式，汇聚全国广播电视和网络视听的精品好剧、好节目、好报道，以有力的内容聚合与广泛的分发能力，让人民群众更方便、更快捷地接收到高品质视听内容，不断增强人们的文化获得感幸福感和满意度。在实现形式上，"中国视听"突出"视+听""视频+音频"特色，视频、音频节目既单独成频道独立运营，又组合形成宣传矩阵在首页推荐展示，使人民群众可看可听可感，全方位享受视听盛宴；同时，丰富视听表达，围绕"实时直播+定制点播"相结合，推出"电视台""听电台"两个直播频道，实现实时在线收听收看全国496套电台电视台节目；平台不带广告，群众免费收听收看，同时对热播节目进行转链推荐，让群众"一站"获取权威视听信息，"一手"掌握全国主流视听动态，"一眼"尽收优质精品节目全貌，让人民群众收听收看更加便捷，让优秀节目传播范围更加广泛，让精品力作更加深入人心、更好服务人民群众精神文化需求。

二是赋能行业发展，推动合作共赢。"中国视听"作为公益性平台，致力于推动行业发展，通过内容汇聚、平台对接，把省市县各级广播电视机构联通起来，把发展能力和发展优势组织起来，与政府部门、中央媒体、行业协会、网络视听平台、自媒体账户等建立对接机制，构建"广电总局集中推荐+行业优质推荐"内容体系，实现一体宣传、一体推介、一体受益，在全行业拓展新发展空间，树立新发展品牌，形成上下联动、共赢互补的新发展格局，聚行业之力，集行业之智，发挥集聚效应，不断激发行业活力、提振行业信心，为行业高质量创新性发展注入新动能、增添新力量。"中国视听"在版权合作、数据共享、平台对接、资源互换、用户引流、应用推广等方面秉承务实开放合作、互惠互利共赢的共建理念，充分发挥国家平台上下联动、贯通整合优势，与多个省市广电机构建立了深度合作规划，与多个广播电视台、共享平台、融媒体中心建立了定期供稿机制，与多个行业协会、版权机构、节目制作机构、技术公司建立了共建模式，积极布局体育、教育等垂类领域，切实深入视听事业产业发展，积极探索一条凝聚行业共识、汇聚行业力量、共同推动发展的道路。

2023年是全面贯彻落实党的二十大精神的开局之年，也是实施"十四五"规划承上启下的关键一年，广电总局已将"把中国视听打造成为彰显广电特色的专业视听平台"纳入2023年工作要点。"中国视听"将按照广电总局工作布局，坚持守正创新、稳中求进，走好"专"而"精"的发展道路，在精品内容汇聚和视听品牌建设上下功夫，强化公益属性，不断提升传播力影响力，为推动广播电视和网络视听高质量创新性发展做出新的贡献。

B.29　央视网：内容精品工程探索主流新媒体年轻态新表达

魏驱虎*

2022年，央视网按照中央广播电视总台"满屏皆精品"的要求，不断深化"思想+艺术+技术"融合传播，持续推进"青年+"战略，大力实施"内容精品化工程"，创新打造新主流、青春态的特色产品，形成了具有自身特色的主流新媒体表达风格，受到广大年轻人的欢迎和喜爱。

一、以真情实感加强思想引领

高举思想旗帜，聚焦思想引领，是媒体的重要职责。近年来，央视网将网络视听内容与年轻人关注的议题紧密结合，从年轻人视角出发，在求真、求精上下功夫，打造具有思想性、引导力的系列纪实类和评论类品牌产品，深受年轻人欢迎，传播效果显著。

1. 真实记录，以情感人。央视网秉承"通过真实鲜活的生活图景，用群体人物的平凡人生诠释中国时代精神"的创作理念，相继推出"人生""新兵"系列纪实IP，受到了受众和业界的一致褒扬。

2020年，"人生"系列的首部曲《人生第一次》问世，记录平凡人的高光时刻。片子一经推出，好评如潮，豆瓣评分最高9.2，bilibili评分达

---

* 魏驱虎，央视国际网络有限公司副总经理。

9.8。2022 年，"人生"系列第二部《人生第二次》推出，聚焦公安部查找被拐失踪儿童的"团圆行动"、社会各界力量帮扶下的"困境儿童"、最高检第十检察厅的"控告申诉"工作、深圳外来务工人员"积分入户"政策等社会热点及新闻事件，真实记录平凡中国人面对命运陡转时的抗争与和解。2022 年 5 月 19 日起，《人生第二次》上线播出，截至 7 月收官月，全网视频累计播放总量超 6.6 亿。微博主话题#纪录片人生第二次#阅读量 3 亿+，相关微博话题阅读量突破 17 亿，全网累计收获 107 个热搜。豆瓣评分 9.1，bilibili 评分 9.9，先后登上美兰德纪录片综合指数 TOP1、微博综艺影响力榜 TOP1、bilibili 热门纪录片 TOP1。同时，获得《人民日报》《光明日报》《中国妇女报》等中央主流媒体报道和高度评价；受到中国作家协会、中国文艺评论家协会、中国电影家协会等业界专家肯定；荣获 2022 年电视类"亚广联视野奖"特别推荐作品、第 27 届亚洲电视大奖"最佳社会观察节目"。

"人生"系列的再次成功，是真实的精彩，是平凡的绚烂。在"人生"作品的留言区，网友们表示，"每一集都看得我热泪盈眶，明明都是那么稀疏的平常，却有着动人心魄的力量。"同样，以相同理念创作出的《新兵请入列》也获得了极大的肯定。《新兵请入列》通过全程贴身跟拍的拍摄模式、融合创新的传播方式，真实记录了新兵们历经 180 天新兵连后从社会青年蝶变为合格战士的过程，展现了新时代军人的优良传统和良好风貌。该纪录片荣获第 32 届中国新闻奖新闻纪录片类一等奖。

2. 客观发声，以理服人。作为中央重点新闻网站，央视网真实报道热点事件，客观评论热门话题，并通过海内外社交平台有力发声，在年轻人的舆论场中发挥强有力的引导作用。

时政评论方面，《央视快评》做到重要讲话、重大活动、重大事件必发声。全年刊发评论员文章 120 余篇，90%以上获全网置顶通发，有力发挥舆论引导作用。社会热点评论方面，央视网设置议题，主动出击，推出多篇热门评论稿件。其中，针对"伪爆剧"现象发布的《别吹了，这剧没爆》

评论，语言犀利生动，呈现方式直观明晰，贴近性强，在多平台实现破圈传播。文章相关词条冲上微博热搜榜单第一、抖音热搜榜单前十。其中，微博词条阅读量达到 5 亿，引发多家娱乐领域大 V 和网友发文讨论。文章在微信收获了 10 万+阅读量。根据第三方网络舆情监测系统统计，针对话题做中性和正面表达的网友居多，充分说明网友对文章客观与中肯表示认可。

在对美西方博弈、涉疆、涉台、涉港等舆论斗争前沿，央视网主动发声，推出《美国遍布全球的 336 个生物实验室到底在研究啥》《美式控枪：嘴上说不要 身体却很诚实》《为何美国如此痴迷四处制裁》等短视频，深度揭批美国丑陋行径。在海外社交平台，央视网以 Quora 平台为核心，积极开展舆论斗争及舆论引导。《即看》《全球说》等新闻评论类社交化产品"借嘴发声"放大国际社会于我有利声音，总浏览量近 6 亿次。Quora 平台多个账号长居各类话题页 Top Writer 第一名。尤其是针对美西方在疫情等问题上对中国的污蔑和抹黑，央视网围绕"全球抗疫中的中国答卷"主题，推出微视频、海报、即阅文、议题、答帖等多形态产品，讲好中国三年抗击新冠疫情的生动故事，展示中国人民团结一心、同舟共济的精神风貌，有力回应美西方污蔑和抹黑。系列报道在央视网海外社交平台账号的总浏览量超过 3 亿次，反响热烈，充分展现了"真实的力量"。

二、用艺术表达坚定文化自信

央视网瞄准年轻受众群体和新媒体舆论场，积极探索主流新媒体在智媒体时代宣传工作的新模式新气象，在表达手法上进一步升级创新，坚持方向性，注重文化性，增强艺术性，努力打造接地气、有灵气、能共情的融媒体产品，引发更多受众尤其是年轻人的共鸣。

1. 匠心刻画年轻人的时代风貌。在艺术表达创新方面，央视网的代表作品首推总台网络春晚。由央视网主办的总台网络春晚围绕"青春"主题，立足当代青年人的创新创造，以网络化、年轻态的表达，生动展现"网生一代"的新时代青春风貌和奋斗故事，激发中国青年逐梦前行的澎湃动力。2022 年小年夜，总台 2022 网络春晚多屏播出。电视端观众触达人次 1.43 亿，其中通过 CCTV-1 电视端收看晚会的 15～24 岁观众群体，收视率同比增长 208%。相关内容新媒体矩阵直播播放量 1.5 亿次，视频播放量 10 亿次。自官宣以来，网络春晚相关内容在全网引发热门话题 260 个，相关微博话题累计阅读量超 50 亿。此外，超过 361 万名海外用户观看，海外传播量同比增长 68%。《人民日报》等媒体纷纷跟进报道和评论。

随着晚会播出，"央视 girls"以水墨画形式打造的《望飞花》、"央视boys"武侠范的《沧海一声笑》等节目纷纷出圈。晚会不仅展现了非遗传承、经典传统文化等元素，更能感受到文化传承的"新"力量。年轻人以青春之力参与文化传承，让文化传承有了新的活力。年轻一代主动拥抱、主动表达传统文化的趋势正在形成。2022 网络春晚从时代风貌与平凡故事的匠心刻画，到传统文化与当代元素的有机融合，充分展现出其贯彻始终的"青年+"战略，受到广大观众特别是年轻网友的喜爱。

2. 自信讲好新时代中国故事。在香港回归 25 周年之际，以香港故宫文化博物馆开馆为契机，央视网品牌栏目《比划》策划推出动画短剧《以梦为马》，通过元代画家赵孟頫的《人骑图》和清代画家郎世宁的《十骏图之狮子玉》两幅传世名画为载体，以拟人手法，表现两匹马相约南下途中与援港工程、台北故宫互动的故事，片子将 TVB 经典台词、香港赛马文化、港台流行歌曲等元素巧妙融入剧情，在诙谐风趣的调性中，又表达了中华文化一脉相承的精神内核。《以梦为马》首期视频全网播放量 5000 多万，央视新闻相关微博话题量达 2000 多万；央视新闻微信公众号阅读量、央视网视频号点击量均超 10 万+；学习强国、大公报、新华日报、看台海、半月谈等账号转发，故宫博物院第六任院长单霁翔自发分享推荐，全系列社交平台阅读量上亿。在国际传播方面也获得 CCTV、Cross Strait 看两岸、We HK 等在脸书（Facebook）主推，中华国宝得以在优兔（YouTube）获得重点推送。

此外，《十年画卷》系列节目从四幅传世名画《千里江山图》《富春山居图》《清明上河图》《洛神赋图》中汲取灵感，融合戏曲、评书等传统艺术形式，将新时代的发展成就生动巧妙地转化为艺术化表达。短视频播放量超4000万，话题阅读量超1亿，3次获得全网置顶推荐，多次登上各大平台热搜热词榜。《小央画话》栏目推出《"阳过"图鉴》等漫画，用有趣、暖心的画面与配字，安抚大家面对新冠的忐忑心情，表达对这3年来为我们抵御病毒的医务人员、社区工作人员、志愿者的感谢。《"阳过"图鉴》微博平台阅读量破千万，互动量破万，同时被百余家中央、地方主流媒体转载，抖音进入地方热榜，被网友评价为"最暖心的漫画"。这些作品切口精巧、表达生动，互动性强、趣味度高，在多平台引发强烈反响，给网友留下了深刻印象。

三、以技术创新打造"开新"引擎

央视网坚持"开新"思维，围绕创新这一主基调主旋律，强化技术赋能，通过内容与技术的"组合拳"，进一步打开主题主线宣传新局面，让党的创新理论在通俗化、生动化、具象化的传播过程中"飞入寻常百姓家"。

1.以新技术应用赋能爆款创作。央视网应用人工智能、大数据等创新技术打造了互动式、服务式、体验式AI融媒体产品《中南海月刊》，设有互动日历、视频集锦、月度金句、热度分析、高频词、关联图谱等丰富多样的互动式、服务式、体验式版块，从不同维度全景式展现人民领袖忙碌的日程和治国理政的精彩瞬间、经典讲话和深邃思想，让中南海直通人民群众。自开栏以来《中南海月刊》共推出23期作品，均获全网置顶推荐，总阅读量近3亿。2022年全国两会，央视网特别策划融媒体直播节目《两会C+时刻》，驱动虚拟数字人小C与真人嘉宾在虚拟场景深度互动，启用动捕面捕、实时渲染等硬核AI技术，共搭建虚拟演播室、制作3场不同主题大型直播、多个策划创意短视频等，成为总台智能沉浸新媒体新技术研发应用创新的典型案例。

2. 用智媒体技术注入传播动力。在党的二十大报道中，央视网利用 AI 换脸技术与实景拍摄相结合推出了沉浸式互动产品《种花家这十年 一路生花》。产品坚持以人民为中心，让人民群众成为故事的主角，通过人工智能换脸等智媒体技术赋能主题主线宣传，综合运用短视频、互动游戏、手绘国漫等年轻态表达方式，带领用户纵览穿越党的十八大以来十年间的壮丽航程，在新时代伟大成就中留下人民的脚印。产品上线即吸引了众多普通网友和网络达人参与互动，登上抖音热榜 TOP1，并在党的二十大新闻中心融媒体体验室重点展出，得到广泛肯定。话题#种花家 这十年一路生花#在抖音单平台浏览量 3.8 亿，超 7000 万人次参与了互动。

央视网是"总台懂青年"的重要桥梁和窗口，年轻态传播已初见成效，许多产品在年轻人中形成影响力，引发了良好的共情共鸣共振效应。央视网将认真履行主流新媒体责任，严格执行总台战略，继续深化"思想+艺术+技术"融合传播，继续实施"内容精品工程"，继续探索更多的年轻态表达方式，切实完成举旗帜、聚民心、育新人、兴文化、展形象的使命任务。

B.30 云听：技术驱动 战略聚焦 全面建设国家 5G 声音新媒体平台

云 听

2022 年是云听聚焦核心战略、锻造核心竞争力，扎实推进"思想+艺术+技术"融合传播，全面推进平台高质量发展的关键之年。云听以获得中央广播电视总台（以下简称总台）电台频率和音频节目独家授权为契机，主动作为，踔厉奋发，在融媒体创新报道、版权资源运营、先进技术示范应用等方面取得了显著成效。

截至 2022 年年底，云听手机端和车机端累计用户量达 2 亿，月活跃用户超过 1500 万，日活跃用户超过 320 万，其中车载用户数 5800 万，已成为全国电台集成第一平台和车载音频第一媒体平台。

继 2021 年获得国家广电总局广播电视媒体融合先导单位之后，云听 2022 年再次获得有关部门和行业的肯定：获评广电总局媒体融合新品牌——平台品牌；《谢谢你医生》《革命者》《传承者·医述》等作品获选 2022 年国家广电总局网络视听优秀作品。

一、发挥声音新媒体平台特色，创新主题主线报道

1. 以聚合+原创，全力做好党的二十大主题报道。2022 年大事多、要事多，云听充分聚合总台新闻资源，精心谋划、精细编排、及时报道，全年重点运营重大主题音频直播超过 40 场，强化了"听大事，来云听"的用

户认知。

为迎接党的二十大胜利召开，云听重点运营宣推 16 集大型电视专题片《领航》，节目收听量迅速突破 200 万，实现节目传播的破屏升级。党的二十大召开期间，云听客户端首页全面"飘红"，以总台音频直播与特色化节目再传播为重点，全面准确及时宣传党的二十大，端内相关报道总收听人次达 1400 万。与学习出版社联合制作上线的音频版《党的二十大报告学习辅导百问》，紧密围绕党的二十大报告提出的新理念、新战略、新论断，对 100 多个问题进行了深入浅出地解答，系统全面阐释了报告的主要内容和核心要义，助力党的二十大精神入耳、入脑、入心。

2. 以音频+互动，探索重大赛事报道融合传播新模式。在 2022 年重大赛事举办期间，云听创新推出独具声音特色的融媒体互动产品，实现总台重大赛事报道的传播破圈和音频平台价值延展。以北京冬奥会为契机，云听上线"冬奥声音博物馆"，搭建集新闻传播、冬奥项目展示和趣味互动为一体的冬奥新媒体宣传平台；推出首个"全 AI 播报"的重要赛事资讯产品；推出《出发！向冬奥》《一起向未来》等专题，受到了用户的欢迎，也获得了冬奥组委会的肯定。

卡塔尔世界杯期间，云听推出"'声'动世界杯"融媒体特别策划，为用户提供集赛场音频直播、赛事资讯、赛况日程、专题节目以及趣味活动的"一站式"声音新媒体特色互动产品。云听对热门比赛及回听进行精准推送和重点运营，赛事直播分时段运营期间资源位转化率较赛前提升 9 倍，赛事直播和回听在云听站内用户转化率均高居榜首，充分延展了音频平台的价值边界。

二、充分运营总台内容版权资源，构建内容生态护城河

1. 以总台广播直播流版权独家授权为契机，快速构建流量护城河

总台存量版权资源和广播电视直播流资源是当前云听构筑差异化竞争力的两大核心资源。云听以打造符合全媒体传播特性的国家"新广播"为

已任，不断创新广播直播点播服务，并推出中国之声、经济之声、音乐之声、环球资讯广播等 5 个国家台的 24 小时广播互动直播间，开拓创新传统广播直播互动新模式。2022 年 6 月，云听获得总台电台频率和音频节目独家版权授权后，第一时间要求喜马拉雅、蜻蜓 FM 等平台下线相关资源，这带动了广播受众快速向总台新媒体平台回流，7 月当月，云听新增用户日均涨幅达 200%；新增用户次日留存率达 51%，为行业均值的 2.3 倍。总台 22 套广播频率直播流在云听的播放量和流量占比持续攀升，其中，中国之声直播流播放量累计达 6.41 亿，经济之声 3.63 亿，环球资讯广播 1.68 亿，初步实现了广播电台移动互联网化和广播端听众向移动端用户的快速转化。

2. 以独家版权精准运营为基础，推动总台精品传播破圈

云听重点打造"听广播""听电视"专区，做强版权内容的产品化开发和市场化运营。2022 年初，电视剧《人世间》热播期间，云听快速策划宣推阅读之声制作的同名有声书，站内播放量迅速突破 8000 万，形成了很强的流量虹吸效应和长尾效应。

为进一步提升运营精准化水平，云听通过高质量改版升级，初步形成总台直播节目+碎片化内容的组合式运营模式，为用户打造总台节目定制化听单。同时，聚焦总台头部内容的"总台精品"频道于 2022 年 12 月上线，为移动音频用户集中推送总台"高品质、高口碑、高热度"的独家精品内容，做大主流音频平台流量池。

3. 以总台精品 IP 为抓手，再造新媒体新品牌新 IP

云听将自主研发的 AI 智能诵读评测技术与总台"中小学语文示范诵读库"项目的丰富内容资源深度结合，聚力推出中央主流媒体首个专为 3~15 岁中国儿童打造的中文在线诵读评测产品"云听朗读评测"系统。在"云听朗读评测"系统的广大用户基础上，云听再造新媒体新品牌，推出衍生活动"小小朗读者"，打造高品质语言风采展示平台，助力中国孩子传承中华文化、提升民族自信。2022 年，云听联合中国儿童中心主办第二届"小小朗读者"风采展示活动，一方面聚焦经典诵读，另一方面推出"声音打卡陪伴计划"，通过云听自主研发的 AI 朗读评测系统，父母陪孩子分阶段完成朗读打卡任务，解锁荣誉勋章，收获亲子陪伴的乐趣。本届活动报名人数超过 5 万，全网曝光量超 3.5 亿次，参与规模和社会影响力再创新高。

4. 以台网联合共创为着力点，推出一系列融媒体产品

云听广泛对接各频道名栏目、名主持人、名记者等特色资源，打造一大批创新节目，总台内容优势逐渐转变为平台发展优势。云听不断与总台各节目中心联手开发互联网音频节目、音频 IP 产品，实现内容"延伸"、传播"破圈"效果。联合农业农村节目中心成功共创了集线上声音采集、用户互动和数据可视的融媒体产品——"乡音博物馆"，相关话题量达 10 亿+，端内播放量已超千万；携手经济之声、音乐之声制作日更轻知识科普节目《云听声音日历·知识版》；联合经济之声打造党的二十大主题声音纪录片《数说中国故事》、评书体财经节目《高莉说书》，站内总播放量近千万；与总台离退休干部局合作视频直播公开课《国声公益讲堂》，获得良好的社会反响。

三、不断聚焦内容战略方向，聚力打造原创内容 IP 矩阵

云听聚焦资讯、文化、知识三大内容方向，扎实推进"思想+艺术+技术"融合传播，基于声音新媒体特色，打造云听资讯、云听声工厂、云听开讲、云听云医等一批云听特色原创 IP 产品，形成广受好评的内容产品化矩阵。

"云听资讯"充分依托总台新闻资源，运用 AI 主播和 AI 一体化应用平台，形成日产千条音频资讯的生产能力，为用户提供全天候、全场景的音频资讯服务，单日总收听时长突破 1.2 万小时，稳步向"互联网音频资讯第一平台"迈进。

自制精品有声书品牌——"云听声工厂"，2022 年已上线自制有声书 25 本，既有如《革命者》《精神的力量》等主题类有声书，也有《斗罗大

陆 2》《笑傲江湖》《谢谢你医生》等畅销书，精品迭出，总点击量超 2 亿；自制精品文化节目品牌——"云听开讲"以诸子百家、经史子集、经典文学、文史典藏为体，上线 26 档系列有声产品，站内播放量近 5000 万；自制健康节目品牌——"云听云医"，以健康知识科普、健康咨询服务为一体，已推出 67 档节目，覆盖 40 余个科室，站内播放量已达 5000 万，国家级健康信息服务平台初具雏形。

四、推进菁彩声示范应用，进一步提升技术引领能力

云听基于总台"全力构建'5G+4K/8K+AI'战略格局"，以先进技术为驱动，着力构建移动音频行业新范式、新标准、新生态。

在总台技术部门指导下，云听客户端上线菁彩声播放器，在"听电视"专区开启了具有自主知识产权的菁彩声"首秀"，成为国内首个覆盖主流手机终端操作系统播放国产三维声音频流的移动应用。2022 年总台中秋晚会、2023 年春节联欢晚会、元宵晚会以及卡塔尔世界杯等总台重要晚会、赛事都实现了云听菁彩声与公共大屏超高清视频同步直播，让用户感受到了直播现场的震撼声效。此外，云听还推出《韩美林艺术随笔》《怪怪奇小怪》《神雕侠侣》等多部菁彩声有声书，实现有声书产品在创作内容、艺术品质和三维立体声技术等方面的创新突破，有效提升用户收听体验，社会反响热烈。

五、以整体吸收"听伴"车联网版图为基础，快速实现车载市场弯道超车

云听车载业务在群雄逐鹿的市场竞争中后发先至。2021 年，云听对车载音频平台"听伴"商标和知识产权进行战略性收购以后，2022 年完成"听伴"车联网业务的整体吸收转化。云听打通"听伴"开创的"场景化+智能电台流"模式、打通车载端和手机端底层内容架构、运营架构，打通既有渠道资源，利用 AI 和大数据算法，将后台总台内容资源库中的广播直

播流、海量车载场景音频内容和品牌特色音频内容实时同步到车载终端，用节目流方式不间断地主动推送给千万车主。

这一系列战略性举措让云听在车联网业务上实现了弯道超车，在激烈的车载市场竞争中迅速破局。截至 2022 年年底，云听车载端累计用户数超5800 万，已上线 47 家主流汽车品牌，并与 68 家后装方案商开展深度合作，成为车载音频第一媒体平台。

2022 年 12 月，云听车联网业务战略再升级。央广智联汽车数字媒体产业基地将以"云听"车联网业务为核心，依托央广传媒集团多平台的运营经验和丰富的大视讯产业资源，共创车联网赛道的融媒体新平台；同时借助金桥智慧城市和智能网联汽车"双智联动"产城建设优势，构建全业态融合的应用新场景，推动浦东数字媒体、未来车、元宇宙产业进一步繁荣发展。

作为中央广播电视总台声音新媒体平台，云听立足中央广播电视总台"全力构建'5G+4K/8K+AI'战略格局，把新媒体新平台建设好运用好"的新要求，顺应广播融媒体变革，实现在移动互联网领域的新发展，全力打造全场景化的智能新广播。

B.31 芒果 TV：双效统一 以独创优势 深度赋能内容价值

梁德平*

2022 年，是党的二十大胜利召开之年。芒果 TV 强化党媒国企的责任担当，以迎接学习宣传贯彻党的二十大精神为全年主线任务，奏响主流宣传最强音；与湖南卫视开启媒体深度融合，塑行业新风、塑内容新潮、塑产业新局、塑人才新貌。围绕两大任务，芒果 TV 这一年的发展继续深化五大动向，用极致化的创新策划、突破性的价值表达、年轻化的叙事语态、品质化的视听形态、系统性的生态布局，践行出一条网络视听平台双效统一的发展路径。

一、以守正创新为目标，做大做强主流宣传

作为党媒国企，芒果 TV 坚持"党之所指、我之所向，国之大者、我之所为，民之所愿、我之所趋"，自觉担当主流新媒体的职责使命，以一流传播效应创造一流社会效益。2022 年围绕党的二十大主题主线，多维度构筑起正能量传播矩阵，做到了启动早、行动快，形式新、内容精，措施严、效果好。一是持续深化头条工程。芒果 TV 常年首页首屏置顶飘红《学习时刻——习近平活动报道集》。截至 2022 年年初，专区播放量已超 59 亿。

---

* 梁德平，芒果超媒总经理，芒果 TV 党委书记、总裁。

二是用心用情打造主流精品。在广电总局网络视听节目管理司和国际合作司、香港中联办的指导下，芒果 TV 携手 TVB 策划制作香港回归 25 周年特别节目《声生不息·港乐季》，截至节目收官，网端累计播放量超 36 亿，TVB 收视率创近年来同时段新高，海外传播覆盖人群破亿；《这十年》系列节目以"季播综艺+微纪录片+盛典"矩阵模式，展现党的十八大以来国家日新月异的变化，成为全国迎接党的二十大网络视听宣传首发项目，并在全网传播，成为年度主题宣传爆款；主旋律电视剧《麓山之歌》登陆央视黄金档，《底线》被誉为"中国法治电视剧破冰之作"。三是做强做优国际传播。内容创制上，划拨专项资金打造系列新闻大片，《我的青春在丝路》《功夫学徒》《闪耀的平凡》《我们都是追梦人》等连续 5 年获得"中国新闻奖"；内容发行上，近 50 部作品实现海外播出，其中《中国 2》《江照黎明》等更是发行至 20 多个国家和地区；战略深化上，全力推进与东南亚国家战略合作，2022 年与老挝国家电视台签署战略合作协议；平台建设上，截至 2022 年 12 月，芒果 TV 国际 APP 下载量超 1.18 亿次，同比增长 93.4%，构建起特色鲜明的芒果国际传播体系。

二、以内容创新为核心，实现剧综双线突破

芒果 TV 坚持核心资源自主自控，培养了 24 个节目制作团队、22 个影视自制团队，签约了 34 家新芒计划战略工作室。作为中国视频内容重要的生产机构，芒果 TV 坚持以人民为中心的创作导向，把握时代需求、关注社会情绪，争当内容创新引领者，推动网络视听产品的形态持续向沉浸式、多维度发展，在 2022 年实现剧综双线突破。

综艺方面，品牌节目《乘风破浪 3》《披荆斩棘 2》把时代奋斗精神力刻入文艺基因，播放量达亿级水平，拉动母公司芒果超媒市值大涨，大大振奋行业信心；王牌综艺《大侦探 7》《密室大逃脱 4》《妻子的浪漫旅行 6》等实现创作思考升级，为文艺作品如何从"喜闻乐见"到"责任担当"提供新思路；创新综艺《再见爱人》两季豆瓣评分均高达 8.9，《会画少年

的天空》《美好年华研习社》以优秀传统文化滋养大众的价值观，《初入职场的我们》成为"小而美"精品。电视剧方面，着力培育自有影视生态，系统掌握核心资源，提高市场竞争力。《麓山之歌》《底线》《天下长河》《二十不惑2》等四部电视剧入选国家广电总局2022年中国电视剧选集；《少年派2》《尚食》等头部大剧收获从主流媒体到广谱观众的一致好评；芒果季风在强情节的悬疑、情感赛道充分彰显品牌实力，《江照黎明》《覆流年》《妻子的选择》等均获得较高的市场关注度；大芒计划推出《虚颜》《念念无明》等优质短剧，投产比突破500%。

三、以产业创新为驱动，生态拓展卓有成效

基于长视频优势，芒果TV在2021年打造了"新潮国货内容电商平台"小芒电商。2022年，通过着力推进小芒迭代升级、融合发展，实现年交易金额7倍增长。一是集中资源孵化爆品，构建"新潮国货"运营全链路。紧密结合《向往的生活》《披荆斩棘》《名侦探学院》等芒系头部IP挖掘商品孵化点，涌现多个爆款单品，放大内容与IP转化价值。二是打造营销大事件，拓宽合作品牌矩阵。借助高价值的晚会资源有力撬动B端合作。三是探索内容助力电商的新路径，孵化多个新类目赛道。基于小芒人才引进需求，推出青年就业纪实节目《100道光芒》，探索内容形式与电商业态的深度融合，孵化出睡GO、预制菜等年轻新潮赛道，极大丰富了小芒商品结构，让小芒平台焕然一新。收官晚会《小芒种花夜·可爱冠军的诞生》助推小芒多项数据创新高，有力促进了品牌宣传与流量增长。此外，实景娱乐、艺人经纪、音乐版权、游戏等赛道不断拓宽主流新媒体的边界，使芒果生态焕发出更强大的生命力。

四、以智能中台为引擎，持续强化技术赋能

芒果TV构建了强大的"智能中台矩阵"，包含内容中台、技术中台、风控中台、运营中台。一是建立特色内容中台，加强内容引入、开发、品

控等统筹调度。内容中台涵盖剧本文学、品控、制片、艺统、导摄、音乐等领域，通过充分调动内部资源，释放组织优势；针对内容生产成立"立项委员会""节目生产中台中心""文学中台"等，实现前中后端全流程内容把控。二是以技术中台赋能业务发展，促进文化与科技共情共生。芒果TV坚持工匠精神与科技相结合，2022年移动端升级为7.0版本，体验和服务能力达行业头部水平；虚实相生的技术探索趋于成熟，2022年跨年演唱会呈现芒果元宇宙新成果，将虚拟视觉与科技舞台完美结合，创意演绎形式实现破圈传播；《声生不息·港乐季》采用"一镜到底"，《披荆斩棘2》采用光芒超高清云制播技术，创造出高质感的视觉效果；人工智能方面，构建"AI生产力平台"，将AIGC引入到生产过程中，通过《去炫吧！乐派》等项目成功落地；区块链技术方面，自建"光芒链"，交易吞吐能力领先，目前已在版权交易、数字藏品、会员等多个业务场景载入，全面变革生产和商业模式。三是风控、运营双重中台保障，规避业务风险，实现资源最优配置。建立了一整套完善的评估考核机制，完善大运营体系，培养策略型运营人才，在多屏融合、会员互动、大屏业务上加速研发和创新，发挥聚合能力，最大化释放内容价值。

五、以青年人才为依托，注入不竭发展动能

青年人才是芒果TV生生不息、基业长青的基因密码。芒果TV目前有超3000名员工，平均年龄28岁。公司搭建了独特的青年人才培养机制和先进的考核体系，培养具备高技能、多技能的复合型人才，以结果倒推组织架构调整和人员考核。一是推进定岗定编，做到人尽其才；二是实行人才双通道管理，为内容生产骨干开辟专业通道，管理通道和专业通道并存，让人才拥有专业化的职业发展空间；三是实行内部"赛马"，凡管理岗位必竞聘，2022年举办了多场面向内外的纳贤竞聘会，让人才在内部竞争中成长；四是优化"工作室制度"，升级超级工作室，鼓励团队裂变；五是启动青年人才计划，在公司内部选拔36位有潜力的年轻人，系统科学培养，为

公司高速发展提供坚强有力的人才储备；六是推进"光芒计划"，通过《100 道光芒》引入新鲜血液，为小芒一线业务打造生力军；七是持续推进"芒果青年说+青年 CEO 俱乐部"模式，发现问题、发现状态、发现人才，2022 年第七届青年说参与人数、征集提案均创历史新高，正在推进 21 个项目孵化落地。

新征程上前景无限，擎旗奋进正当时。在全面贯彻落实党的二十大精神的开局之年，芒果 TV 将继续以守正创新、双效统一为追求，以独创优势持续地深度赋能内容价值，探索独特、有效、可持续的发展路径，努力做媒体深度融合的先行者，做长视频健康发展的探索者，做青年文化引领者和国民精神塑造者，为新时代网络视听向前发展持续提供鲜活的芒果样本！

B.32　咪咕视讯：数智赋能 探索元宇宙 中国自主的观赛体系

何　嵩*

党的二十大报告提出加快建设网络强国和数字中国。习近平总书记强调："当今时代，以信息技术为核心的新一轮科技革命正在孕育兴起，互联网日益成为创新驱动发展的先导力量，深刻改变着人们的生产生活，有力推动着社会发展。"元宇宙作为信息技术革命的未来图景，是网络强国和数字中国拼图的重要板块。

作为新媒体国家队、沉浸式媒体先锋队，咪咕以打造极致体验的好故事为使命，认真落实健康中国、体育强国的国家战略。从 2018 年世界杯开始，咪咕持续布局体育领域，为广大用户打造了专业的体育赛事观赛平台。2022 年，体育赛事转播开始进入井喷期，从年初的北京冬奥会到年末的卡塔尔世界杯足球盛宴，通过打造首个 5G 世界杯 "元宇宙"，咪咕为这个体育赛事大年的内容传播圆满拉上帷幕。

在此基础上，咪咕较早开展了元宇宙的路径研究和探索，并于 2021 年11 月发布了 "元宇宙的 MIGU 演进路线图"。从 "虚拟数智人" 到 "星座·M 元宇宙空间"，从冬奥虚实互动到元宇宙世界杯，咪咕通过体育赛事直播而屡屡 "破圈"。作为 2022 年卡塔尔世界杯的持权转播商，通过全场

---

* 何嵩，咪咕视讯科技有限公司董事长、总经理。

次赛事直播、5G 元宇宙黑科技、跨界互动玩法以及精彩自制内容等，在长达 1 个月的时间里为广大球迷奉献了一场场精彩绝伦的赛事体验。整个赛事期间共收获 1041 亿全网热度、360 亿全场景内容播放量和 2079 个策划热搜，口碑与热度齐飞，品牌影响力持续提升。

《元宇宙的元理论研究》《2022 元宇宙产业发展趋势报告》中均指出，元宇宙作为人类社会形态发展新的阶段，基于硬件技术、内容生态的高度发达，开始追求超脱于物理世界层面的新体验，实现在虚拟空间之中寻求社交与场景的延展。因此，"元宇宙"的出现，成功打破了时空地域的限制，满足了观众日益多元化的观赛需求。

一、突破"卡脖子"技术，夯实面向元宇宙的音视频能力底座

5G 时代下，技术的更迭为体育赛事的呈现方式持续注入新动能。咪咕持续深耕超高清技术领域，通过广泛参与超高清视频国产化标准工作，在视频编解码、HDR 等方面形成技术突破，参与 CUVA、AVS、互动视频等数十项广电和视频行业标准。在此基础上，咪咕也沿着元宇宙 MIGU 演进路线图，通过"内容+科技+融合创新"，为用户打造超现实、超时空、超现场的元宇宙沉浸式视频观赛体验。

对咪咕而言，北京冬奥会和卡塔尔世界杯不仅是一场体育盛会，更是众多科技成果与技术创新的一次集中应用落地。北京冬奥会首次商业化应用我国自主产权标准 HDR Vivid 技术，优化升级超高清视频全景赛事制作流程，提高演播室虚拟制作能力；制作能力云化升级，开创轻量化、低成本、云导切下的云演艺创新解决方案；在世界杯直播中，首次实现双 Vivid 国产标准的商用落地，提供"视觉+听觉"全方位超高清沉浸体验，使人产生瞬间"穿越"到卡塔尔的错觉；通过突破 AVS 卡脖子技术，解决我国自主音视频标准缺失问题，助力我国 AVS3+5G+8K 产业发展领先全球。

二、搭建虚拟演播室，构造多样性的体育元宇宙

冬奥赛场上，在 AR 虚拟技术加持的咪咕演播室内，现实世界与虚拟场

景无缝衔接，充满了科技感和未来感，演播室可根据直播内容随时变换场景，让人仿佛置身冰雪赛场。而通过虚拟 VIZRT 技术，加入战术分析系统，则将进一步丰富赛事解说维度与深度、增加直播的可看性和专业性。

作为 2022 年卡塔尔世界杯足球赛的持权转播商，咪咕打造了国内首个"元宇宙"世界杯观赛空间，加上豪华解说天团，从科技、视觉、专业体育内容三条线路带领观众沉浸式体验不一样的元宇宙世界杯。从空间上看，整个演播室在造型上突破传统，构建了一个科技感十足的立体空间，整体视觉好似一艘遨游在太空的飞船。同时，整个演播台置于水上，沙漠与海洋共处的奇景，配合细节满满的天色变化，使得坐在屏幕前的观众，仿佛已经置身于极具未来感的"沙海之城"卡塔尔，推动搭建无限可能的体育元宇宙。

三、构建社交互动平台，打造多元沉浸式交互新体验

咪咕全新打造了首款以世界杯为主题的云原生社交互动观赛平台——星际广场，开启了世界杯元宇宙之门。通过融合音乐、体育、文旅、游戏与科技的未来空间站，用户凭借比特数智人分身形象，登陆星际广场，可开启元宇宙星际之旅，实现"边看、边玩、边买"的一站式沉浸体验。用户不仅能以专属的数智人分身形象实现万人同屏观看世界杯赛事、感受足球文化，还能"穿梭"于天空竞技场、激斗足球场、观赛迪厅、世界杯云上商城、世界杯足球展厅等广场，体验更沉浸、更自由、更多元的世界杯元宇宙。而星座·M 作为"星际"元宇宙中最耀眼的存在，也在世界杯期间推出了全球首个全场景数实融合世界杯元宇宙音乐盛典——动感地带世界杯音乐盛典·咪咕汇，打破虚拟与现实的边界，带用户感受"六大空间+两场盛典+多屏互动+全端链接"的全新玩法。让用户近距离感受传统足球和游戏带来的双重竞技感，呈现更沉浸、更多元的世界杯云游戏盛宴。

四、发布体育数智达人，激情与爱心引领元宇宙风尚

5G 黑科技对虚拟场景的赋能，极大程度地突破了线上虚拟空间和线下

实景空间的界限。而咪咕打造的世界杯元宇宙场域，在为人们解锁世界杯的多重体验场景的同时，也营造出无限可能的体育元宇宙未来。

冬奥赛场上，谷爱凌的"孪生姐妹"超写实数智达人 Meet GU 加盟了中国移动咪咕冬奥嘉宾天团，她完美复刻谷爱凌真人，身兼冬奥会滑雪赛事的报道和解说，直面使用者实现多种沉浸式实时互动，在谷爱凌比赛前，Meet GU 现身咪咕冬奥演播室与主持人互动，为谷爱凌加油助威，这也成为了全球奥运会直播历史上首次有数智达人作为嘉宾现身的一届盛会。

卡塔尔世界杯上，咪咕首次实现了国内批量比特数智人参与全球顶级赛事转播和内容生产。中国移动 5G 世界杯推广大使、"神奇教练"米卢的比特分身米卢 Meet Lu、王濛的超写实比特分身"王小濛"、刘畊宏的比特分身"刘教练"等比特数智人，均首次亮相并参与到元宇宙世界中。

尤其值得一提的是，在此次卡塔尔世界杯转播期间，数智手语主播弋瑭带来的数智手语解说让很多球迷眼前一亮。这是继冬奥推出的"为了听不到的你"AI 智能字幕功能的全新升级。借助基于深度神经网络的自然语言处理、高逼真度 3D 渲染、行业手语语料库、融合手语知识的翻译模型等技术，弋瑭专业流畅的手语解说为听障人士架起了无障碍观赛的桥梁，通过更加有爱的方式将绿茵场上的赛事激情传递给每一个观众。当这些数智人频繁地出现在赛事解说以及相关赛事报道等互动场景时，元宇宙的具象化认知也越发清晰。

为了进一步探索元宇宙的"中国自主的知识体系"，加强理论创新对实践的指导，2022 年咪咕联合清华大学马克思主义学院展开关于元宇宙基础理论的前沿研究，并发布《元宇宙的元理论研究——构建网络空间命运共同体》。同年，咪咕作为主要牵头单位与复旦大学等一流产学研机构共同成立全国首个省市级元宇宙新型研发机构"元宇宙与虚实交互联合研究院"，并获"上海城市数字化转型创新基地"称号。从 2022 年年初北京冬奥会一鸣惊人到"压轴盛宴"卡塔尔世界杯的圆满收官，咪咕凭借技术创新与业务呈现深度结合，创造了前所未有的元宇宙观赛体验，全体育生态"元宇宙"的玩法也为观众带来更多创新玩法和惊喜内容，让人们再次看到了顶级体育赛事的恒久魅力。

作为新媒体国家队主力军、沉浸式媒体先锋队，咪咕一直在探索关于元宇宙的"中国自主的知识体系"。未来，咪咕将勇踏新征程、借势新动能、探索新作为，以元宇宙的 MIGU 演进路线图为指引，以美好生活元动力为目标，通过体育赛事、生活方式、数智人等内容呈现，打造极致体验体育故事，充分发挥"内容+科技+融合创新"优势，继续探索元宇宙数实融合的观赛新玩法，形成现实与虚拟相互融合的"平行时空"全体育元宇宙，为观众带来"5G+全体育"全场景沉浸式的极致观赛体验。

B.33　爱奇艺：潜心笃行 坚定走好
高质量发展之路

龚　宇[*]

2022 年是党的二十大胜利召开，开启第二个百年奋斗目标新征程的重要之年，也是爱奇艺实现扭亏为盈、完成标志性逆转的关键之年。这一年，爱奇艺充分发挥多年积累的资源优势，全力打造网络视听新媒体主旋律宣传高地；持续深耕网络文艺精品创作，推动中华文化走出去；坚持降本增效、加快科技创新，助力行业发展；坚守媒体担当，积极履行企业社会责任，为推动网络视听行业高质量发展进行了一系列有益探索。

一、发挥积累资源优势，助力网络空间正能量澎湃、主旋律高昂

党的二十大胜利召开是全国人民政治生活的一件大事。2022 年，爱奇艺主动承担起重点网络视听平台的职责使命，把迎接宣传党的二十大作为贯穿全年的重大任务，推出了一系列文艺精品和优质专题专区，以网络视听的独特优势唱响主旋律、传播正能量。

（一）以精品文艺创作献礼二十大、讴歌新时代

为喜迎党的二十大，爱奇艺提前谋划、精心筹备，推出了一系列反映

时代之变、中国之进的主题主线作品，获得了市场和口碑的"双丰收"。例如，由国家广电总局组织指导创作的电视剧《大考》，取材真实故事，集合教育、青春、家庭关系、疫情、洪灾等元素，是一部具有温暖底色和浪漫主义色彩的现实题材作品，向世界展现了中国年轻学子刚健自信的青春风采，传递中国新时代的拼搏力量；《风吹半夏》则以20世纪90年代中小企业在改革浪潮中生存并寻求发展的故事"回望过去"，再现了中国经济社会的变迁图景，同时又"写在当下"，让人们重温奋斗的记忆，获得向好、向前的力量和勇气。这些主旋律题材作品紧跟时代步伐，探索多样表达，为观众提供了有温度、有价值的精神食粮。

（二）举平台之力，推动党的声音成为时代最强音

在党的二十大召开期间，爱奇艺在国家广电总局、北京市广电局指导下，设计搭建"喜迎二十大 奋进新征程"和"青春中国梦"优秀网络视听作品展播专区，同时搭建资讯专题，并调动平台核心资源进行推荐，充分释放新媒体传播矩阵势能，把党的声音传递给亿万用户。在专题专区内，围绕脱贫攻坚、大国崛起、光荣岁月、幸福生活等主题，展播电视剧《人世间》《警察荣誉》《理想之城》、纪录片《这十年》《百炼成钢》《敢教日月换新天》、网络电影《特级英雄黄继光》《浴血无名川》《黑鹰少年》等300余部优秀作品，以网络视听的独特优势，充分发挥文艺作品价值引导、精神引领、审美启迪的作用，在网上建设起与人民情感共鸣、与时代价值共振的"精神家园"。

二、以精品化多元化的文艺作品，增强人民精神力量，提高中华文化吸引力感召力

习近平总书记指出："以文化人，更能凝结心灵；以艺通心，更易沟通世界。"爱奇艺始终坚持以人民为中心的创作导向，坚持"弘扬主旋律，提倡多元化"的内容策略，持续推动网络视听精品创作，并通过海外发行、搭建国际传播平台等方式，为全球观众提供独具中国风味、蕴含中国精神

的文艺作品，用影视语言讲好中国故事，塑造可信、可爱、可敬的中国形象。

（一）以精品化多元化的文艺作品增强人民精神力量

为向上向善的力量服务是网络视听创作必须坚持的原则。2022 年，爱奇艺坚持头部精品策略，加大优质剧集的创作力度，全年涌现出《人世间》《苍兰诀》《罚罪》《卿卿日常》《风吹半夏》五部热度值破万的剧集。其中《人世间》展现了 50 年中国百姓生活史和时代洪流中普通人坚韧不屈的顽强精神；《罚罪》体现了公安干警不畏艰险，扫除犯罪团伙，护佑一方安宁的使命担当；《风吹半夏》描绘改革开放大潮中创业者热血拼搏的奋斗经历；《苍兰诀》在古装玄幻故事中注入人性向善、护佑苍生的大我理念；《卿卿日常》用"一蔬一饭即幸福"的生活哲理打动观众。这 5 部剧集类型多样、风格多元，助力网络视听文艺创作日益走向精品化、多元化。

在综艺领域，《一年一度喜剧大赛 第二季》以推广喜剧文化、挖掘喜剧新人、传播正能量为主旨，深入生活寻找点滴故事，并通过喜剧化演绎为观众带来欢笑与思考，成为国内为数不多的连续两季豆瓣评分 8 分以上的"综 N 代"作品；网络综艺《超有趣滑雪大会》《一起露营吧》《中国说唱巅峰对决》《我们民谣 2022》继续引领潮流文化，与年轻群体情绪共振。

（二）以影视语言讲好中国故事，提升中华文化吸引力感召力

爱奇艺积极参与国际传播，探索出一条从内容出海到平台出海，从作品出海到 IP 出海的发展之路。2022 年，迪士尼购入电视剧《人世间》海外播映权，引发全球关注；剧集《苍兰诀》火爆出圈后，奈飞迅速购入海外版权并向全球发行，受到海外用户的广泛喜爱。爱奇艺国际版全年上新作品 500 多部，提供 7000 余小时优质娱乐内容，推动华语文化输出。借助海外发行和爱奇艺国际版，《风起洛阳》《苍兰诀》《卿卿日常》等高热度影视内容得以在海外传播，成为世界人民了解中华文化的一扇窗口。

三、以战略转型、科技创新引领行业发展，探索网络视听高质量发展之路

（一）坚持降本增效，冷静增长，实现扭亏为盈

2022 年，爱奇艺进行了策略调整，坚持降本增效，从以追求市场份额为目标转变为以追求利润为目标，积聚起扭亏为盈的内驱动力。在内容上更加聚焦头部精品，五部热度破万剧集，在增加平台收入、增强用户黏性的同时，也提升了爱奇艺的品牌价值；通过精细化内容排播和内容推广，进一步提升了运营效率，推动企业发展。例如通过升级"云影院"网络电影合作模式，助推高质量电影的脱颖而出，实现了片方和平台的双赢。

与此同时，国家广电总局等主管部门坚持"弘扬主旋律、提倡多样性"的内容生产指导方针，出台一系列严格限制天价片酬的政策，也为长视频平台及整个影视行业的长远健康发展提供了良好的政策环境。2022 年，爱奇艺实现扭亏为盈，完成标志性逆转，提振了整个网络视听行业追求高质量发展的信心。

（二）坚持科技驱动，为行业发展提供新动能

2022 年，爱奇艺充分发挥企业在科技创新方面的累积优势，在推动影视工业化进程和提升用户体验等方面持续发力，取得了一系列新成果。

爱奇艺自研的奇声影视剧配音系统（IQDubbing）是业界首个落地于影视剧配音场景的 AI 配音系统，荣获 2022 年度 CCF 科技成果奖"科技进步一等奖"。目前奇声影视剧智能配音系统已应用于国际声提取、音效制作等影视配音各环节，在提高配音效率的同时，进一步降低人员、时间成本，助力国产剧集更好地走向海外。

2022 年年底，爱奇艺制作完成的《狐妖小红娘月红篇》是国内首部尝试应用 XR 虚拟制作的商业剧集。借助虚幻引擎实时工具，将数字场景投映到 LED 屏幕上，让演员在虚拟场景前进行表演，摄影机同步拍摄，实现"所拍即所得"。这种方式为演员提供了更真实的表演氛围，节省了后期特

效制作的时间，同时提升了画面质感，可以给用户带来更具沉浸感的观看体验，是爱奇艺推动影视工业化向前发展的又一次有益尝试。

四、充分发挥平台媒体属性，履行企业社会责任，在网络空间汇聚爱的力量

平台越大责任越大，作为中国网络视听行业的重点企业，爱奇艺在内容创作、企业经营、社会公益等各个方面，坚守平台媒体担当，履行企业社会责任。2022 年，在剧集领域，电视剧《理想之城》《叛逆者》荣获第 33 届中国电视剧"飞天奖"优秀电视剧奖，电视剧《人世间》《对手》荣获第 31 届中国电视"金鹰奖"优秀电视剧奖；在科技领域，奇声影视剧配音系统荣获 2022 年度 CCF 科技成果奖"科技进步一等奖"；在公益领域，爱奇艺上榜"中国慈善企业捐赠榜"，获评"2021 年度北京网络视听行业社会责任优秀企业"，这些荣誉既是对爱奇艺的认可，也是鞭策爱奇艺继续前行的动力。

2022 年，爱奇艺的"光影助力成长计划"走进河北青龙满族自治县，为青龙县捐建 10 间影视教室设备和 140 张项目定制的爱奇艺会员年卡，继续发挥爱奇艺丰富的影视文化资源优势，促进中小学影视教育普及。四年来，由爱奇艺社会责任与中国教育发展基金会共同发起的"光影助力成长计划"已惠及云南怒江、新疆和田、山西革命老区等地近千所学校、50 万名中小学生。

2022 年，爱奇艺继续发挥平台的媒体属性，结合国家大事、社会热点精心策划推出了迎冬奥、防疫抗疫、呵护未成年人、关爱特殊人群、促进国防教育普及等一系列公益传播项目，让人间大爱在网络空间持续涌动。

面向未来，爱奇艺将继续坚持守正创新、潜心笃行，做好主题主线宣传、网络文艺创作、科技创新应用、社会责任履行等各项工作，为推动网络视听行业高质量发展发挥更大作用，为建设网络强国、数字中国和社会主义文化强国贡献更多力量。

B.34 腾讯视频：向精、向善、向美 开启新征程新篇章

孙忠怀[*]

2022 年是进入全面建设社会主义现代化国家、向第二个百年奋斗目标进军新征程的重要一年。腾讯视频深刻理解并精准把握时代和行业发展态势，以向精、向善、向美的"大历史观""大时代观"，持续深入践行平台主体责任。一方面，充分发挥平台优势特色，创造主旋律、正能量传播新局面，助力主流价值影响力扩大；另一方面，不断深耕传统优势领域，以影视剧制作、动漫 IP 开发、综艺节目策划、纪录片创作等多元化精品内容生产为实践基石，助力新时代视听使命的践行。

一、创新把握主旋律，将党的二十大精神落深、落细、落实

聚焦非凡十年、传统文化、体育强国等正能量主题，各品类内容构建起主旋律全景版图，实现主题性创作与大众化表达的高度契合。党的二十大报告强调，"坚持以人民为中心的创作导向，推出更多增强人民精神力量的优秀作品"，也阐明了主旋律网络视听作品不能脱离"群众"的立场。横向上，腾讯视频以全平台产品矩阵助力正能量释放，以专栏设计增强影响效能；纵向上，腾讯视频内容覆盖力与形式适应度达成完满配合，从拥抱

---

* 孙忠怀，腾讯公司副总裁、腾讯在线视频首席执行官。

人民、表现人民的题材出发，以长短视频优势互补为综合形态，有力发挥着视听作品的价值作用。党的二十大召开期间，腾讯视频上线的新征程展播专区包含 20 个栏目版块，展播节目近 200 部，并进行全渠道推广。短视频策划则以"前期互动征集—中期深度挖掘—后期 IP 联动"的方式营造活力氛围。近一年来，超 40 部主旋律作品在腾讯视频热播。其中，体现新时期基层党员干部理想情怀和使命担当的《县委大院》等剧集，不断掀起正能量浪潮。

以时代关切与现实需要为指引，强化传播重点、细化传播思路，以小见大助推价值流量全方位渗透。主旋律是一个基点，它与不同语境下的广大观众结合，形成现实生活的丰采镜面。细化观众所属场域特点，针对性推出正能量产品，才能充分发挥新媒体时代的优势，有效助力主流共识的凝聚。2022 年 11 月，腾讯视频重点播出了一批卫生医疗、国企改革主题的版权剧目，其中《促醒者》同步在北京卫视播出，呈现了青年医护工作者致力于弘扬中医药文化、推进中西医结合、创新诊疗的故事；电视剧《大考》展现少年青春年华，书写师生相伴携手向前的奋斗精神；《胡同》以青春阵容演绎三代胡同奋斗史，突出薪火相传、守护万家烟火气；《那山那海》讲述福建畲族人民摆脱贫困走向乡村振兴的历程。

贴合年轻人视角、探索年轻化表达，以主流价值长效化宣扬的新机制对话新时代。以网络自制综艺及纪录片为例，其原创力与广泛青年受众基础兼具，是当下年轻社群文化传播的主阵地，也是主流价值渗透传播的丰地。腾讯视频从常态化建设思想出发，长效聚焦传统文化、文化交流、青春校园、职场就业等鲜活主题，持续以《风味人间 4·谷物星球》《沸腾校园》《令人心动的 offer 第四季》《来看我们的演唱会》等源源不断的高品质自制综艺、纪录片，构建了长效的主旋律宣传机制。其中，《风味人间 3·大海小鲜》在国家广电总局 2022 年"弘扬社会主义核心价值观 共筑中国梦"主题原创网络视听节目征集推选和展播活动中荣获优秀网络纪录片奖；《来看我们的演唱会》致力于唱演华语乐坛优秀音乐作品，同时表达时代音乐记忆和好友间的友情故事，为观众提供了追忆青春、分享复刻经典演唱会时光的精神享受。

二、奋楫争先开业务新局，勇毅笃行强平台效能

顺应时代潮流，打破传播屏障，激活潜在价值，为经典IP赋予新动能。媒体深度融合语境下，受众主动性提高，需求不断丰富，以文化类为代表的传统IP开发要与大众的新审美融合，则需要基于网络社交的情感归属，提炼符合时代命题和社会气象的主题与形式，以出圈铺垫完成IP价值的释放。例如，作为美食类纪录片中的经典IP《早餐中国》系列将早餐与老百姓的生活、社会大众的情绪紧密相连，在浓浓烟火气中升腾起强烈的情绪价值，爆发出强劲生命力和韧性。《早餐中国 第四季》时隔两年再度回归，在维持内容高热度的同时，更以豆瓣评分8.6的成绩延续了系列作品的高口碑，该作品在延续烟火气、治愈感和趣味性的同时，基于当下的社会情绪，围绕"早安人间"这一主题展开叙事，进一步强化了其现实观照意义，带给当下年轻人温暖和陪伴。再如，腾讯视频积极跟进策划"百部港片高清修复"，满足不同观影喜好的用户，提升观感体验，重新焕发经典IP流量势能。

题材赛道全拓宽，优化类目结构，落实全域视角。2022年腾讯视频的综艺节目呈现两个特点：一是以专题为中心，实现环形和长尾效应。例如，北京冬奥会期间，平台精心筹备推出数十档原创体育栏目和策划，包括演播室直播特别节目《赢战冰雪》、冰雪体验节目《热雪浪》、全新冰雪文化探寻类真人秀《追雪人》等。再如，消防主题自制综艺《一往无前的蓝》突破行业壁垒，让嘉宾与消防英雄共同生活，展现热血青年携手并肩的成长与蝶变，彰显中国年轻世代浴火试炼的责任与担当。二是传统IP转型升级。腾讯视频自制综艺《怎么办！脱口秀专场》以"各行各业"为切入点，坚持深入探讨普适性话题，寻找各领域专家进行话题专项研讨，更新内容、升级话题、结合时事，剖析社会痛点。节目聚焦"医疗""警察""影视"

等行业，关注"职场健康""婚恋"等话题；各圈层的行业代表从多维度视角切入话题，让脱口秀表达更具感染力，传递更积极向上的正能量。

立足传统文化，多视角讲好中国故事。作为承载精神文明的重要载体，立足传统文化、厚含人文关怀的视听内容，已然成为中国人民坚定文化自信，找寻深厚、博大感的重要底气和纽带。2022 年，腾讯视频围绕中华优秀传统文化、精深饮食文化展开持续创作，以纪录片为长话题厚植人文关怀，以短视频策划栏目为新形态，让传统与新潮碰撞出绝妙火花。腾讯视频推出的原创短视频策划《故事里的传承》立足传统民族文化，用 5 个篇章，倾听中国故事里的传承与创新，通过非遗保护、国漫百年、音乐舞蹈等多个角度展现"传承"守护中华文化符号，"创新"激发发展活力。对内挖掘民族文化特色的同时，腾讯视频作为支持平台，全程参与了由人民日报海外网主办的第四届全球华人生活短视频大赛的征集，以"@奋斗的你"为主题，将镜头对准新时代每一个不断奋斗的个体，对外记录并反映华人生活色彩，由内而外讲好中国故事。

以技术、艺术为驱动，加速构建国漫内容新格局。近几年来，动漫内容弯道超车，已成长为长视频平台的支柱品类之一，腾讯视频的动漫用户体量也从几年前的千万量级增长至如今的亿级体量。腾讯视频在动漫内容领域多以稳扎稳打的姿态进行布局，同时依托平台的产业链资源及内容生态，发挥出 IP 的联动效应。在多年的领域深耕与大力投入之下，腾讯视频年均上线国漫达 70 部，播出国漫内容分钟数近 2 万分钟，播放量过亿的国漫作品已超过百部，年覆盖用户量达 2 亿，多维度保持全网领先。从《斗罗大陆》《一人之下》到《吞噬星空》《左手上篮》，腾讯视频以多赛道多类型布局，不断夯实国漫精品内容矩阵，同时有多部国漫长期稳居腾讯视频全站经典畅销榜前十名，国漫作品的吸引力及价值潜力已经不亚于爆款剧综。

三、专项治理常态化、规范化、科学化，提升价值引领作用

严格落实治理要求，深入推进平台自查自纠自律。2022 年，文娱领域

专项治理持续深入推进，呈现出"强监管"与"重保护"的特点。腾讯视频紧跟政策导向，成立综合治理专班，从全面清理劣迹艺人节目到深入治理不良"饭圈"文化，从专项排查泛娱乐化问题内容到严格把关艺人片酬审核，持续开展文艺节目及其人员管理专项治理与创作提升工作。

完善推进企业公益项目，熔铸主流价值、人文传播与艺术创新。作为新时代传播场域的重要参与者，腾讯视频平台不仅注重从内容层面体现视听行业的艺术价值，还着力从精神与物质层面双向助力视听行业在社会价值上的塑造。在经典项目腾讯99公益日中，腾讯视频开设、置顶公益页卡，多终端支持腾讯99公益日相关活动，践行"科技向善"理念，以数字化能力携手用户助力公益慈善；在腾讯视频VIP十周年之际，腾讯视频特别联合腾讯公益、中国儿童少年基金会、中华少年儿童慈善救助基金会、深圳壹基金公益基金会等公益机构，通过一批有声海报，展现了近年来与广大会员共同努力的公益成果。截至2022年12月，腾讯视频积分公益捐已资助60个公益项目，累计有407万人次参与捐助，筹集爱心积分达15.68亿，共为公益机构带去6600余万元善款。

向精、向善、向美，协力丰富用户美好生活。2022年，网络视听行业面临新的发展挑战，腾讯视频不断抖擞精神求新、求变。为更加贴切满足人民日益增长的精神文化需求，腾讯视频将继续立足现实语境、坚守政策导向，优化并深耕传统项目布局，精益求精发挥内容产品的力量；平衡主题色彩，从不同视角、形式呈现文明善态，带给用户美好未来愿景和动力；提升美学品味，以真实美、特色美、活力美、文明美等为目标追求，保持高水准的内容生产能力。未来，腾讯视频将以党的二十大精神为行动纲领，以人民的火热生活为创作源泉，拓展更多反映人民心声、观照人民生活的题材，聚焦内容、技术、安全三大重心，深耕内容建设，以优秀作品增强人民精神力量，积极助力网络视听行业高质量发展，推动构建现代化大视听发展格局。

B.35　优酷：全力以赴锻造网络视听
高质量发展新动能

樊路远[*]

2022 年，优酷以习近平新时代中国特色社会主义思想为指引，在政府主管部门指导下，积极贯彻落实党的二十大精神，致力于守正创新，生产好内容、共建好行业、带动好风气，为好内容全力以赴，为广大用户提供优质的精神文化食粮，强化文化出海、科技创新和社会担当，实现企业高质量发展。

一、明确"为好内容全力以赴"的平台主张

党的二十大报告为繁荣发展文化事业和文化产业指明了前进方向、提出了明确要求，优酷坚持以人民为中心的创作导向，2022 年升级了平台新主张——"为好内容全力以赴"，高度关注用户精品内容观看需求。优酷积极践行以人民为中心的创作导向，发展社会主义先进文化，弘扬革命文化，传承中华优秀传统文化，致力创作生产传播更多精品内容，满足人民日益增长的精神文化需求。

优酷在广电总局和北京局共同指导下推出了纪录片"中国三部曲"。《这十年·幸福中国》用跨越千年的"幸福之问"，生动诠释"幸福是奋斗

---

* 樊路远，阿里大文娱集团董事长兼 CEO、优酷总裁。

265

出来的"主题思想。《闪耀吧！中华文明》深入三星堆、敦煌等6大文化遗产现场，让文物活起来；中医药抗疫纪录片《国医有方》，让观众看到了抗疫过程中的中国智慧。在现实题材大剧中，优酷推出了让乡村振兴话题破圈的《幸福到万家》，致敬一线司法工作者的《庭外》，讲述新时代缉毒英雄故事的《冰雨火》，还有向阳而生的悬疑网络剧《重生之门》。优酷还打造了"英雄永铭"系列主题影视剧场，集合了《血战松毛岭》《勇士连》《黄继光》《排爆手》等多部英雄题材的网络影剧，形成了一道热血沸腾的排播带。

2022年，优酷荣获中宣部、广电总局、北京局等主管部门的各项精品节目表彰硕果累累，其中联合出品的《觉醒年代》《功勋》《巡回检察组》荣获"五个一工程"、飞天奖、金鹰奖、白玉兰奖等多个行业大奖。《花儿向阳 童心向党——庆祝中国共产党成立100周年全国少儿晚会》获得"星光奖"。《这十年·幸福中国》《闪耀吧！中华文明》《国医有方》《血战松毛岭》等十几部作品入选广电总局网络视听季度推优和年度网络视听精品片单。2022年，优酷主旋律作品播放量同比去年增长70%，其中六成观众是"90后""00后"。更多年轻人观看的同时，也掀起了全社会的关注和讨论。

二、传播好中国声音，致力提升中国文化软实力

优酷近年来积极拓展海外用户和全球市场，致力于把更多优质文化产品传播到海外，提升中国文化的软实力。近年来，优酷实现了节目类型、落地渠道、模式输出、多语种精细化运营以及扩大海外青年传播力等全方位的突破。截至2022年12月，优酷超过1200部、1.1万集节目版权出口海外。目前优酷已开设国际版App，并形成了重点运营优兔（YouTube）平台17个频道，同步分发亚马逊、VIKI等播出平台，并辅以推特（Twitter）、Meta、Instagram等社交媒体的传播矩阵，收获超过3000万海外粉丝，每月播放量近5亿。

2022 年优酷海外传播呈现出一些可喜趋势：一是以《功勋》为代表的主旋律作品受到越来越多的关注，促使海外观众对中国历史和代表性人物产生浓厚的兴趣；二是《幸福到万家》《你好火焰蓝》等现实题材作品走入更多海外观众视野，为他们展现了真实多彩的中国社会风貌；三是《这！就是街舞》《了不起！舞社》等青年题材作品出海，成为中外青年交流互鉴的重要载体。2022 年，《这！就是街舞》推出越南版，标志着中国网综模式不仅走出国门、而且落地开花结果，打通了中国原创 IP 扎根异域的"最后一海里"；四是《锵锵行天下》《少年歌行》等文化节目和古装题材，成为传播中华美学精神的重要渠道，向世界进一步彰显了中国文化自信。

三、"技术+艺术"推进影视工业化升级进程

近年来，随着人工智能、大数据、云计算等新兴技术的发展，网络视听内容也迎来了变革。借助影视工业化体系的搭建，优酷面向行业推出了虚拟拍摄、项目管理、影视资产管理等全流程服务。

"帧享"数字化制作，能打破场景限制，创造非凡效果。相比绿幕，LED 数字背景拍摄具有"所见即所得"的优势，让演员更入戏。优酷已经在北京、厦门等多地搭建了数字影棚。尤其是北京的帧享影棚，是全国唯一一个可以全面支持目前主流虚拟拍摄技术的影棚。

"云尚"制片管理系统，让拍摄和制作更高效。使用这个系统，制片人能方便地管理项目进度和预算；导演可以在片场快速查询、回看刚刚拍好的素材；线上审片避免了异地文件传输的难题，也保障了素材的安全。

影视资产数字管理平台，通过服装道具的循环利用，节约成本。平台背后连接的是线下 7 大仓库，33 万件资产。《满江红》和《流浪地球 2》的不少道具都是从这里租赁的。

2022 年优酷多项技术应用成果也获得了广电主管部门的肯定：2022 年 10 月，广电总局公布的第二届高新视频创新应用大赛评选结果中，"优酷自由视角视频交互技术——冬奥专项"荣获一等奖。优酷 AI 视频智能剪辑系

统也入选 2022 年北京市推动智慧广电发展专项。此外，以优酷为依托单位设立的"高新视频高性能云互动广电总局重点实验室"也在 2022 年成立，该实验室由广电总局广科院、阿里巴巴达摩院 XG 实验室和米哈游协同共建，以阿里元境团队为核心，重点开展实时互动云渲染技术在高新视频方面的技术研发与应用设计开发，还参与了广电总局指导下网络视听类 APP 服务技术要求和测试方法行业标准的起草工作。

四、坚守社会责任与担当，推动文化普惠

2022 年，优酷勇于承担企业社会责任，推动文化普惠和公益事业，在无障碍剧场、光明优酷公益教室、人才培养、绿色减碳环保以及服务实体经济等方面积极回报社会。2022 年，优酷的社会担当不仅获得了广电总局公共服务司的肯定，还获得了北京网络视听节目协会评选的"北京网络视听行业社会责任优秀企业"称号，优酷助老、助残项目入选了"北京视听零距离"新视听公共服务典型案例。

优酷 3 年前就开设了"无障碍剧场"。3 年来，不断优化体验，保障上新，还发动社会力量参与到无障碍内容的制作和讲述环节，提升产能。目前优酷无障碍剧场已经上线了《流浪地球》等 400 多部作品。2022 年年底，优酷又联合中残联，开通了视障用户身份认证功能。只要在中残联做过登记的视障者，都可以免费欣赏剧场内容，为全国 1700 万视障人群开通线上认证，搭建起互联网世界的"文化盲道"。

优酷和光明网、中国妇女发展基金会联合创办的"光明优酷艺术教室"公益项目，截至 2022 年年底已在国内 9 个省、市、区落地 15 间艺术教室，帮助上万名孩子走进美妙的艺术世界。其中在四川省德格县竹庆镇协庆村小学捐建的教室已于 2022 年 5 月落成，该教室距德格县 158 公里，位于海拔 3720 米的甘孜藏族自治州西北部，项目为该校 300 多名师生带来了音乐、美术器材，为孩子们打造了体验艺术教育的小天地。

为夯实网络视听高质量发展的人才支撑，优酷与中广联一起举办了

"新号角电视剧导演之夜"，发布了"青年导演扶持计划"。优酷还联合成都文旅启动"中国故事村"项目，寻找中国最会讲故事的人，首期编剧培训班也于2023年4月8日正式落地成都。给新人提供更多成长的舞台，才能促进文艺人才队伍发展壮大，文化产业欣欣向荣。

为进一步减少碳排放、实现环保可持续，优酷在全面使用清洁云计算的基础上，通过服务器HPA与VPA技术、OSS分级生命周期管理、分级CDN调度等技术手段，持续优化云资源使用，2022年全年，优酷减排二氧化碳约1500吨。

优酷始终将企业发展融入国家发展大势，在数字文娱服务实体经济方面，优酷走在前列。此前《长安十二时辰》带火了西安旅游，2023年，优酷又和昆山市政府联合打造了"周庄·数字梦工厂"影视基地。基地是目前国内最真实的宋代实景地，涵盖了国内少有的组合式影棚及水下摄影棚。未来，它也许不仅是一个影视基地，还能创新消费场景，促进产业融合，推动当地文旅的发展。

"新征程，再出发"，作为一家"数字技术与优质内容双轮驱动"的视听平台，2023年，优酷将继续深入学习贯彻党的二十大精神，坚持以人民为中心的创作导向，推出更多增强人民精神力量的优秀作品，力争为繁荣社会主义文化事业和文化产业，增强中国文化软实力作出更多贡献。

B.36　bilibili：创新发展与社会责任并行用年轻人喜欢的方式传播主旋律

bilibili

2022年，党的二十大胜利召开，擘画了全面建设社会主义现代化国家、以中国式现代化全面推进中华民族伟大复兴的宏伟蓝图，吹响了奋进新征程的时代号角。新征程上，网络视听行业肩负起"推进文化自信自强，铸就社会主义文化新辉煌"的重要使命。作为网络视听行业的一份子，bilibili始终致力于为创作者搭建一个施展才华的舞台，为用户创建一个美好的社区，并让中国原创内容受到世界范围的欢迎。

2022年以来，bilibili深入实施创新驱动发展战略，通过技术创新、应用创新、模式创新，赋能行业高质量发展；深入社区建设，以专业用户创作视频（PUGV）、专业机构创作视频（OGV）为抓手，传播科学知识、传统文化，讲述抗疫故事；重视承担企业责任，投身乡村教育振兴、守护青少年心理健康、持续助力推动社会和谐发展。

一、深入实施创新驱动发展战略，构建多层次全方位创新矩阵

过去一年，bilibili充分发挥网络视听新媒体优势，构建出"技术创新、应用创新、模式创新"的立体化创新矩阵，为行业发展注入新动能。

（一）技术创新催生新赛道，壮大网络视听行业发展新引擎

今天，人工智能、大数据、区块链、云计算、虚拟现实等数字技术的

270

迅猛发展，催生出一系列新产业、新业态、新模式。2022 年，bilibili 凝聚科技创新合力，加强数字科技与自身业务融合发展，在多个领域实现了发展。

2022 年 8 月，bilibili 依托数字资产技术优势，助力上海数据交易所在全国率先设立数字资产版块，重构了数字资产体系，打造出数字资产与实体经济深度融合的新样板。同时，持续升级 3D 虚拟化技术，发展成为全球最大的虚拟 UP 主平台，超 23 万名虚拟 UP 主丰富了用户精神文化需求，用户则通过充电、打赏等方式支持虚拟 UP 主发展，构建出技术赋能业务发展的成功案例。

（二）应用创新丰富使用场景，保障社区内容的正向循环

2022 年 9 月，中国互联网络信息中心发布了第 50 次《中国互联网络发展状况统计报告》，数据显示，截至 2022 年 6 月，中国网络视频用户规模为9.95 亿，视频化浪潮带来诸多红利的同时，如何更好满足用户需求，营造风清气正网络安全环境，成为每个视频平台必须正视的问题。

bilibili 持续强化应用创新，在产品设计过程中重视客户体验，先后推出了"快速听歌""一起看""写笔记"等功能，满足了多元用户群体的个性化需求。同时，持续迭代 AI 模型审核系统——阿瓦隆社区自净系统，目前，该系统每天可以自动化处理超 72 万条社区负向内容，2022 年，新用户弹幕的关闭率降低了 42%，社区体验得到有效提升。

（三）模式创新加速国际化进程，助力讲好中国故事

党的二十大报告提出"加快构建中国话语和中国叙事体系，讲好中国故事、传播好中国声音"。bilibili 充分发挥网络视听平台对外传播效能，持续进行模式创新。2021 年 11 月，首次提出"国创的全球化"，致力于以年轻人喜闻乐见的形式，向更多的海外观众宣传来自中国的优质原创 IP，并以此为抓手，推动中国文化走出去。

目前，bilibili 已经成功将包括《时光代理人》《百妖谱》《仙王的日常生活》等在内的 20 余部国创作品发行至国际主要平台。2022 年 12 月，

bilibili 上线《三体》动画，播放量达 4.6 亿。同时，bilibili 也对外宣布了《三体》动画全球共创计划，拟邀请世界各地优秀的动画创作者，一起丰富《三体》动画的内容空间。

二、创新内容表达形式，引导用户群体树立正向价值观

bilibili 作为深受用户喜爱的综合性视频社区，以 PUGV、OGV 为抓手，传播正向文化，引导树立正向价值观。目前，bilibili 月活 UP 主达到了 380 万，每月上传 1760 万视频稿件，其中，知识类、传统文化、正能量等内容深受用户喜爱。此外，bilibili 作为国内头部的纪录片、动画片出品方之一，一直致力于打造优质原创作品，传递主流价值观。

（一）积极构建视频课堂，以科学知识引领用户"仰望星空"

一直以来，bilibili 致力于建设成为帮助大众实现终身学习的视频平台。2019 年 11 月，bilibili 正式上线了课堂频道，用户不仅可以学习到摄影摄像、软件教学、绘画健身等个人成长类课程，还可以学习考研考公、商业金融、文史哲艺、量子力学等涉及多领域的前沿优质课程。2022 年，科技部发布了《"十四五"国家科学技术普及发展规划》，提出要大力发展网络科普。截至 2023 年 3 月，有 1.98 亿用户在 bilibili 浏览知识类内容，超 5000 位教师入驻知识区。

（二）网络文艺与传统文化相互融合，实现中华优秀传统文化"破圈"传播

当传统文化遇见新的媒体传播语态和方式，会碰撞出新的火花。例如，中国国家级非遗代表性项目共有 1557 项，在 bilibili，各种视频内容中已经涉及超过 1320 项非遗项目，如民乐、美食、华服、歌舞等，其中许多都是由 UP 主自己拍摄制作传播，还吸引到众多用户主动点赞分享，加入创作者的行列。

2023 年 1 月，bilibili 联合上海美术电影制片厂推出了中式奇幻动画短片集《中国奇谭》，以《小妖怪的夏天》《鹅鹅鹅》《林林》等 8 段故事以

传统民间艺术为切口，从故事蓝本到载体呈现，始终围绕中国优秀传统文化的创新传承，得到了年轻用户的热烈欢迎。

（三）肩负时代使命，助力主旋律正能量在网络空间更加昂扬

2022年9月，bilibili重磅上线"喜迎二十大"专栏，集中展示"党的二十大"主题新闻报道、视频作品，在国家广播电视总局和上海市广播电视局的统一部署、指导下，持续深化平台"首屏首页"建设和短视频"首屏首推"工程，转载中央媒体关于习近平总书记重要会议活动、重要讲话精神的宣传报道，助力塑造主流舆论新格局。

一直以来，bilibili致力于支持、扶持优秀的青年创作者，配合主流媒体做好内容宣传，2022年疫情期间，"00后"UP主"拉宏桑"，把自己在上海某小区做楼长的视频发到网上，受到上百万网友围观，获人民日报、新华社、中央广播电视总台、地方媒体等2000多家媒体报道。同时，出品了多部弘扬时代精神的纪录片，2022年8月，《守护解放西3》《但是还有书籍2》荣获了国家广播电视总局第一季度优秀网络视听作品。

三、积极承担社会责任，全力打造美好社区

一直以来，bilibili坚守企业社会责任，不断提升视频内容质量，满足用户日益增长的精神需求，同时，通过线上线下相结合的方式，积极帮扶弱势群体，推动社会和谐发展。

（一）助力乡村教育，保障促进乡村振兴

对乡村来说，教育既承载着传播知识、塑造文明乡风的功能，更为乡村建设提供了人才支撑，在乡村振兴中具有重要的基础性作用。

bilibili深耕乡村教育公益事业，2022年6月，bilibili在云南省曲靖市会泽县新支持了一所乡村学校"哔哩哔哩以礼小学"。截至目前，bilibili共计支持建设了5所乡村学校，帮扶6000余名乡村学生。同时，bilibili联合上海师范大学师训团队，在云南省丽江市华坪县开展"名师送教进校""教学骨干外出学习"等活动，有力提升华坪县的教育教学质量。

（二）守护青少年心理健康，"能量加油站"助力建设健康中国

党的二十大报告在部署"推进健康中国建设"时强调要"重视心理健康和精神卫生"。四年前，bilibili成立了能量加油站，为存在心理健康问题的年轻人开通倾诉的入口。同时，审核人员还运用后台技术，发现并找到流露出负向情绪的用户，为他们提供心理辅导。截至2022年12月，能量加油站共进行情绪疏导28.1万例，对12.8万例紧急心理事件进行干预。

2022年3月，bilibili与上海市精神卫生中心合作，通过建立科普账号、接入热线志愿者团队和专业医师在线心理疏导等形式，为用户提供帮助。同时，上海市精神卫生中心的医师还将在每周固定时间到能量加油站提供在线心理疏导，为有情绪困扰的用户提供心理健康服务。

（三）技术赋能特殊需求洞察，助力信息无障碍化建设

党的十八大以来，党中央高度重视残疾人事业，突出强调改善残疾人生活品质、促进残疾人全面发展。bilibili不断提升技术与应用水平，持续提升残障人士用户体验。

2022年英雄联盟S12电竞赛事期间，bilibili打造了中国首个电竞赛无障碍直播间，通过深度学习，研发了自动翻译技术，使听障用户无论在手机、平板电脑、电脑及电视各个设备的使用过程中都可以通过字幕了解赛事进展。同时，通过色觉障碍优化和旁白辅助功能，充分满足残障人士观看视频和直播的需求。S12赛事期间，无障碍直播间吸引了近600万人观看。

2023年是贯彻党的二十大精神的开局之年，也是实施"十四五"规划承上启下的关键一年。bilibili将坚持履行企业社会责任、建设美好社区，出品优质作品，助力传播正能量、主旋律，讲好中国故事，为网络视听高质量发展贡献企业力量！

B.37　抖音：在创新改进中提供更加优质的生活服务

北京抖音信息服务有限公司

抖音诞生 11 年来，在自我演变的过程中，产品功能日益丰富，容纳的场景也逐渐增长，如今，抖音从最初的"记录美好生活"，已经演进成一种生活方式，从视频内容消费延伸到线上购物、线下团购等领域。无论是生活服务、电商，还是知识教育、文艺演出等创新应用，都在用户对美好生活的向往下应运而生。作为一家将社会责任放在首位的互联网公司，抖音集团始终将净化网络空间、传播社会正能量作为企业发展的基石，在不断深耕中取得明显的成效。

一、以人为本，共创抖音美好生活

2022 年，为助力创作，抖音内测首页一级流量入口，加强双列分发、优化创作工具，提升图文创作和消费体验。同时，抖音还上线了支持多个创作者共同投稿的共创功能。目前，抖音已成为包含短视频、图文、中视频、直播等多元体裁的内容创作平台。如，网友@ avertyuiop11 在抖音上发布了两张葡萄图片配上近千字长文，讲述了自己偶遇的一串葡萄和因此唤起的一段记忆。这篇"字字不提思念，却字字都是思念"的图文作品，被 197 万抖音网友点赞，以真挚动人的创作表达实现了良好的传播效果。

2022 年，抖音上线开启默认静音、双指外滑放大视频进入专注模式、倍速播放等功能，打造更好的使用体验；网友进入设置界面即可打开"开启时默认静音"功能，可避免在地铁等公共场合打开抖音突然爆音打扰他人；而评论点踩功能也在抖音上线，网友点击评论区分裂心型图标，多次点踩的评论将减少展现，通过优化产品功能切实解决问题，维护温暖友善社区氛围。

2022 年，为更好抗击新冠肺炎疫情，跟随疫情变化，抖音、今日头条抗疫频道在河南、上海等地上线"战疫帮忙"求助入口，并及时将求助信息提供给媒体、公益机构等跟进帮助。防疫"新十条"公布后，迅速上线新抗疫频道，提供防疫新形势下的防疫科普、购药专区等便民服务。在上海疫情期间，抖音"战疫帮忙"接口收到独居老人求药等求助信息 41966 条，协调各级政府防疫办、媒体、公益机构等救援力量合作累计跟进 36539 条，彰显了"科技战疫"中的抖音力量。

二、传递美好，打造健康向上的直播生态

2022 年，抖音持续深耕知识类内容，越来越多高校和学者在抖音开启线上公开课。截至 2023 年 3 月，抖音认证教授近 400 位，涵盖文学、法律、医学、国际关系等多个领域。截至 2022 年年底，抖音高校直播场次累计超过 2 万，同比增长 46%，在抖音"旁听"过公开课的网友超过 9500 万。2022 年 9 月 22 日晚，著名数学家丘成桐在抖音直播间以《学"问"》为题做了一场专题公开课。这场关于"如何做出一流学问"的探讨，吸引了超过千万网友在线"旁听"。短视频与知识的结合，使得知识迅速、便捷传播，知识传播者、传播平台和接受者三方都获益良多。

2022 年，抖音直播先后发起戏曲、民乐、舞蹈等扶持计划，助力传统文化找到线上"第二舞台"。安徽怀宁县黄梅戏剧团自 2022 年 1 月起每晚在抖音上直播。现在，这个已有 66 岁的老剧团在抖音直播间里找到了第二个舞台，收获了超百万名年轻粉丝，以直播打赏方式找到了政府拨款、线下演出之外的第三种收入来源。刘德华、陈奕迅、孙燕姿等歌手纷纷尝试

线上献唱，在直播间开启情怀回忆杀。一年来，抖音演艺类直播开播场次3268万，场均观看超过3900人次，打赏收入同比增长46%。

2022年，抖音见证了重大体育赛事和全民健身热潮。北京冬奥会期间，谷爱凌等129位冰雪运动员入驻抖音，通过多场直播节目讲述赛场内外故事；卡塔尔世界杯期间，抖音成FIFA世界杯持权转播商、中央广播电视总台直播战略合作伙伴，通过全部64场赛事直播与网友共享精彩世界杯盛宴；刘畊宏和妻子王婉霏一起跳操健身的直播，在2022年成为了居家运动界的"顶流"，吸引了超过3500万人次观看，单场直播最高实时在线人数突破410万，带动"全民运动"新风尚。

三、协同共生，促推线上线下产业多元发展

随着来自十几年前的情景喜剧《武林外传》官方账号入驻抖音，#武林外传#等话题在抖音掀起"回忆杀"、热度不断攀升的同时，爱奇艺站内《武林外传》的热度也提升至历史最高。2022年，抖音先后与搜狐、爱奇艺达成合作，围绕长视频内容二次创作与推广展开探索，促进长短视频平台合作共赢。经典老片因影视二创翻红、新热剧在短视频助力下屡出爆款、二创激励计划激发优质作者创意……长短视频平台、创作者，三赢局面逐渐打开。

随着北京环球度假区"威震天"形象通过抖音火速出圈，度假区官方经销渠道之一"首客首享"抖音小程序，每天都能卖出上千张门票。2022年，抖音开放平台正式亮相，并迎来了"饿了么"等合作伙伴，以小程序为载体，助力商家更好发展。截至2023年3月，抖音开放平台已提供超过600种开放能力，面向企业主体，开放20大行业、243种细分场景类目入驻，提供生活服务、娱乐等多种解决方案。

2022年5月31日，封控76天后，上海感智盲人按摩店员在街头"复工"回馈老客户。一年来，通过抖音探店推广、直播间和团购预售，这个盲人创业共助平台各家店铺在抖音卖出2600多万元团购券，缓解生存危机。

2022 年，为纾困，抖音生活服务推出"助商惠民计划"，面向受疫情影响较大地区生活服务商家，推出 6 大举措助力城市疫后复苏，累计扶持超过 1.5 万个本地商家，总销售额超 17 亿元。此外，助力乡村文旅的"山里 DOU 是好风光"已覆盖 400 多个县域，帮扶商家 2000 余个，带动乡村旅游收入 42 亿元。

2022 年 8 月，抖音电商"山货上头条"落地川渝助农，7 天内助力西昌葡萄、攀枝花芒果等 396 万单农特产出村进城。"山货上头条"覆盖 8 省 146 个县市，全年助力 69 个地标农产品产业化发展。2022 年，为助农，抖音电商由兴趣电商升级为全域兴趣电商，通过短视频和直播内容、商城、搜索等形式协同互通，为商家生意带来新增长，满足用户全场景、全链路购物需求。在"山货上头条"助农项目带动下，抖音电商全年销售农特产 28.3 亿单；"看见手艺计划"助力非遗产品销量增长超 6 倍；"全民好书计划"带动图书销售 2.5 亿单，为电商助农带来新增量。

四、科技赋能，助力人文关怀新体验

2022 年，抖音持续优化青少年和老年人使用体验。抖音青少年模式上线语音搜索、识万物、护眼提醒等功能，满足青少年好奇心并提供更多保护；抖音长辈模式放大字体、简化界面，上线智能休息提醒等功能，方便老年人使用；8 月，抖音上线使用管理助手。网友可以通过侧边栏入口进入，自主设置使用时长、休息提醒和睡眠提醒，并设置提醒样式；也可以通过"内容管理"调节内容偏好。一年来，抖音健康使用计划持续向用户推送适度使用提醒，50% 的用户收到后选择去休息，优化体验服务日渐完善。

2022 年，抖音上线安全智能助手"抖音小安"。它通过防护工具建设、风险提醒、心理关怀疏导等方式，覆盖防网暴、防诈骗、青少年保护、极端行为干预等场景，帮助用户提升安全意识和阻断风险。面对一些危险行为和案例，抖音安全团队可迅速根据视频发布的定位信息实施代报警措施并配合实施救援。其中，人工干预团队平均每月对 5000 个用户进行提醒和帮助，以科技赋能社会治理智能化，在一定程度上助力维护平安稳定。

　　在丰富用户生活之外，抖音也在践行使命的过程中，丰富着自己的生活。抖音产品和服务让用户、客户最大程度发挥创造力，创造出各种价值，也让用户的生活体验更丰富、更有效率、更有趣。未来，抖音会在继续践行平台社会责任和企业担当的同时，在激发创造，丰富生活中进一步探索坚定向前的动力。

B.38　快手：坚持平等普惠
科技创新　助力数字中国

北京快手科技有限公司

随着移动通信技术的发展，音视频传输与移动互联网、人工智能等技术协同发展，成为新一代信息技术的重要增值服务和信息服务的发展方向。短视频与网络直播已逐渐成为内容创新、技术创新、商业模式创新的数字产业之一。在此背景下，北京快手科技有限公司坚守"平等普惠、真实向善"的价值观，并将其作为技术创新和产品设计的底层逻辑，推动人工智能等最新技术率先落地并致力于消弭"数字鸿沟"，用技术创新引领优质内容输出，捍卫主流价值，守护清朗网络空间。

一、普惠理念，坚守主流价值导向

（一）技术普惠丰富创作生态

快手用户规模大，从一线城市到偏远地区均有广泛分布，但网络条件和手机性能差异巨大，不同地区用户之间的社交需求难以获得同等享受。快手致力于通过机器学习、强化学习、图表示学习等技术手段践行"普惠"价值观，提升普通用户参与度。快手自研的短视频和直播技术能够保障高质量的内容传输，大幅缩减媒体文件的大小，并提高视频播放的流畅度，适应不同网络环境下用户的需求，满足不同硬件设备用户的观看体验。

　　快手使用 AI 技术为用户提供一系列特效功能和创作工具，降低内容创作门槛。例如快手用户可与卡通角色互换表情和动作，使用智能滤镜一探自己不同年龄的模样，并通过短视频及直播向他人分享上述效果，进一步促进快手生态中的内容丰富性与交互性。快手研发的网络声码器，能够基于大数据深度学习，模仿歌手的演唱，帮助用户更富趣味的参与音乐互动。快手还在 AI 技术的布局中融入元宇宙概念，结合数字建模技术和内容理解及生成技术推出结合 AI 音乐、AI 歌手与虚拟人技术的超写实虚拟歌手。这种全新的音乐表现形式，可以让音乐创作更普适、更多元，让每一位用户都能够感受到音乐的美好。

（二）流量普惠消弭数字鸿沟

　　快手服务于普通人的记录与分享，普通人有机会被看见、并实现相互之间的连接。区别于利用中头部的视频内容引流，快手坚持观看需求的多样性、拍摄内容的丰富性、内容创作者利益分配的公平性等原则。快手的普惠价值观是共同富裕政策下构建自由公平的市场环境的重要体现，注重流量分配的公平与效率，最终造就快手自身独特的去中心化的社区平台属性，平台内容得以真实、多元、丰富，持续让创作者、商家、机构及普通用户能够在平台上共享数字红利。

二、核心技术，增强自主创新能力

（一）专注底层科技创新自研芯片

　　作为一家科技企业，快手着力于重点突破智能视频处理芯片和高带宽大存储通用计算与人工智能芯片，加速芯片研发领域的突破。

　　快手以 AI 和音视频业务为重点，研制出面向视频直播点播应用的包含转码、图像处理、高性能 GPGPU 和 RISC-V 处理器以及定制化、通用化神经网络处理器等关键模块的云端视频处理 SOC 芯片和解决方案。结合快手先进的视频编码、图像处理、AI 推理、内容自适应编码等关键技术，设计了转码质量、密度均领先的智能视频处理器，最大限度节省带宽和提升视频质量。从短视频到超高清的多种应用场景中，在同样质量下可获得15%~30%带宽节省，转码密度较为领先，低功耗设计在高密度视频处理同时节省大量能耗。快手基于自研视频SOC芯片搭建了高质量视频处理的云端基础设施，可以在云端转码、云游戏、直播、视频会议等应用场景服务广大用户和外部企业。

快手自研芯片及系统在人工智能和音视频产业实现了"标准—应用—芯片—系统"的全链路打通，并建立起全套的基础设施，对今后人工智能和音视频产业的布局起到示范和借鉴作用。自研芯片将标准和自主创新应用到产业中，发挥平台企业优势，完善了AI和视频产业的关键环节，并可带动中小型企业共同创新发展，形成产业集群。

目前，快手自研芯片项目已经产生专利申请数十件，获得"中关村科学城人工智能关键技术源头创新专项资金"的资助，并作为发起理事单位建设北京市开源芯片研究院，与初创公司、上下游企业、高校等机构深度合作，开展联合创新。快手工程师在全球硬科技创新大会、Nvidia GTC、Xilinx Adapt等国内外行业会议上多次发表演讲，在提升快手技术影响力的同时，促进了中国互联网硬科技领域的发展。

（二）搭建专利体系强化技术积累

作为一家技术驱动的科技企业，快手高度重视自主创新和知识产权保护，不断加强对创新的研发投入，持续完善知识产权保护体系，推动技术创新和转化应用，服务用户、行业和社会，知识产权保护成效显著。

快手持续在先进的短视频生产方法、推荐技术、音视频技术等领域进行专利布局，建立全方位、前瞻性、策略性的保护体系，为技术创新构建起坚固的护城河，先后被评为"国家知识产权优势企业""北京市知识产权示范单位""中关村知识产权领军企业"。

三、数字赋能，拓展实体经济空间

基于海量用户，快手APP通过数字平台运营，加强研发核心技术打造

"内容科技"，在直播电商领域通过"直播带岗"助力蓝领就业，有效促进与实体经济的深度融合，取得可观成效。

（一）直播电商激活消费潜力、拉动内需

直播电商是深受群众欢迎、喜闻乐见的新消费模式，是保就业保民生保市场主体、促进市场繁荣的新产业形态，更是拉动内需、畅通国民经济循环的新经济引擎。快手作为具有代表性的"短视频+直播"平台之一，不断拓展"短视频营销服务""直播+"领域边界，自 2018 年 4 月推出首场电商直播起，快手电商依托于快手平台在流量、地域、粉丝、直播等维度所积累的诸多优势，实现快速发展。直播电商赋能传统经济，助力传统产业转型升级。一方面，大量百货商场、品牌商家、批发市场、实体店铺等传统商业企业积极加入直播电商模式，实现数字化升级，拓宽新销售渠道，加快盘活库存；另一方面，在特殊时期如新冠疫情期间，直播电商能有效激活消费潜力，成为拉动内需的数字生力军。

（二）"直播带岗"等多元业务体系成为推动就业新引擎

短视频和直播平台正在加速脱胎换骨，由虚入实，成为全民数字化生活的一部分。"直播带岗"、直播电商已经成为拉动就业、促进灵活就业的有力引擎，带动直播产业链，新增大量就业机会。根据中国人民大学 2022 年《短视频平台促进就业与创造社会价值研究报告》估算，快手平台带动就业机会总量为 3463 万个。其中为内容创作者带动的就业机会共 2000 万个，为电商生态和内容生态带动的就业机会共 1463 万个。

快手致力于内容生态建设，通过内容创作者扶持计划激励用户参与短视频制作，开通直播分享，并通过"普惠"的流量分发机制为广大基层内容创作者带来收益，为普通劳动者提供灵活就业及兼职劳动报酬。目前，快手有 25% 的用户是内容创作者，超过 2000 万人通过快手获得收入。

此外，"直播带岗"成为稳定就业、解决蓝领招聘的新方式。2022 年春节期间，快手推出了专为蓝领群体就业服务的直播招聘功能，为用工企业和劳动者之间搭建沟通桥梁。在平台审核用工主体招聘等资质真实性的前

提下，通过招聘主播详细讲解工作岗位信息，直接展示工作环境和住宿环境，提出岗位要求和应聘条件，可以让蓝领劳动者提前了解工作的详细信息，既有利于快速完成双向选择，也有利于劳动者在用工单位长期稳定就业。

在数字经济转向深化应用、规范发展、普惠共享的新阶段，基于数据和技术在消费者、商家、平台之间构建的数字治理关系，既是对传统社会治理生态的拓展，也是各方共同促进和激励创新的必然要求，将进一步推动科技创新及知识产权保护。

未来已来。快手将继续坚持"平等普惠、真实向善"的价值观，驱动创新，加强知识产权保护，坚守主流价值导向，打造和维护向上向善、创新开放、健康有序的数字生活方式，在新一轮数字化浪潮下，助力实体经济，做数字中国的积极参与者与建设者。

B. V

精品案例

B. 39 《血战松毛岭》：还原平凡英雄群像革命题材网络创作新尝试

马中骏[*]

在国家广播电视总局网络视听节目管理司及福建省广播电视局的指导下，慈文传媒集团联合有关平台和机构共同制作出品了网络剧《血战松毛岭》。该剧是自 2022 年 6 月执行国产网络剧片发行许可证制度后取得了"闽字第 001 号"发行许可证。近几年，网络剧正成为连通重大革命、重大历史、重大现实题材作品与年轻圈层的优质载体，讲述闽西红军 1933 年至 1934 年战斗史的革命历史题材《血战松毛岭》正是这样一部带有"红色基因"的作品。

一、历史场景新发掘，从真实中寻找创作的力量

在众多讲述中国革命战争的影视作品中，鲜有创作聚焦于红军长征前第五次反围剿时在闽的最后一战——松毛岭战役，《血战松毛岭》立足于真实的历史和事件，弥补了这一空白。若把革命的无数次战争比作浪潮，松毛岭战役只是其中很小却非常重要的一朵浪花，但正是这一朵朵浪花汇集、推进着形成最终的巨浪惊涛拍岸，获得了最终胜利。这一战历时七十余天，

---

* 马中骏，《血战松毛岭》总制片人。

由朋口战役、温坊（文坊）战斗和松毛岭阻击战三次战役组成，守卫中华苏维埃共和国红都江西瑞金的东大门，用几近全体牺牲的代价，为红军主力的战略转移赢得了宝贵的时间。至今，南北贯穿四十公里的巍巍松毛岭下屹立着三座纪念碑："朋口战役纪念碑""文坊战斗纪念碑"和"松毛岭战斗烈士纪念碑"，让我们可以缅怀英烈，献上我们对英雄们的祭奠。

真实的才是有力量的。《血战松毛岭》的编剧和创作者团队从对松毛岭战役了解甚少，到创作出一部能打动所有主创的剧本，就是因为被真实的故事、真实人物所感动。创作团队深入松毛岭地区，对战场遗址进行实地考察，探访博物馆、战役遗址、宗祠；收集松毛岭战役有关的资料上百册，研究当地军事和当地县志，查阅资料数百万字；实地挖掘真实事迹、采访当地文史部门干部和红军后代数十人，并邀请党史、军史研究专家召开系列座谈会。其中，最大的收获来自于亲历者后代们的讲述，"老百姓都很朴实，他们没有什么慷慨激扬的话语，但平实的语言中蕴含的力量给予了我们很多创作的灵感。"比如，当地如今依然流传的"家家无门板，户户无闲人"的感人故事。说的就是当年为保卫苏区，松毛岭临近村子的几乎所有成年男子都参加了武装支援前线工作，卸掉门板用作担架，就连少年队、儿童团也行动起来。尽管伤亡惨重，依然有许多年轻人想方设法加入红军，流尽最后一滴血也毫不后悔。这些深入交流与实地调研，更坚定了导演的创作决心，剧本在编剧真挚的情感与感动中推进，后又根据福建相关党史办、地方志等各方提出的意见进行深入考据和回应，得到不断完善，让整部作品的创作更为扎实，最终向观众还原了一组感人至深的英雄群像和一段热血澎湃的革命历史。

二、塑造丰满生动的人物形象，致敬平凡英雄

经多次打磨，最终定稿的《血战松毛岭》剧情是，一支由年轻的闽西子弟组建的地方武装赤卫队，在红军指挥员余光明、马青山等的指导下，逐渐成长为能征惯战的百战之师，并成为红军的独立团，配合主力红军在

松毛岭地区展开殊死搏斗并几乎全员壮烈牺牲的故事。

剧中没有很多主旋律或战争题材中常见的"高大全"人物，而是着重塑造出了一个个平凡人物。独立团团长余光明，先前被恶霸"逼上梁山"，后来誓死追随红军并逐渐成为骁勇善战的指挥员，是个有作战谋略的现实主义者；独立团政委马青山，在起义中失去全部家人后毅然投身革命，是一名坚定的布尔什维克，是余光明"棒打不散"的好搭档；与余光明两小无猜的女军医朱音，是大地主的女儿，但地主害死了自己的母亲，家仇国恨集于一身。此外，剧中还以真实原型为基础，重点塑造了很多可圈可点的人物：满脑子铜臭味但对红军仗义疏财的商人项万金，他的原型来自编剧采访时发现的一个精于算计的酒铺老板，为了钱机关算尽，却捐出了所有家财支持红军。再如，曾经的国民党军逃兵"兵王"跛佬，他本认为没有军饷何必从军，但在目睹了冲锋在前体恤战士的红军指挥官、亲历了身边为了理想而不怕死的一名又一名共产党员后内心深受触动，向政委庄严问出："我有资格加入中国共产党吗？"还有逐渐萌发革命意识的农民项山，以及眼见乡亲们被欺凌而愤然而起、投笔从戎的李革命。

剧中这些饱受国民党、地主老财欺压的本本分分的农民佃户、工商业者、学生，他们个个鲜活立体、生动有力。红军对于他们来说，一开始是陌生的、疑惑的，但在国民党的统治下，他们的生活被打破、家人被欺凌被杀害，他们意识到唯有反抗才能活下去，唯有参加红军才能救自己、救家人，甚至救同胞，他们最终都汇集到红军的队伍中，都在加入队伍后感受到共产党的伟大，并坚定了愿意为革命信仰奋斗、不惜牺牲的坚定意志。《血战松毛岭》通过勾勒平凡人物组成的英雄群像，展现出贫苦百姓如何成为红军子弟兵，又如何成长为一名坚强的战士，将普通人的理想抱负和家国情怀融入荧屏。剧中每一个平凡人物的光辉，都凝聚着"民心所向"的重要内涵，也正因为如此，这部剧深刻反映出在艰苦卓绝的革命岁月里，中国共产党员和红军战士为了共产主义理想作出的贡献与牺牲，也描绘出工农底层愿用一腔热血换祖国大好河山的时代底色。

三、引发年轻观众情感共鸣，传承红色革命精神

《血战松毛岭》以网络剧的形式帮助更多年轻人了解革命历史，在年轻网友中获得较多关注及好评，不少网友被"我们的名字无人知晓，但我们的事业会万古流芳"表现出来的革命信仰所感动。他们留言："《血战松毛岭》的播出，不仅传播了历史记忆也同样时刻在点醒着我们自强不息的精神，向革命先辈们致敬""这才是真实的战争片，这才有真正的对青少年爱国主义教育""我们能有今天的幸福生活，是成千上万的英烈用鲜血和生命换来的，好好珍惜""喜欢看这种重演的历史，让我们知道没有先烈的牺牲就没有我们的今天"。更多网友为其深远的教育意义点赞，认为这样的影视作品能帮助大家了解到更多关于红军的革命历史，希望能够有更多类似的影视作品与大家见面。年轻人对该剧的喜爱，得益于作品紧紧抓住网络剧年轻化的语境，在剧中融入当下年轻观众喜欢的人物设定，将镜头对准年轻的红军战士，以同龄人的视角构建了年轻观众情感共振的影像空间。一方面，年轻化的表达让一些喜剧元素穿插故事中；另一方面，随着剧情的推动，观众会发现喜剧背后的悲剧色彩，内心会更加触动和感动。创作团队希望让年轻观众能够从这些触动中有所收获，从而推动他们更加自觉主动地了解党的历史、传承革命精神。红色的历史不应该被遗忘，多一人看到、多一人了解，这份记忆就会被传承，会更多地引发观众思考今天祖国繁荣强盛真正的来之不易，让青春当燃、青春当赴、青春当擎。

《血战松毛岭》在播出期间得到了人民日报、新华社、中国日报、光明网、中国青年网、学习强国等50余家中央级媒体的报道与好评。不少媒体认为《血战松毛岭》的成功不仅仅是个案，更勾勒出革命历史题材和网络文艺创作的新趋势。《光明日报》指出："《血战松毛岭》是一次向着打造精品、标杆进发的有益尝试。"《工人日报》点评道："以《血战松毛岭》为代表的革命历史题材创作为此类革命历史题材的创作进一步指明了创作方向：创作者应把握时代脉搏，探索年轻化的表达，实现作品和观众的双向

靠近，让革命历史题材作品更好地助推传承红色火种、启迪观众思想进步、凝聚社会向心力。"此外，该剧入选国家广播电视总局"2022年网络视听精品节目"。这些荣誉和收获增强了我们制作主旋律题材作品的信心，也更加明确今后影视作品的创作方向。文艺工作者需要尽最大可能贴近历史，用真实的、符合时代逻辑的叙事告诉观众历史中最有价值的东西，以此创作好的作品。

B.40 《特级英雄黄继光》：
用现代影视语言讲述壮烈英魂

阴　超　周润泽*

2022 年是抗美援朝上甘岭战役胜利 70 周年，也是黄继光烈士牺牲 70 周年。2022 年 10 月 1 日，以黄继光为原型的网络电影《特级英雄黄继光》在各大网络平台上线，具有重要致敬意义。影片讲述了朝鲜战争中特级战斗英雄黄继光的故事，展示了黄继光如何走上参军道路并在军队中得到锻炼，不断提高自己的意志力和战场技巧，最终成为了一名优秀战士的辉煌人生历程。

时代呼唤英雄，英雄光耀时代。73 年前，中国共产党和政府毅然作出抗美援朝、保家卫国的历史性决策，英雄的中国人民志愿军高举正义旗帜，同朝鲜人民和军队一道，舍生忘死、浴血奋战，赢得了抗美援朝战争伟大胜利，为世界和平和人类进步事业作出巨大贡献。当今世界正经历百年未有之大变局，中国正处于实现中华民族伟大复兴关键时期，需要继续深入传承弘扬英雄事迹和革命精神。

一、响应时代号召，赞颂英雄人物

"一个有希望的民族不能没有英雄，一个有前途的国家不能没有先锋。"

---

* 阴超，淘梦创始人兼 CEO；周润泽，淘梦星火计划签约导演。

英雄们的事迹和精神是激励我们中华民族前行的强大力量。《特级英雄黄继光》贯彻落实习近平总书记"崇尚英雄，捍卫英雄，学习英雄，关爱英雄"的号召，表现出中华儿女不怕牺牲、排除万难争取胜利的优良品质，以广大人民群众喜闻乐见的艺术形式，打造出弘扬新时代英雄精神的优秀艺术精品。

近年来，国产战争片多采取虚构人物的创作方案，这种方案虽然可以解放创作者的思路，但无论是题材关注度还是价值观引导方面，都会因为真实感的削弱而大打折扣。真实的人物和故事在影视作品里永远都是最有力度的，而时代恰恰需要我们创作一部真实反映抗美援朝历史及英雄故事的战争片。为响应时代号召，拍摄反映伟大的抗美援朝精神丰富内涵和时代价值的影片，淘梦于 2019 年开始策划选题，最终从张桃芳、215 坦克、长津湖等选题中选择了《特级英雄黄继光》。确定选题后，创作团队迅速展开了与黄继光家人、四川省中江县人民政府的对接工作，最终拿到了独家授权。

除此之外，创作团队还做了相关的数据检索，确认了"抗美援朝""黄继光"这两个词语的关联度极为紧密、网络热度足够高，这意味着该题材电影的潜在观众规模和市场空间足够大，它极有可能成为一部弘扬社会主义核心价值观兼顾商业市场的主旋律影片。于是，如何打造一部制作精良又深入人心的主旋律影片，成为主创团队下一步行动的关键。

二、影视语言现代化，创作组合"老带新"

从《拯救大兵瑞恩》开始，好莱坞经典战争片的播映丰富了人民群众的观影体验，中国观众对战争片的观影习惯已发生了很大的变化，在前苏联电影美学影响下的战争片创作已经不能满足当下观众，尤其是青年观众的审美需求。改变"神化英雄"的叙事模板、用现代的影视语言创作"人化英雄"，成为一件充满挑战的事情。

首先，要为影片找到合适的导演和编剧。为此，创作团队成员做了很多排序和挑选，最终选择了淘梦星火计划的青年导演和编剧：周润泽和朱子奇。这两位创作者曾与淘梦合作创作《东北往事：我叫刘海柱》，票房和口碑都得到了肯定。这样一个经过磨合历练的团队和"老带新"的创作组合模式，给我们创作好影片《特级英雄黄继光》以充分的信心。同时，周润泽和朱子奇作为青年创作者，与《特级英雄黄继光》的目标受众有着相似的人生体验和审美习惯，再加上他们善于运用现代化影视语言的优势，这些正是打造一部契合大众审美心理、兼具艺术性与商业性影片所需要的。

然而，青年创作者虽然善于运用现代化影视语言，也懂得如何对英雄进行个人化表达，但容易在宏大叙事、英雄主义叙事方面失焦。因此，我们聘请了中国电影艺术研究中心副研究员连秀凤老师作为总编剧，在剧本的调性、叙事涵盖面、时代还原等多个维度对作品进行把控。她在《烽火岁月》《没有共产党就没有新中国》《喋血孤城》等影片创作以及多年从事影视教育专业的丰富经验，有力地指导主创团队创作出这部优秀的新时代历史战争片，如今《特级英雄黄继光》在豆瓣得到 8.1 的高评分便是明证。

三、三线叙事立人物，找准"共情"价值点

在整个故事的叙事视角上，创作团队商议采取"人带事"的创作思路，锁定黄继光的人物脉络、确认人物的心理发展轨迹。然而，从什么节点切入故事、如何展开多个侧面成为一件非常困难的事。创作过程并非一帆风顺，曾因为"展开多个战士视角"导致黄继光的人物塑造不突出，也曾因为直接切入"黄继光首次上战场"的情节让人物在敌人的猛烈进攻下显得茫然无措，缺少战士的英勇感。创作团队深刻剖析各种利弊，选择了一条全新的创作方案：三线交替叙事，以战斗为主线，以受训历程、母子感情线为两条副线。

黄继光从参军训练到最终牺牲的时间跨度大约为两年，空间跨度不小，

如果不将每个成长节点说明，这个人物就不够全面立体，也无法为他在战场上的迅速成长提供足够的心理动力。这样一来，就很容易将其塑造成一个过于浪漫化、神化的战士形象，与普通观众希望看到的、让人信服的、属于"人"而非"神化"的英雄相去甚远，最终难以与观众产生共情。最终创作团队的呈现方案是：仍然以黄继光首次参加一线战斗的行动线作为主要行动线，将冗长的受训戏及其与母亲的情感戏切碎，提纯出关键节点。例如，在战场上焦灼的战斗中，士兵被震晕、冲锋陷阵的瞬间，闪回对黄继光个人成长起到重要作用的情节。副线为主线的叙事提供了情绪支撑，主线又帮助和引导了情感副线的呈现。这样一来，不仅表现出黄继光在部队中是如何成长起来的，也非常及时地说明了这些重要人生经历是如何促成他在战场上成长为英雄的。同时，用他与母亲的情感戏，描绘出了一个充满人情味的、为保护家园而牺牲的英雄，而不是一个只是一心杀敌的"战争机器人"。

从剧本呈现的三线叙事来看，影片在以下几个方面做到了兼顾。一是热开场，表现当时美军军事压迫；二是压力叙事，一线与后方失联，通讯兵黄继光必须赶赴战场重建联系；三是人性表达，黄继光并不是"战无不胜"的战神人设，首次面对敌人时同样会紧张和失措；四是人物成长，黄继光在面对作战压力的时候闪回他参军受训的片段，并与作战的瞬间形成情感呼应；五是情感共鸣，黄继光与战友、与母亲的感情，尤其是最后牺牲瞬间闪回的母亲镜头；六是宏大叙事，以黄继光为代表的众多志愿军战士的人物侧写，以及通过黄继光母亲这条线表达的"卫国就是保家"的理念。

创作团队学习了好莱坞的创作经验，不吝描写战士的人性弱点，但同样也摒弃了好莱坞创作中的缺点。我们创作《特级英雄黄继光》要表达的是：我们战士是为保家卫国、守护家人的使命而战斗、而牺牲，所以他们成长为英雄。整体来看，影片把握住了主旋律商业片的要点，不仅有作为战争片的"高压力"及视觉上的商业看点，又兼顾了"呈现英雄主义价值观"的主旋律要素。总的来说，这次主旋律商业片的创作经验，对我们而言是弥足珍贵的，未来也将会继续发扬光大。

四、筹备拍摄历经艰辛，奋进前行展望未来

习近平总书记指出，对中华民族的英雄，要心怀崇敬，浓墨重彩记录英雄、塑造英雄，让英雄在文艺作品中得到传扬，引导人民树立正确的历史观、民族观、国家观、文化观，绝不做亵渎祖先、亵渎经典、亵渎英雄的事情。

在中国电影史上，早有众多优秀的主旋律战争英雄电影，这些作品有着真实的历史事实、伟大的英雄事迹、精良而宏大的时代制作，也已实现"大规模受众"的传播效果，使得英烈形象深入人心，激励了几代人。创作团队在筹备拍摄《特级英雄黄继光》之初，就已日夜兼程地反复拉片，学习前辈们制作拍摄的宝贵经验，研究了包括《英雄儿女》《上甘岭》《地道战》等在内的经典主旋律战争英雄电影，查阅了大量抗美援朝相关的书籍、图片等。为了在剧作上更为严谨，我们特意拜访了抗美援朝老战士，深入了解当年时代背景下的战争故事，倾听真实历史的声音。

拍摄过程中，创作团队历经了许多困难。首先，为了找到可高度还原抗美援朝五圣山战场的合适的拍摄场地，克服新冠肺炎疫情防控常态化带来的各种拍摄难度和潜在成本，创作团队多地选景，几乎跑遍了黄河以北的所有可做战争气氛的拍摄场地——河北怀来的天漠影视城、河南郑州的中原影视城、山东沂南的红色影视城、辽宁大连的军事训练场等等。多番考察选景后，结合导演、美术、摄影的拍摄方案，我们最终很好地还原了当时可歌可泣的战争环境。

另具有挑战性的是，影视制作技术早已突飞猛进，这对《特级英雄黄继光》的拍摄制作工作提出了更高的要求。当下电影制作新生力量对战争类型片制作技术上存在经验不足，尤其在战争戏上，爆破、烟火等技术人才已呈现老龄化趋势，存在某种程度上的断层。面对这些困难，创作团队

一方面运用年轻人在 CG、AI 等新技术上的灵活性，在坚持发展"朝气蓬勃"优秀电影摄制团队的理念下进行技术升级迭代；另一方面，请到多位优秀的原八一电影制片厂的老匠人进行教授指导，把好的传统制作技术进行传承与发扬，并与新技术进行结合，积极做好人才储备。

对标习近平总书记的重要讲话精神，结合前辈们拍摄经验，依靠核心团队的精诚团结和电影人的专业素质，电影《特级英雄黄继光》的摄制可以说是天时地利与人和，合作默契、水到渠成，拍出了符合当代战争电影审美的中国战争英雄电影。

党的二十大报告中提出的"推进文化自信自强，铸就社会主义文化新辉煌"为文艺界指明了奋斗方向，淘梦做好枕戈待旦、蓄势待发的准备，继续努力为建设新时代中国特色社会主义文化强国事业添砖加瓦！

B.41 《国医有方》：展现中医药抗疫的"无所畏"和"有所为"

张 伟 陈 钊*

纪录片《国医有方》由国家广播电视总局、国家卫生健康委员会和国家中医药管理局指导，是全国首部展现中医药抗击新冠肺炎疫情的网络纪录片，于 2022 年 7 月 30 日在优酷独家上线播出。该纪录片从中医院士、中医医务人员、西医医务人员、康复患者、中医药科研人员等多视角切入，全面而生动地展现了中医药以及中西医结合抗疫的方法与疗效，通过中医药在抗击新冠肺炎疫情中真实故事的影像阐释，让观众感受到中医药的独特魅力和其背后博大精深的中国智慧。

一、真实记录抗疫前线，用"中医故事"呈现"中国智慧"

从尝遍百草到望闻问切，中医走过千年岁月。中医之理，蕴含着中国人对天地自然运行的理解和智慧。2020 年 2 月 23 日，习近平总书记在统筹推进新冠肺炎疫情防控和经济社会发展工作部署会议上指出："要加大重症患者救治力度，加快推广行之有效的诊治方案，加强中西医结合。"中医药与中西医结合的救治手段写入国家诊疗方案，纪录片《国医有方》记录的

---

* 张伟，优酷泛文娱内容中心首席内容官；陈钊，优酷泛文娱内容中心《国医有方》制片人。

正是这之后中医药与新冠肺炎疫情抗争的真实故事。从紧急驰援武汉到筛选写入国家诊疗方案的"三药三方"，《国医有方》的镜头对准病区、实验室、中医药数据中心、社区、街头和相关研讨会。通过中医药人的"无所畏"和"有所为"，以小窥大展现了全球抗疫背景下的中国力量。

该片以时间为索引，沿着2020年初第一批国家中医医疗队驰援武汉、2022年向世界卫生组织递交《中医药治疗新冠肺炎循证评价研究报告》两条时间线索并行切入，生动讲述中国医生的大无畏精神，以及他们在国际协作中所呈现出的医者仁心，既呈现出个体关怀和时代关切，更兼具全球视野提供中国智慧，展现了中医药在全球抗疫局势中积极而深远的作用。

节目故事深入浅出。在金银潭医院，黄璐琦带领国家中医医疗队分秒必争，抢救了无数生命；仝小林团队深入社区，在大规模战线上阻断疫情蔓延；在实验室大后方，张伯礼团队结合临床数据对有效方剂进行筛选，为疫情前线持续提供最新的研究成果……《国医有方》秉承着"小人物、真英雄、大情怀、正能量"的创作理念，深度结合中医药抗疫的科学过程，从了解个体症状、整体防控思路、紧急科研攻关几处入手，从不同角度辨证还原治疗新冠肺炎疫情的各个环节，呈现出特殊时期的中医智慧与"中国式坚守"。

拍摄过程中，纪录片摄制组跟随国家中医医疗队的抗疫足迹，先后奔赴武汉、瑞丽、南京、天津、广州、北京、上海等城市，还跟随国家中医药管理局海外抗疫医疗队远赴多个国家，进行全景式记录。摄制组成员深入疫区，秉承"抗疫第一"的原则，在不影响医务人员救助患者的前提下完成跟拍，用镜头见证在中医药与中西医结合的方案下，一条条生命得以拯救的感人故事。

比如第一批国家中医医疗队医疗组成员董国菊含泪回忆道："刚到武汉，有一个41岁的女患者，一看见我就哭了。我就跟她说，我说你知道吗，我特别理解你，因为我也是孩子的母亲。我说你看，我能够有勇气离开孩子到武汉来，说明什么？说明我们对中医是有信心的，我们对治疗新冠肺炎是有信心的。"之后，在中医医疗队的救治下，这位女患者康复了，成为金银潭医院南一病区第一批的出院患者，在接受新闻采访时她忍不住再次落泪："其实不要怕，只要自己相信医生，相信党、相信政府，要有信心，可以好的，完全可以康复的。"

再如第二批国家中医医疗队队长叶永安回忆道："我们当时病区，有一个79岁的付老先生，他的血氧饱和度一直起不来，原本要转送ICU（重症监护室）病房插管治疗，但一听说要插管，老人的情绪瞬间崩溃，十分危急。我当时说这个病人不要送走，我们必须把这个堡垒攻下来。"通过中医的辨证，叶永安认为付老先生的症状属于阳气衰弱，决定采用大剂量温阳的疗法，果真在综合用药3天后，老人的情况开始逐渐好转，直至各项指标恢复正常，老人被硬生生从死亡线上拉了回来。现在老人已经完全康复，身体健康硬朗，甚至不需要子女陪护，与老伴一起幸福地安享晚年生活。

一个个具体的"故事"聚合起来，呼应着大主题——中医是如何在抗击新冠肺炎疫情的一线一步步站稳脚跟的？治疗方剂是如何逐步推广开来的？对症施治方案、整体防控思路、紧急科研攻关……这些都明确回答了一个重要问题：中医不是"慢郎中"，中医药在危重症领域依然可以发挥重要作用。

二、多元艺术手段巧妙运用，彰显传统文化时代价值

《国医有方》视点始于中医，却不止于中医。节目充分发挥互联网年轻语态和大数据优势，用科学和传统文化的双重视角展现中医故事，并传递出了强烈的现实关怀。结合疫情和中医主题，纪录片各集主题统摄于"用药如用兵"的艺术提炼。四期片名《短兵相接》《各个击破》《兵贵神速》《中国智慧》均采用对"战争"的概述，又似兵法汇集。表达上，使用了围棋对弈这样的意象化表达，呈现中医在抗疫过程中的一次次"突围"，同时制作地图动画，清晰描绘各中医小分队的"行军路线"。

节目还借助中医相关医疗器械、古画、模拟视觉等手法，进行具象化

的细致拆解，让观众渐次理解中医治疗原理。例如，为回顾早期中医抗疫
史及对症下药，片中用一段古风动画讲述了一千年前苏东坡在黄州用圣散
子方为百姓祛除瘟疫，以及散寒化湿的圣散子方在清初被发现并不适用于
治疗温热病的故事。真实影像辅以动态演示，《国医有方》帮助观众建立起
更加直观的感官和情绪体验，让观众对中医药的认识多维深入。此外，每
期内容最后还附有饮食起居小贴士，讲解药理知识和生活建议，将节目的
力量延展到现实生活中，让有温度的中医智慧真正普惠社会、普惠大众。

三、史论结合，提升民族自信

习近平总书记指出："过去，中华民族几千年都是靠中医药治病救人。
特别是经过抗击新冠肺炎疫情、非典等重大传染病之后，我们对中医药的
作用有了更深的认识。我们要发展中医药，注重用现代科学解读中医药学
原理，走中西医结合的道路。"

走过千年岁月的中医是中华民族传统文化的瑰宝。在话语思维上，纪
录片《国医有方》严谨有力，以史论结合的影像思维，将新冠肺炎疫情的
救治放置在更广阔的历史坐标中，影像化地论证着中医药作为一种经验性
诊疗的科学性。纪录片在后期剪辑成片时，对比穿插非典期间中国使用中
医药的救治影像，而彼时西医恰也没有针对非典病毒的特效药，凸显了中
医在预防、治疗、预后方面都有相应的有效方剂，更为新冠肺炎的救治提
供了自信心和宝贵经验。这种用事实说话、吸收历史既有经验的做法，在
全世界都是具有科学性和说服力的。除此之外，《黄帝内经》《伤寒杂病论》
等中国人耳熟能详的经典医书的出现，切实增强着国内观众对中医智慧的
文化自信，也让作为中华优秀传统文化重要组成部分的中医药典籍被更多
人了解。

全球来看，中国的新冠肺炎发病率和死亡率之低、治愈率之高，为各
国和世人瞩目，并得到世界卫生组织的高度评价。纪录片《国医有方》所
记录的中国抗疫实践也正与之相互印证，中国是防疫合作的坚定支持者，

无论在全球合作建议的提出上还是实际行动中都表现积极。当前最好的医学或许是中西医互补的医学，而最好的公共卫生体系也应当是中西医互补的体系。让观众了解如今中医药以及中西医结合抗击新冠肺炎疫情的方法与疗效，感受中国智慧，更会增强观众对中医药文化的自信。同时，《国医有方》用视觉语言传达着中国特色的人类卫生健康共同体的理念，契合了平等、互鉴、包容的国际话语思维，让中国"负责任大国"形象深入人心。

《国医有方》上线后，全网曝光量超过1亿，播出期内位列优酷站内纪录片热度榜第一名，并得到了人民日报、新华社、光明日报、南方日报等数十家主流媒体及行业媒体的集体点赞。《人民日报》点评道："纪录片《国医有方》为弘扬优秀传统文化、打造文化自信路径注入新动能，有力推动了国家形象建设，提升了民族文化认同感，也为今后的纪录片创作提供了可资借鉴的代表性范本。"

B.42 《闪耀吧! 中华文明》:
激活历史文化的新生命力

李 炳 邓瑞玲*

网络纪录片《闪耀吧! 中华文明》是由国家广播电视总局网络视听节目管理司、北京市广播电视局指导, 优酷和河南卫视共同打造的 12 集季播文化探索纪实节目, 于 2022 年 9 月 2 日在优酷及河南卫视联合播出。该片深入三星堆、秦始皇帝陵、唐长安城、南海 I 号、敦煌、殷墟六大考古现场, 对话各大博物馆馆长、一线考古队队长、资深文博考古专家, 带领观众解密六大历史谜团, 在中华文明五千年的历史长河中寻找 "闪耀时刻"。

一、探索见证中华文明的闪耀时刻, 激活优秀传统文化的新生命力

习近平总书记在关于加强历史文化遗产保护的重要论述中明确指出: "我们一定要重视历史文化保护传承, 保护好中华民族精神生生不息的根脉。" 中华文明源远流长, 是增强文化自信的重要资源。纪录片《闪耀吧! 中华文明》着眼于考古和文物, 旨在让博物馆里的文物、考古现场遗址、古籍里的故事 "活" 起来, 利用历史文化滋养观众。

---

* 李炳, 优酷泛文娱内容中心自制工作室负责人、《闪耀吧! 中华文明》总制片人; 邓瑞玲, 优酷泛文娱内容中心自制工作室制片人、《闪耀吧! 中华文明》制片人。

如果把中华文明五千年的历史比作一条曲线，那么曲线上的每一个波峰都是历史长河中的一个文明高光点。纪录片《闪耀吧！中华文明》依托考古发现，在历史长河中选取了六个文明高光点，并称之为"闪耀时刻"，旨在从古老的痕迹中回溯历史的吉光片羽，通过它们折射出辉煌灿烂的中华文明。从神秘的古蜀文明，到埋藏盛唐辉煌文化的唐长安城；从有着千人千面兵马俑的秦始皇帝陵，再到东西文明交融下的艺术宝库敦煌莫高窟；从本应驶向海上丝绸之路却意外沉没的南海Ⅰ号，到中华文明的源头记忆殷墟，节目带领观众去到不同的文明探索地，实地探索、深度解谜，从历史中寻找文明的密码和答案。

作为历史人文纪录片，《闪耀吧！中华文明》把确保内容真实和制作严谨作为节目制作的基本要求。节目前期策划和研发历时8个月，得到了50多个文博单位的支持，联络拜访了105位专家老师。在整季12期的节目里，一共有32位出镜专家，他们是包括三星堆遗址工作站站长雷雨、敦煌研究院院长赵声良、秦始皇帝陵研究院院长李岗、陕西何家村发掘者齐东方、甲骨学学者历史学家蔡运章、"南海Ⅰ号"考古发掘领队崔勇等专家学者在内的各大博物馆馆长、一线考古队队长、资深文博考古专家。策划每一期台本时，节目导演组和编剧组都会先阅读相关书籍和学术论文，形成初步设想后提交专家审核并进行修改；实地考察后又会根据实际拍摄安排调整方案，并与专家再次确认内容的准确性；后期审片过程中，节目组会邀请参与当期节目的专家深度参与审片环节，再次为节目的专业性把关。此外，为了让历史可见、可感，针对每一个主题，节目组都会在多个相关现场拍摄，比如围绕"南海Ⅰ号"的拍摄，节目组先后探访了海上丝绸之路博物馆、九日山、德化县、海上交通史博物馆、古沉船遗址等8个文明探索地，通过专业、扎实的探索见证，挖掘和呈现优秀传统文化新的生命力。

二、创新纪录片表现手法，让节目"鲜活"起来

当前，传播介质和传播方式的不断革新为纪录片提供了更宽广的创作

空间。如何实现节目创新、如何打破与年轻观众的沟通壁垒，成为当下文化类节目创作的重要思考方向。《闪耀吧！中华文明》通过结合真人秀与纪录片两种节目形态，并采用悬疑解谜、热血国漫等创新表达形式，寻求文化类节目的视听升级和跨次元表达。

第一，真人秀和纪录片相结合的形式，是《闪耀吧！中华文明》区别于传统文化纪录片的一大特色。节目以一线考古专家、资深文博历史学者的真实经历和第一手研究成果为资料支撑，引入演员陈坤和新华社记者许丹睿作为"文明追光者"，带领观众还原和探究遗迹文物的前因后果，重现历史事件的细节。在节目中，演员陈坤既是发起人也是求问者，和追光伙伴许丹睿一起，在每个主题探索中，以提问和推理解谜的方式步步推进，层层解开。"文明追光者"的定位，不仅是一种"明星效应"，更重要的是降低考古类节目的"门槛儿"。真人秀手法的应用，以更直接、更感性的第一现场感触，带领观众沉浸式打卡博物馆和文物背后隐秘的信息和故事，增加了节目的观赏性和可读性，让整个节目更加"鲜活"。

第二，节目通过"设迷"到"解谜"的推进逻辑，每个单元抛出一个提问：是谁在甲骨上刻下了第一个文字？神秘的三星堆是否证明了神话的存在？八千秦俑守护着怎样的秘密？敦煌的惊天发现到底揭开什么样的传说？观众揣着疑问前往博物馆、考古现场寻找答案，与专家学者面对面交流、聆听考古背后的故事，在解密工作室头脑风暴一起寻找历史的蛛丝马迹。在紧凑而又流畅的节奏中，节目不仅通过一起解谜科普历史文化知识，同时构建出一个个鲜活丰满的历史时刻，让观众能够切身感受到中华文明的厚重与传承。

第三，节目融入了 CG 特效、国漫动画等创新形式，用技术呈现艺术，寻求文化类节目的视觉突破，用心用情用功讲好中国故事。例如，古文明中有很多需要想象的东西和场景很难用传统的镜头语言表现，而国漫恰恰是一种非常好的，能够用视觉元素讲故事的手法。在第一期"三星堆"主题中，节目借用国漫的形式还原、讲述了《山海经》中的神话"东有扶桑神树、西有若木神树，每天都有一只太阳神鸟从东飞到西，形成了人间的日升月落"。随即，通过专家对三星堆青铜神树的实地讲解，引发观众对青铜神树和神话传说的联想，"神话是否真实存在？""青铜神树顶端到底缺失了什么？"作为一档讲述考古遗迹背后的文化和故事的节目，节目组力图用新颖的故事、独特的视觉表现，以及年轻的语态解读中华文明闪耀时刻，寻找民族自豪感，激发年轻人对传统文化和当代国潮的兴趣。

三、口碑与热度双丰收，持续强化品牌影响力

《闪耀吧！中华文明》在优酷和河南卫视联合播出后，得到了人民日报、新华社、学习强国、新京报、中国青年报、中国新闻出版广电报、纪录中国、中国电视、海外媒体中国日报（China Daily）、环球时报（Global Times）等数几十家国内外主流媒体及行业媒体的关注与好评。同时，播出期间全网话题阅读量超过 10.5 亿次，138 次登上全网热搜热榜，讨论量超过 66.8 万条次。网友留言称"情节紧凑，科普严谨，切入新型，既能够领略中国文化的璀璨，又会共鸣祖国的强大""历史不再是遥远而字面的故事，而是鲜活而又充满生命力的存在，和中华文明的闪耀时刻碰撞，大概就是传承和延续的意义吧""向那些兢兢业业发掘历史的考古工作者们致敬，中华文化生生不息，不止器物，更在人心"。

此外，节目先后入选国家广电总局"2022 年网络视听精品节目"、国家广电总局"2022 年第三季度广播电视创新创优电视节目"、北京市广播电视局《2022 年网络视听精品合集》，同时获得《综艺报》2022 年度影响力"年度节目"。这些荣誉一方面印证了节目的品质和口碑，另一方面持续强化品牌的影响力。《闪耀吧！中华文明》通过内容创作弘扬优秀传统文化，引导年青一代；坚持守正创新，在为用户提供精神食粮的同时，也为民族文化根脉的保护和传承贡献着自己的一份力量。

B.43 《声生不息·港乐季》：
呈现港式美学、电影质感的台前幕后

芒果 TV 洪啸工作室

港乐记载着一个城市的飞速发展，也记载了民族和国家的阔步前行。《声生不息·港乐季》不仅聚焦于港乐本身，更是关注到了港乐背后折射的情感表达和时代印记。在当前这样"快节奏"的社会环境下，我们很难为了某个综艺节目驻足停留，更多时候它也许只是沿途的一瞥不被记得的"烟云"。但《声生不息·港乐季》真正做到了将港乐翻新，将大家心中已布满尘土的或不熟知的歌曲再度打磨，以新的姿态重现于"你的年度歌单"。但为什么选择"港乐"？这成为了广大观众一直疑惑的问题。

一、港乐之火，"声"生不息

团队最初想要制作一档行业里前所未有的高品质音乐节目，将主题聚焦于大众都很熟悉、能产生情怀共鸣，但又从来未被系统梳理过的类别。带着这个目的，加之 2022 年是香港回归 25 周年这个特殊的年份，节目最终选择了"港乐"这个相对大众化的切口，让有传播意义、审美价值的港味好歌回归视野；并将每个个体的所感所想有机串联，构成了有血有肉、书写民族自豪和文化自信的港乐历史。我们希望通过节目，让不同代际、不同领域的歌手，在同一舞台碰撞、融合，让港乐经典得以传承并延续；让

307

有传播意义、审美价值的港味好歌回归大众的视野，让同根同脉搏的内地和香港人民，特别是新时代的年轻人，通过音乐的传播，加深彼此间的了解。于是，《声生不息》有了后缀——"港乐季"。

《声生不息》也可以算是一档垂类音乐综艺节目，但"垂"的不是音乐品类或歌唱语言，准确说，"垂"的是一种符合大众期待的、属于几代人共同回忆的温暖澎湃的情绪。节目以"港乐"为介质和桥梁，用多元化的表达方式，让粤港澳大湾区人民感到深切的安全感、幸福感、认同感；也通过能到达人心灵深处的介质——音乐，来拉近内地与香港人民之间思想精神的距离。时光如同来自四面八方、节奏均匀的微波，将港乐记忆恒定不变地托升，闪耀着光芒。

二、精心打磨，造就品质

有了节目题材，下一步便是选择嘉宾。节目邀请了16组常驻歌手，其中8组内地歌手和8组香港歌手；这里面有港乐发端和高光之时的音乐人，也有与港乐有着千丝万缕联系的内地中生代歌手，更有来自内地和香港的新生代歌手。

在竞演主题选择上，节目采用"港乐与我"这一整体概念，从时间、情绪、文化三个维度去做年代的串联，表达不同维度下每个普通人跟"港乐"的关联。于是，有了讲年轻时与"港乐"初见境遇的"港乐与我的愉快少年事"，有了讲东方人爱与浪漫、团圆和分别的"港乐与我的一生所爱"，也有讲沉淀与哲思的"港乐与我的葡萄成熟时"等。每一期节目结尾的大合唱，依旧是在"港乐与我"这个整体概念下产生的，我们希望在这样一个弱竞技、无淘汰的节目中，让观众和歌手通过充满仪式感的环节成为一体，而不再是评判与被评判、唱歌与聆听这样的单一关系。

整体来看，节目要印证每个主题下关于不同年代的表达。所以，歌手面貌上是老中青三代，他们分别来自不同成长地域、不同方言环境、不同音乐流派。通过这样的嘉宾配置，希望能促进内地和香港歌手之间的音乐交流，更期待通过不同的人来阐述各自对每一个主题的理解：不同年代出生的人，记忆是交织的，一位观众在体悟一生所爱时，也许另一位观众可能已经将这些沉淀成了愉快少年事。在视觉方面，邀请了国内顶尖舞美师赵敏，通过舞美设计将现场营造出"颁奖礼"的质感，完成跨越内地与香港之间的时代献礼。在听觉方面，邀请了国内顶尖音响师何飚及其团队，让音乐不仅环绕在耳边，更有音乐唱进人心的沉浸式感受，打造"唱出来的港乐史，听得到的中华情"。

相较于节目组制作的上一档节目《歌手》，《声生不息》拥有着同样的高品质听觉享受；但从视觉上来说，在纯粹的灯光秀基础上，增加了许多能够凸显港乐的舞台设计，星光璀璨。并且拉近了歌手与听众之间的关系，将纯粹的"我唱你听"转变为观众有机会与歌手共创共唱，共同完成一张时代金曲唱片。

三、挖掘宝藏歌曲，再现经典

在节目筹备和录制的过程中，团队不仅从港乐中挑选了最具中华儿女认同的代表作，将《我的中国心》《中国人》《东方之珠》等彰显爱国情、赤子心的老歌新唱，还创新演绎了《祝福》《一生所爱》等深受内地观众喜爱的歌曲。受到生长环境不同、接受的音乐熏陶不同、媒介变迁等因素影响，内地和香港的观众对香港流行音乐存在情感基础、审美认知、熟悉度等多方面的"时差"，这是无法避免的事，团队能做的，就是想办法缩小"时差"，在人类共有的情感大线索下，寻找到两地观众音乐口味的最大公约数。

在寻找宝藏歌曲这一方面，我们都知道"遗珠""宝藏"在音综不可或缺，但节目不能全是"遗珠"和"宝藏"，如果是遍地黄金，就不珍贵也没有意外之喜了。在保证基本盘的前提下，节目希望能让观众听到一些以前没听到过的宝藏粤语歌，认识到那些优秀的音乐人。像《萤萤》《高山低谷》《圆》《红绿灯》《弥敦道》《1984》这些歌，其实对大湾区观众来说并不陌生，无论歌词还是旋律，都是很好的经典。这些作品在大湾区已经得到验证，所以在跟歌手本人讨论后，节目最终选择了诸如以上的"遗珠""宝藏"歌曲进行演唱。

四、互动交流 沉浸体验

舞台外的真人秀，我们同样能看到两地歌手生活中的交流。比如李克勤和李健曾合作多个舞台，私下他们也成为"心意相通"的好友，对音乐的理念更是高度契合；年轻歌手炎明熹和魔动闪霸，曾合作过舞台《我中意》，也因此建立起了深厚友谊。虽然两地歌手的生活环境和文化背景迥异，但在看到《声生不息》音乐人共同合作、共同生活、共同进步之后，他们的情感融合更加紧密，能够在未来奋斗的路上彼此理解，成长的途中互相尊重。

在《声生不息·港乐季》每期节目的最后，我们用到了香港乐坛颁奖典礼这一形式，这也是属于内地观众与香港观众共同的记忆。在整季节目的最后一期金曲盛典中，我们选择通过颁奖的形式对整季节目进行回顾，根据歌手们在节目中的表现设置各类奖项，希望用这样的方式，营造共襄盛举、与有荣焉的氛围感。

在金曲盛典上，节目一共颁发了 5 个特殊奖项和 3 个荣誉奖项，其中最特殊的奖项是"内地香港交流奖"，在整个节目中内地和香港歌手的搭档合作，一直是不可或缺的。除了他们在音乐上的相互成就，我们更能感受到的是身为手足同胞，那种浓烈的、炙热的、不断在流淌的情谊。其他的奖项，如"观众选择搭档奖""薪火传承奖"，也都有内地和香港歌手组合共获荣誉，观众能看到前辈对后辈的提携与传承，也能看到内地与香港的歌手互相影响，他们共同为港乐注入全新的生命力，在全新的时代再放光彩。

节目希望《声生不息》能够是文化长河中撑杆划过的一个渡口。它的起点，是想唤醒港乐；它的终点，则想借着文化形态的回潮创造新一轮的爱国主义浪潮，掀起下一波中华文化高潮，再造一个中华流行文化新核心。

香港当代著名音乐人、词曲家黄霑早已写出"不必怨世事变，变幻才是永恒"，总会有新事物出现的，所以怀旧音综既要讲好过去，也要预告明天。怀旧不是目的地，只是途经点，怀旧类音综未来的出路，是要让人在你这看得到未来，哪怕只有一刻新旋律、一位新歌手、一段新影像、一个新设计。我们能做的，就是当个摆渡人，给经典留位置，给后生留空间，这也是《声生不息》节目名称的内涵。

B.44 《一年一度喜剧大赛》： 从生活本质出发 带给观众笑与泪

王兆楠[*]

　　《一年一度喜剧大赛》是由爱奇艺出品、米未联合出品并制作的原创喜剧竞演综艺节目，自 2021 年播出第一季到 2022 年播出第二季，获得了行业与观众的一致好评。《一年一度喜剧大赛》成功入选国家广播电视总局 2021 年度优秀网络视听作品、北京市广播电视局"青春中国梦"网络视听精品创作项目、北京市广播电视网络视听发展基金扶持项目，成为新时代网络视听艺术创新表达的优秀代表。

　　喜剧作为一种历史久远的艺术形态，近年来也随着经济社会的发展、文化的交流互融不断推陈出新，以多元形态、创新表达走进大众生活，在带给人们欢乐的同时也引发情感的共鸣和更深沉的思考。

　　《一年一度喜剧大赛》作为一种创新性的喜剧类综艺节目，秉持扎根生活的创作理念，在日常琐事中找准选题，在趣味演绎中塑造人物，在笑与泪中描摹生活、记录时代，以此引发观众共鸣，传递正向价值。此外，节目也为喜剧演员提供一个展示自己的舞台，让更多的喜剧新人被看见，让

---

　　* 王兆楠，爱奇艺副总裁、总编辑。

更多元的喜剧表演形式被接纳，让不同类型的喜剧表演走进大众视野，助推中国喜剧行业的高质量发展。

一、深入生活，找准选题，在欢笑中引发情感共鸣

艺术源于生活而高于生活。深入生活，扎根人民，找准选题，讲述人民群众的故事是艺术创作一以贯之的理念，喜剧创作也是如此，唯有不断深入生活，寻找与现实生活相贴合的选题故事，方能与时代同频共振，与观众情感共鸣。

《一年一度喜剧大赛》始终致力于刻画小人物的生活百态。喜剧演员和编剧们通过长达 8~9 个月的时间精心打磨作品剧本，找准生活中的点滴故事，见人们日常所见之事，又能道出未见之理。节目创作两季以来，以贴近现实的创作方式、生活化的场景设计，关注社会热点议题，呼应年轻人的生活与情感，引发观众持续热议。

纵观节目两季作品，选题涉及亲情、友情、爱情、职场、社交等生活的方方面面，让观众在欢笑中共鸣共情。如第一季节目中的命题作品涉及"爱情、网络、就业、社交、父母、焦虑"，第二季节目中的命题涉及"出行、重逢、学习、过年、聚会、搬家、分手、断舍离、告白"，这些无不是当下年轻人乃至全社会热议的话题。喜剧小队们围绕这些话题，以别出心裁的设计、细腻到位的表演，创排出多部脍炙人口的喜剧作品，如第一季节目中的《互联网体检》形象地讽刺了当下一系列网络乱象，《时间都去哪儿了》真实还原信息化时代时间碎片化的问题，《披星戴月的想你》讲述当下年轻人的爱情故事等，这些作品或荒诞讽刺，或真情流露，将喜剧创作根植于现实之中，由此构建起与观众对话和共情的场域，实现传递快乐、缓解压力、抚慰人心的创作目的。

二、增强内涵，引人思考，传递正向情绪价值

喜剧的价值不仅在于为观众提供欢乐，还在于使观众在轻松快乐的氛

围中洞见生活的真谛，培养"笑对生活"的积极态度。这也正是《一年一度喜剧大赛》的节目定位，贴近年轻人的笑点和痛点，传递纯粹简单的快乐和热爱生活的能量。如第一季节目中的喜剧作品《站台》，用短短十分钟的时间，讲述了民国时期的一对父子在离别时是否要拥抱的故事。一心想要拥抱的儿子和总是躲躲闪闪的父亲，在车站为此状况百出。其中传递的恰恰是中国式的父子情——深沉又不善表达的爱。这部作品不仅让人联想起朱自清的代表作《背影》，在不同形态的文艺作品中，最能打动人心的始终是人类相通的、最朴素的情感。类似的节目还有第二季中的《再见老张》，新郎已过世的父亲在机缘巧合下重回人间参加儿子的婚礼，弥补了彼此心中的遗憾。以真诚的创作态度、朴实的舞台表演传递最普通而又真挚的情感，这是喜剧作品让人频频破防的关键。

除此之外，还有许多作品关注当下年轻人的生活状态，"把喜剧作为一面镜子，照见生活中的自己"。如《三毛保卫战》以诙谐幽默的方式演绎当下年轻人职场压力大、不断掉头发等问题，《黑夜里的脆弱》直击职场人白天积极向上努力工作、夜晚负面情绪汹涌而至等诸多现实问题。更为难得的是，喜剧创作者在提出问题的同时，也用自己的方式回答问题。面对压力，应该怎样放松心态；面对焦虑，应该如何疏解情绪；面对现实生活中的不如意，又该怎样重拾信心与勇气。在这些不服输、不放弃、不躺平的选择背后，向观众传递的恰恰是"笑对生活"的人生态度。

综合来看，这些作品均从生活中"抓取"样本，通过出乎意料的情节设计和戏剧化的演绎，通过对问题的剖析和解答，增强作品的艺术性、思想性、欣赏性，在笑与泪中传递积极正向的情绪价值。

三、开拓创新，挖掘人才，助力行业可持续发展

相比其他类型的喜剧节目，《一年一度喜剧大赛》之所以能够获得市场和观众的高度关注，还在于它真正为喜剧人提供了一个创新表达的舞台。

《一年一度喜剧大赛》通过招募各行各业的喜剧人才，开展多种类型的喜剧表演，让更多演员、编剧尤其是新喜剧人走进大众视野。同时，通过对 sketch（素描喜剧）、默剧、漫才、木偶剧、独角戏、音乐剧等诸多喜剧类型进行本土化创作，为行业注入新鲜力量，推动喜剧行业以更高质量实现可持续发展。

《一年一度喜剧大赛》为许多新喜剧人提供了一个展现个人才华的舞台，有一大批优秀的喜剧演员因此被观众熟知，如第一季节目中脱颖而出的蒋诗萌、蒋龙，第二季节目中的刘同、张维伊、左凌峰等。同时，节目也鼓舞着更多的喜剧从业者坚持梦想，吸引了更多年轻人加入喜剧创作者、表演者的队伍，改变着整个喜剧行业的生态。

此外，《一年一度喜剧大赛》还将更加多元化的喜剧表演形式带给观众，不断丰富着中国喜剧表演的形态。如第一季节目中的默剧表演《漂流记》、第二季节目中的偶剧表演《男纸汉》《小猪·归归归》等，让大众对喜剧有了新的认知，也让从业者有了更为广阔的创作视野。

四、编审前置，全程把关，赋能内容创新

喜剧一直是文艺创作和文化消费的宠儿，人们习惯于通过喜剧来缓解压力、疏解情绪，这种诉求随着社会的快速运转而日益强烈。早在剧场模式诞生之初，爱奇艺就开始布局喜剧赛道，总编辑团队与内容制作部门一起规划布局、推动创作。我们认识到，喜剧绝不能止步于让观众抚掌大笑，还要兼具价值立场、情感温度，要在笑声中发挥价值引导、精神引领、审美启迪的作用。在这一理念的指导下，经过几年的潜心耕耘，我们推出了《一年一度喜剧大赛》。

为保障《一年一度喜剧大赛》节目的顺利播出，总编辑团队也将工作更加前置。从剧本创作到线下展演，再到后期剪辑和上线播出，全流程指导创作者把握好喜剧表达与情感传递、价值引导的平衡，发挥好操舵手和

压舱石的作用，最大限度地保护节目在形式、内容、舞台呈现等方面的创新，探索喜剧综艺思想性、艺术性与欣赏性的最佳契合点。

《一年一度喜剧大赛》是爱奇艺深耕精品内容创作的结晶之一。作为国内第一方阵网络视听平台，爱奇艺将继续秉持"青春、阳光、正能量"的内容价值观和"弘扬主旋律，提倡多元化"的内容创作策略，用创新表达为观众带来更多高品质的视听作品。

B.45 《中国奇谭》的情怀与创新：探索现象级国产动画的爆款公式

上海美术电影制片厂有限公司　bilibili

2023年元旦，由上海美术电影制片厂（以下简称上美影）与 bilibili 联合出品的动画短篇集《中国奇谭》，凭借独具魅力的艺术表现与丰富的人文内涵成为网络热议话题。作品由8个根植于中国传统文化的独立故事组成：《小妖怪的夏天》《鹅鹅鹅》《林林》《乡村巴士带走了王孩儿和神仙》《小满》《玉兔》《小卖部》《飞鸟与鱼》。8部短片分别由11位国内中青年动画导演创作，从乡土眷恋到末世情怀，从生命关怀到人性思考，形式各异、题材多元、制作精良，为大众铺陈开一个极具中式想象力的世界，彰显了中华文化跨越时空的独特魅力。

获得"全民观看，全网热议"的热度丰收。 短短两个月内，《中国奇谭》在 bilibili 积累了2.4亿播放量与548.5万追番量，共计8.2万人打出9.9高分，登上站内热搜90余次，各项数据的增长已经打破了平台记录，成为 bilibili 国创品类的一个"爆款"。此外，《中国奇谭》在全网范围均取得了不错成绩：截至作品收官之时，在豆瓣平台最高收获9.6高分，名列实时书影音、实时热门电视、华语口碑剧集等多项榜单榜首；知乎平台推荐度高达89%；登上微博热搜150余次、抖音热搜100余次，成为名副其实的"爆款"动画。

实现"**创作裂变，商业开花**"的 **IP 赋能**。衡量一部作品的成绩不应只看其播放热度，而《中国奇谭》的影响力也不止于此。作品播出后，在 bilibili 形成了一股衍生创作与讨论的热潮：播出期间，站内 10 多个分区的 1.8 万多位创作者共计创作了 3.1 万稿件，相关二创视频总播放量破 2 亿，和正片播放量相当。无数热情的"自来水"促成了一波极其强势的传播裂变，将作品的大众影响力推向了一个全新的高度。同时，借着强势的声量效应，《中国奇谭》在其他商业化领域的开发也如火如荼地进行，合作品牌涵盖快消、餐饮、电商、游戏等多个领域，并还在持续不断地增长。

产生"**创作探索，模式创新**"的**行业启发**。《中国奇谭》的爆火不仅带来了大众层面的热烈探讨，更引起了国产动画行业内的高度关注：其在选题策划、故事叙述、艺术表现等方面的创新开拓具有极大的启发意义，吸引行业从业人员、相关领域专家及国家相关研究机构的关注与探讨。《中国奇谭》的成功存在偶然的惊喜，更有必然的缘由，通过对项目的企划、创作、宣发、商业开发各环节进行分析探讨，我们可以总结出几条"爆款"公式，期待能给国产动画后续的创作开发带来一定有益启发。

一、命题公式：多元团队×独立短片 = 创作实验的模式拓展

不同于市面上常见的呈现单一完整故事的长篇动画或电影，《中国奇谭》在剧集编排上进行了"分别邀约"与"短篇合集"这两项创新尝试。

团队选择的多样化是创作内容多元创新的前提条件。8 部短片的创作者年龄涵盖"70 后"到"90 后"，其中既有高校动画专业的老师，也有潮玩的主理人；既有海归背景的专业从业者，也有初入社会的年轻动画人。不同的专业背景与人生经历催生出多元的创作理解，最终沉淀为八种各具特色、耐人寻味的风格。为将这些风格鲜明的团队"杂而不散"地串联起来，《中国奇谭》创新性地采用了"半命题作文"式的动画短片合集形式，做到了既能充分彰显个性，又保持主题内核的统一。

"短片"是上美影最具代表性的创作符号。这种形式能将创作者的艺术

构想精炼浓缩、集中呈现，由上美影首创的水墨、木偶、剪纸等动画形式都发轫于短片形式，比如《小蝌蚪找妈妈》《神笔》《猪八戒吃西瓜》等一批经典作品。

"合集"是有成功市场验证的创新实验模式。从奈飞（Netflix）已成功运作三季的《爱，死亡与机器人》，到 bilibili 2022 年动画扶持计划"bilibili寻光"子计划孵化出的《胶囊计划》动画短篇集，越来越多的平台开始尝试这种半命题的原创短片合集模式。这种形式可以尽可能多进行各种制作手法与故事题材的创作尝试与市场测试，为后续的 IP 长线开发提供有效探索，已成为国产动画先锋创作实验最具参考价值的模式之一。

二、创作公式：传统美学×现代语境 = 有"美"有"魂"的中国故事

作为构筑起半部中国动画史的上美影，传承与弘扬前辈大师们缔造的动画"中国学派"，是其不变的使命和贯穿始终的创作宗旨。

在具体创作上，《中国奇谭》秉承"不模仿别人，不重复自己"的理念，根植于经典"中国学派"的美学理念，并在此基础上结合具有时代风貌的现代化语境，进行大胆深化的创新，不拘泥于狭义的中国传统文化符号，用现代观念和技术手段呈现中国美学，讲述有"美"更有"魂"的中国故事。

在表现手法上，既有上美影经典的二维手绘、剪纸与偶定格动画，也有用三维制作表现水墨意境、三渲二表现特殊风格等创新技术，并呈现出多风格融合的特征。

在内容题材上，既有古典志怪故事，也有现代乡土情怀，更有未来科幻想象……情节设计贯穿古往今来、纵观都市乡村，创作内核则始终扎根于人的幸福情感与美好向往，彰显中华民族善良坚韧的性格。

在音乐呈现上，不仅使用了阮、箫、笙箫、尺八、雅乐琵琶等传统民族乐器，也融入了管弦乐、打击乐、电子合成音效等西方及现代元素。

三、传播公式：大众共鸣 × 裂变土壤 = 持久多元的 IP 生命

《中国奇谭》不仅赢得了广泛的大众认知度，更具有独特的创作势能。这种势能的产生，源自作品自身的内容爆款基因，也源自其播放平台的独特创作生态。

首先，作品本身触动用户 DNA，引发多重共鸣。人们在《中国奇谭》中，既能看到童年记忆中经典动画风格的呈现，也能感知到对现实生活议题的折射，更有唐僧师徒四人等惊喜彩蛋的登场，从视觉、情感等多方面触动了大众的 DNA，引发了广泛又深刻的共鸣，成功直击大众痛点，在全网引发了一系列关于"童年回忆杀""爷青回""打工人真实写照"等话题的热烈讨论，为《中国奇谭》带来了第一波关注。

其次，播出平台有良好的创作生态，引发传播裂变。不同于其他传统视频平台，bilibili 是一个围绕用户、创作者和内容构建起来的多元文化社区。在这里，用户不仅会观看影视动画作品，更会围绕这些作品进行多种形式的创作讨论。可以说，在 bilibili，一部作品的制作与播出并不是一个终点，恰恰是其在大众心中"活起来"、获得长久生命力的全新起点。

"东方美学"是《中国奇谭》的一大标签，但这只是作品魅力的冰山一角，多彩多样的作品风格、丰富深刻的故事内涵、埋藏在各处的细节彩蛋就像一座庞大又神秘的宝库，吸引着人们不断探索，激发了 bilibili 广大创作者们的创作热情——有人结合故事的文学原型作品，进行主题内涵的解读；有人结合当下现实，分析作品的社会价值；有人进行细致的逐帧解读，发现隐藏在细节中的创作巧思。除了常见的动画解说视频，更有许多衍生的插画绘制、真人 Cosplay、花式剪辑、乐器演奏、舞蹈表演等形式，对作品进行创新诠释。这些基于作品丰富内涵和独特审美的多元创作，让《中国奇谭》拥有了持久的传播势能，带来了又一波佳作频出、影响广泛的二次传播。

四、变现公式：优质内容 × 全链开发 ＝ 产业拓展的肥沃土壤

在国产动画产业迅猛发展的今天，一部好的作品除了追求应有的播放流量、良好的用户口碑、丰富的二创内容等无形资产，更应该着眼于后续庞大的文化产业链，寻求丰富的商业合作机会，探索内容变现的更多可能性。

经过多年发展，bilibili 的业务触角已经伸向整个动画产业链，涵盖动画内容开发、衍生版权运作、海外发行传播、周边产品开发、品牌跨界合作、线下活动运营等等领域。上美影与 bilibili 对《中国奇谭》的商业化运作也在项目前期就已启动，相关市场营销团队在创作过程中持续关注参与，基于对项目的理解，进行前置布局筹备，并在项目播出后重点发力，将优质的内容本身与平台全链路的资源有机结合，使项目发挥最大的价值。

《中国奇谭》是一部传承了上美影经典动画美学，同时兼具创新精神的作品，既是对中国动画百年光辉传统的致敬，又是对中国动画未来发展的大胆探索，既有赤诚的初衷，亦有精良的品质。相信怀揣着满腔热血与才华的中国动画人们，能够再接再厉，创造出更多优秀的作品。在不远的未来，这些诞生于新时代的中国动画，不仅能在国内收获赞誉，更能漂洋过海，在海外大放异彩，让世界各国人民为中国人的艺术力与想象力而惊叹。

B.46 网络微短剧《大妈的世界》：关注"银发"群体 反映理想老年生活

腾讯视频微短剧业务中心

近年来，随着互联网的深度应用和视频技术的日渐普及，网络微短剧正发展成为一种具有独特艺术形式、业务模式和传播方式的新兴网络文艺样态。腾讯视频与粒粒橙、他城影业共同出品的《大妈的世界》，在腾讯视频"十分剧场"播出。该剧突出"正能量、精制化、新体验"特征，注重以"轻体量"实现"高质量"，以"小故事"产生"大共鸣"，是一部在微短剧行业精品化发展趋势下的佳作。作为一部关注老龄化社会"银发"群体的文艺作品，该剧紧贴社会热点，叙事节奏得当，以轻松幽默的方式讲述处于数字化时代的大妈们的老年生活。

一、塑造银发群体新形象，收获全网高口碑

《大妈的世界》以城市社区里两个大妈作为样本，以养老保健、代际沟通、老年生活等民生议题作为创作基础，将相关思考汇集成一个个生动有趣的单元故事，展现出"中国老年人机智的退休生活图鉴"，从全新的视角引发人们对"银发"群体的关注，探讨美好晚年的多种可能性。

剧中的老人们既包含老龄化趋势下的时代缩影，也是每个家庭中为子女操劳一生的父母缩影。该剧从老人自身的所思所想出发，展现这个时代

老年人的生活现状和精神文化诉求，让社会和子女对老年群体的真实生活境况与需求有了更直观的了解。

从叙事层面来看，《大妈的世界》讲述的是樱桃社区大妈以机智老练的方式应对生活中一个个小状况，如学习防骗知识应对传销诈骗，在日常娱乐中为抢占广场舞场地和年轻篮球队斗智斗勇，说服子女入住理想的养老院等。从主题立意来看，《大妈的世界》展现的是积极老龄观和健康老龄化的理念，展现国家关爱老年人并有力营造了利于老年健康的社会支持和生活环境。剧中两位大妈的扮演者李玲玉与穆丽燕都是从艺多年的知名演员，还有为好几代观众所熟悉的、为年轻观众所喜爱的演员的客串加盟。接地气的生活故事以及演员们的生动演绎，使得《大妈的世界》播出后，取得了豆瓣开分 8.4 分、最终 8.1 分的好成绩，得到《人民日报》《光明日报》等主流媒体的认可，也收获了近百篇微信公众号文章的主动报道和大量观众的自发好评。

在大众流行文化愈见年轻化的当下，《大妈的世界》以老年群体作为主要人物，通过具备热点性话题的内容反向吸引年轻人的关注，成为文艺作品中的一股清流。该剧在推动相关题材、故事类型的创作生产上迈出了有益的一步，相信未来会有更多的优秀作品在此方向上不断探索，形成一股创作新气象。

二、用心创制亮点突出，为微短剧创作带来新气象

在当下以年轻观众群体为主体的流行文化之中，"大妈"不仅是一个对特定年纪女性的普通称谓，在其中还隐藏着一种刻板印象，如大妈们的琐碎、爱念叨、爱管闲事、爱打探和八卦，以及一种对自己许多观念和想法的自信与强势态度。在这样的语境下，主流国产剧集鲜少以中老年群体作为主角。《大妈的世界》则找到了这一创新点，通过樱桃社区的两位大妈，以小人物、小切口来塑造理想的老年生活，选题创意与价值兼具，体现出专业团队对行业市场和社会现实的洞察把握。

在形象塑造上，现今剧集市场上存在着一定的对女性形象与女性情谊的刻板化描写，观众亟须更新鲜的观看体验。《大妈的世界》抓住了这一需求，用诙谐巧妙的手法描绘出专属于数字化时代的、机智的老年生活，塑造了风趣、时尚的"中国大妈"形象——她们精明且老练，对专门针对老年人的传销骗局看得一清二楚，甚至通过完美的表演反过来利用传销年轻人来给她们服务。在这群以王姐和老杨为首的大妈们身上，可以看到不一样的老年群体及其生活样态，塑造出阳光活泼、充满日常小精明和小烦恼的大妈形象。

在形式创新上，《大妈的世界》尝试了一种在国内尚未形成流行的短剧形式，为观众带来了全新的观剧体验。和其他短剧作品的差异在于，故事并未按照三幕剧徐徐展开，而是每一集都新建立在一个荒诞有趣的假定情景中。从某种意义上，该剧证实了素描喜剧与微短剧的契合度，给出了微短剧内容探索与互联网喜剧丰富革新的一套新思路。

在叙事方式上，《大妈的世界》找到了适合微短剧信息密度的呈现节奏。在脱口秀表演中，这被称为"callback（扣题）"。剧中的"callback"情节，不仅能够暂缓节奏，而且能够制造记忆点，让观众抓住重点。

在镜头语言上，《大妈的世界》用最小的篇幅，抓住观众的眼球，同时让观众看见亮点，并领悟到创作者想要传达的内容。在情绪的打造上，无需太多铺陈，而是直接以大画幅聚焦人物的神态、眼神、肢体动作等情绪，进行直白的情感传递，给予观众切身感受，引导观众跟上叙事节奏。后期制作也运用同样的方式，让观众短暂但沉浸地进入剧情，不破坏剧情假定性，也能使趣味加倍。

在后期制作上，腾讯视频微短剧团队一起讨论如何让文本上的笑点，在视觉呈现时避免过于深奥，于是就有了通过音乐音效铺垫暗示、通过调色或画面裁剪视觉引导等新想法。该剧剪辑指导王培冲提到："《大妈的世界》的很多笑点是在剪辑阶段想出来的，然后导演会立刻与后期各模块沟通，及时对可行性进行尝试和反馈。"

　　腾讯视频微短剧团队在微短剧领域不断寻求创新，鼓励创作者打开视野，开拓新题材、新模式、新技术。在拍摄《大妈的世界》时，以轻喜剧化的表现形式来呈现现实生活，以充满共鸣的故事展现烟火人间，是团队创作《大妈的世界》的初心。选择以现实生活中的热议话题为抓手，让喜剧的内容扎实落地；鸡娃式教育、盲盒经济、追剧黑话等流行话题与"中国大妈"形象相碰撞，创造出独特的喜剧效果。

三、多样化方式连接观众，助力优质内容传播

　　《大妈的世界》的成功，离不开腾讯视频"十分剧场"头部精品剧场化运作。微短剧在迈入精细化、工业化的进程中，各个平台都在寻找基于自身调性和原有观众性质的特色精品化道路，以及最适合自身平台的特色生态方式与制作、宣发、商业化的体系。腾讯视频微短剧作为行业先行者，始终在探索创新的路上。腾讯在线视频平台正式发布微短剧品牌"十分剧场"，这一动作意味着腾讯视频对微短剧精品化的探索进入新阶段，也意味着微短剧迈上内容矩阵化布局、营销档期化传播的新台阶。

　　自上线以来，腾讯视频微短剧稳定地贯彻着规模化多元内容输出，以异质化创作和特色排播满足了观众对精品微短剧的需求。在剧场排播上，寒假春节档和暑期档这两大档期是腾讯视频微短剧持续输出对口内容的机会。2022年春节档发起了"虎年大吉，十分有喜"的微短剧排播，推出以《大妈的世界》为代表的多部适宜春节氛围的轻喜剧作品；7~8月发起了"微短剧的夏天"暑期档排播，2022年入冬推出了"冬日种草清单。2023年春节档推出多部大胆创新、制作精良的微短剧作品，不仅开辟连续性排播的欢乐"不断档"，还以剧场品牌牵头拉动多部剧集联合营销，以聚合化推广为观众带来精彩、多元、丰富的好内容。

　　未来，腾讯视频微短剧团队将会继续践行"用符合年轻人喜好的内容传递轻松、积极、愉悦的价值观，持续让内容创造美好"的理念，通过守正创新的内容、年轻态的表达，创作出对青年观众有正向意义的微短剧精品佳作。

B.47 音频作品《凯叔红楼梦》：一部大观园里的青春成长史

北京凯声文化传媒有限责任公司

青春是一段时光，也是一群人，听《凯叔红楼梦》，一起叩开青春这扇门。网络音频节目《凯叔红楼梦》是北京凯声文化传媒有限责任公司出品的儿童国学经典作品，也是凯叔四大名著系列的收官之作。这部作品由总策划、总监制曾浩，主讲人凯叔，资深编剧柳青和国内知名作曲家徐鲤组成主创团队，北京大学中文系博士、副教授张一南担任文学顾问，历时三年倾心打造，并于2022年5月完成全部作品的上线。《凯叔红楼梦》由少年专属版、妈妈纯享版两个版本组成，同时配有一个特辑《红楼诗词凯叔念诵》。整部作品运用长卷式插画，搭配独具古典韵味的原创音乐进行感情充沛的演绎，解读大观园的青春成长史。通过崇高立意和精良制作致敬经典、弘扬时代精神，让少年儿童听懂红楼故事、品读红楼韵味的同时，感受中国文化经典的浪漫与美，进一步引导少年儿童树立文化意识与文化自信。

《凯叔红楼梦》一经推出便受到家长和孩子们的喜爱，上线3天收听量突破100万，2022年累计收听量超过8000万。该作品荣获北京广播电视台2021年"声音探索者大奖"，入选北京市广播电视局2022"'奋进新时代'北京市优秀项目选集"，并被国家广播电视总局网络视听节目管理司列为

"2022网络视听精品网络音频节目"。北京广播电视台评价《凯叔红楼梦》："红楼梦难解，成人之见；童心石头记，也见其真。孩子其实可以领会一切，前提是你也具有孩子的耳朵。"

一、以"青春"破题，改编古典文学名著

《红楼梦》作为古典四大名著之一，是具有世界影响力的中国古典小说巅峰之作，是国人必读的中国传统文化百科全书，也是青少儿文学启蒙、文化启蒙的入门书之一。但《红楼梦》也是"一块难啃的硬骨头"，它剧情复杂，人物众多，很多人对《红楼梦》都是一知半解。很多家长想让孩子接触《红楼梦》，又有很多担忧，例如，如何给孩子讲《红楼梦》？《红楼梦》里不适合给孩子读的内容，该怎样改编？青少年版的《红楼梦》应该传达什么样的主题和价值等？

这也是《凯叔红楼梦》立项初期团队面对的创作难题。对创作者来说，既要保留原著的韵味和遣词造句的特点，又要过滤掉不适合孩子阅读的内容，改编难度非常大，改编后的作品很难同时让孩子喜欢，让家长满意。功夫不负有心人，《凯叔红楼梦》创作团队发现了一个全新的突破点：在《红楼梦》里，林黛玉、贾宝玉和薛宝钗等一众主角不过是十几岁的少年。他们年纪虽然小，但都有独立的人格。通过一件件事儿，都能看出每个人的脾气个性、学问高低。他们在大观园里成长，有泪水，更有欢笑，这是属于他们的青春印记，是曹雪芹笔下的浪漫青春。

正是这个全新的发现，成就了《凯叔红楼梦》的独特视角和创作优势——以一部发生在大观园里的青春成长史为主线，在红楼原著与少年听众之间架起一座桥梁，打开红楼的一扇窗，一瞥大观园里的青春美好。在创作中，《凯叔红楼梦》尊重原著，保持红楼格调；采用第一人称叙事的"主观视角"，走进人物内心；借用"折子戏"概念，呈现精彩情节；同时还有声音大咖、原创音乐、长卷插画等综合艺术精彩呈现。主创团队的大胆探索，为破题传统文化经典巨著在网络视听作品的呈现方面带来新的机会。

二、创新打造母子双版，共同叩开青春大门

《凯叔红楼梦》独创性地采用了母子双版的形式，一版面向孩子，意在听见青春成长，一版面向妈妈，意在回望青春时光。

少年专属版是专为少年准备的《红楼梦》。作品从少年的视角切入，由凯叔为少年们讲述红楼剧情，解读红楼人物，给他们成长的启发和思考。让少年们听懂红楼故事的同时，也读懂自己青春时光里的喜乐哀愁，感受真诚、善良、美好，树立正确的价值观，为他们将来品读原著打下兴趣基础和知识基础。妈妈纯享版是送给长大后的"少年"回望青春时光的红楼声音剧，作品以曹雪芹原著《红楼梦》前80回为蓝本改编，以折子戏的形式和电影级音效，原汁原味地呈现原著之美，让长大后的成年人，有机会再次感受曹雪芹笔下的浪漫青春。

两版互为基础又相对呼应。例如，在妈妈版里埋的故事线索会在少年版深入分享，在少年版里埋的线索则在妈妈版里探秘。艺术表现上既有共性，又有各自特性，例如宝玉曾说"女儿都是水做的骨肉"，因此《凯叔红楼梦》中每个女儿的视觉设计上都体现出水元素，长卷式插画中的每个人都眉眼低垂，宛如梦中。但少年版的更亲切，更有趣，妈妈版的则更绵长，丰富细致。

《红楼梦》原著也可以被解读为两版，一版是故事里正在发生的青春故事，一版是曹雪芹回望自己青春时光的感悟。母子双版的形式设计，是《凯叔红楼梦》主创团队对曹雪芹的隔空致敬。

三、以原著为底色，透过时代眼光重看经典

《红楼梦》是古典的、传统的、浪漫的，也是青春的、朝气蓬勃的。放眼历史与当下，《红楼梦》是中国文化、中国美学、中国人情感的家，《凯叔红楼梦》想要做的便是替孩子们叩开这扇门，邀请他们走进大观园。

《凯叔红楼梦》保留了《红楼梦》原著的韵味，用更适合少年的讲述方式，让孩子们直观地感受到：大观园就是一座青春王国。为了让孩子们能更全面立体地感受《红楼梦》，《凯叔红楼梦》采用了双线叙事的方式来呈现，整个音频不仅有凯叔的讲述，还有剧情的还原，以这样的双线叙事，让孩子们身临其境。

对此，我们可以用清、细、美三个字来概括《凯叔红楼梦》，这是经典作品在时代语境下讲述的亮点。

清，表现在《红楼梦》继承了中国文学以清为美的传统。《凯叔红楼梦》遵从原著，拒绝戏说，如实地还原了《红楼梦》中的清净世界。细，表现在《红楼梦》是一部细腻的小说。《凯叔红楼梦》在每个创作环节，都做了细腻的工作。每句台词，每处表演，每个形象，都进行了细腻的打磨。美，表现在《红楼梦》是一部美好的小说。《凯叔红楼梦》尽可能在视觉和听觉上提供美好的体验。

四、精益求精，以精良制作致敬经典

《凯叔红楼梦》在创作细节上精于打磨且富于巧思。创作团队为在语言上保留原著的红楼味道，在构建少年喜欢且听得懂的故事同时，保留了原著经典的对话、描写、场景。他们每天花费大量时间去阅读原著相关资料，认真琢磨理解人物。文学顾问张一南教授严格把控创作的边界，终于将《红楼梦》这部高深、复杂的作品不断揣摩、嚼碎，"化"成了适合少年听的作品。

不止是故事，《凯叔红楼梦》也是一幅展现红楼特有东方古典美的画卷。其整体视觉根据原著的描写，结合孙温画《红楼梦》和中国传统山水画之青山绿水的色彩特征提炼而出，兼顾当下时尚古风感的元素。在人物服装、颜色、造型、配饰等方面，《凯叔红楼梦》借鉴了央视87版电视连续剧《红楼梦》的关键要素，创新提炼出"梦""水"的核心意象并发散使用。孩子们可以在动态国风长卷中，感受家大业大的荣国府，遇见各具特色的宝玉、黛玉、宝钗等人物角色，"围观"古人闲谈、对诗、饮茶、投壶、飞花令等生活、学习与休闲的方式，甚至可以熟悉风俗风物、感受衣食住行，提高审美力。重要角色还拥有自己的专属主题色，例如象征热烈赤子心的宝玉红，象征山中高洁晶莹雪的宝钗蓝等。

最重要的还是音频故事本身。《凯叔红楼梦》采用不同角色的视角和口吻，辅以场景音乐，讲述了复杂的红楼故事。《凯叔红楼梦》的配音演员也借鉴了央视87版《红楼梦》的语态和声音，如作品中饰演贾母的李文玲老师，也是87剧版《红楼梦》的配音演员。包括"凯叔讲故事"创始人凯叔在内的声音大咖们用细腻的感情和专业的声音表演技巧，精准拿捏了每一个红楼人物的个性，让人身临其境。

音乐作为音频作品重要的叙事方式，在《凯叔红楼梦》中的创制与呈现亦非常考究。作品原创四首主题歌曲《枉凝眉》《红豆曲》《葬花吟》《好了歌》和十二首情景音乐，借鉴了央视87剧版《红楼梦》的音乐调性，注入当下审美元素，结合剧情和人物心理，用民乐与管弦乐共同呈现出《凯叔红楼梦》的青春少年感。在音乐、音效、配音相互配合下，《凯叔红楼梦》呈现出"中国式音画长卷"的流动美感，进一步凸显中国的古典美。

五、为孩子创作，从来不是"降维"而是"升维"

故事是孩子认识世界的窗口之一，《凯叔红楼梦》创作期间，主创人员一直坚持凯叔"给孩子看的内容，不是降维，而是升维"的原则，尽可能丰富信息、逻辑等层面，帮助孩子认知掌握世界的方式，让他们在对经典作品的品读中收获闯荡世界的力量和勇气。伴随着凯叔四大名著系列的收官，当初听《西游记》时三四岁的孩子已长成了十岁左右的少年，凯叔也从"俯身陪伴"，变成了"平等的对话"，凯叔对孩子的称呼，从"宝贝儿"，变成了"你好"。而孩子们所需要的，也逐步变成个性化的表达需求和为成长搭建的温暖阶梯。

"孩子们在成长，需要知道这个社会的规则。"主创人员曾如此描述

《凯叔红楼梦》的必要性。那么，少年读红楼，应该读什么？读事、读人、读物。读事中了解红楼，读人中获得思考，读物中看到精致物件背后中国传统文化的美。

成长的启发和思考，是《凯叔红楼梦》想要带给孩子们的礼物。凯叔讲故事团队希望孩子在听红楼故事的同时，了解自己，了解成长，了解更大的世界，一步步体会自我、拥抱世界。未来，凯叔讲故事将继续讲好中国故事，弘扬时代精神，让优质儿童原创视听内容触达更多中国孩子，帮助他们在听故事中熟悉中华经典，增强文化自信，这也是新时代儿童内容创作者的责任与使命。

B. Ⅵ

国际视野

B.48　东盟网络视听产业发展及
与我合作路径研究

张苗苗　彭　锦　沈雅婷[*]

东盟在 2020 年成为中国第一大贸易伙伴，中国—东盟自贸区成为全球最具活力的自由贸易区之一。在双边贸易合作交流和数字经济蓬勃发展的基础上，人文交流也日益成为东盟与中日韩交流合作中重要组成部分。中国与东盟在文化领域的交流互信也在不断增加。在 2007 年发布的《2007—2017 年东盟与中日韩合作工作计划》中，广播电视媒体是其中重要合作内容。在 2018 年发布的《中国—东盟战略伙伴关系 2030 年愿景》中，人文交流和政治安全合作、经济合作共同构成中国—东盟战略伙伴关系的三大支柱。

一、东盟网络视听产业发展现状

由于各国经济基础、人口规模、互联网基础设施建设水平、政治文化、语言宗教等方面存在的巨大差异，东盟和中日韩内部在网络视听产业发展呈现阶梯式，中国、日本、韩国、新加坡位于第一梯队，马来西亚、泰国、

* 张苗苗，国家广电总局发展研究中心媒介研究所副所长、研究员；彭锦，国家广电总局发展研究中心内容研究所副所长、副研究员；沈雅婷，国家广电总局发展研究中心科技研究所助理研究员。

越南、印度尼西亚、菲律宾位于第二梯队，文莱、柬埔寨、老挝、缅甸位于第三梯队。

《亚太地区 OTT TV 及视频预测》报告显示，2017 年，中国超越了日本占据亚太地区 SVOD 营收的领军位置。亚太地区 SVOD 营收从 2016 年的 33.88 亿美元增至 2022 年的约 90.9 亿美元。到 2023 年年底，中国 SVOD 订户将达到 2.35 亿，2017 年仅为 0.97 亿，中国和美国将贡献全球逾一半的 SVOD 订户。预计 2025 年，亚太地区整体 SVOD 收入将达到 182.5 亿美元，比 2019 年增长 80 亿美元，中国将拥有 2.69 亿 SVOD 用户，几乎占该地区总数的三分之二，印度预计将在 2019 年的基础上增加一倍以上，达到 4500 万客户。

1. 新冠肺炎疫情背景下，东盟网络视听行业保持快速增长态势

面对疫情冲击和全球经济下行，东盟和中日韩经济体在发展数字经济方面，显示出在逆势中加速发展的良好态势。尤其是人们对网络视听服务的需求激增，网络视听产业保持持续快速增长。

《2020 年东南亚数字经济报告》显示，2020 年东南亚互联网交易总额超过 1000 亿美元，用户数量增加 4000 万，首次突破 4 亿。其中，在线媒体服务（包括视频、音频、广告和游戏）交易总额从 140 亿美元上升至 170 亿美元，增幅达 22%。疫情期间，东南亚地区互联网用户上网时间从平均 3.7 小时提升至 4.7 小时，音视频流媒体平台成为人们重要的娱乐休闲方式。订阅式音视频用户大幅上升，最高峰达到原有用户数的 2 倍。60%的用户表示在解除疫情隔离之后会继续使用订阅式音视频服务。[1]

根据日本数字内容协会《数字内容白皮书 2020》，2019 年日本内容产业[2]市场规模为 12.848 万亿日元。其中，数字内容市场规模为 9.232 万亿日

---

① 《2020 东南亚数字经济报告》（e-Conomy SEA Report），谷歌、淡马锡控股集团和贝恩咨询公司。值得注意的是，报告主要统计了越南、泰国、菲律宾、马来西亚、新加坡、印度尼西亚 6 国的数字经济发展情况。

② 根据日本数字内容协会《数字内容白皮书》中的统计分类标准，日本内容产业主要包含影像、音乐、游戏、出版四大类，数字内容产业包括网络游戏、数字动漫、数字出版、数字学习、移动内容、数字视听、其他网络服务和内容软件等。

元，同比增长 2.2%，数字化率 71.9%。通过网络传送内容的市场规模
3.929 万亿日元，同比增长 8.9%，互联网化率①为 30.6%。按照内容传输媒
介划分，网络已经成为日本内容产业的最大门类，并将在后疫情时代保持
高速增长。韩国 2020 年上半年内容产业的总销售额预计约为 57.3 万亿韩
元，与 2019 年同期相比下降 1.9%。其中，广播占内容产业总销售额的第二
大份额，为 16.2%。

**2. 东盟各国经济发展不均衡，各国在网络视听产业发展上可大致归为
三个梯队**

网络视听服务主要指通过互联网向用户提供音频、视频等内容。各国
网络视听产业发展非常依赖于当地的互联网基础设施建设水平。一方面，
当地的互联网用户规模是网络视听服务用户的基本面。另一方面，互联网
接入费用、网速会直接影响用户是否采用网络视听服务，也会直接影响平
台方的网络流量成本，进而影响当地网络视听产业发展。本文从互联网用
户规模、网络接入费用、网络接入速率这三个方面考察东盟、中国以及亚
洲内部在网络视听产业方面的基础设施支撑能力。

在互联网用户规模方面，根据国际电信联盟（ITU）公开数据，近年
来，东盟和中日韩地区的互联网用户规模在稳步提升，无论是互联网普及
率，还是移动手机用户普及率和固定宽带用户普及率，整体呈现以下特征：
一是移动手机用户的普及程度要显著高于固定宽带的普及程度。除了老挝
和缅甸，其他 11 个国家移动手机用户普及率都高于世界平均水平。这也与
全球移动互联网的快速发展态势保持一致。二是中国、日本、韩国、新加
坡整体互联网普及程度都高于世界平均水平；文莱、马来西亚、泰国、越
南除了固定宽带用户普及率，另外两项指标都高于世界平均水平；印度尼
西亚、菲律宾、柬埔寨、老挝和缅甸的互联网用户普及程度较低。

东盟和中国以及其他亚洲主要国家中既有发达国家、发展中国家，也
有欠发达国家，不仅在经济发展水平存在差异较大，在人口、政治、语言、

---

①　互联网化率指的是内容市场中通过 PC 和手机分发的互联网内容的比例。

宗教、信仰方面都存在多样性。网络视听作为新兴的文化业态，其产业发展与当地的互联网基础设施水平、行业发展政策、文化风俗习惯都有着重要的关联。总的来说，东盟和中日韩的网络视听产业可大致分为三个梯队。中国、日本、韩国、新加坡位于第一梯队。马来西亚、泰国、越南、印度尼西亚、菲律宾位于第二梯队。文莱、柬埔寨、老挝、缅甸位于第三梯队。

在网络接入费用方面，根据国际电信联盟（ITU）发布的《2020年信息和通信技术服务价格数据报告》①，全球的宽带接入费用都在小幅下降。东盟和中日韩的网络接入费用主要呈现以下几个特征：一是中日韩、新加坡、文莱的各项网络接入费用都低于世界平均水平，总体表现较好。二是在固定宽带接入费用方面，除了新加坡、文莱、马来西亚高于世界平均水平，东盟其他7个国家在固定宽带可负担性表现较差，用户在使用网络视听服务时将会花费相对较高的金钱成本。

在网络接入速率上，一是中日韩和新加坡的网络接入速率表现良好，网民的使用体验较高。尤其是韩国，其移动宽带和固定宽带速率排名在第2名和第4名，互联网基础设施完善。中国近年来在互联网基础设施的投入不断增加，网络接入速率也表现良好，尤其是移动宽带速率排在第5名。新加坡在固定宽带方面的表现也非常亮眼，排在第1名。二是在东盟十国中，除新加坡和泰国，其他8个东盟国家的网络接入速率低于世界平均水平。泰国整体网速也位于东盟十国前列，固定宽带速率排在第5名，表现抢眼。

3. 积极布局数字基础设施建设，加强区域合作，为网络视听产业的持续发展打下良好基础

新冠肺炎疫情阻隔之下，数字经济是保持全球经济活力、保障产业链

---

① Measuring digital development ICT price trends 2020, ITU, 2021. 为比较世界各地发展中经济体和发达经济体的ICT价格，数据采用国际电联电信/信息通信技术指标专家组（EGTI）批准的最新方法。它充分考虑各国的多样性，提出五个篮子的信息和通信技术服务价格数据，包括固定宽带、仅移动宽带数据、低使用率的移动蜂窝套餐、低消费的移动数据和语音套餐，以及高消费低消费的移动数据和语音套餐。该报告涵盖世界范围内200个经济体。

供应链畅通的关键经济形态。后疫情时代，东盟和日韩各国积极布局数字基础设施建设，赋能网络视听产业高质量发展。

2021年1月26日，东盟发布一份区域性数据治理规划《东盟数字总体规划2025》，旨在指引东盟2021年至2025年的数字合作，将东盟建设成一个由安全和变革性的数字服务、技术和生态系统所驱动的领先数字社区和经济体，应对新冠肺炎疫情的长期冲击。其中首要的目标就是在东盟实现高质量和全面电讯基础设施互联互通，确保域内高效、优质和全覆盖的高速网络。[①] 据悉，印度尼西亚国家发展规划部正在起草一项推动数字转型的战略，以促进数字技术的利用，促进可持续低碳经济（绿色经济）的增长。[②]

2020年6月，韩国政府已经宣布计划，至2025年，以数字化、绿色化和稳就业为方向投入约76万亿韩元，建设大数据平台、第五代移动通信（5G）、人工智能等数字产业基础设施，发展"非接触经济"，推动社会间接资本的数字化发展，克服疫情影响，挖掘经济增长新动力。[③] 而早在2019年年底，日本政府就将"数字新政"相关预算纳入2019年度补充预算案中，超过9550亿日元，致力于紧紧抓住第四次工业革命的时代机遇，推动提升日本在人工智能、量子计算、信息通信、基础研究等领域的建设，让数字经济成为未来拉动日本经济增长和社会变革的新动能。

东盟和中国主动加强数字经济、文化产业的双边、多边合作，共建亚洲命运共同体。2020年，中国与东盟发布《中国—东盟关于建立数字经济合作伙伴关系的倡议》（以下简称《倡议》），《倡议》明确强调加强双方数字基础设施合作。《倡议》强调"强化双方在通信、互联网、卫星导航等各领域合作，共同致力于推进4G网络普及，促进5G网络应用，探索以可负

---

①　聚焦东盟数字化发展规划疫情下的《东盟数字总体规划2025》（董宏伟 王琪 2021-04-09）http：//paper.cnii.com.cn/article/rmydb_15874_300706.html。

②　印尼国家发展规划部制定促进数字化转型的战略，2021-05-29，印尼《安塔拉通讯社》，http：//cistudy.ccnu.edu.cn/info/1124/12886.htm。

③　文在寅新年贺词重点提及推动数字经济发展，2021-01-26，http：//paper.cnii.com.cn/article/rmydb_15827_299051.html。

担价格扩大高速互联网接入和连接，包括对《东盟互联互通总体规划 2025》框架下东盟数字枢纽的支持，发展数字经济，弥合数字鸿沟"。这是对于中国与东盟在通信基础设施建设合作方面现有成果与未来蓝图的最好写照。此外，随着 RCEP 区域全面经济伙伴关系协定正式签署，在新的合作框架内，东盟与中国在文化产业方面将有更深入紧密的合作，推动共建东亚命运共同体。

2021 年 7 月 30 日，"展望视听新时代 迈步产业新征程——2021 中国—东盟网络视听产业项目对接洽谈会"在南宁举办。一大批知名行业协会企业以及金融投资机构参加对接洽谈。中国—东盟网络视听产业基地是国家广电总局和广西壮族自治区人民政府共同推进建设的部区共建基地，是中国—东盟信息港建设的重要组成部分，是广西自贸试验区南宁片区的标志性建筑，是自带流量光环的网红建筑。截至 2021 年 7 月，基地已成功引进 21 家企业入驻，其中，11 家实地入驻，10 家企业以飞地形式入驻；累计注册资金超 18 亿元；一期工程出租率达 55.50%。

二、东盟和其他亚洲主要国家网络视听行业规制概况

当前，全球网络视听面临诸多挑战。竞争与垄断、虚假信息、低俗内容以及违反公序良俗、侵犯隐私等问题在网络平台普遍存在，成为各国政府面临的共同难题。梳理东盟主要国家和日、韩两国针对网络视听这一新兴业态所采取的准入规则和治理情况，通过比较可以发现，网络视听的兴起和发展与该国的市场开放程度、经济发展情况、本土互联网企业等几大因素紧密相连的，它所带来的文化安全隐患和资本影响舆论的后果值得思考。个别国家成熟的法律体系也对我有借鉴意义。

有关数据预测，到 2026 年，亚太地区 22 个国家/地区的 OTT 电视剧和电影收入将达到 540 亿美元，比 2020 年的 290 亿美元增长 90%，其中，中国将增加 84 亿美元，印度将增加 47 亿美元，日本将增加 45 亿美元，印度的收入将增长近 3 倍，而日本将近翻倍。

　　东盟地区各国虽然在自然禀赋、经济体量、政治经济结构、发展水平等方面差异较大，且大部分国家在信息经济发展方面起步较晚，软件及信息服务贸易总体规模相对较小，但这一地区未来拥有很大发展空间。另外，韩国目前仍然是IPTV最赚钱的市场，IPTV未来几年也将成为亚太地区增长最快的平台。国际巨头也一致看好东亚市场，YouTube、奈飞、迪士尼+等在日韩市场角逐日益加剧，已经达到白热化阶段。从东亚几国来看，不难分出如下几个类别：第一，中国、日本和韩国仍是亚太地区网络视听产业和市场价值增长的前三强，关键驱动力是成熟的管理机制和完善的基础设施，以及源源不断的技术创新应用。第二，越南、泰国等经济发展较快且监管机制越来越成熟，这些第二梯队能否迅速发展跟上第一梯队的成败关键是政府能否及时拿出扶持和治理措施，培养本土企业的崛起，夺回跨国公司蚕食的市场份额。第三，其余国家体量小、经济发展缓慢、治理体系不完备的国家仍然面临网络视听市场由跨国企业分割的窘境，目前看来这一局面短期内无法改变。

　　当前，中国、新加坡在相关法律规制、技术服务标准和监管体系方面比较完善。日韩和东盟其他国家整体上对OTT业务持开放政策，没有制定专门的网络视听领域的法律法规和技术监管标准，一般按传统广播电视业规定来管理OTT服务业或根据其他相应法规进行行业监管。随着人工智能、区块链、物联网等技术的发展，给网络视听行业的发展政策及监管手段都带来新的挑战。加之国际网络视听平台对各国本土业务的冲击与竞合、本土视听平台的崛起、盗版问题、文化与信仰的碰撞等原因，东盟与日韩等国逐渐开始研究出台针对网络视听行业或部分业务的法规和管理措施。

三、中国—东盟（10+1）网络视听行业区域合作发展思路

　　习近平总书记指出，必须加强顶层设计和研究布局，构建具有鲜明中国特色的战略传播体系，着力提高国际传播影响力、中华文化感召力、中国形象亲和力、中国话语说服力、国际舆论引导力。当前，中国和东盟共

11 个国家的经济总量占全球近三分之一，已成为世界经济的重要引擎，11 个国家的利益与命运前所未有地紧密相连、深度融合，形成你中有我、我中有你的互惠共融格局，更需要加强人文交流的支柱作用。在政策沟通、设施联通、贸易畅通、资金融通外，多维立体地深化民心相通，为东亚地区应对世界百年未有之大变局、为推进人类命运共同体的建立发挥更大作用。网络视听作为当前信息文化交流的主流方式，数字经济的重要组成部分，是消弭文化屏障、促进民心相通的重要载体，亟须以合作共赢为基础，加强中国—东盟在网络视听行业发展领域的沟通合作、交流互鉴。

1. 加强顶层设计和研究布局，充分发挥 10+1 合作的既有优势。在 10+1 合作中，虽共处于亚洲文化圈，但由于政治体制、文化传统、宗教习俗、经济发展水平、开放程度各异，各国的具体情况千差万别。建议政策制定与市场合作均需强化国别和圈层研究，真正做到区域化和分众化传播。比如，仅从内容产业发展和网络视听基础建设两个维度，中国与东盟各国的情况就有巨大差异，意味着中国与之合作的落脚点和发力点都需因实际而施策。

2. 对接 10+1 合作框架，深化网络视听合作的重大工程与项目。经过 30 余年的努力，中国与 10+1 合作框架中的单边、双边或多边国家已建立了密切合作联系，为深化网络视听合作的重大工程与项目奠定了良好基础。但调查研究显示，当前中国与东盟在网络视听行业的合作多为自发开展、小规模的传播合作行为，需要加强行业发展的顶层设计，主动对接 10+1 东盟与中国已搭建的合作框架。

3. 强化政策供给，完善政府的扶持与服务体系。首先，进一步完善财政扶持政策，加大对包含网络视听在内的视听内容、服务与技术等走出去的奖补力度，设立中国—东盟视听内容合作专项资金，鼓励支持彰显中国文化视听内容的发行与传播，鼓励内容模式出口，对视听走出去作用较大的机构、个人和作品予以奖励，提高企业和个人参与影视走出去工作的积极性；其次，从传播实际效果的角度，研究探索国际传播中优秀文化产品的税收补助政策。在日韩、英法等国,内容产业的海外传播享有不同程度的税收优惠减免政策。建议加强专题性研究,采用国际通行办法,更加考量视听作品的海外传播效果,通过对优秀国际传播视听内容的税收减免,提高参与主体的积极性;第三,通过政策供给补齐短板,对节目出口印度尼西亚、菲律宾等中国视听节目传播较少的国家出台有针对性的扶持政策。

4. 强化人才领域的培养与合作。首先,加强优秀的影视配音和字幕翻译人员培养。当前,日语译制、韩语译制较为成熟,但中国亟须筹建东盟语言译制中心,加强泰语、印尼语、马来语、越南语等小语种视听内容译制人才的培养。可以将地方的教育资源与语言人才优势相结合,创办对外影视专业,培养影视译制人员,健全网络视听译制人员队伍。其次,加强对东盟国家视听产业链各环节的人才培养与交流。近年来,中国国家广播电视总局面向东盟国家媒体人员先后承办了中联部、商务部、外交部多个机构的国际研修项目和专项培训班,培训班主题涵盖媒体融合发展、节目制作与营销、新媒体技术、新闻与传播、政党能力建设等多个领域,通过对东盟国家媒体相关专业人才的培养,对促进节目联合制作、新闻产品交换、技术标准交流,推广中国优秀影视剧作品在东盟国家的影响力,发挥着积极作用。

B.49 国外在线视听媒体发展与
管理研究报告

周 菁[*]

2022年，在科技发展、需求增长、经济复苏等多重因素推动下，在线视听行业呈现持续增长趋势。同时，人工智能、区块链、元宇宙等视听相关技术使得发达国家成为主要获益者，在视听传媒领域的不平等可能因技术差异不断加剧。数字视听消费的增长也让数字跨境成为监管的重心，数据安全、算法应用、数据合规本地化的趋势进一步加强，立法进程进一步加快。

一、在线视听服务市场持续壮大

全球在线娱乐市场规模已经达到3761亿美元，根据行业预计，未来五年仍然将保持20%左右的年均复合增长率。[①]美国在全球在线视听行业仍然一家独大，占全球市场份额约1/3。[②]

---

[*] 周菁，国家广播电视总局发展研究中心国际研究所副研究员。

[①] Online Entertainment Market Size, Share, Industry Trends 2023-2028（imarcgroup. com）在线娱乐包括视频、音频、游戏、在线视听服务等。其中视频占据的市场份额最大。其中市场收入来源主要包括订阅、广告、赞助以及其他等收入来源，其中广告是收入的最大来源。

[②] https://www.zippia.com/advice/media-and-entertainment-industry-statistics/。

（一）在线视听在娱乐行业的核心地位更加凸显

1. 流媒体仍然是行业龙头

在线视听用户、收入和渗透率不断增长。2022 年，全球在线视听用户数量约为 32.3 亿，在线视听平台总收入约为 2727 亿美元。每用户平均收入（ARPU）约为 83.57 美元。[①] 在线视听服务在全球的渗透率[②]不断提升，在加拿大渗透率最高达到 89.1%。其次是新西兰和英国，渗透率分别为 85.3% 和 85.1%。

在线视听服务类别更加丰富，广告支持的免费服务收入有限，直播和流媒体电视直播或许是新的竞争点。主要在线视听服务供应商提供的服务层级越来越多，其中广告支持的免费服务拥有的用户最多，约有 27 亿，付费用户约 6.8 亿。2022 年，在线视听平台的收入中约有 1775 亿美元来自广告收入，点播收入约为 91.1 亿美元，视频下载服务收入 58.5 亿美元，在线订阅收入 808.1 亿美元。[③]

短视频内容日益流行，其影响力逐步从视频领域扩展到音乐、社交、新闻等诸多领域。TikTok 在全球的月活跃用户约为 10 亿，其中美国的月活跃用户达到 1.5 亿。YouTube 短视频应用"Shorts"拥有 15 亿月活跃用户，每天的浏览量超过 300 亿。华尔街日报报道，全球用户每天花在 TikTok 上的时间约为 1.98 亿小时，花在 Instagram Reels（元宇宙旗下短视频平台）上的时间约为 1760 万小时。在美国，有 33% 网络用户使用短视频平台获取新闻资讯。

2. 在线音频市场增长迅速

音乐流媒体用户不断增长。截至 2022 年年底，全球音乐流媒体用户达到 5.24 亿。音乐流媒体的主要类别包括付费订阅服务、广告支持服务、数字和定制电台以及音乐在社交媒体、数字健身应用上许可使用等，在美国

---

① https：//www.demandsage.com/ott-statistics。

② 渗透率=用户数/互联网用户数×100%。

③ Daniel Ruby, 63 + OTT Statistics For 2023 (Users, Platforms & Market Size), https：//www.demandsage.com/ott-statistics/，2023 年 3 月 29 日。

音乐产业收入来源的 84% 来自音乐流媒体。用户每天花在音乐流媒体上的时间平均为 75 分钟。

播客发展迅速。声田（Spotify）上有 470 万个播客，苹果 iTunes 上约有 70 万个播客，全球有 85 万个活跃播客，爱迪生调查（Edison）的一项数据显示，2022 年美国人口有 70% 左右都曾经收听过播客，全球播客用户平均每周花在收听上的时间约为 7 小时。[①]

3. 即时、社交需求推动媒体形态进一步交融

音频、视频、社交、游戏等各类媒体和娱乐活动进一步交互。例如，播客平台推出了播客视频，为听众提供更多的互动体验，既发挥了音频的吸引力，同时加入了视觉参与方式，甚至嵌入了个性化广告。传统在线视听平台例如 YouTube 等推出电视直播频道、短视频、音频、博客等多种新服务。

视频和社交仍然是王者，互联网媒体不断集成视听服务，而视听新媒体平台也纷纷增强社交功能。脸书月活用户 29 亿，YouTube 20 亿，Instagram 14 亿，TikTok 10 亿，Snapchat 5 亿，Pinterest 4.8 亿，推特 3 亿。在社交功能加持下，互动广告、个性化推送、电子商务等将成为视听服务平台收入增长的重要支撑。2022 年，主要音频平台都推出了社交音频应用，纷纷进入沉浸式音频领域——推特有"空间"，声田有"绿房间"，脸书也上线了"现场"。

（二）少数视听媒体巨头瓜分全球市场

1. 美国在线视听服务巨头垄断地位进一步巩固

流媒体领域，从注册用户数量来看，奈飞（Netflix）拥有 16% 的用户，紧随其后的是迪士尼+（Disney+）和亚马逊（Amazon Prime）视频，分别拥有 14% 和 13%（见表 1）。

---

① Ludjon Roshi, 40 Global Podcast Statistics in 2023: Listener Numbers & Income, 2023 https://codeless.co/podcast-statistics/，2023 年 3 月 29 日。

表 1　美国视听服务平台所占用户份额情况

名称	Netflix	Disney+	Amazon Prime	YouTube	HBO Max	Hulu	Paramount+	Tubi	Pluto TV	Crunchyroll	其他
份额	16%	14%	13%	10%	8%	6%	5%	5%	4%	2%	17%

截至 2022 年年底，美国奈飞有 2.206 亿用户，其中约有 7420 万用户来自北美地区，占用户总数的 32.19%，其余 67.81% 的用户来自海外（见图 1）。在欧洲、中东和非洲地区有用户 7670 万，在拉丁美洲有 4160 万，在亚太地区有 3800 万，占奈飞总用户的比重分别为 33.28%、18.05% 和16.49%。亚马逊视频在欧洲也占有较高的市场份额。在德国视频点播用户中，亚马逊视频的品牌认知度为 94%，使用率为 56%。在英国视频点播用户中，品牌认知度为 93%，使用率为 58%。

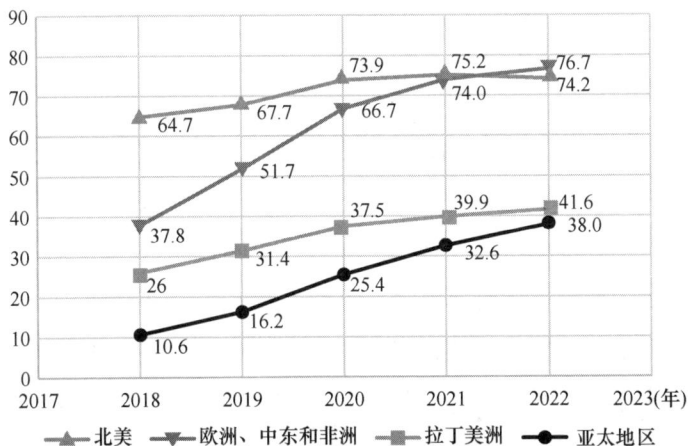

图 1　2018～2022 年奈飞用户数量及分布情况（单位：百万）

音乐流媒体和播客市场也高度集中。从订阅用户数量上看，截至 2022年第二季度，声田的订阅用户数量占全球订户数量的 30.5%，苹果音乐和亚马逊音乐分别占 13.7% 和 13.3%（见图 2）。①截至 2022 年年底，声田拥

---

① Statista，https：//www.statista.com/statistics/653926/music‐streaming‐service‐subscriber‐share/，2023 年 3 月 29 日。

有8000多个原创音乐频道，平台推出了470万个播客产品，还收购了30多万本有声读物，平台活跃用户有4.56亿，在全球183个国家拥有1.95亿付费用户。在全球，苹果播客市场占有率为38.2%。

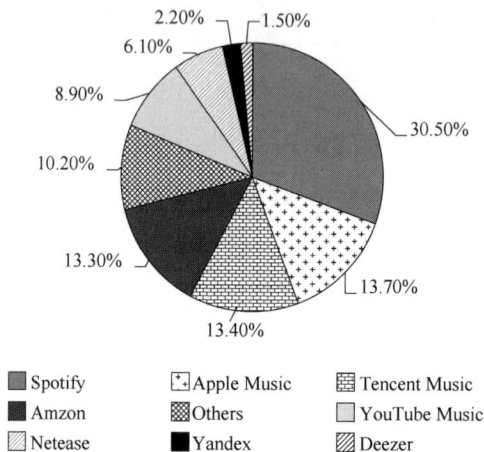

图2　2022年全球主要在线音频平台海外市场用户占有比例

2. 入局者增加，各类平台纷纷锚定优势

主要视听服务平台各具优势。

一是视听内容制作机构平台。例如，迪士尼+、派拉蒙+（Paramount+）等平台借助雄厚的内容优势快速占据市场。迪士尼+2019年第四季度才开始推出服务，到2022年第四季度，已在全球拥有付费用户1.64亿，用户数年均增长率约为244%（见图3）。派拉蒙+2021年2月上线，截至2022年第四季度用户总数达到5600万。

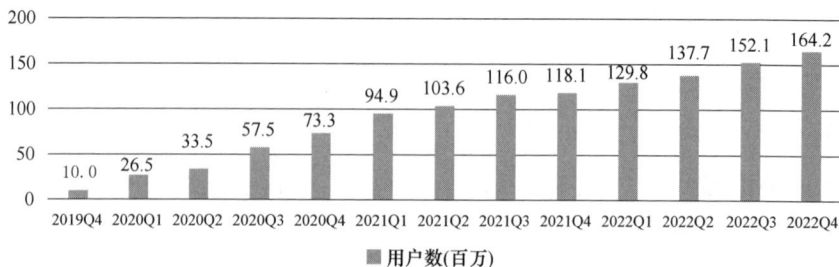

图3　2019Q4~2022Q4迪士尼平台注册用户数量增长情况

二是具备产业链优势的平台。例如亚马逊、Roku、苹果 TV+、iTunes、声田等。它们拥有网络服务、硬件入口等多种端口，多元化经营对平台的视听内容建设有较大支撑。2022 年，全球约有 64%的家庭订阅了亚马逊会员服务，这为亚马逊视频提供了庞大的用户基础。亚马逊不断扩大在内容领域的投资，通过收购米高梅电影公司获得了 8000 多部电影的版权，2022 年在视听内容方面投资约 166 亿美元，同比增长 28%。①

三是具备用户上传内容优势的平台。例如 YouTube、TikTok 等平台则借助海量 UGC/PUGC 内容在全球不断扩张。YouTube 月活跃用户约为 20 亿，其中印度用户达到 4.67 亿。平台上有 5100 万个频道，最受欢迎的 T-Serise 频道订阅用户有 2.3 亿，相当于奈飞付费用户总量。用户每分钟上传到 YouTube 的视频有 500 小时，类似的视听内容分享平台，主要由用户上传内容，不断增强社交属性，轻量化运营，用户规模不断扩展。

四是奈飞、葫芦（Hulu）这样的独立平台。它们长期依赖资本市场投入，以用户收入为支撑，在手握海量内容的巨头打造自有平台后，其优势大幅缩减。葫芦主要依赖电视直播吸引用户，截至 2022 年年底，葫芦约有 4500 万用户，收入 107 亿美元。其中电视直播用户有 4100 万，电视直播收入 63 亿美元，占比接近 60%。

五是依托大型传媒集团的平台。例如华纳兄弟探索旗下的 HBO Max，维亚康姆旗下的 Pluto TV，康卡斯特旗下的 Vudu、Xumo Play，亚马逊旗下的 IMdbTV，NBC 环球旗下的 Peacock 等属于此类平台。这些平台一般有免费服务和付费服务。在免费层提供合作电视台的直播视频流，包括部分免费体育赛事直播、免费电视节目等。在付费层则提供高清影视内容点播、影视剧付费点播等服务。截至 2023 年 1 月，Peacock 有 3000 万月度活跃用户。HBO Max 拥有 8120 万用户，其中美国本土的用户数量超过 5130 万，跃居美国第三位的平台，仅次于奈飞和亚马逊。

---

① Statista，Amazon Prime Video 2023：A Look at the Latest Statistics https：//www.statista.com/topics/4740/amazon-prime-video/，2023 年 3 月 29 日。

3. 体育流媒体服务专业化

体育赛事流媒体市场仍有巨大增长空间。市场研究机构 VMR 调查显示，流媒体直播体育业务在 2021 年的市场规模约为 18.1 亿美元，2028 年预计将翻四番达到 87.3 亿美元。2022 年 4 月 12 日，国际足联推出的免费提供足球赛事平台 FIFA+。上线内容主要包括来自各国联赛赛事直播、剪辑、相关报道以及足球纪录片等，平均每个月有 1400 场赛事直播。当前平台支持英语、德语、法语、西班牙语和葡萄牙语等 5 种语言。平台还有互动版块比赛中心，为球迷提供了投票、足球测验、赛事预测和虚拟游戏等。下一步，FIFA+平台将提供国际足联旗下会员组织的 4 万余场比赛和相关报道，还可能会开发国际知名球星为主体的原创内容。2023 年还将增加汉语普通话、巴哈萨语、韩语、日语、意大利语、阿拉伯语和印地语等多语言服务。国际足联预计该平台用户年内将达 2 亿。

国际市场在线视听市场专注体育流媒体服务的平台竞争激烈。英国的体育流媒体 DAZN 成立于 2016 年，在全球 200 多个国家推出服务，其平台直播的赛事从拳击逐步扩展到英超联赛、美国职业棒球赛、美国篮球联赛、F1 赛车等多个热门赛事。2022 年其平台上播出的国际足球比赛年均超过 4 万场，全球付费用户超过 1500 万。美国体育流媒体平台 Fobo TV，有 80 多个体育频道，在北美的用户数量达到了 144.5 万，同比增长 29%，在世界其他地区（尤其是法国的 Molotov）的用户数量达到了 42 万，同比增长 117%。

专业体育流媒体平台面临着巨大的竞争，一是体育转播权成本高昂，Fobo TV 2022 年在北美收入 9.84 亿美元，但是与其 9 亿美元的体育内容支出基本持平。二是体育赛事机构不断推出自有服务平台，加之实力雄厚的 YouTube、亚马逊等平台纷纷进入体育领域，专业体育流媒体平台面临着高昂支出和老牌媒体竞争等双重压力，未来发展潜力仍有待进一步挖掘。

（三）用户订阅疲劳，原创内容领域竞争加剧

1. 用户平台间流动加速

用户订阅的平台数量增加，并随着平台内容的变化不断在平台间切换。

2021 年美国每个家庭订阅的平台数量已经达到 3 个，2022 年订阅数量进一步增加（见图 4）。

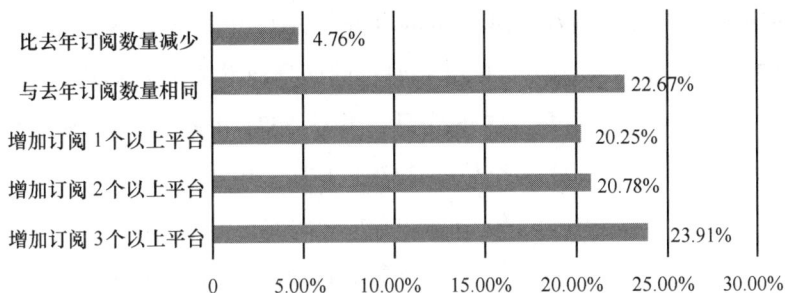

图 4　2022 年用户流媒体平台订阅数量比上一年度变化情况

根据德勤统计，2022 年平均每个家庭订阅 4 个或者 4 个以上的在线视频平台，平均每个月支付的订阅费约为 75 美元。在全球在线音乐平台的每个付费用户平均订阅了 3.6 个平台。但是由于用户疲于在流媒体平台流动，可能会加速用户的订阅疲劳，预计 2023 年，全球将流失 1.5 亿个流媒体订阅用户。

同时随着互联网扩张的繁荣时期结束，流媒体服务快速增长期将进入尾声。根据国际电信联盟统计，截至 2022 年 11 月，全球互联网用户（10 岁及以上）约为 53 亿，全球 66% 的人口已经联网。[①] 尽管全球有 27 亿免费用户，付费用户只有约 6.8 亿，但未来还存在一定的增长空间。奈飞近几年尽管下大力气扩展非英语剧集的投资，但是仍然难以扭转用户增长疲弱的状况，只能不断通过涨价、限制分享、销售广告的方式增加收入。

2. 原创内容竞争加剧

社交、实时、免费、情怀，尽管流媒体在营销上使出浑身解数来取悦用户，但无疑独家原创内容才是吸引用户的法宝，主要流媒体平台原创内容的投资不断增加。根据各大平台的年报显示，2022 年奈飞在内容上的投资达到 168 亿美元。迪士尼 2022 财年对 Disney+ 和 Hulu 原创内容的投入大

---

① ITU，数据统计，https：//www.itu.int/en/ITU-D/Statistics/Pages/stat/default.aspx，2023 年 3 月 29 日。

约为 220 亿美元，其中用于 Disney+的部分达 80 亿美元。派拉蒙投入 60 亿美元打造原创内容，NBC 环球也投入 30 亿美元为 Peacock 打造原创内容。

英国媒体和技术调查公司 Omedia 指出，2022 年全球主要流媒体平台发布 1752 部原创作品，总时长 4878 小时，同比分别增长 60% 和 87%。奈飞仍然是最多产的平台，发布 935 部作品，共计 3531 小时，占比超过 53% 和 72%。亚马逊发布了 203 部作品共计 764 小时。其他六家平台 Apple TV+、Disney+、HBO Max、Hulu、Paramount+和 Peacock 共发布 614 部作品。奈飞和亚马逊全球布局进一步加快，这两个平台 2022 年新发布的原创剧集中，约有 50% 以上都来自美国之外的国家和地区。①

3. 跨平台合作创新加速

音频平台和视频平台合作加强。2021 年 12 月，声田在其应用中推出了名为"Netflix Hub"的音乐服务，该服务涵盖了奈飞部分原创剧集音频、博客等内容，声田的订阅用户可以直接收听相关内容。

音视频平台与游戏平台合作加强，越来越多的音视频平台推动游戏直播。韩国直播平台 Afreeca TV 2022 年 1 月加大了游戏和电竞直播的力度。游戏和电竞直播市场不断扩大，截至 2021 年年底有 8 亿观众，收入达到 21 亿美元，市场规模超过 1500 亿美元。预计到 2025 年观众将超过 10 亿，年收入将达到 35 亿美元。根据美国市场调查机构 Jupiter 的预测，游戏直播将成为全球游戏行业中增长最快的子行业。亚马逊旗下的 Twitch 直播、YouTube Gaming、Facebook Gaming、Bigo Live、Twitter Live、TikTok Live 都与游戏合作推出了大直播服务。

二、技术日新月异加速在线视听行业发展

（一）互联网基础技术向 6G 演进

5G 部署加速推进。全球移动供应商协会（GSA）发布的最新数据显示，

---

① Omdia：Global streamers' online original production returned to growth in 2022 https：// www.prnewswire.com/news-releases/omdia-global-streamers-online-original-production-returned-to-growth-in-2022-301771492.html，2023 年 3 月 29 日。

截至 2022 年第四季度，全球 155 个国家和地区的 509 家运营商在 5G 网络应用方面已经进入测试、试点、获得许可证、计划和实际部署状态。其中，92 个国家和地区的 228 家运营商已经商用 5G 服务，111 家运营商在以评估、测试、试点、规划、部署或者商用的模式投资公共独立 5G 网络，其中 35 家运营商在公共网络中部署或商用 5G。

世界通信产业强国正在加快部署 6G 网络。2019 年，中国成立了 IMT-2030（6G）推进组，系统推进需求、技术、标准及国际合作等各项工作，先后发布了《6G 总体愿景与潜在关键技术》《6G 典型场景和关键能力》等系列白皮书，并启动 6G 技术试验。2021 年 6 月，韩国科学技术信息通信部召开官民联合 6G 战略会议并制定"6G 研发计划"。根据计划，韩国政府将在未来 5 年投入 2200 亿韩元（约合人民币 12.5 亿元），通过韩美联合研究，全力占据下一代 6G 通信核心技术制高点。2022 年 11 月，老牌科技公司爱立信宣布，将投资数百万英镑，用于在英国与多所大学合作展开 6G 网络研究，预计在 2030 年左右实现 6G 网络的商用。

（二）卫星通信技术有望进一步扩大互联网覆盖范围

美国、欧洲、韩国等正在加快近地轨道通信卫星（轨道高度在地球上方 160 公里至 2000 公里之间），建立卫星互联网。韩国将在 2031 年之前发射 14 颗低地球轨道通信卫星，建立卫星通信网络，为 6G 技术做准备，同时可以测试自主船舶控制系统和海上交通服务。2022 年 12 月，美国联邦通信委员会（FCC）批准了 SpaceX 部署至多 7500 颗第二代星链互联网卫星的申请。SpaceX 旗下的星链网络如今由 3500 多颗近地轨道卫星组成。

卫星通信将与 5G 通讯网络互联互通。2022 年 7 月，西班牙电信宣布与 Sateliot 合作，将 5G 近地轨道卫星连接与西班牙电信的 3GPP 标准化 NB-IoT 网络 Kite 集成，为西班牙电信在偏远地区的客户提供扩展的物联网连接，从而使农业、航运和风电场领域的企业受益。2022 年 8 月，美国 T-Mobile 和星链公司（Starlink）宣布建立技术合作伙伴关系，开发卫星连接设备的方案，将于 2024 年推出。卫星连接设备被认为是卫星通信历史上最大的机会之一，未来 10 年将产生 600 多亿美元的市场收入。Starlink 将面临市场上其他近地轨道卫星供应商的竞争，例如 Lynk Globa，该公司今年 9 月宣布，正在测试太空中的第一个 5G 基站，将为标准移动设备提供 5G 信号。2022 年 8 月，总部位于美国的 Omnispace 宣布与菲律宾移动运营商 Smart 合作，探索 5G 网络与近地轨道卫星之间的互操作性。除了使用物联网设备扩大菲律宾救灾网络覆盖范围之外，这一合作还为该国农村地区实现 5G 连接创造了一个重要机会。

（三）人工智能或将重塑视听产业整体格局

超级深度学习为人工智能生成内容（Artificial Intelligence Generated Content，简称 AIGC）技术能力升级提供了强有力的支撑和全新的可能性。当前，AIGC 技术已经从最初追求生成内容的真实性向多样性、可控性演变，并开始追求内容的组合性。

AIGC 被广泛应用于音视频和文本内容生成，以其真实性、多样性、可靠性、组合性，正在悄然引导着一场深刻的变革，重塑甚至颠覆数字内容的生产方式和消费模式，并率先在传媒、电商、影视、娱乐等数字化程度高、内容需求丰富的行业取得重大创新发展。在流媒体平台，人工智能的应用非常广泛。在奈飞、亚马逊、声田、TikTok 等平台基于人工智能的算法推荐发挥了重要作用，通过用户视听消费习惯和喜好，向用户推送相关节目。例如视听服务平台根据面部识别技术，理解用户的情绪和状态，并根据环境信息，为用户推荐合适的音视频内容。未来基于人工智能技术构建的区块链、元宇宙等将进一步推动在线视听行业发展。

三、数据跨境流动引发全球监管加强

在全球范围，数据跨境流动引发了各国监管部门加强了数据安全、用户隐私、反垄断、版权保护等措施。截至 2022 年年底，近 100 个国家和地区已制定数据保护相关法律，数据安全、算法应用有关立法进程加快，本地合规化的全球性趋势将进一步加强。

（一）全球数据合规背景下监管机构和企业面临极大挑战

伴随数字化转型，数据的价值与日俱增，数据的流通性也成为创新发展的必然要求。在数据流通利用过程中，也存在诸多风险隐患。部分企业由于安全管控措施不足、数据可信流通能力建设滞后，导致企业的风险暴露面增加。例如面临联网系统、云上资产等遭受攻击所引发的数据泄露；企业与第三方机构合作共享数据时，数据因明文流通或复制滥用而导致大量隐私泄露；企业因跨境业务需要等原因启动数据出境工作，可能因涉及重要数据，或一定规模的（敏感）个人信息外传，直接危及国家安全、企业合规与个人信息安全。

监管工作面临前所未有的挑战。一方面，面对着填补人类历史空白的各项基础技术，其发展与进步远远超越立法水平，监管机构的事前和事后监管在当前环境下都无法产生效果。另一方面，国际协作与各国数据经济利益产生极大的冲突，面对高度国际化的互联网巨头，国际合作监管的势头往往屈服于数据强国的霸权地位，分散的监管导致各个监管机构无法在互联网巨头面前发挥作用。

对互联网企业来说，各方面经营成本不断提升。首先，企业在国际市场中必须适应监管环境的不断演进，遵守持续发展变化的法律法规，需要遵守世界各国不同的数据合规、隐私保护、跨境数据安全等多方面的规则。其次，高昂的合规成本带来更大的经济压力。根据统计，截至 2022 年 11 月 30 日，欧盟《通用数据保护条例（GDPR）》执法 322 起。自从该法案生效以来，欧盟共计执法 1216 起，开出超过 20 亿欧元的罚单。企业在数据合规上的资金投入越来越大，例如 TikTok 为了满足在欧洲和美国的数据需求，投入巨资在当地建设数据中心。

（二）欧盟仍然是全球数据立法的风向标

在数据跨境流动的立法上，欧盟和美国基于不同的价值理念实施了不同的管理手段。欧盟强调保护隐私是数据流动的前提，确立了以地域为基准的长臂管辖。美国则奉行数字经济发展高于一切的宗旨，确立了以国籍为基准的事后问责管理模式。但是无论何种模式，对当前处于跨境数据流动高峰的视听媒体提出了新考验。

欧盟自从2016年公布《通用数据保护条例》（GDPR）（2018年5月25日生效）之后，不断推动数据立法。2020～2022年，欧盟发布了一系列数字立法议案，数字治理版图日益清晰完整。2022年10月18日，欧盟委员会发布了新一年的工作计划（Working Programme 2023），未来一年，欧盟将进一步推动《AI责任指令》《网络韧性法案》《数据法案》《芯片法案》《欧洲数字身份条例》《平台用工指令》《人工智能法案》以及《E隐私条例》等的实施。在立法计划上，欧盟加强元宇宙规范，以发展治理工具的方式，促进虚拟世界人类为中心发展；同时加强在医疗、交通等公共数据空间的规范与立法（见表2）。

表2　2020～2023年欧盟数字领域立法情况

立法领域	2020年及以前	2021年	2022年	2023年
数据隐私	《通用数据保护条例（GDPR）》	《数字身份条例（EDI)》	《E隐私条例（ePR)》	—
数字竞争	—	—	《数字市场法案（DMA)》	—
内容治理	—	—	《数字服务法案（DSA)》	《儿童性虐待和儿童色情指令》《预防儿童性虐待条例》
网络安全	《网络安全法（Cybersecurity Act)》《网络与信息安全指令（NIS2)》	—	《网络与信息安全指令（NIS2)修订版》《网络韧性法案》	—

续表

立法领域	2020 年及以前	2021 年	2022 年	2023 年
平台责任	《电子商务指令》《平台与商户关系条例（P2BR）》	—	—	—
公共数据	《数据治理法案（DGA）》	—	—	—
人工智能	—	《人工智能法案》	《AI 责任指令》	—
数据流通	《第二代支付指令（PSD2）》《欧洲数据战略》	《数据法案》	《欧洲医疗公共空间法案》	预计将推出公共交通领域的指令
平台用工	—	《平台用工指令》	—	—
元宇宙	—	—	—	预计推出元宇宙治理规定
知识产权	《商业秘密指令（TSD）》《数字单一市场（版权）指令》	—	—	—
基础设施	—	—	《芯片法案》《安全联通条例》	预计推出《关键原材料法案》

注：根据欧盟网站数据不完全统计。

除了欧盟之外，美国、日本、澳大利亚、新加坡等相继制定数字隐私保护方面的法案。俄罗斯则制定了《主权互联网法案》明确了数据跨境流动的白名单。阿联酋、阿根廷、南非等国家也纷纷制定设计隐私保护法律。联合国《2021 年数字经济报告》显示，截至 2019 年年底，全球共有 142 个国家对数据隐私进行立法。

B. Ⅶ

附录

B.50　网络视听新媒体大事记

（2022.1—2023.3）

2022 年

1 月

1 月 6 日，2022 年全国广播电视工作会议在北京召开。会议以习近平新时代中国特色社会主义思想为指导，深入贯彻落实党的十九大和十九届历次全会精神，落实全国宣传部长会议精神，总结工作，分析形势，安排部署 2022 年广播电视和网络视听工作。

1 月 7 日，国家广播电视总局（以下简称广电总局）公布 2021 年网络视听节目精品创作传播工程评选结果，《冰球少年》等 18 部网络视听作品入选。

1 月 10 日，中央网信办公示 2021 中国正能量"五个一百"网络精品评选结果，《山海情》《觉醒年代》《中国医生战疫版》《洛神水赋》《理想照耀中国》《叛逆者》《外交风云》等入选"百部精品网络正能量动漫音视频作品"。

1 月 14 日，广电总局发布《关于征集 2022 年度广播电视和网络视听工程建设行业标准制修订项目的通知》，启动 2022 年度广播电视和网络视听工程建设行业标准制修订项目的征集工作。

1 月 22 日，中央网信办发布《关于开展"清朗·2022 年春节网络环境整治"专项行动的通知》，决定即日起开展为期 1 个月的专项行动，重点包括五方面整治任务。

1 月 28 日，中央网信办、国家发展和改革委员会、工业和信息化部、市场监管总局四部门联合召开促进互联网企业健康持续发展工作座谈会，人民网、快手、美团、京东、小米等 5 家互联网企业负责人参会。

1 月 30 日，中央网信办违法和不良信息举报中心在官网开通"北京2022 年冬奥会和冬残奥会有害信息举报专区"，以营造北京 2022 年冬奥会和冬残奥会期间良好网络氛围，维护清朗网络空间。

1 月 30 日，广电总局印发《关于推动新时代纪录片高质量发展的意见》，包括指导思想、工作目标、基本原则、主要任务、组织保障等五部分。

2 月

2 月 2 日，由广电总局指导，中国电视艺术委员会主办，爱奇艺、优酷、腾讯、芒果 TV、抖音、快手、bilibili、咪咕 8 家重点网络视听平台联合承办的《中国梦·我的梦——2022 中国网络视听年度盛典》上线播出。

2 月 4 日，第 24 届冬季奥林匹克运动会开幕式在北京举行，中央广播电视总台进行现场直播，新华网进行图文直播。此前，中央广播电视总台已授权中国移动咪咕、腾讯、快手、北京冬奥纪实频道、上海五星体育频道、广东体育频道转播北京 2022 年冬奥会赛事节目。

2 月 12 日，广电总局发布《关于开展 2022 年网络视听节目季度推优工作的通知》，继续开展网络视听节目季度推优工作。

2 月 12 日，广电总局发布《关于开展 2022 年度"中国经典民间故事动漫创作工程（网络动画片）"扶持项目征集活动的通知》，明确任务目标、工程内容、作品要求、工作要求等细则。

2 月 16 日，"首届中国（佛山）网络视听艺术周"新闻发布会在佛山举行，该活动旨在汇聚网络视听文化、产业、人才资源，进一步深化网络视听对中国影视行业新领域的探索和创新，打造中国网络视听内容新高地和产业新基地。

2月16日，广电总局发布《关于开展2022年"网络视听节目精品创作传播工程"扶持项目评审的通知》，明确参评要求、活动内容、工作要求等细则。

2月21日，广电总局发布《关于开展2022年"弘扬社会主义核心价值观 共筑中国梦"主题原创网络视听节目征集推选和展播活动的通知》，明确参评对象、参评要求、活动内容与工作要求等细则。

2月22日，广电总局发布《关于举办第二届高新视频创新应用大赛的通知》《关于举办第二届广播电视和网络视听人工智能应用创新大赛（MediaAIAC）的通知》，明确了参赛单位、参赛时间等细则。

2月24日，"中国梦·我的梦——2022中国网络视听年度盛典"创作座谈会在北京召开，中宣部文艺局、广电总局相关部门和直属单位负责人，以及业界专家、主创代表、播出平台代表、媒体代表等进行了交流和探讨。

3月

3月1日，国家互联网信息办公室等四部门联合发布的《互联网信息服务算法推荐管理规定》正式施行。

3月1日，国家电影局、广电总局等六部门联合印发《关于促进影视基地规范健康发展的意见》，从准确界定范围、落实意识形态工作责任制、合理规划布局、聚力发展主业、严控房地产开发等方面全方位促进影视基地规范健康发展。

3月1日，最高人民法院发布《关于审理网络消费纠纷案件适用法律若干问题的规定（一）》，其中第11条对平台内经营者开设网络直播间销售商品的情形作出规定。

3月2日，2022"视听中国"系列活动启动仪式在北京启动，活动对电视剧《超越》英文版海外开播进行了宣传推介，并举行"北京优秀影视剧海外展播季"阿拉伯地区节目互播仪式。

3月14日，国家互联网信息办公室发布《关于〈未成年人网络保护条例（征求意见稿）〉再次公开征求意见的通知》。

3月15日，国家互联网信息办公室指导北京市互联网信息办公室派出工作督导组，进驻豆瓣网督促整改。3月22日，豆瓣官方发布《关于进一步加强"饭圈"乱象治理专项行动的处罚公告》，解散问题小组15个。

4月

4月8日，中央网信办发布《关于开展"清朗·2022年算法综合治理"专项行动的通知》，宣布自即日起至2022年12月初，开展包括组织自查自纠、开展现场检查、督促算法备案、压实主体责任、限期问题整改等五方面工作。

4月12日，广电总局网络视听节目管理司、中宣部出版局发布《关于加强网络视听节目平台游戏直播管理的通知》，就严禁网络视听平台传播违规游戏、加强游戏直播内容播出管理、加强游戏主播行为规范引导、严禁违法失德人员利用直播发声出镜、督促网络直播平台建立并实行未成年人保护机制以及严格履行分类报审报备制度等六方面作出规定。

4月15日，广电总局召开全国广电行业安全生产电视电话会议，进一步安排部署安全生产工作。

4月15日，中央网信办、国家税务总局、市场监管总局发布《关于开展"清朗·整治网络直播、短视频领域乱象"专项行动的通知》，宣布自即日起，开展为期两个月的专项行动，以集中整治"色、丑、怪、假、俗、赌"等违法违规内容呈现乱象为切入点，进一步规范重点环节功能，从严整治突出问题。

4月19日，广电总局召开播音员主持人工作座谈会，以"忠诚于党、明德敬业"为主题，部署推进加强播音员主持人队伍建设和管理工作

4月25日，广电总局发布《2021年全国广播电视行业统计公报》。公报显示2021年网络视听收入3594.65亿元，同比增长22.10%。其中：用户付费、节目版权等服务收入大幅增长，达974.05亿元，同比增长17.24%；网络直播、短视频等其他收入增长迅速，达2620.60亿元，同比增长24.02%。

讨会，发布《中国广播电视全媒体发展报告（2022）》，报告突出实践性、系统性、权威性、创新性，新增设案例、大视听产业、网络视听平台等内容，全面记录行业年度改革发展，分析发展热点难点关键点创新点，把脉发展态势和趋向。

9月19日，广电总局发布《广播电视和网络视听节目内容标识标签规范》。

9月24日，广电总局发布《关于公布2022年"弘扬社会主义核心价值观 共筑中国梦"主题原创网络视听节目推选结果及组织展播活动的通知》，最终确定100部优秀网络视听节目，其中特别节目2部、网络剧8部、网络电影8部、网络微电影2部、网络纪录片31部、网络动画片10部、网络综艺节目7部、网络音频节目7部、短视频25个。

9月28日，"中国视听"平台举办上线发布仪式。"中国视听"平台是集聚全国广播电视和网络视听优秀节目、供全社会使用的公益服务平台，由"学（新思想）""视（新视界）""听（悦动听）"三大主题版块构成。

10月

10月7日，广电总局发布《关于公布2022年度全国广播电视媒体融合先导单位、典型案例、成长项目征集评选结果的通知》，经过初评、复评、现场终评和公示，共评出先导单位10家、典型案例15个、成长项目15个。

10月9日，广电总局发布《关于对拟入选第二届高新视频创新应用大赛的创新项目和入围项目名单进行公示的通知》，经过推荐、预赛、决赛等环节，共遴选出互动视频、沉浸式视频、VR视频、云游戏、超高清视频等5个赛道，12个场景110项目，拟入选创新项目（一、二、三等奖）、入围项目（优秀奖）。

10月20日，国际奥委会发布《北京冬奥会市场营销报告》，根据独立调研机构数据，共有创纪录的20.1亿人通过广播电视和数字平台观看了2022年北京冬奥会。

10 月 28 日，工业和信息化部、教育部、文化和旅游部、广电总局、国家体育总局等五部门联合印发《虚拟现实与行业应用融合发展行动计划（2022—2026 年）》，提出到 2026 年，我国三维化、虚实融合沉浸影音关键技术重点突破，新一代适人化虚拟现实终端产品不断丰富，产业生态进一步完善，虚拟现实在经济社会重要行业领域实现规模化应用，形成若干具有较强国际竞争力的骨干企业和产业集群，打造技术、产品、服务和应用共同繁荣的产业发展格局。

10 月 31 日，市场监管总局会同中央网信办、文化和旅游部、广电总局、银保监会、证监会、国家电影局等七部门联合印发《关于进一步规范明星广告代言活动的指导意见》，提出规范明星代言行为、规范企业选用明星开展广告活动、严格明星代言广告发布管理等一系列具体举措。

11 月

11 月 7 日，国务院新闻办公室发布《携手构建网络空间命运共同体》白皮书，白皮书介绍了新时代中国互联网发展和治理理念与实践，分享中国推动构建网络空间命运共同体的积极成果，展望网络空间国际合作前景。

11 月 9 日，2022 年世界互联网大会乌镇峰会在浙江乌镇开幕，来自 120 余个国家和地区的 2100 余位代表，共同围绕"共建网络世界 共创数字未来——携手构建网络空间命运共同体"这一主题展开交流，为网络空间命运共同体建设献智献策。

11 月 14 日，广电总局发布《关于进一步加强网络微短剧管理 实施创作提升计划有关工作的通知》，明确总体要求、管理原则、主要措施与加强组织领导等细则。

11 月 16 日，广电总局发布《关于公布第二届广播电视和网络视听人工智能应用创新大赛评选结果的通知》，经过推荐、预赛、决赛和公示，评选出虚拟数字人、深度合成、视频修复、智能推荐和深度伪造鉴别等 5 个赛道，共 67 个项目为创新项目（一、二、三等奖）和入围项目（优秀奖）。

11 月 20 日，2022 中俄视听传播周成功启动，本届"视听周"由广电总局、俄罗斯数字发展通信与大众传媒部共同支持，将举办"2022 中俄优秀视听作品互译互播"、中俄青年歌会、中俄短视频大赛、中俄动画产业对话会等活动。

11 月 21 日，"共享新视听 共创新未来—中阿合作主题周"启动仪式以线上线下相结合方式举行。

11 月 21 日，由中央广播电视总台和江苏省人民政府联合主办的 2022 中国国际智能传播论坛在无锡举行，论坛以"新起点'智'未来"为主题。

11 月 25 日，国家互联网信息办公室、工业和信息化部、公安部联合发布《互联网信息服务深度合成管理规定》，对利用深度合成技术危害国家安全和利益、损害国家形象、侵害公民合法权益和隐私的行为，作出全面、具体的回应，对现行算法应用安全监管规则进一步细化，为营造风清气正的网络空间提供制度保障和治理依据。

11 月 27 日，广电总局发布《关于开展 2022 年"网络视听节目精品创作传播工程"扶持项目评审的补充通知》，重点鼓励申报处于创作阶段的网络微短剧、微电影，除网络剧、网络电影外的其他类型网络视听节目也可参与此次补充申报。

11 月 30 日，共青团中央维护青少年权益部、中国互联网络信息中心、中国青少年新媒体协会联合举办"网络保护·益路同行"主题研讨会暨《2021 年全国未成年人互联网使用情况研究报告》发布会，报告显示，接近半数未成年人通过短视频、视频平台获取社会重大事件信息，但信息鉴别能力有限，平台内容质量会对其思想观念产生潜移默化影响。

12 月

12 月 6 日，广电总局印发《5G 频道技术白皮书》，其中指出 5G 频道依靠总平台与地方 5G 频道基础支撑能力（地方平台），基于有线 TVOS 机顶盒、IPTV、OTT 电视盒、智能电视等，与手机、平板等移动终端，协同呈现一个具备线性直播、智能推荐点播，智慧编排、频道定制"千人千面"的分发方式，以及大小屏协同联动、信息互通的服务模式。

12月6日，广电总局印发《关于推动短剧创作繁荣发展的意见》，其中指出鼓励各电视台统筹卫视频道和地面频道、各网络视听平台统筹网页端、客户端、OTT 端等，推动日播、周播、季播等播出模式创新，提高短剧播出频次，加强短剧宣传推送，扩大短剧受众规模，形成立体多元的短剧传播体系。

12月27日，2022 年电视和网络视听文艺创作研讨会在京举行，会议对2022 年的电视剧、网络剧、电视和网络视听文艺节目创作情况进行盘点。

12月30日，广电总局印发《全国广播电视和网络视听"十四五"人才发展规划》，明确规划背景、总体要求、重点任务、统筹做好重点领域人才队伍建设、重点举措与组织实施等细则。

2023 年

1 月

1月3日，工业和信息化部、国家互联网信息办公室、国家发展和改革委员会等十六部门印发《关于促进数据安全产业发展的指导意见》，提出到2025 年，数据安全产业基础能力和综合实力明显增强。

1月4日，全国宣传部长会议在京召开。中共中央政治局常委、中央书记处书记蔡奇出席会议并讲话。他强调，要坚持以习近平新时代中国特色社会主义思想为指导，深刻领悟"两个确立"的决定性意义，增强"四个意识"、坚定"四个自信"、做到"两个维护"，紧扣学习宣传贯彻党的二十大精神这条主线，扎实做好宣传思想工作，为全面建设社会主义现代化国家开好局起好步提供坚强思想保证和强大精神力量。中共中央政治局委员、中宣部部长李书磊主持会议并作工作布置。

1月6日，2023 年全国广播电视工作会议在京召开。会议以习近平新时代中国特色社会主义思想为指导，全面贯彻落实党的二十大精神，落实全国宣传部长会议精神，总结工作，分析形势，安排部署 2023 年广播电视和网络视听工作。

1月19日，工业和信息化部官网数据显示，截至2022年底，三家基础电信企业发展IPTV（网络电视）用户总数达3.8亿户，全年净增3192万户。

1月21日，针对出现的刑满释放人员通过短视频和网络直播博取流量等违规问题，广电总局在近期迅速部署北京、上海、广东等省市广电局，组织抖音、快手、微博、哔哩哔哩、小红书、腾讯等重点网络视听平台立查立改，全面排查清理以"刑满释放"为标签的搞笑、卖惨、博取流量的不良网络视听内容，截至当晚，共排查处置违规账号222个，清理违规内容3345条，下架相关话题207个。

1月24日，由广电总局指导、中国网络视听节目服务协会、中国电视艺术委员会主办的"奋进新征程——2023中国网络视听年度盛典"在全网播出，18家重点网络视听平台等联合承办，通过歌舞、情景表演、相声、创意秀等多种节目形式，在以多元化文艺作品为观众带来一场高规格视听飨宴的同时，更展示出新时代网络视听行业积极向上的精神风貌。

2月

2月13日，广电总局发布《关于开展2023年度"中国经典民间故事动漫创作工程（网络动画片）"扶持项目征集活动的通知》，引导中国经典民间故事主题网络动画片创作传播，打造广受观众认可、具有较大影响力的优秀作品，通过精品内容的示范效应引领行业精品创作，丰富人民精神世界。

2月13日，广电总局发布《关于开展2023年网络视听节目季度推优工作的通知》，规定推优范围、推优标准、推选办法及结果、报送方式等四方面内容。

2月22日，广电总局召开会议研究部署加强短视频管理、防范未成年人沉迷等工作。会议要求全面抓好内容建设、融合传播、优质供给、许可准入、日常监管、专项培训、法规制度、算法管理等各项重点任务落实，促进短视频健康发展，实现提质升级，为未成年人健康成长营造更加有利的网络视听环境，坚决维护未成年人权益。

2月25日，中国广播电视艺术资料研究中心成立，该中心经广电总局批准成立，由中国电视艺术委员会、中国广播电视社会组织联合会、浙江传媒学院共建，是推进部省共建浙江传媒学院的重要举措，将更好发挥广电总局评选出的优秀广播电视和网络视听作品的历史资料价值和学术研究价值。

2月27日，中共中央、国务院发布《数字中国建设整体布局规划》，其中指出大力发展网络文化，加强优质网络文化产品供给，引导各类平台和广大网民创作生产积极健康、向上向善的网络文化产品。

3月

3月2日，中国互联网络信息中心发布第51次《中国互联网络发展状况统计报告》。报告显示，截至2022年12月，我国短视频用户规模达10.12亿，同比增长8.3%，短视频用户规模首次突破10亿，用户使用率高达94.8%。

3月2日，中央网信办发布《关于开展"清朗·从严整治'自媒体'乱象"专项行动的通知》，宣布自即日起，开展为期两个月的专项行动。

3月16日，国务院新闻办公室发布《新时代的中国网络法治建设》白皮书。白皮书从四个方面系统总结了新时代中国网络法治建设实践成效，即网络立法加速推进、网络执法持续强化、网络司法深入开展、网络普法创新实施。

3月23日，第三届"澜湄视听周"成果发布仪式在云南昆明举办。第三届"澜湄视听周"由广电总局、泰国民联厅、云南省人民政府共同主办，以"澜湄视听共享 共筑友谊桥梁"为主题举办系列活动。

3月23日，2022国际短视频大赛"绽放之夜"暨2023"新时代·新视界"视听共享全球播映启动仪式在山东济南举行，活动旨在发挥网络视听作品在国际传播中的独特优势，充分展现文化底蕴、文化自信和文化优势，彰显践行人类命运共同体理念的中国担当。

3月25日，广电总局发布《关于公布2022年度优秀网络视听作品推选活动评审结果的通知》，共145部作品被评为2022年优秀网络视听作品推选活动优秀作品。

3月28日，国家互联网信息办公室有关负责人在国务院新闻办公室举行的新闻发布会上介绍2023年"清朗"系列专项行动，将以"推动形成良好网络生态"为工作目标，聚焦9方面新情况新问题和难点瓶颈。

3月29日，中国网络视听节目服务协会发布《2023中国网络视听发展研究报告》。报告显示，截至2022年12月，我国网络视听用户规模达10.40亿，超过即时通讯成为第一大互联网应用，网络视听网民使用率为97.4%，同比增长1.4个百分点。

3月30日，第十届中国网络视听大会在成都开幕。本届大会由广电总局和四川省人民政府共同主办，中国网络视听节目服务协会和成都市人民政府承办。大会以"新征程，再出发"为主题，以学习宣传贯彻党的二十大精神为主线，聚焦网络视听发展的新模式、新内容、新文化、新业态、新格局，全产业链共同参与，推动网络视听在新征程上实现高质量发展。

B.51 2022 年视听新媒体相关数据图表

附录一 2022 年网络视听节目情况图表

2022 年获得上线备案号重点网络视听节目情况

类型	数量（部）	同比（%）
网络电影	426	−38.08
网络剧	251	8.19
网络动画片	330	65.83
网络纪录片	8	−57.89
网络微短剧	336	—

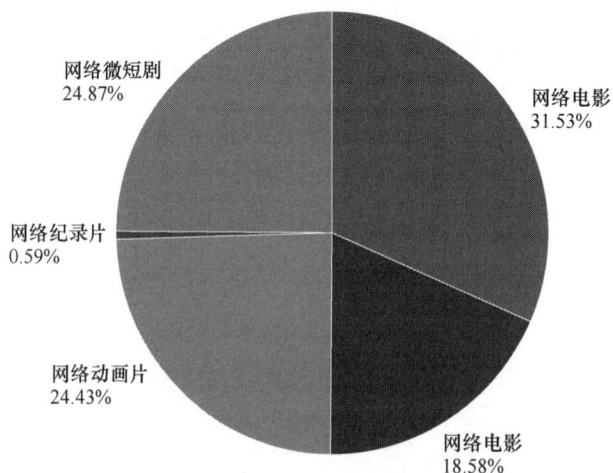

网络微短剧 24.87%

网络电影 31.53%

网络纪录片 0.59%

网络电影 18.58%

网络动画片 24.43%

2022 年获得上线备案号重点网络视听节目情况

类型	年度新增时长（万小时）
互联网视频节目	4328.69
互联网音频节目	6005.6
短视频	51873.53

附录二 2022年网络视听服务机构总收入情况图表

2022年网络视听服务机构总收入及占比情况

类型	收入（亿元）	同比（%）
网络视听服务机构总收入	6687.24	23.61
全国广播电视行业总收入	12419.34	8.10

附录三 2022 年广播电视和网络视听机构通过互联网取得的新媒体广告收入情况图表

2022 年广播电视和网络视听机构通过互联网取得的新媒体广告收入情况

类型	收入（亿元）	同比（%）
广播电视和网络视听机构通过互联网取得的新媒体广告收入①	2407.39	20.28
广播电视和网络视听机构通过楼宇广告、户外广告等取得的其他广告收入	307.98	5.65
广播广告收入	73.72	-28.09
电视广告收入	553.23	-19.11
全国广告收入	3342.32	8.54

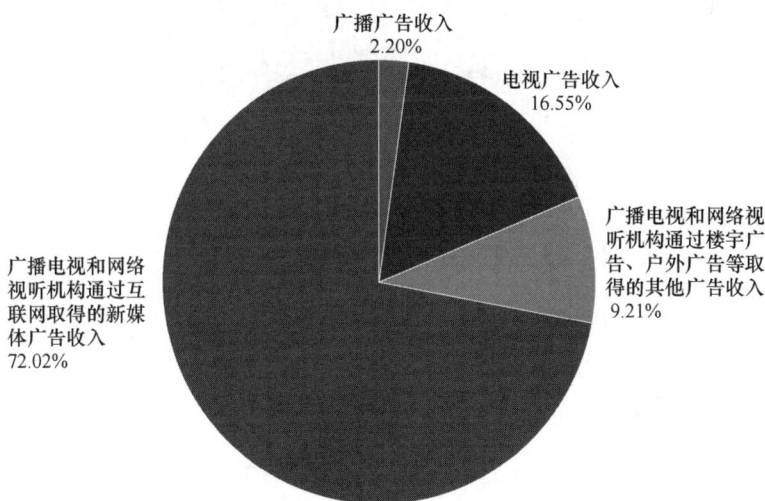

① 新媒体广告收入指广播电视和网络视听机构通过互联网网站、计算机客户端、移动客户端等取得的广告收入。

附录四 2022年网络视听收入构成情况图表

2022年网络收听收入构成情况①

类型	收入（亿元）	同比（%）
用户付费、节目版权等服务收入	1209.38	24.16
短视频、电商直播等其他收入	3210.42	22.51
网络视听收入	4419.8	22.95

① 网络视听相关业务收入指广播电视和网络视听机构开展与互联网视听相关业务的各项收入，包括网络视听节目服务收入（版权收入、用户付费收入等）、其他网络视听收入（短视频收入、电商直播收入等）。

附录五　2022 年广播电视机构智慧广电及融合发展业务收入构成情况图表

2022 年广播电视机构智慧广电及融合发展业务收入构成情况①

类型	收入（亿元）	同比（%）
广播电视机构新媒体广告	273.71	-1.08
有线电视网络宽带、集团客户等增值业务	267.81	8.44
IPTV 平台分成	169.79	4.96
OTT 集成服务业务	87.15	11.7
广播电视机构网络视听	264.84	-17.81
广播电视机构智慧广电及融合发展业务收入	1063.3	-2.06

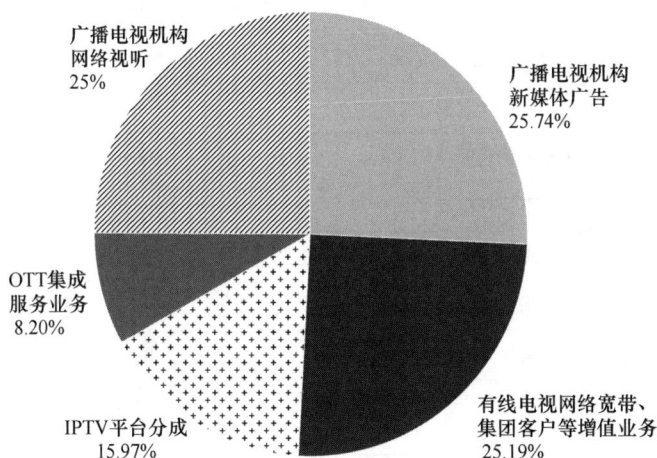

广播电视机构
网络视听
25%

广播电视机构
新媒体广告
25.74%

OTT集成
服务业务
8.20%

有线电视网络宽带、
集团客户等增值业务
25.19%

IPTV平台分成
15.97%

① 融合发展业务收入指广播电台、电视台、广播电视台及有线电视网络公司等广播电视机构开展新媒体广告业务、增值业务、IPTV、OTT、网络视听等业务取得的收入。

附录六 其他数据情况图表

数据类别	2022 年数量	同比（%）
全国交互式网络电视（IPTV）用户①	超过 3 亿户	—
互联网电视（OTT）平均月度活跃用户数②	超过 2.7 亿户	—
网络视听用户规模（亿)③	10.40	4.95
互联网视频年度付费用户	超过 8 亿	—
互联网音频年度付费用户（亿）	1.5	—
短视频上传用户	超过 7.5 亿	—
网民人均每天观看互联网视频节目（含短视频）时长	超过 2 小时	—
网民人均每天收听互联网音频节目时长	约 20 分钟	—
持证及备案网络视听机构（家）	2974	340.6
泛网络视听领域市场规模（亿元)④	7274.4	4.40
其中：短视频领域市场规模（亿元）	2928.3	—
网络直播领域市场规模（亿元）	1249.6	—
综合视频领域市场规模（亿元）	1246.5	—
OTT/IPTV 市场规模（亿元）	867.1	—
内容创作市场规模（亿元）	644.4	—
网络音频市场规模（亿元）	338.5	—

---

① 交互式网络电视（IPTV）用户指通过电信专网获取广播电视服务的用户。

② 互联网电视（OTT）平均月度活跃用户数指本年内互联网电视月度活跃用户数的平均值。

③④ 数据来源：中国网络视听节目服务协会发布的《2023 中国网络视听发展研究报告》，2023 年 3 月。

B.52 网络主播行为规范

广电发〔2022〕36 号

网络主播在传播科学文化知识、丰富精神文化生活、促进经济社会发展等方面，肩负重要职责、发挥重要作用。为进一步加强网络主播职业道德建设，规范从业行为，强化社会责任，树立良好形象，共同营造积极向上、健康有序、和谐清朗的网络空间，制定本行为规范。

第一条 通过互联网提供网络表演、视听节目服务的主播人员，包括在网络平台直播、与用户进行实时交流互动、以上传音视频节目形式发声出镜的人员，应当遵照本行为规范。利用人工智能技术合成的虚拟主播及内容，参照本行为规范。

第二条 网络主播应当自觉遵守中华人民共和国宪法和法律法规规范，维护国家利益、公共利益和他人合法权益，自觉履行社会责任，自觉接受行业主管部门监管和社会监督。

第三条 网络主播应当遵守网络实名制注册账号的有关规定，配合平台提供真实有效的身份信息进行实名注册并规范使用账号名称。

第四条 网络主播应当坚持正确政治方向、舆论导向和价值取向，树立正确的世界观、人生观、价值观，积极践行社会主义核心价值观，崇尚社会公德、恪守职业道德、修养个人品德。

第五条 网络主播应当坚持以人民为中心的创作导向，传播的网络表演、视听节目内容应当反映时代新气象、讴歌人民新创造，弘扬中华优秀传统文化，传播正能量，展现真善美，满足人民群众美好生活新需要。

第六条 网络主播应当坚持健康的格调品位，自觉摒弃低俗、庸俗、媚俗等低级趣味，自觉反对流量至上、畸形审美、"饭圈"乱象、拜金主义等不良现象，自觉抵制违反法律法规、有损网络文明、有悖网络道德、有害网络和谐的行为。

第七条 网络主播应当引导用户文明互动、理性表达、合理消费，共建文明健康的网络表演、网络视听生态环境。

第八条 网络主播应当保持良好声屏形象，表演、服饰、妆容、语言、行为、肢体动作及画面展示等要文明得体，符合大众审美情趣和欣赏习惯。

第九条 网络主播应当尊重公民和法人的名誉权、荣誉权，尊重个人隐私权、肖像权，尊重和保护未成年人、老年人、残疾人的合法权益。

第十条 网络主播应当遵守知识产权相关法律法规，自觉尊重他人知识产权。

第十一条 网络主播应当如实申报收入，依法履行纳税义务。

第十二条 网络主播应当按照规范写法和标准含义使用国家通用语言文字，增强语言文化素养，自觉遏阻庸俗暴戾网络语言传播，共建健康文明的网络语言环境。

第十三条 网络主播应当自觉加强学习，掌握从事主播工作所必需的知识和技能。

对于需要较高专业水平（如医疗卫生、财经金融、法律、教育）的直播内容，主播应取得相应执业资质，并向直播平台进行执业资质报备，直播平台应对主播进行资质审核及备案。

第十四条 网络主播在提供网络表演及视听节目服务过程中不得出现下列行为：

1. 发布违反宪法所确定的基本原则及违反国家法律法规的内容；

2. 发布颠覆国家政权，危害国家统一、主权和领土完整，危害国家安全，泄露国家秘密，损害国家尊严、荣誉和利益的内容；

3. 发布削弱、歪曲、否定中国共产党的领导、社会主义制度和改革开放的内容；

4. 发布诋毁民族优秀文化传统，煽动民族仇恨、民族歧视，歪曲民族历史或者民族历史人物，伤害民族感情、破坏民族团结，或者侵害民族风俗、习惯的内容；

5. 违反国家宗教政策，在非宗教场所开展宗教活动，宣扬宗教极端主义、邪教等内容；

6. 恶搞、诋毁、歪曲或者以不当方式展现中华优秀传统文化、革命文化、社会主义先进文化；

7. 恶搞、歪曲、丑化、亵渎、否定英雄烈士和模范人物的事迹和精神；

8. 使用换脸等深度伪造技术对党和国家领导人、英雄烈士、党史、历史等进行伪造、篡改；

9. 损害人民军队、警察、法官等特定职业、群体的公众形象；

10. 宣扬基于种族、国籍、地域、性别、职业、身心缺陷等理由的歧视；

11. 宣扬淫秽、赌博、吸毒，渲染暴力、血腥、恐怖、传销、诈骗，教唆犯罪或者传授犯罪方法，暴露侦查手段，展示枪支、管制刀具；

12. 编造、故意传播虚假恐怖信息、虚假险情、疫情、灾情、警情，扰乱社会治安和公共秩序，破坏社会稳定；

13. 展现过度的惊悚恐怖、生理痛苦、精神歇斯底里，造成强烈感官、精神刺激并可致人身心不适的画面、台词、音乐及音效等；

14. 侮辱、诽谤他人或者散布他人隐私，侵害他人合法权益；

15. 未经授权使用他人拥有著作权的作品；

16. 对社会热点和敏感问题进行炒作或者蓄意制造舆论"热点"；

17. 炒作绯闻、丑闻、劣迹，传播格调低下的内容，宣扬违背社会主义核心价值观、违反公序良俗的内容；

18. 服饰妆容、语言行为、直播间布景等展现带有性暗示、性挑逗的内容；

19. 介绍或者展示自杀、自残、暴力血腥、高危动作和其他易引发未成年人模仿的危险行为，表现吸烟、酗酒等诱导未成年人不良嗜好的内容；

20. 利用未成年人或未成年人角色进行非广告类的商业宣传、表演或作为噱头获取商业或不正当利益，指引错误价值观、人生观和道德观的内容；

21. 宣扬封建迷信文化习俗和思想、违反科学常识等内容；

22. 破坏生态环境，展示虐待动物，捕杀、食用国家保护类动物等内容；

23. 铺张浪费粮食，展示假吃、催吐、暴饮暴食等，或其他易造成不良饮食消费、食物浪费示范的内容；

24. 引导用户低俗互动，组织煽动粉丝互撕谩骂、拉踩引战、造谣攻击，实施网络暴力；

25. 营销假冒伪劣、侵犯知识产权或不符合保障人身、财产安全要求的商品，虚构或者篡改交易、关注度、浏览量、点赞量等数据流量造假；

26. 夸张宣传误导消费者，通过虚假承诺诱骗消费者，使用绝对化用语，未经许可直播销售专营、专卖物品等违反广告相关法律法规的；

27. 通过"弹幕"、直播间名称、公告、语音等传播虚假、骚扰广告；

28. 通过有组织炒作、雇佣水军刷礼物、宣传"刷礼物抽奖"等手段，暗示、诱惑、鼓励用户大额"打赏"，引诱未成年用户"打赏"或以虚假身份信息"打赏"；

29. 在涉及国家安全、公共安全，影响社会正常生产、生活秩序，影响他人正常生活、侵犯他人隐私等场所和其他法律法规禁止的场所拍摄或播出；

30. 展示或炒作大量奢侈品、珠宝、纸币等资产，展示无节制奢靡生活，贬低低收入群体的炫富行为；

31. 法律法规禁止的以及其他对网络表演、网络视听生态造成不良影响的行为。

第十五条 各级文化和旅游行政部门、广播电视行政部门要坚持以习近平新时代中国特色社会主义思想为指导，加强对网络表演、网络视听平台和经纪机构以及网络主播的监督管理，切实压紧压实主管主办责任和主体责任。发现网络主播违规行为，及时责成相关网络表演、网络视听平台予以处理。网络表演、网络视听平台和经纪机构规范网络主播情况及网络主播规范从业情况，纳入文化和旅游行政部门、广播电视行政部门许可管理、日常管理、安全检查、节目上线管理考察范围。

第十六条 各级文化和旅游行政部门、广播电视行政部门、文化市场综合执法机构要进一步加强对网络表演、网络视听平台和经纪机构的执法巡查，依法查处提供违法违规内容的网络表演和网络视听平台，并督促平台和经纪机构及时处置违法违规内容及相关网络主播。

第十七条 网络表演、网络视听平台和经纪机构要严格履行法定职责义务，落实主体责任。根据本行为规范，加强对网络主播的教育培训、日常管理和规范引导。建立健全网络主播入驻、培训、日常管理、业务评分档案和"红黄牌"管理等内部制度规范。对向上向善、模范遵守行为规范的网络主播进行正向激励；对出现违规行为的网络主播，要强化警示和约束；对问题性质严重、多次出现问题且屡教不改的网络主播，应当封禁账号，将相关网络主播纳入"黑名单"或"警示名单"，不允许以更换账号或更换平台等形式再度开播。对构成犯罪的网络主播，依法追究刑事责任。对违法失德艺人不得提供公开进行文艺表演、发声出镜机会，防止转移阵地复出。网络表演、网络视听经纪机构要加强对网络主播的管理和约束，依法合规提供经纪服务，维护网络主播合法权益。

第十八条 各有关行业协会要加强引导，根据本行为规范，建立健全网络主播信用评价体系，进一步完善行业规范和自律公约，探索建立平台与主播约束关系机制，积极开展道德评议，强化培训引导服务，维护良好网络生态，促进行业规范发展。对违法违规、失德失范、造成恶劣社会影响的网络主播要定期公布，引导各平台联合抵制、严肃惩戒。

国家广播电视总局　文化和旅游部

2022 年 6 月 8 日

B. 53 2023 年"网络视听节目精品创作传播工程"入选作品名单

序号	作品名称	类型	申报机构
1	"习近平与一带一路的故事"系列报道	短视频	央视国际网络有限公司
2	天涯小娘惹	网络微短剧	北京字跳网络技术有限公司
3	太平长安记	网络微短剧	浙江佳禾影视传媒有限公司
4	我们剧团能不能活过这集	网络微短剧	咪咕视讯科技有限公司 上海开心麻花影业有限公司
5	恭王府	网络微短剧	深圳市腾讯计算机系统有限公司
6	楚简的诉说	网络微短剧	长影时代传媒股份有限公司
7	长安行	网络微短剧	浙江格心文化传媒有限公司
8	梨园醉梦	网络微短剧	中国电视剧制作中心有限责任公司
9	司法所的故事	网络微短剧	南京米杰文化传媒有限公司
10	石俊峰办案记	网络微短剧	最高人民检察院影视中心
11	我等海风拥抱你	网络微短剧	湖南快乐阳光互动娱乐传媒有限公司
12	追捕者	网络微短剧	中国电视剧制作中心有限责任公司
13	如果记忆只有一天	网络微短剧	大先生影业（湖北）有限公司

序号	作品名称	类型	申报机构
14	敌后武工队	网络微短剧	上海鸣尚影视传媒有限公司
15	中国饭碗之南繁一家人	网络微短剧	山东橙果影视文化发展有限公司
16	大地	网络微短剧	厦门木莲影视文化有限公司
17	闪耀吧！中华文明第二季	网络纪录片	优酷信息技术（北京）有限公司
18	我们的能手	网络纪录片	广东弘视数字传媒有限公司
19	零碳之路	网络纪录片	五洲传播出版传媒有限公司
20	布达拉宫	网络纪录片	深圳市腾讯计算机系统有限公司
21	新时代中国科学故事	网络纪录片	中国对外书刊出版发行中心
22	奋进新征程——2023 中国网络视听年度盛典	网络综艺	中国网络视听节目服务协会
23	声生不息·宝岛季	网络综艺	湖南快乐阳光互动娱乐传媒有限公司
24	登场了！北京中轴线	网络综艺	北京爱奇艺科技有限公司
25	当燃青春	网络综艺	深圳市腾讯计算机系统有限公司
26	"中国发明"系列节目	网络综艺	河南大象融媒体技术有限公司
27	马克思漫漫说（动画版第二季）	网络动画片	上海幻悦文化传媒有限公司
28	大潜山下淮军魂	网络动画片	安徽同人文化传播有限公司
29	江河日上	网络剧	湖南快乐阳光互动娱乐传媒有限公司
30	我的阿勒泰	网络剧	北京爱奇艺科技有限公司
31	球状闪电	网络剧	东阳爱奇艺影视文化有限公司
32	穷兄富弟	网络电影	北京奇树有鱼文化传媒有限公司
33	雁南飞	网络电影	上海福得文化创意有限公司
34	抬头见喜	网络电影	环宇名艺（北京）传媒科技有限公司
35	中国科学家故事：屠呦呦和青蒿素	网络微电影	中国科学技术出版社有限公司
36	帝女花	网络微电影	广州岭南戏曲文化传播有限公司

续表

序号	作品名称	类型	申报机构
37	"诗画江南，活力浙江"创新 慢直播+系列	网络直播	华数传媒网络有限公司
38	见证新时代·新物心声	网络音频	中国网络视听节目服务协会网络音频 工作委员会
39	云听开讲：给孩子们的经典 故事·华典	网络音频	央广新媒体文化传媒（北京） 有限公司
40	"中国的旋律"系列组歌	网络音频	中国唱片集团有限公司

B.54 2022年"弘扬社会主义核心价值观 共筑中国梦"主题原创网络视听节目征集 推选和展播活动优秀节目

序号	作品名称	类型	作品权利人
特别节目：2个			
1	领袖的足迹	短视频	人民网股份有限公司
2	中国梦·我的梦——2022中国网络视听年度盛典	网络综艺节目	中国电视艺术委员会
网络剧：7部			
3	在希望的田野上	网络剧	上海福得文化创意有限公司、腾讯科技（北京）有限公司
4	启航：当风起时	网络剧	上海腾讯企鹅影视文化传播有限公司
5	冰球少年	网络剧	北京影幻韵成影视传媒有限公司
6	你是我的荣耀	网络剧	深圳市腾讯计算机系统有限公司
7	真相	网络剧	最高检影视中心、阿里巴巴、青岛梦幻星生园、优酷
8	那一天	网络剧	北京爱奇艺科技有限公司
9	猎罪图鉴	网络剧	上海柠萌影视传媒股份有限公司

续表

序号	作品名称	类型	作品权利人
网络电影：9部			
10	重启地球	网络电影	北京奇树有鱼文化传媒有限公司
11	幸存者1937	网络电影	霍尔果斯创维酷开文化传媒有限公司、深圳市腾讯计算机系统有限公司
12	雷霆行动	网络电影	深圳市腾讯计算机系统有限公司
13	凡人英雄	网络电影	优酷信息技术（北京）有限公司
14	飞吧，冰上之光	网络电影	北京爱奇艺科技有限公司
15	我们的新生活	网络电影	上海枫海影业有限公司
16	中国救援·绝境36天	网络电影	深圳市腾讯计算机系统有限公司
17	逆流而上	网络电影	深圳市腾讯计算机系统有限公司
18	围头新娘	网络电影	福建省西窗文化传播有限公司
网络微电影：2部			
19	中国大坝	网络微电影	巨禾影业（深圳）有限公司
20	晓天歌行	网络微电影	安徽电影集团有限责任公司（安徽电影制片厂）
网络纪录片：31部			
21	柴米油盐之上	网络纪录片	中国外文局国际传播发展中心、深圳市腾讯计算机系统有限公司
22	党的女儿	网络纪录片	湖南快乐阳光互动娱乐传媒有限公司
23	一路象北	网络纪录片	优酷信息技术（北京）有限公司
24	你好，儿科医生	网络纪录片	中广天择传媒股份有限公司
25	我们都是追梦人	网络纪录片	湖南快乐阳光互动娱乐传媒有限公司
26	花开帕米尔	网络纪录片	新疆广播电视台
27	坐上火车去拉萨	网络纪录片	人民视听科技有限公司

续表

序号	作品名称	类型	作品权利人
28	但是还有书籍 第二季	网络纪录片	上海宽娱数码科技有限公司
29	守护解放西3	网络纪录片	上海宽娱数码科技有限公司
30	上新吧！山川湖海	网络纪录片	阿里巴巴（北京）软件服务有限公司 优酷信息技术（北京）有限公司
31	超凡未来：你不了解的中国科学故事	网络纪录片	中国外文局国际传播发展中心
32	追光者2：奋斗的青春	网络纪录片	优酷信息技术（北京）有限公司
33	中国减贫：史无前例的人类奇迹	网络纪录片	中国外文局国际传播发展中心
34	风味人间3·大海小鲜	网络纪录片	深圳市腾讯计算机系统有限公司
35	最美中国6	网络纪录片	优酷信息技术（北京）有限公司
36	闪耀的平凡：青春接力	网络纪录片	湖南快乐阳光互动娱乐传媒有限公司
37	我的时代和我2	网络纪录片	北京三多堂传媒股份有限公司、 优酷信息技术（北京）有限公司
38	勇敢者的征程	网络纪录片	深圳市腾讯计算机系统有限公司
39	雕琢岁月	网络纪录片	湖南快乐阳光互动娱乐传媒有限公司
40	119请回答	网络纪录片	深圳市腾讯计算机系统有限公司
41	东方医学	网络纪录片	五洲传播出版传媒有限公司
42	和平使命	网络纪录片	五洲传播出版传媒有限公司
43	走近大凉山	网络纪录片	中国外文局国际传播发展中心
44	百年求索	网络纪录片	中央新闻纪录电影制片厂（集团）
45	汾河水库	网络纪录片	山西黄河水文化发展有限公司
46	一水激活万水流	网络纪录片	吉林广播电视台
47	百年党史"潮"青年	网络纪录片	湖南教育电视台
48	三兄弟	网络纪录片	辽宁抚顺广播电视台
49	鸟浪奇观	网络纪录片	盘锦广播电视台

续表

序号	作品名称	类型	作品权利人
50	我的岗位在边境	网络纪录片	新疆广播电视台
51	百年书信	网络纪录片	安徽广播电视台
网络动画片：10部			
52	马克思漫漫说动画版（第一季）	网络动画片	上海幻悦文化传媒有限公司
53	敦煌仙子和她的朋友们	网络动画片	敦煌研究院
54	年画版冬奥会宣传片	网络动画片	杭州阿优文化科技有限公司
55	狐桃桃和老神仙	网络动画片	山西梓楠文化艺术有限公司
56	焦裕禄	网络动画片	河南小樱桃动漫集团有限公司
57	红影一脉之一大文物背后的故事	网络动画片	上海美术电影制片厂有限公司
58	科学家故事：呦呦有蒿	网络动画片	中国科学技术出版社有限公司
59	中国好故事2021	网络动画片	深圳市腾讯计算机系统有限公司
60	血与火：新中国是这样炼成的	网络动画片	武汉江通动画传媒股份有限公司
61	树洞	网络动画片	卿韵欣、魏钰凌、蔡冬敏、马锐、袁心满、余沛玲（中国传媒大学动画与数字艺术学院）
网络综艺节目：7个			
62	邻家诗话 第三季	网络综艺节目	深圳市腾讯计算机系统有限公司
63	忘不了农场	网络综艺节目	深圳市腾讯计算机系统有限公司
64	技惊四座 第二季	网络综艺节目	广东广播电视台
65	奇遇·人间角落	网络综艺节目	深圳市腾讯计算机系统有限公司
66	念念青春	网络综艺节目	优酷信息技术（北京）有限公司、北京视纳华仁印象影视制作有限公司
67	致敬重阳——2021华山云海音乐会	网络综艺节目	陕西网络广播电视台
68	观复嘟嘟2022	网络综艺节目	优酷信息技术（北京）有限公司、北京观复文物服务有限公司

续表

序号	作品名称	类型	作品权利人
网络音频节目：7 个			
69	中国女排：一种精神的成长史	网络音频节目	信义泛娱（北京）网络科技有限公司
70	四集广播连续剧英雄的守护	网络音频节目	湖北广播电视台新闻广播事业部
71	百集融媒广播课本剧星火燎原	网络音频节目	浙江省湖州市长兴县广播电视台
72	江海扬帆（3 集广播连续剧）	网络音频节目	福建省晋江市融媒体中心
73	啊，延安	网络音频节目	陕西广电融媒体集团 （陕西广播电视台）
74	最高荣誉丨勋章	网络音频节目	辽宁广播电视集团 （辽宁广播电视台）
75	浦江往事：百年上海红色印记	网络音频节目	宁波追光网络科技有限公司
短视频：25 个			
76	新疆牧民帮游客脱困后骄傲亮亮党员徽章	短视频	新疆广播电视台
77	"信·物"系列短视频	短视频	人民网股份有限公司
78	开好"慢火车"生活更美好	短视频	湖南长沙电视台新闻频道
79	了不起的"00 后"	短视频	宁夏融媒科技有限公司
80	宋韵之城	短视频	浙江广播电视集团新蓝网
81	一段国境线 三代守边人	短视频	云南文山广播电视台
82	时代镜像	短视频	中科数创（北京）数字传媒有限公司
83	远见：一个船模馆的诞生	短视频	福建省广播影视集团
84	我是人民警察 我可以	短视频	警网传媒（北京）有限责任公司
85	让经典永流传	短视频	长沙电视台新闻频道
86	听，我的故事系列	短视频	吉林广播电视台
87	弄潮	短视频	上海宽娱数码科技有限公司
88	给习爷爷的信	短视频	福建省广播影视集团

续表

序号	作品名称	类型	作品权利人
89	红色文物话百年	短视频	重庆广播电视集团（总台）重庆卫视
90	一封家书	短视频	广东广播电视台
91	中国心愿	短视频	湖北广播电视台电视卫星频道
92	修复	短视频	张睿、王柳力 （湖南艺术职业学院影视系）
93	家风世泽长	短视频	央视国际网络有限公司
94	电影海报中的河北记忆	短视频	河北新闻网
95	党史知识增加了	短视频	央视国际网络有限公司
96	微视频丨幸福之诺	短视频	央视国际网络有限公司
97	一次疫情下的母子"对话"	短视频	江西广播电视台网络视听中心 （今视频）
98	新千里江山图	短视频	山东广播电视台
99	海拔 4000 米的少年足球梦	短视频	四川甘孜州德格县融媒体中心
100	红星何以照耀中国	短视频	中国互联网新闻中心

B.55 2022 年中国经典民间故事动漫创作工程（网络动画片）重点扶持项目名单

序号	名称	申报机构
1	长城戍边人	湖南快乐阳光互动娱乐传媒有限公司
2	苏东坡与杭州的故事	浙江中南卡通股份有限公司
3	戏曲动画——七品芝麻官	河南约克动漫影视股份有限公司
4	中国奇谭	上海美术电影制片厂有限公司
5	孔子三十六圣迹图系列动画	山东像素数字科技有限公司
6	仓颉传奇	陕西渭南广播电视台
7	河宝传奇第一季	河南小樱桃动漫集团有限公司
8	老子传说	安徽合肥泰尚文化科技有限公司
9	阳明先生传奇	贵阳君子谦行科技传媒有限责任公司
10	细说国宝第二季	湖南金鹰卡通传媒有限公司

B.56 2022 年网络视听作品季度和年度推优节目名单

2022 年第一季度优秀网络视听作品推选活动优秀作品目录

序号	作品名称	作品类别	版权所属者
特别节目			
1	温暖的牵挂	短视频	人民日报社新媒体中心
2	习主席的一天	短视频	中央广播电视总台新闻新媒体中心
3	习近平擘画的现代版"富春山居图"	短视频	央视网
4	家风世泽长	短视频	央视网
网络剧			
5	开端	网络剧	东阳正午阳光影视有限公司、 厦门正午阳光影视有限公司
6	冰球少年	网络剧	咪咕文化科技有限公司、 慈文传媒集团、 北京影幻韵成影视传媒有限公司
7	江照黎明	网络剧	湖南快乐阳光互动娱乐传媒有限公司
网络微短剧			
8	大妈的世界	网络微短剧	北京粒粒橙传媒有限公司、 上海鸣涧影业有限公司

续表

序号	作品名称	作品类别	版权所属者
网络电影			
9	二七风暴	网络电影	福建光影星空影视文化有限公司
10	围头新娘	网络电影	福建省西窗文化传播有限公司
11	烧烤之王	网络电影	江苏猫眼文化传媒有限公司
12	生死速度	网络电影	北京爱奇艺科技有限公司
网络纪录片			
13	精彩中国 China's Secret Lands	网络纪录片	五洲传播出版传媒有限公司
14	最美中国：四季如歌	网络纪录片	五洲传播出版传媒有限公司、优酷信息技术（北京）有限公司
15	洛阳铲下的古国（第一季）	网络纪录片	中央新闻纪录电影制片厂（集团）
16	国宝里的新疆（第一季）	网络纪录片	新疆广播电视台、新疆维吾尔自治区文化和旅游厅
17	守护解放西3	网络纪录片	上海宽娱数码科技有限公司、中广天择传媒股份有限公司
18	但是还有书籍（第二季）	网络纪录片	上海宽娱数码科技有限公司、北京小河文化传媒有限公司
19	真实生长	网络纪录片	深圳市腾讯计算机系统有限公司、北京西米视觉文化传媒有限公司、广州环球瑞都文化传播有限公司
20	中国（第二季）	网络纪录片	湖南快乐阳光互动娱乐传媒有限公司、湖南广播影视集团有限公司卫视频道分公司、北京伯璟文化传播有限公司
21	梯田守望者	网络纪录片	中国互联网新闻中心
网络动画片			
22	狐桃桃和老神仙（第二季）	网络动画片	山西梓楠文化艺术有限公司、上海腾讯企鹅影视文化传播有限公司

序号	作品名称	作品类别	版权所属者
23	中国骄"奥"	网络动画片	北京中新网信息科技有限公司
24	动物王国的故事	网络动画片	湖南快乐阳光互动娱乐传媒有限公司
网络综艺节目			
25	中国梦·我的梦——2022中国网络视听年度盛典	网络综艺节目	中国电视艺术委员会
26	中央广播电视总台 2022 网络春晚	网络综艺节目	央视网
27	年年有戏	网络综艺节目	中央广播电视总台文艺节目中心
28	"2021 最美的夜" bilibili 晚会	网络综艺节目	上海宽娱数码科技有限公司
29	bilibili 上元千灯会	网络综艺节目	上海宽娱数码科技有限公司
30	很高兴认识你(第二季)	网络综艺节目	北京微播视界科技有限公司
网络音频节目			
31	建筑可阅读	网络音频节目	上海喜马拉雅科技有限公司、上海市文化和旅游局
32	一个人的考场	网络音频节目	陕西新动向传媒股份有限公司
网络直播节目			
33	"你的平安 我的节日"庆祝第二个中国人民警察节系列直播	网络直播节目	警网传媒(北京)有限责任公司
34	2021—2022 优酷文化跨年·时间的路口	网络直播节目	优酷信息技术(北京)有限公司
35	北京新闻中心大型系列融媒体互动展示直播"双奥之城·看典"	网络直播节目	北京时间有限公司
36	山东男子看电视认出失散 13 年母亲	网络直播节目	山东广播电视台
短视频			
37	2021 年版清明上河图藏了一年的彩蛋	短视频	央视网
38	大足石刻:跨越时空与历史对话	短视频	重庆广播电视集团(总台)

续表

序号	作品名称	作品类别	版权所属者
39	送别！资助1300多名学生的老师去世了	短视频	苏州市广播电视总台
40	世界看崇礼：一起向未来！	短视频	长城新媒体集团
41	Mitch和他的东方博物馆	短视频	苏州广播电视总台
42	冬奥宣传片《一起向未来！珍贵影像版》	短视频	中央新闻纪录电影制片厂（集团）
43	"一只手的脱贫夫妻"张顺东李国秀	短视频	云南网络广播电视台
44	冰墩墩"被山寨"，光下架还不行	短视频	中工全媒体科技（北京）有限公司
45	凉山进入动车时代！看见"速度"里的幸福	短视频	四川观察合创新媒体发展有限公司
46	新疆暴恐案（事）件实录	短视频	新疆广播电视台
47	山东之美·手造	短视频	山东广播电视台
48	牧羊成诗	短视频	河南今日消费文化传媒有限公司
49	这一年，我的朋友圈	短视频	上海广播电视台融媒体中心

2022年第二季度优秀网络视听作品推选活动优秀作品目录

序号	作品名称	作品类别	版权所属者
网络剧			
1	重生之门	网络剧	优酷信息技术（北京）有限公司
2	猎罪图鉴	网络剧	上海柠萌影视传媒股份有限公司
3	了不起的D小姐	网络剧	北京爱奇艺科技有限公司
网络微短剧			
4	中国节气——谷雨/春分奇遇记	网络微短剧	河南广播电视台
5	北庄青春	网络微短剧	河北庄与蝴蝶文化传媒有限公司
6	大海热线	网络微短剧	辽宁广播电视集团（台）

序号	作品名称	作品类别	版权所属者
网络微电影			
7	林海三代人	网络微电影	浙江广播电视集团新蓝网
网络动画片			
8	纸浅情深——场景化体验 人大立法新时代品格	网络动画片	中国互联网新闻中心
9	萌马吼吼（第一季）	网络动画片	云雷文化（杭州）有限公司、 优酷信息技术（北京）有限公司
10	暂停！让我查攻略	网络动画片	上海哔哩哔哩科技有限公司
网络纪录片			
11	与丝路打交道的人	网络纪录片	湖南快乐阳光互动娱乐传媒有限公司
12	中国符号（第三季）	网络纪录片	五洲传播出版传媒有限公司
13	舞台上的中国	网络纪录片	五洲传播出版传媒有限公司、 上海宽娱数码科技有限公司
14	洛阳铲下的古国（第二季）	网络纪录片	中央新闻纪录电影制片厂（集团）
15	我不是英雄	网络纪录片	北京快手科技有限公司
16	万物之生	网络纪录片	咪咕视讯科技有限公司、 四开花园网络科技（广州）有限公司
17	文学的日常（第二季）	网络纪录片	福建省广播影视集团、 优酷信息技术（北京）有限公司
18	守艺人之时光修复	网络纪录片	大连新闻传媒集团
19	征途	网络纪录片	四川金熊猫新媒体有限公司
20	山高水长	网络纪录片	四川省广元市广播电视台
网络综艺节目			
21	声生不息·港乐季	网络综艺节目	湖南快乐阳光互动娱乐传媒有限公司

续表

序号	作品名称	作品类别	版权所属者
22	2022 清明奇妙游	网络综艺节目	河南广播电视台
23	深夜书房	网络综艺节目	北京百度网讯科技有限公司
24	初入职场的我们·法医季	网络综艺节目	湖南快乐阳光互动娱乐传媒有限公司
25	爸爸当家	网络综艺节目	湖南快乐阳光互动娱乐传媒有限公司
26	了不起！舞社	网络综艺节目	优酷信息技术（北京）有限公司
27	上班啦！妈妈（第二季）	网络综艺节目	北京爱奇艺科技有限公司、 北京沐光时代文化传媒有限公司
网络直播节目			
28	全国百家媒体同步直播/ 新疆的棉花播种了	网络直播	新疆日报社
29	"牢记嘱托种好粮"七省区联动直播	网络直播	山东广播电视台、 黑龙江广播电视台、 吉林广播电视台、 辽宁广播电视台、 内蒙古广播电视台、 巴彦淖尔市广播电视台、 河北广播电视台、 河南广播电视台
30	青春与青春对话	网络直播	解放军新闻传播中心广播电视部
31	"幸福是如何奋斗出来的" 融媒体行动《不负韶华致青春》	网络直播	中央广播电视总台、 北京中电高科技电视发展有限公司
32	神奇宝贝在江苏	网络直播	江苏省广播电视总台
33	考古圣地 华章陕西—— 探秘陕西考古博物馆	网络直播	陕西广电融媒体集团新闻中心
网络音频节目			
34	困扰你的这件人生大事， 我们帮忙问了	网络音频节目	央广网文化传媒有限公司

续表

序号	作品名称	作品类别	版权所属者
35	谢谢你医生	网络音频节目	央广新媒体文化传媒（北京）有限公司
36	人生海海	网络音频节目	上海喜马拉雅科技有限公司
37	逐梦长空	网络音频节目	沈阳广播电视台
38	守护湿地"三宝"	网络音频节目	辽宁广播电视集团（辽宁广播电视台）
39	闪闪的红星	网络音频节目	广西文舟文化传播有限公司
	短视频		
40	总书记的广西牵挂	短视频	广西广播电视台
41	给习爷爷的信	短视频	福建省广播影视集团
42	《领航》MV	短视频	天津海河传媒中心
43	从舰载机飞行员到航母指挥员	短视频	解放军新闻传播中心广播电视部
44	沙县小吃·福味	短视频	福建省广播影视集团、福建省旅游宣传中心
45	没有一头鲸想这样告别	短视频	北京快手科技有限公司
46	时空大折叠——云南的生物多样性	短视频	云南网络广播电视台
47	银花的冬天	短视频	北京缤果文化传媒有限公司
48	这个说唱视频很上头！重庆镇馆之宝上分了	短视频	重庆广播电视集团（总台）
49	书籍 春风 还有你	短视频	兰州大学党委宣传部

2022年第三季度优秀网络视听作品推选活动优秀作品目录

序号	节目名称	作品类型	作品权利人
	网络纪录片		
1	这十年	网络纪录片	湖南快乐阳光互动娱乐传媒有限公司

续表

序号	节目名称	作品类型	作品权利人
2	国医有方	网络纪录片	优酷信息技术（北京）有限公司
3	大象出没的地方	网络纪录片	深圳市腾讯计算机系统有限公司
4	众神之地	网络纪录片	上海哔哩哔哩科技有限公司
5	青年理工工作者生活研究所	网络纪录片	深圳市腾讯计算机系统有限公司
6	亲爱的敌人	网络纪录片	深圳市腾讯计算机系统有限公司、优酷信息技术（北京）有限公司、中广天择传媒股份有限公司
7	"溜索女孩"的15年见证中国脱贫奇迹	网络纪录片	江苏省广播电视总台
8	我的高考笑忘书	网络纪录片	北京智者天下科技有限公司
9	追寻贺龙元帅	网络纪录片	湖南快乐阳光互动娱乐传媒有限公司、湖南广播影视集团有限公司卫视频道分公司
10	与象同行	网络纪录片	中国对外书刊出版发行中心、腾讯可持续社会价值事业部
11	我是你的瓷儿	网络纪录片	上海哔哩哔哩科技有限公司、北京天工传器文化传播有限公司、保利文化集团股份有限公司
12	西藏漫游记	网络纪录片	体坛传媒集团股份有限公司
13	重装出川	网络纪录片	德阳市广播电视台
网络综艺节目			
14	这十年·追光者	网络综艺节目	湖南快乐阳光互动娱乐传媒有限公司
15	2022端午奇妙游	网络综艺节目	河南广播电视台
16	2022七夕奇妙游	网络综艺节目	河南广播电视台
17	闪光吧！少年	网络综艺节目	深圳市腾讯计算机系统有限公司
18	bilibili 夏日毕业歌会 2022	网络综艺节目	上海哔哩哔哩科技有限公司
19	披荆斩棘（第二季）	网络综艺节目	湖南快乐阳光互动娱乐传媒有限公司

序号	节目名称	作品类型	作品权利人
20	这！就是街舞（第五季）	网络综艺节目	优酷信息技术（北京）有限公司
21	新游记	网络综艺节目	深圳市腾讯计算机系统有限公司
网络动画片			
22	上海故事	网络动画片	上海哔哩哔哩科技有限公司
23	黑门	网络动画片	上海哔哩哔哩科技有限公司
24	苍兰诀（第一季 上、中）	网络动画片	上海恒星引力影视传媒有限公司
网络剧			
25	庭外	网络剧	江苏猫眼文化传媒有限公司、优酷信息技术（北京）有限公司
26	被遗忘的时光	网络剧	湖南快乐阳光互动娱乐传媒有限公司
27	苍兰诀	网络剧	霍尔果斯恒星引力浩瀚星空影视传媒有限公司
28	胆小鬼	网络剧	上海柠萌影视传媒股份有限公司
29	星汉灿烂	网络剧	上海腾讯企鹅影视文化传播有限公司
网络电影			
30	狙击英雄	网络电影	北京奇树有鱼文化传媒有限公司
31	排爆手	网络电影	北京淘梦网络科技有限责任公司
网络微短剧			
32	老吴的传承	网络微短剧	警网传媒（北京）有限责任公司
33	皋兰融媒小剧场	网络微短剧	皋兰县融媒体中心
网络微电影			
34	老衣的春天	网络微电影	山东广播电视台
网络直播节目			
35	沉浸式体验"蚊虫王国"巡边路	网络直播	警网传媒（北京）有限责任公司

序号	节目名称	作品类型	作品权利人
36	数智浙江 未来工厂系列直播：探秘吉利汽车杭州湾生产基地	网络直播	浙江广播电视集团新蓝网
37	"中国比利时两国共庆旅比大熊猫双胞胎三岁生日"主题直播	网络直播	央视国际网络有限公司
38	大型沉浸式融媒直播"骑行中国"第一站——"我们一起去拉萨"	网络直播	山东广播电视台
39	《开讲啦！大医生》健康科普系列直播	网络直播	深圳市腾讯计算机系统有限公司
40	八千里路英雄情	网络直播	辽宁广播电视集团（辽宁广播电视台）
	网络音频节目		
41	为了新中国，前进！	网络音频节目	西北师范大学传媒学院
42	革命者	网络音频节目	央广新媒体文化传媒（北京）有限公司
43	我的老师张桂梅	网络音频节目	云南艺术学院电影电视学院
44	凯叔·红楼梦	网络音频节目	北京凯声文化传媒有限责任公司
45	这些旋律，拥有穿越时空的力量	网络音频节目	央广网文化传媒有限公司
46	传承者·医述	网络音频节目	央广新媒体文化传媒（北京）有限公司
	短视频		
47	跟着习主席看世界！习近平"典"亮命运共同体	短视频	央视国际网络有限公司
48	以梦为马	短视频	央视国际网络有限公司
49	绝美！山东大姐用煎饼复刻世界名画	短视频	山东广播电视台
50	摇滚老师	短视频	抖音
51	微缩场景定格短片｜好久不见！沉浸式重温70、80、90回不去的童年	短视频	央视国际网络有限公司

续表

序号	节目名称	作品类型	作品权利人
52	"我的未来在上海 Moving Forward"系列短视频	短视频	上海广播电视台融媒体中心
53	薪火相传！排爆英雄张保国的女儿长大后穿上警服	短视频	山东广播电视台
54	高山流水，从不拒绝谁	短视频	抖音

2022 年第四季度优秀网络视听作品推选活动优秀作品目录

序号	节目名称	作品类型	作品权利人
	网络纪录片		
1	这十年·幸福中国	网络纪录片	优酷信息技术（北京）有限公司
2	了不起的中国创造（第二季）	网络纪录片	人民网股份有限公司
3	闪耀吧！中华文明	网络纪录片	优酷信息技术（北京）有限公司、河南广电卫视传媒有限公司
4	领航	网络纪录片	人民网股份有限公司
5	三江源国家公园（三部曲）	网络纪录片	青海云际漫步文化传播有限公司
6	这十年·向未来	网络纪录片	湖南快乐阳光互动娱乐传媒有限公司
7	习近平与乡村振兴的故事	网络纪录片	央视网
8	风味人间4·谷物星球	网络纪录片	深圳市腾讯计算机系统有限公司
9	生态秘境	网络纪录片	四川省生态环境宣传教育中心
10	携手共进——丝路微纪录（第三季）	网络纪录片	五洲传播出版传媒有限公司
	网络综艺节目		
11	我在岛屿读书	网络综艺节目	抖音视界有限公司
12	邻家诗话（第四季）	网络综艺节目	深圳市腾讯计算机系统有限公司

续表

序号	节目名称	作品类型	作品权利人
13	令人心动的 offer（第四季）	网络综艺节目	深圳市腾讯计算机系统有限公司
14	2022 重阳奇妙游	网络综艺节目	河南广播电视台
15	2022 中秋奇妙游	网络综艺节目	河南广播电视台
16	豫见非遗音乐会	网络综艺节目	河南广播电视台
网络动画片			
17	故宫里的大怪兽之月光迷宫	网络动画片	上海腾讯企鹅影视文化传播有限公司
网络剧			
18	三悦有了新工作	网络剧	上海哔哩哔哩科技有限公司
19	我的卡路里男孩	网络剧	上海腾讯企鹅文化传播有限公司、北京世代文化传播有限公司
20	卿卿日常	网络剧	上海爱奇艺文化传媒有限公司
21	唐朝诡事录	网络剧	北京爱奇艺科技有限公司
网络电影			
22	特级英雄黄继光	网络电影	北京淘梦网络科技有限责任公司
23	勇士连	网络电影	潍坊新片场传媒有限责任公司
24	老师来了！	网络电影	北京奇树有鱼文化传媒有限公司
25	黑鹰少年	网络电影	北京新惟影业有限公司
网络微短剧			
26	《天下无诈》反诈科普情景剧	网络微短剧	大连新闻传媒集团
27	开挖掘机怎么啦	网络微短剧	湖南快乐阳光互动娱乐传媒有限公司
网络微电影			
28	一掌雪	网络微电影	浙江海腾文化传媒有限公司 大理州委宣传部

序号	节目名称	作品类型	作品权利人
网络直播节目			
29	《领"路"·十年》全国八省（区、市）融媒联动大型直播	网络直播	山东广播电视台
30	融媒体行动——《乌兰牧骑音诗画》	网络直播	中央广播电视总台、中国电视剧制作中心有限责任公司
31	江山多娇——探访国家文化公园	网络直播	上海台、北京台、重庆台、福建省广播影视集团、甘肃台、广西台、贵州台、河北台、河南台、江苏台、江西台、辽宁台、青海台、山东台、山西台、陕西台、四川台、天津台、云南台、浙江台、白银市融媒体中心、沧州台、淮安台、兰州台、连云港台、洛阳台、齐齐哈尔市新闻传媒中心、苏州台、芜湖台、无锡台、扬州台、银川市新闻传媒集团、宜昌市夷陵区融媒体中心、尉犁县融媒体中心
32	一江清水向东流——2022国庆5G融媒体联合直播	网络直播	四川广播电视台
33	送你一个长安 一梦千年	网络直播	陕西广电融媒体集团
网络音频节目			
34	广播剧《问天》	网络音频节目	辽宁沈阳广播电视台
35	石榴花盛开 逐梦向未来——"喜迎二十大"全国五个少数民族自治区首府城市广播大型融媒体联播特别节目	网络音频节目	广西南宁广播电视台
36	民歌山西	网络音频节目	山西广播电视台

续表

序号	节目名称	作品类型	作品权利人
短视频			
37	总书记的回信	短视频	河南广播电视台
38	"习言道·动古画"系列融媒体产品——"人民"江山图、绿水青山卷	短视频	北京中新网信息科技有限公司
39	送月亮的人	短视频	上海哔哩哔哩科技有限公司
40	青春的选择	短视频	天津津云新媒体集团股份有限公司
41	折翼少年的绿茵梦	短视频	江西广播电视台
42	二十大党代表张燕：我是"芙蓉花仙"系列短视频	短视频	四川广播电视台
43	吾辈·我们这十年	短视频	河南广播电视台
44	熊猫终极治愈行为大赏	短视频	央视网
45	十年家国十年心	短视频	风芒 APP

<h3 align="center">2022 年度优秀网络视听作品推选活动优秀作品目录</h3>

序号	作品名称	作品类型	版权所属者
特别节目（10 部）			
1	足迹·2022	网络纪录片	人民网股份有限公司
2	习近平与乡村振兴的故事	网络纪录片	央视国际网络有限公司
3	这十年	网络纪录片	湖南快乐阳光互动娱乐传媒有限公司
	这十年·幸福中国	网络纪录片	优酷信息技术（北京）有限公司
	这十年·追光者	网络综艺节目	湖南快乐阳光互动娱乐传媒有限公司
	这十年·向未来	网络纪录片	湖南快乐阳光互动娱乐传媒有限公司
4	中国梦·我的梦——2022 中国网络视听年度盛典	网络综艺节目	中国电视艺术委员会
5	血战松毛岭	网络剧	优酷信息技术（北京）有限公司、阿里巴巴（北京）软件服务有限公司、慈文（厦门）影视文化传播有限责任公司

序号	作品名称	作品类型	版权所属者
6	特级英雄黄继光	网络电影	北京淘梦网络科技有限责任公司
7	勇士连	网络电影	潍坊新片场传媒有限责任公司
8	国医有方	网络纪录片	优酷信息技术（北京）有限公司
9	声生不息·港乐季	网络综艺节目	湖南快乐阳光互动娱乐传媒有限公司
10	大妈的世界	网络微短剧	北京粒粒橙传媒有限公司、 上海鸣涧影业有限公司
网络纪录片（31 部）			
11	闪耀吧！中华文明	网络纪录片	优酷信息技术（北京）有限公司、 河南广电卫视传媒有限公司
12	但是还有书籍（第二季）	网络纪录片	上海宽娱数码科技有限公司、 北京小河文化传媒有限公司
13	梯田守望者	网络纪录片	中国互联网新闻中心
14	了不起的中国创造（第二季）	网络纪录片	人民网股份有限公司
15	领航	网络纪录片	人民网股份有限公司
16	最美中国：四季如歌	网络纪录片	五洲传播出版传媒有限公司、 优酷信息技术（北京）有限公司
17	万物之生	网络纪录片	咪咕视讯科技有限公司、 四开花园网络科技（广州）有限公司
18	中国（第二季）	网络纪录片	湖南快乐阳光互动娱乐传媒有限公司、 湖南广播影视集团有限公司 卫视频道分公司、 北京伯璟文化传播有限公司
19	众神之地	网络纪录片	上海哔哩哔哩科技有限公司
20	"溜索女孩"的 15 年见证 中国脱贫奇迹	网络纪录片	江苏省广播电视总台

续表

序号	作品名称	作品类型	版权所属者
21	我不是英雄	网络纪录片	北京快手科技有限公司
22	真实生长	网络纪录片	深圳市腾讯计算机系统有限公司、北京西米视觉文化传媒有限公司、广州环球瑞都文化传播有限公司
23	大象出没的地方	网络纪录片	深圳市腾讯计算机系统有限公司
24	与丝路打交道的人	网络纪录片	湖南快乐阳光互动娱乐传媒有限公司
25	舞台上的中国	网络纪录片	五洲传播出版传媒有限公司、上海宽娱数码科技有限公司
26	国宝里的新疆（第一季）	网络纪录片	新疆广播电视台、新疆维吾尔自治区文化和旅游厅
27	与象同行	网络纪录片	中国对外书刊出版发行中心、腾讯可持续社会价值事业部
28	守护解放西（第三季）	网络纪录片	上海宽娱数码科技有限公司、北京小河文化传媒有限公司
29	我是你的瓷儿	网络纪录片	海哔哩哔哩科技有限公司、北京天工传器文化传播有限公司、保利文化集团股份有限公司
30	我的高考笑忘书	网络纪录片	北京智者天下科技有限公司
31	生态秘境	网络纪录片	四川省生态环境宣传教育中心
32	风味人间（第四季）·谷物星球	网络纪录片	深圳市腾讯计算机系统有限公司
33	三江源国家公园（三部曲）	网络纪录片	青海云际漫步文化传播有限公司
34	洛阳铲下的古国（第一季）	网络纪录片	中央新闻纪录电影制片厂（集团）
35	青年理工工作者生活研究所	网络纪录片	深圳市腾讯计算机系统有限公司
36	精彩中国（China's Secret Lands）	网络纪录片	五洲传播出版传媒有限公司
37	守艺人之时光修复	网络纪录片	大连新闻传媒集团

序号	作品名称	作品类型	版权所属者
38	这一年，我的朋友圈	网络纪录片	上海广播电视台融媒体中心
39	重装出川	网络纪录片	四川省德阳市广播电视台
40	追寻贺龙元帅	网络纪录片	湖南快乐阳光互动娱乐传媒有限公司、湖南广播影视集团有限公司卫视频道分公司
41	中国符号（第三季）	网络纪录片	五洲传播出版传媒有限公司
网络综艺节目（12 部）			
42	"2021 最美的夜" bilibili 晚会	网络综艺节目	上海宽娱数码科技有限公司
43	我在岛屿读书	网络综艺节目	抖音视界有限公司
44	中央广播电视总台 2022 网络春晚	网络综艺节目	央视国际网络有限公司
45	深夜书房	网络综艺节目	北京百度网讯科技有限公司
46	令人心动的 offer（第四季）	网络综艺节目	深圳市腾讯计算机系统有限公司
47	bilibili 上元千灯会	网络综艺节目	上海宽娱数码科技有限公司
48	初入职场的我们·法医季	网络综艺节目	湖南快乐阳光互动娱乐传媒有限公司
49	2022 "中国节日"系列奇妙游（端午、清明、中秋、重阳）	网络综艺节目	河南广播电视台
50	闪光吧！少年	网络综艺节目	深圳市腾讯计算机系统有限公司
51	年年有戏	网络综艺节目	中央广播电视总台文艺节目中心
52	邻家诗话（第四季）	网络综艺节目	深圳市腾讯计算机系统有限公司
53	了不起！舞社	网络综艺节目	优酷信息技术（北京）有限公司
网络动画片（6 部）			
54	故宫里的大怪兽之月光迷宫	网络动画片	上海腾讯企鹅影视文化传播有限公司
55	上海故事	网络动画片	上海哔哩哔哩科技有限公司
56	狐桃桃和老神仙（第二季）	网络动画片	山西梓楠文化艺术有限公司、上海腾讯企鹅影视文化传播有限公司

序号	作品名称	作品类型	版权所属者
57	苍兰诀	网络动画片	上海恒星引力影视传媒有限公司
58	黑门	网络动画片	上海哔哩哔哩科技有限公司
59	动物王国的故事	网络动画片	湖南快乐阳光互动娱乐传媒有限公司
网络剧（14部）			
60	开端	网络剧	东阳正午阳光影视有限公司、厦门正午阳光影视有限公司
61	冰球少年	网络剧	咪咕文化科技有限公司、慈文传媒集团、北京影幻韵成影视传媒有限公司
62	重生之门	网络剧	优酷信息技术（北京）有限公司
63	苍兰诀	网络剧	霍尔果斯恒星引力浩瀚星空影视传媒有限公司
64	江照黎明	网络剧	湖南快乐阳光互动娱乐传媒有限公司
65	三悦有了新工作	网络剧	上海哔哩哔哩科技有限公司
66	你安全吗？	网络剧	上海耀客文化股份有限公司
67	猎罪图鉴	网络剧	上海柠萌影视传媒股份有限公司
68	星汉灿烂	网络剧	上海腾讯企鹅影视文化传播有限公司
69	庭外	网络剧	江苏猫眼文化传媒有限公司、优酷信息技术（北京）有限公司
70	卿卿日常	网络剧	上海爱奇艺文化传媒有限公司
71	我的卡路里男孩	网络剧	上海腾讯企鹅文化传播有限公司、北京世代文化传播有限公司
72	唐朝诡事录	网络剧	北京爱奇艺科技有限公司
73	胆小鬼	网络剧	上海柠萌影视传媒股份有限公司

序号	作品名称	作品类型	版权所属者
网络电影（5 部）			
74	排爆手	网络电影	北京淘梦网络科技有限责任公司
75	狙击英雄	网络电影	北京奇树有鱼文化传媒有限公司
76	黑鹰少年	网络电影	北京新惟影业有限公司
77	老师来了！	网络电影	北京奇树有鱼文化传媒有限公司
78	二七风暴	网络电影	福建光影星空影视文化有限公司
网络微短剧（3 部）			
79	中国节气——谷雨/春分奇遇记	网络微短剧	河南广播电视台
80	老吴的传承	网络微短剧	警网传媒（北京）有限责任公司
81	开挖掘机怎么啦	网络微短剧	湖南快乐阳光互动娱乐传媒有限公司
网络微电影（2 部）			
82	老衣的春天	网络微电影	山东广播电视台
83	林海三代人	网络微电影	浙江广播电视集团新蓝网
网络直播节目（15 部）			
84	北京新闻中心大型系列融媒体互动展示直播"双奥之城·看典"	网络直播	北京时间有限公司
85	融媒体行动——《乌兰牧骑音诗画》	网络直播	中央广播电视总台、中国电视剧制作中心有限责任公司
86	江山多娇——探访国家文化公园	网络直播	上海台、北京台、重庆台、福建省广播影视集团、甘肃台、广西台、贵州台、河北台、河南台、江苏台、江西台、辽宁台、青海台、山东台、山西台、陕西台、四川台、天津台、云南台、浙江台、白银市融媒体中心、沧州台等

续表

序号	作品名称	作品类型	版权所属者
87	"牢记嘱托种好粮"七省区联动直播	网络直播	山东广播电视台、黑龙江广播电视台、吉林广播电视台、辽宁广播电视台、内蒙古广播电视台、巴彦淖尔市广播电视台、河北广播电视台、河南广播电视台
88	全国百家媒体同步直播/新疆的棉花播种了	网络直播	新疆日报社
89	2021—2022优酷文化跨年·时间的路口	网络直播	优酷信息技术（北京）有限公司
90	大型沉浸式融媒直播"骑行中国"第一站——"我们一起去拉萨"	网络直播	山东广播电视台
91	《领"路"·十年》全国八省（区、市）融媒联动大型直播	网络直播	山东广播电视台
92	"中国比利时两国共庆旅比大熊猫双胞胎三岁生日"主题直播	网络直播	央视国际网络有限公司
93	"幸福是如何奋斗出来的"融媒体行动《不负韶华致青春》	网络直播	中央广播电视总台、北京中电高科技电视发展有限公司
94	一江清水向东流——2022国庆5G融媒体联合直播	网络直播	四川广播电视台
95	青春与青春对话	网络直播	解放军新闻传播中心广播电视部
96	"你的平安 我的节日"庆祝第二个中国人民警察节系列直播	网络直播	警网传媒（北京）有限责任公司
97	送你一个长安 一梦千年	网络直播	陕西广电融媒体集团

续表

序号	作品名称	作品类型	版权所属者
98	考古圣地　华章陕西 ——探秘陕西考古博物馆	网络直播	陕西广电融媒体集团
网络音频节目（14 部）			
99	人生海海	网络音频节目	上海喜马拉雅科技有限公司
100	谢谢你医生	网络音频节目	央广新媒体文化传媒（北京）有限公司
101	建筑可阅读	网络音频节目	上海喜马拉雅科技有限公司、 上海市文化和旅游局
102	凯叔·红楼梦	网络音频节目	北京凯声文化传媒有限责任公司
103	我的老师张桂梅	网络音频节目	云南艺术学院、 云南省丽江市广播电视台
104	民歌山西	网络音频节目	山西广播电视台
105	困扰你的这件人生大事， 我们帮忙问了	网络音频节目	央广网文化传媒有限公司
106	革命者	网络音频节目	央广新媒体文化传媒 （北京）有限公司
107	传承者·医述	网络音频节目	央广新媒体文化传媒 （北京）有限公司
108	逐梦长空	网络音频节目	辽宁省沈阳广播电视台
109	问天	网络音频节目	湖北广播电台、 辽宁省沈阳广播电视台、 湖北省襄阳广播电视台
110	石榴花盛开 逐梦向未来—— "喜迎二十大"全国五个少数 民族自治区首府城市广播大型 融媒体联播特别节目	网络音频节目	广西南宁广播电视台

续表

序号	作品名称	作品类型	版权所属者
111	闪闪的红星	网络音频节目	广西文舟文化传播有限公司
112	这些旋律，拥有穿越时空的力量	网络音频节目	央广网文化传媒有限公司
短视频（33部）			
113	温暖的牵挂	短视频	人民日报社新媒体中心
114	习近平擘画的现代版"富春山居图"	短视频	央视国际网络有限公司
115	总书记的回信	短视频	河南广播电视台
116	家风世泽长	短视频	央视国际网络有限公司
117	习主席的一天	短视频	中央广播电视总台新闻新媒体中心
118	跟着习主席看世界|习近平"典"亮命运共同体	短视频	央视国际网络有限公司
119	给习爷爷的信	短视频	福建省广播影视集团
120	沙县小吃·福味	短视频	福建省广播影视集团、福建省旅游宣传中心
121	2021年版清明上河图藏了一年的彩蛋	短视频	央视国际网络有限公司
122	Mitch和他的东方博物馆	短视频	苏州广播电视总台
123	《领航》MV	短视频	天津海河传媒中心
124	从舰载机飞行员到航母指挥员	短视频	解放军新闻传播中心广播电视部
125	熊猫终极治愈行为大赏	短视频	央视国际网络有限公司
126	绝美！山东大姐用煎饼复刻世界名画	短视频	山东广播电视台
127	没有一头鲸想这样告别	短视频	北京快手科技有限公司
128	以梦为马	短视频	央视国际网络有限公司
129	好久不见！沉浸式重温70、80、90回不去的童年	短视频	央视国际网络有限公司
130	一起向未来|珍贵影像版	短视频	中央新闻纪录电影制片厂（集团）

序号	作品名称	作品类型	版权所属者
131	凉山进入动车时代！ 看见"速度"里的幸福	短视频	四川观察合创新媒体发展有限公司
132	摇滚老师	短视频	抖音
133	"一只手的脱贫夫妻"张顺东李国秀	短视频	云南网络广播电视台
134	新疆暴恐案（事）件实录	短视频	新疆广播电视台
135	大足石刻：跨越时空与历史对话	短视频	重庆广播电视集团（总台）
136	时空大折叠——云南的生物 多样性	短视频	云南网络广播电视台
137	薪火相传！排爆英雄张保国的 女儿长大后穿上警服	短视频	山东广播电视台
138	世界看崇礼：一起向未来！	短视频	长城新媒体集团
139	送别！资助1300多名学生的 老师去世了	短视频	苏州市广播电视总台
140	送月亮的人	短视频	上海哔哩哔哩科技有限公司
141	二十大党代表张燕：我是"芙蓉花仙"	短视频	四川广播电视台
142	"人民"江山图、绿水青山卷	短视频	北京中新网信息科技有限公司
143	我的未来在上海 Moving Forward	短视频	上海广播电视台融媒体中心
144	吾辈·我们这十年	短视频	河南广播电视台
145	山东之美·手造	短视频	山东广播电视台

《中国视听新媒体发展报告（2023）》
编务人员名单

编写组

冯胜勇	祝燕南	王杰群	方世忠	贺　辉	李晓骏
董年初	张晨晓	任道远	杨明品	崔承浩	刘晓辉
范　洁	尤　晓	张　恒	赵　黎	孔　妍	曹云霞
马海龙	石崇昊	李斌斌	张尧然	徐晨灿	路家祥
张武琪	赵李伟	穆　菁	刘剑秋	李　娟	何　涛
潘红梅	王欣悦	胡暐宸	谢　垚	崔一非	史文璇
陆　嘉	赵淑萌	刘　璐	韩　琦	许金波	张　强
陈彦旭	孟　伟	杜浩男	杨　巍	施玉海	周　楠
黎　刚	丁　津	魏驱虎	梁德平	何　嵩	龚　宇
孙忠怀	樊路远	马中骏	阴　超	周润泽	张　伟
陈　钊	李　炳	邓瑞玲	王兆楠	张苗苗	王　羽
吉　京	索东汇	彭　锦	孙　晖	胡　祥	秦　煦
贺　涛	沈雅婷	周　菁			

编辑部

主　任：张苗苗

成　员：王　羽　吉　京　索东汇

保障组

宋　锋　李亚飞　曹淑芹　王　东　王兴会　张司淼

陈　林　戚　雪　张庆男　索　强　赵　捷　陈秀敏

刘继生　马贤丽　吕岩梅　董潇潇　黄田园　丁　琪

莫　桦　赵京文　姜　慧　朱新梅　顾　芳　周述雅

李秋红　靳　丹　王小溪